기초 滿韓辭典

만주어사전

기초 滿韓辭典

만주어사전

문학박사 김득황 편저

글로벌콘텐츠

『만한사전』을 재발간하면서

아버님 김득황 박사께서는 간도를 품고 있는 만주를 유난히도 사랑하셨다.

고조선 이래로 우리 한민족의 선조 고구려와 대진국 발해가 호령하던 만주가 지금은 한족 중국의 영토라는 사실에 대해서 가슴 아파하시며, 공직에 종사하시면서도 안타까운 마음으로 만주에 대한 연구를 게을리하지 않으셨다. 그러기에 『만주의 역사와 간도 문제』를 비롯한 많은 저서와 함께 부족하나마 『만한사전』을 남기고 싶다고 하시며 펴내셨는데, 필요로 하는 사람이 없다 보니 결국 묻히게 되어 섭섭했다. 그러나 아직은 만주와 간도에 대한 우리 한민족의 열정이 식지 않았다는 것을 보여주기라도 하듯이, 뜻있는 분들의 노고로 재발간을 하여 다시 빛을 보게 되니 기쁜 마음을 금할 수 없다.

부디 이 한 권의 책이 간도와 만주 연구에 보탬이 되는 작은 불꽃 역할을 해서 간도와 만주 수복을 염원하는 분들에게 희망의 이정표가 되어주기를 간절히 기원하며, 발간을 결심해주신 글로벌콘텐츠출판그룹에 감사드린다.

2023년 8월

김 도종 道

머 리 말

만주족은 근세에 있어서 세계 최대 최강의 나라를 건설하였던 민족으로 이들이 사용하였던 만주어는 2세기에 걸쳐서 청나라에서 사용되었던 언어이다. 불행히도 만주족에게는 주체성이 부족하여 중국민족에게 동화되어 가다가 신해혁명으로 만주족이 쓰던 말과 글은 완전히 땅위에서 사라지다시피 하였다. 신해혁명 직후 만주족들은 다투어 그들의 신분을 감추어 만주족의 수는 약 200만으로 알려졌다. 그러나 중국에서 문화혁명이 스치고 지나간후 1982년 중국의 인구조사에서 만주족은 430만명으로 조사되었고 10년 뒤인 1992년의 인구조사에서는 982만명으로 증가하였으므로 지금에와서 실제의 만주족 인구수는 1,000만명이상을 헤아리는 대민족으로 부상하였다.

이들에게 청조문화의 재현이라는 것은 기대할 수 없는 일이지만 그러나 근년에 와서 중국정부의 소수민족에 대한 관용정책의 바람을 타고 이들 사이에 만주어 학습열이 높아지고 있어서 만주어에 관한 서책도 적지않게 쏟아져 나오고 있다.

지금 우리에게 만주어를 외국어로서 배울 만한 가치가 없다고 할지 모르겠으나 과거 우리는 청국과 가장 밀접한 교류를 가졌던 나라이고 만주문으로 된 당안 중에는 조선과 관련된 부분도 적지않게 나오고 있는데 이것을 해독할 만한 사람도 거의 없고 서울 삼전도에 남아있는 국치비조차 읽을 사람이 한 두사람밖에 없는 실정이다.

일찌기 프랑스와 독일에서는 강희시대에 제작한 청문감(淸文鑒)을 기초로 佛, 獨 어역 만주어 사전이 나왔고 1875년에는 Ivan Zakharoff의 滿露사전이 편술되었다.

일본에서는 해방 전 동양학연구의 융운을 타고 羽田亨의 滿和辭典이 나오고 해방후에도 山本謙吾의 滿洲口語基礎語彙集이 나오고 京都大學에서는 막대한 인력과 재력을 투입하여 1966년에 滿, 漢, 蒙, 藏, 回 5족語를 대역한

五體淸文鑒의 번역을 완성하였다. 실로 경탄할 일이 아닐 수 없다. 한편 최근 미국에서는 와싱톤대학의 Jerry Norman이 滿英사전(A Concise Manchu-English Lexicon)을 편찬하여 만주어 학계를 놀라게 하였다. 그러나 만주족과 깊은 관계를 가졌던 우리나라는 이 영역에 있어서 아직도 공백상태에 있다. 이제 우리도 무엇인가 하여야 하며 이 빛나지 않는 만주어를 연구하는 학자들에게 용기를 주어야 하겠다.

나는 만주어 학자는 아니지만 만주를 중심으로 전개되었던 고조선사에 흥미를 가지고 연구하다가 우연히 만주어와 인연을 맺게된 지 반세기가 넘었다. 처음에는 다른 외국인들이 만든 사전에 못지 않은 滿韓사전을 펴내려는 야심을 가졌으나 나는 어느덧 내일 일을 알 수 없는 대질(大耋)의 고개에 서있고 이에 더하여 10수년동안 고통을 받고 있는 안근무력증(眼筋無力症)으로 언제 내 안근의 활동이 정지될 지 알 수 없으므로 독자를 만족시킬 만한 사전의 편찬이라는 것을 단념하고 다만 얼마 안되는 어휘라도 풀어 놓는 것이 나의 의무로 생각하여 미진하나마 이 작은 사전을 내놓게 되었다.

이 사전에 혹시 해석의 잘못이나 발음의 표기는 물론이고 한글의 표기에도 잘못된점이 있으리라고 생각되는데 이 미진한 부분은 후학들의 보완에 맡기도록 하고 다만 나로서는 이 불완전한 책이 적은 수의 만주어 학도들에게 얼마간의 도움이라도 주었으면 다행으로 생각하는 바이다.

이 변변치 않은 책을 엮으면서 北京에 다섯차례나 내왕하며 적지않은 어려움도 있었으나 어떻든 4년여 만에 빛을 보게된 것을 다행으로 생각한다.

이 책의 출간에는 북경 제1역사당안관의 安雙成씨의 도움이 컸음을 부기한다.

1995년 9월

연희동 일우에서

金 得 榥 謹識

범 례

1. 이 작은 사전에서는 만주어에서 흔히 쓸 수 있는 보통용어의 어휘를 모아 수록하였다. 희귀한 동식물이나 관아, 관직, 의례, 군기, 예술, 고어 등에 관한 자세한 어휘는 될수록 싣지 않도록 하였다.
2. 여기에 올린 어휘는 오체청문감(五體淸文鑒), 청문총회(淸文總匯), 滿漢六部成語, Jerry Norman의 A Concise Manchu-English Lexicon과 羽田享의 滿和辭典등을 참고로 하여 일상어휘를 뽑아서 수록하였으며 뜻의 해석에 의문이 있는 것은 청문감을 따르도록 하였다.
3. 이 책에는 만주어 원문을 수록하도록 하였다. 근래 중국의 학자를 비롯하여 일본, 미국 등의 학자들이 만주어를 로마자로 표기하여 사용하는 경향이 있으나 로마자로 만주어를 표기하는 것은 회화에는 편리할 지 모르겠으나 글을 보고 읽는데는 결함도 적지 아니하므로 나는 이 책에서 만주문자 원문을 쓰기로 하였다.
4. 발음표기는 주로 P.G Von Mö llendorff의 만주어 문법 (A Manchu Grammar)을 수용하면서 일부는 나의 견해대로 표기법을 바꾸었다. 예를 들자면 C를 Ch로, Ts'를 Ts로, Dz를 J로, Zi를 R'ŭ로 바꾼 것 등이다.
5. 만주문자의 발음표기는 한글로 표기하여야만 가장 정확하나 시류를 따라 로마자 발음기호를 쓰도록 하였다.
6. 역문은 어려운 작업이다. 일부 외국인의 사전에는 오역도 있었는데 예를 들자면 입추(立秋)를 [가을이 서다]라고 번역하였다. 이러한 오역이 있는듯한 것은 원문 청문감과 淸文총회를 참고하면서 오역을 피하도록 하고 본뜻을 살리도록 하였다.
7. 원문의 번역은 될 수 있는 대로 한자사용을 피하고 쉽게 알아 볼 수 있도록 한국말로 의역하였다.

8. 만주어에도 낱말하나에 몇가지 뜻이 있는 것이 많이 있으므로 이런 경우에는 몇가지 뜻을 다 올리도록 하였으며 또 한문으로서 한국어화한 낱말도 많이 있는데 이런 경우에는 한문을 한글로 표기하였다.

9. 이 작은 사전에 배열된 어휘의 로마자모의 순서는 아래와 같다.
A, B, Ch, D, E, F, G, G', H, I, J, K, K', L, M, N, O, P, R', S, Š, T, Ts, U, W, Y, Z

10. 어휘마다 그 출처를 명기하거나 품사에 약어를 붙여야 할 것이나 번쇠함을 덜기위하여 붙이지 않기로 하였다.

11. 한글의 띄어 쓰기와 맞춤법에도 맞지않는 데가 있는데 이제와서 고칠수가 없어 그대로 두기로 하였다.

ᠠ · A

a 양(陽). 음양의 양(陽). 아(놀란소리).

aa 예예. 그래 그래.

aba 사냥. 사냥터. 어디에.

aba saha ᠠᠪᠠ 와 같다.

abalambi 사냥을 하다.

abdaha 풀잎. 나뭇잎.

abdanambi 싹트다. 싹이 나다.

abdangga fungnehen 책봉 또는 봉작의 문서.

abdangga fungnembi 책봉하다.

abka 하늘. 궁중.

abka gereke 하늘이 밝았다. 날씨가 개었다.

abka saru 하늘이 안다.(맹하는 말)

abkai ari 황당하고 악질적인 사람. 하늘의 귀신.

abkai buten 하늘의 끝. 천애.

abkai elhe obure duka 천안문(天安門).

abkai daila 천주. 천벌.

abkai fejergi 천하. 하늘아래.

abkai fulingga 天命(청태조의 연호).

abkai han 하늘의 임금. 천제(몽골어에서 나옴).

abkai imiyangga fu 봉천부(奉天府).

abkai jui 천자. 황제. 임금.

abkai moringge kiru 천마기(天馬를 수놓은 旗).

abkai sihiyakū 하늘의 추축.

absi ojoro 어떻게 될 것인가.

absi koro 어찌 원통한 일인가.

이 있나!

absi kesi 어떻게 운이 좋은! 어떻게 복

absi hojo 어찌 아름다운! 어찌 기분좋은!

리 값어치 없는.

absi hiyahanakū 뭐 그리 시시한. 그

에 가는가.

absi genembi 어디로 가는가. 어떤 곳

absi 어디. 어디에. 무슨 말인가. 어떻게.

absambi 피골이 상접하게 여위다.

듬뿍. 잔뜩.

abka na 하늘과 땅. 천지. 건곤. 우주.

호).

abkai wehiyehe 건륭(乾隆, 高宗의 연

abkai ten i usiha 북극성.

abkai šurdejen usiha 북두칠성.

에 들게 하다. 비위를 맞추다. 접목시키다.

achabumbi 만나게 하다. 영합하다. 마음

abulikabi 지쳤다. 녹초가 되었다.

abu 거의 채웠다. 하마터면.

치명적인 곳을 벗어났다.

abtukūlaha 급소를 맞히지 못하였다.

듣다.

abtarambi 큰 소리로 떠들다. 성나서 떠

abtalambi 나뭇가지를 치다.

absi yabsi 어떻게 저런. 저렇게 시시한.

absi simeli 어떻게 가난한.

을 말하는 것인가.

absi serengge 뭐라고 말하는가. 무엇

지!

absi oho 어떻게 되었는가! 어떻게 되었

이 될지 알 수 없다. 어떤일인지 알 수 없다.

absi ojoro be sarkū 어떠한 일

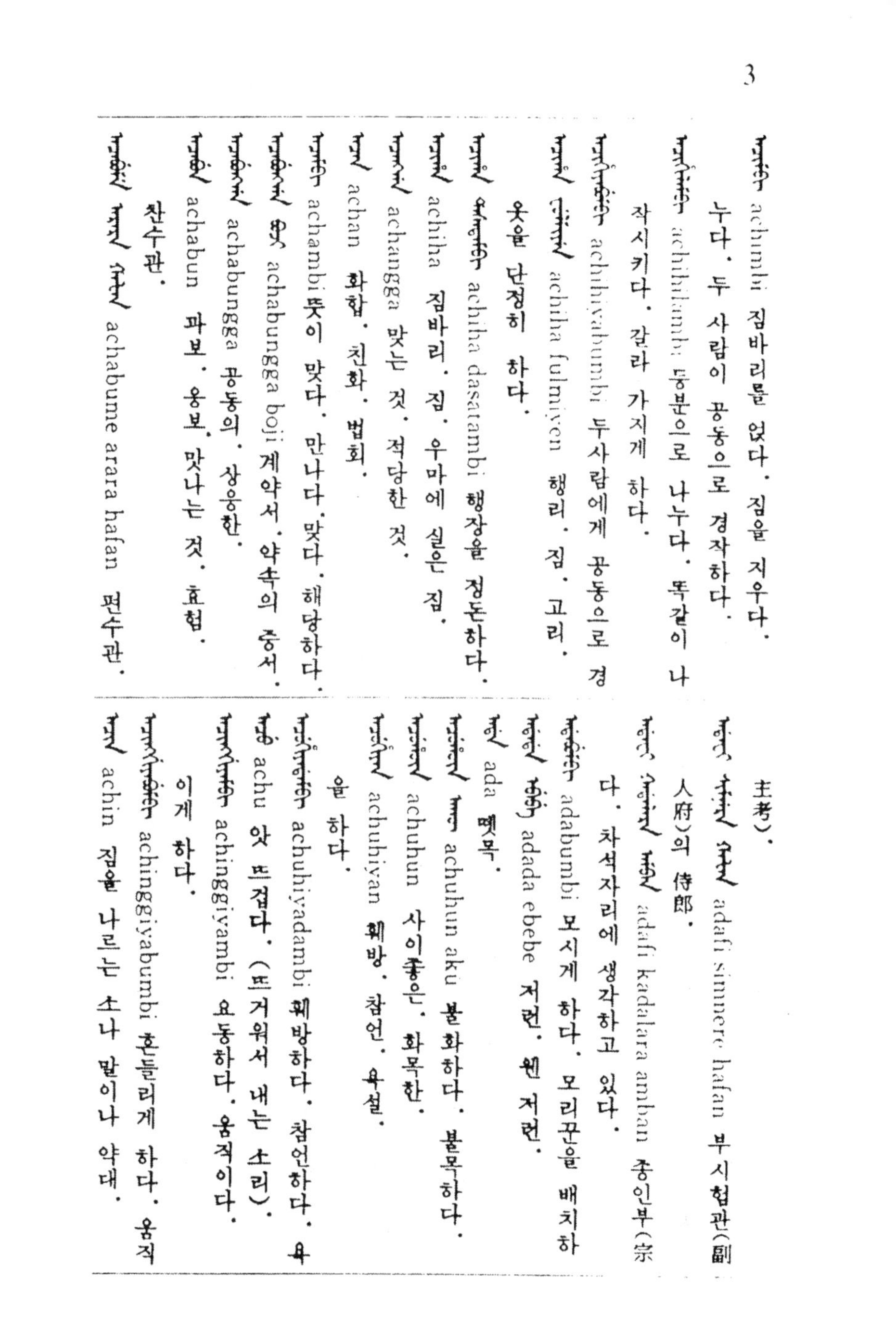

achimbi 짐바리를 얹다·짐을 지우다·
누다·두 사람이 공동으로 경작하다.
achihilambi 등분으로 나누다·똑같이 나
작시키다·갈라 가지게 하다.
achihiyabumbi 두사람에게 공동으로 경
achiha fulmiyen 행리·짐·고리·
옷을 단정히 하다.
achiha dasatambi 행장을 정돈하다.
achiha 짐바리·짐·우마에 실은 짐.
achangga 맞는 것·적당한 것.
achan 화합·친화·법회.
achambi 뜻이 맞다·만나다·맞다·해당하다.
achabungga boji 계약서·약속의 증서.
achabungga 공동의·상응한.
achabun 파보·옹보·맛나는 것·효험·
찬수관.
achabume arara hafan 편수관.

主考).
adafi simnere hafan 부시험관(副
人府)의 侍郞.
adafi kadalara amban 종인부(宗
다·차석자리에 생각하고 있다.
adabumbi 모시게 하다·모리꾼을 배치하
adada ebebe 저런·웬 저런.
ada 뗏목.
achuhun aku 불화하다·불목하다.
achuhun 사이좋은·화목한.
achuhiyan 훼방·참언·욕설
을 하다.
achuhiyadambi 훼방하다·참언하다·욕
achu 앗 뜨겁다·(뜨거워서 내는 소리).
achinggiyambi 요동하다·움직이다·
이게 하다.
achinggiyabumbi 흔들리게 하다·움직
achin 짐을 나르는 소나 말이나 약대.

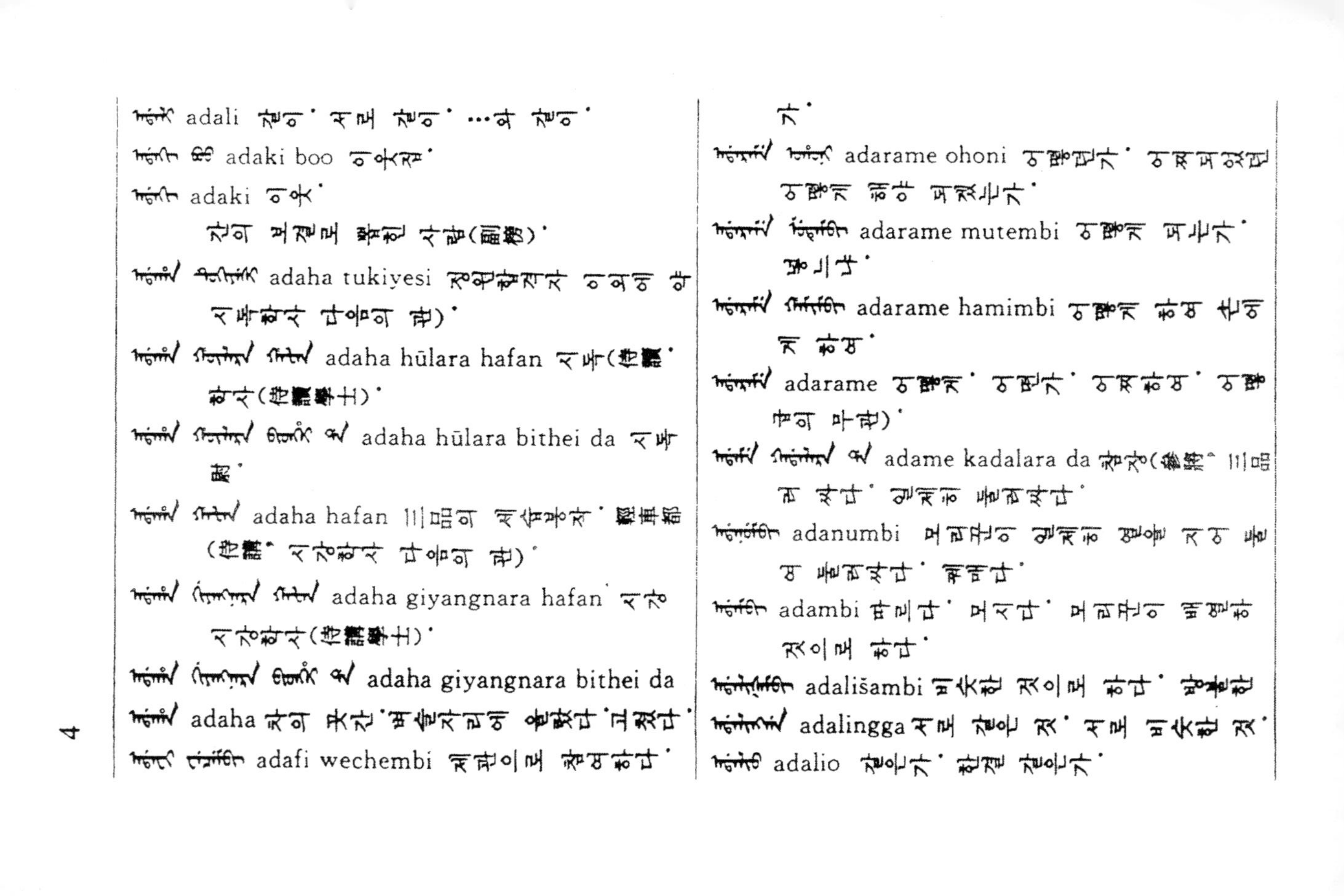

adali 같이. 서로 같이. …와 같이.
adaki boo 이웃집.
adaki 이웃.
간의 보결로 뽑힌 사람(副榜).
adaha tukiyesi 정원합격자 이외에 약
시독하사 다음의 관).
adaha hūlara hafan 시독(侍讀.
하사(侍讀學士).
adaha hūlara bithei da 시독
尉.
adaha hafan 三品의 세습봉작. 輕車都
(侍講, 시강하사 다음의 관).
adaha giyangnara hafan 시강
시강하사(侍講學士).
adaha giyangnara bithei da
adaha 차의 곳간. 벼슬자리에 올랐다. 고쳤다.
adafi wechembi 제관이로 참여하다.

가.
adarame ohoni 어떻던가. 어찌되었던
어떻게 해야 되겠는가.
adarame mutembi 어떻게 되는가.
좋니냐.
adarame hamimbi 어떻게 하여 손에
게 하여.
adarame 어떻게. 어떤가. 어찌하여. 어떻
겁의 무관).
adame kadalara da 참장(參將. 三品
러 싸다. 일제히 둘러싸다.
adanumbi 모리꾼이 일제히 열을 지어 둘
어 둘러싸다. 꿰매다.
adambi 따르다. 모시다. 모리꾼이 배열하
것이로 하다.
adališambi 비슷한 것이로 하다. 방불한
adalingga 서로 같은 것. 서로 비슷한 것.
adalio 같은가. 한결 같은가.

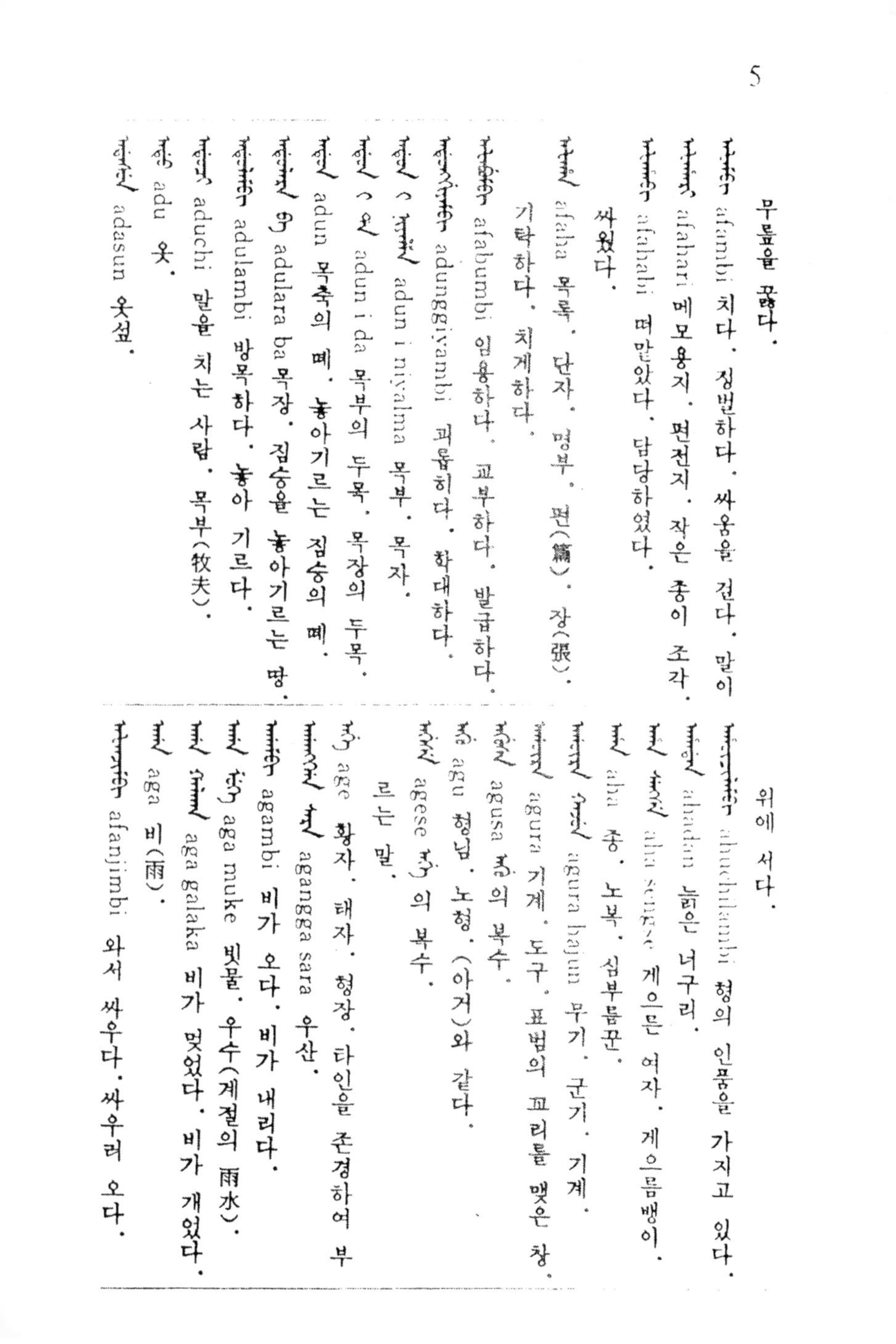

무릎을 꿇다.

afambi 치다. 징벌하다. 싸움을 걷다. 말이 싸웠다.

afahari 메모용지. 편전지. 작은 종이 조각.

afahabi 떠맡았다. 담당하였다.

afaha 목록. 단자. 명부. 편(篇). 장(張). 기탁하다. 치게하다.

afabumbi 임용하다. 교부하다. 발급하다.

adunggiyambi 괴롭히다. 학대하다.

adun i niyalma 목부. 목자.

adun i da 목부의 두목. 목장의 두목.

adun 목축의 떼. 놓아기르는 짐승의 떼.

adulara ba 목장. 짐승을 놓아기르는 땅.

adulambi 방목하다. 놓아 기르다.

aduchi 말을 치는 사람. 목부(牧夫).

adu 옷.

adasun 옷섶.

위에 서다.

ahuchilambi 형의 인품을 가지고 있다.

ahadan 늙은 너구리.

aha sengse 게으른 여자. 게으름뱅이.

aha 종. 노복. 심부름꾼.

agura hajun 무기. 군기. 기계.

agura 기계. 도구. 표범의 꼬리를 맺은 창.

agusa 의 복수.

agu 형님. 노형. (아거)와 같다.

agese 의 복수.

age 황자. 태자. 형장. 타인을 존경하여 부르는 말.

agangga sara 우산.

agambi 비가 오다. 비가 내리다.

aga muke 빗물. 우수(계절의 雨水).

aga galaka 비가 멎었다. 비가 개었다.

aga 비(雨).

afanjimbi 와서 싸우다. 싸우러 오다.

ahūlambi 형장처럼 행동하다.

ahūn 형. 형장(兄長).

ahūngga 장자. 장남.

ahūngga jui 맏아들. 맏아이.

ahūšambi 형의 예로서 사람을 대하다.

ai 무엇. 무엇의. 어떤. 오호. 저런.

ai ai 여러가지의. 가지각색의.

ai ai jaka 여러가지 물건. 각양각색의 물건.

ai ba 어떤 곳.

ai baita 무슨 일인가. 무슨 용무인가.

ai be 무엇을.

aibi 무엇이 있느냐. 무슨 거리낌이 있느냐.

aibichi 어디로 부터.

aibide 어디에. 어떻게.

aibimbi 붓다. 부스럼이 나다. 좋기가 나다.

aibingge 어디의 사람인가.

ai dalji 무슨 상관이 있느냐(상관이 없다).

aide 어디에.

ai demun 무슨 것인가. 무슨 이단인가.

aifini 이미. 벌써.

aifini chi 일찍부터. 벌써부터.

aifumbi 식언하다. 약속을 어기다.

ai gajiha 무엇하러 왔는가. 무슨 용건이냐.

ai ganaha 하필. 구태여. 반드시.

ai gelhun akū 감히. 어떻게 하겠는가. 감히 못한다.

ai geli 어떻게 또(그런 일이 있겠는가).

ai hachin i 어떤 모양의. 어떤 것의.

ai hala 무슨 성(姓)의. 무슨 큰 일인가.

ai hendure 황차. 하물며. …은 말할 것도 없고.

ai hihan 시시하다. 하찮다. 무슨 값어치가 있는가.

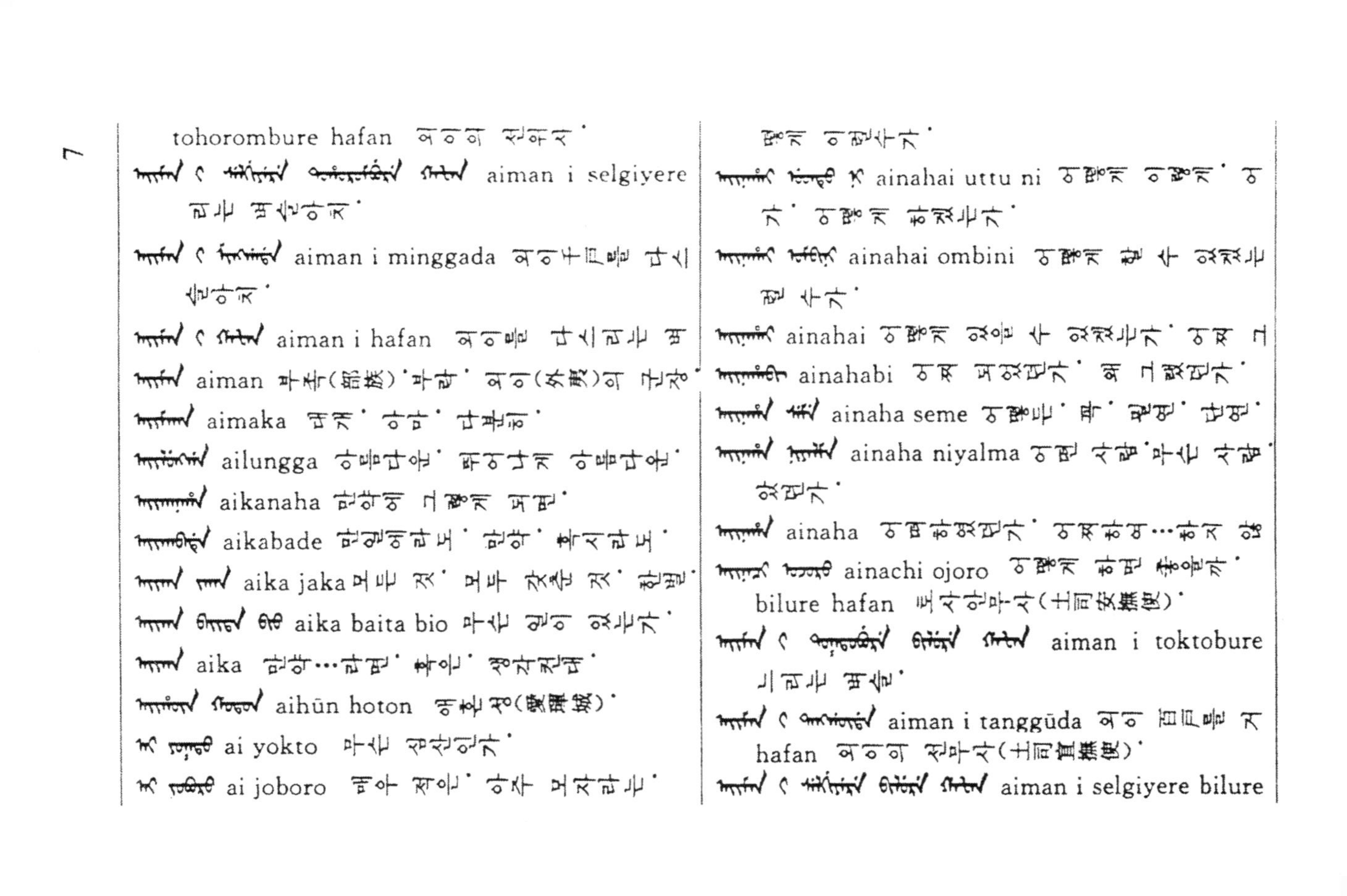

tohorombure hafan 외이의 선위사.

aiman i selgiyere
리는 벼슬아치.

aiman i minggada 외이千戶를 다스
슬아치.

aiman i hafan 외이를 다스리는 벼

aiman 부족(部族)·부락·외이(外夷)의 군장.

aimaka 대개·아마·다분히.

ailungga 아름다운·뛰어나게 아름다운.

aikanaha 만약에 그렇게 되면.

aikabade 만일에라도·만약·혹시라도.

aika jaka 모든 것·모두 갖춘 것·한벌.

aika baita bio 무슨 일이 있는가.

aika 만약…라면·혹은·생각컨대.

aihūn hoton 애혼성(愛琿城).

ai yokto 무슨 심산인가.

ai joboro 매우 적은·아주 모자라는.

떻게 이런수가.

ainahai uttu ni 어떻게 이렇게·어
가·어떻게 하겠는가.

ainahai ombini 어떻게 할 수 있겠는
런 수가.

ainahai 어떻게 있을 수 있겠는가·어찌 그

ainahabi 어찌 되었던가·왜 그랬던가.

ainaha seme 어떻든·꼭·필연·단연.

ainaha niyalma 어떤 사람·무슨 사람
았던가.

ainaha 어떠하였던가·어찌하여…하지 않

ainachi ojoro 어떻게 하면 좋을까.

bilure hafan 토사안무사(土司安撫使).

aiman i toktobure
느리는 벼슬.

aiman i tanggūda 외이 百戶를 거
hafan 외이의 선무사(土司宣撫使).

aiman i selgiyere bilure

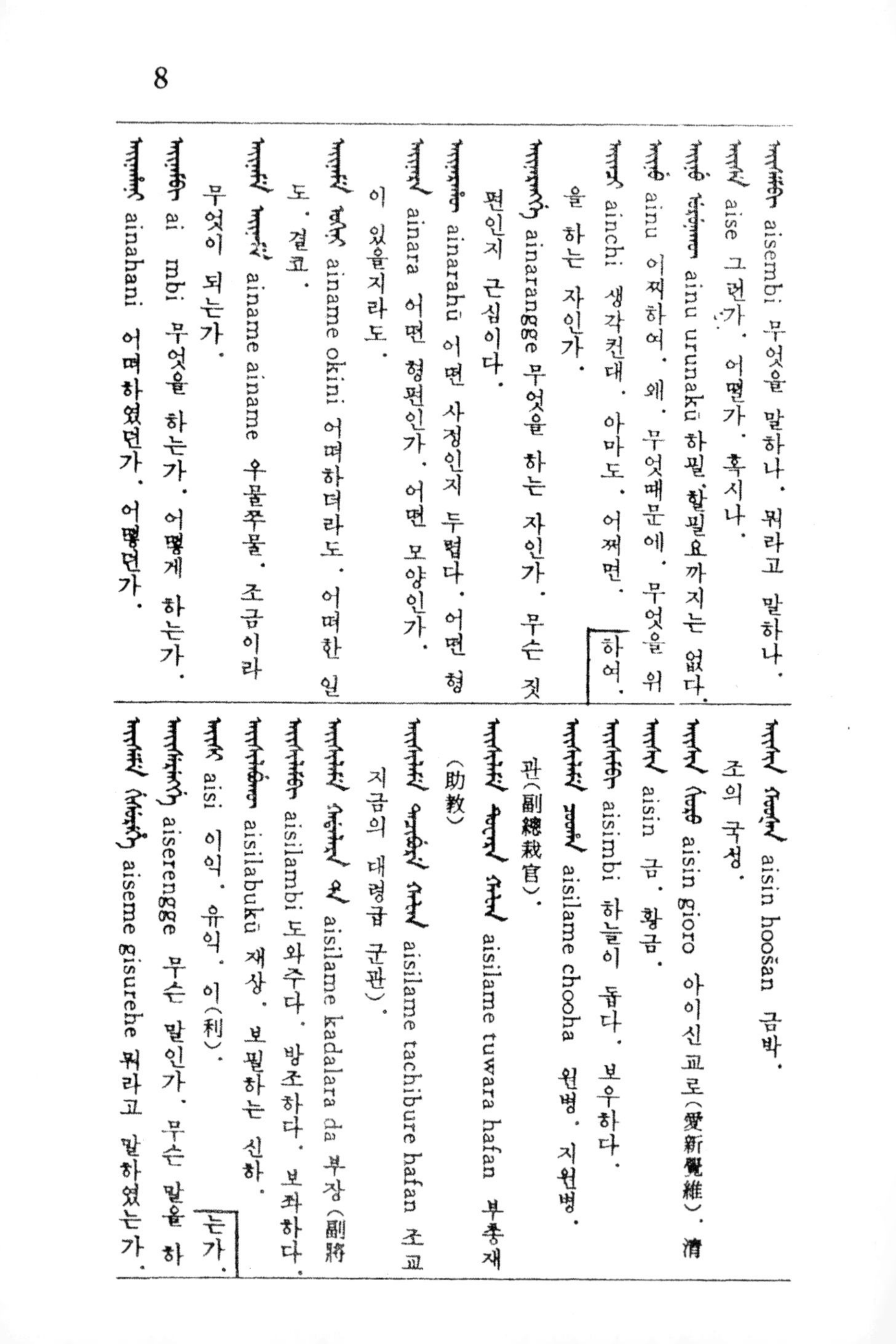

aisembi 무엇을 말하나. 뭐라고 말하나.
aise 그런가. 어떤가. 혹시나.
ainu urunakū 하필 할필요까지는 없다.
ainu 어찌하여. 왜. 무엇때문에. 무엇을 위
ainchi 생각컨대. 아마도. 어쩌면. 하여.
을 하는 자인가.
ainarangge 무엇을 하는 자인가. 무슨 짓
편인지 근심이다.
ainarahū 어떤 사정인지 두렵다. 어떤 형
ainara 어떤 형편인가. 어떤 모양인가.
이 있을지라도.
ainame okini 어떠하더라도. 어떠한 일
도. 결코.
ainame ainame 우물쭈물. 조금이라
무엇이 되는가.
ai mbi 무엇을 하는가. 어떻게 하는가.
ainahani 어떠하였던가. 어떻던가.

aisin hoošan 금박.
조의 국성.
aisin gioro 아이신교로(愛新覺羅). 清
aisin 금. 황금.
aisimbi 하늘이 돕다. 보우하다.
aisilame chooha 원병. 지원병.
관(副總裁官).
aisilame tuwara hafan 부총재
(助教)
aisilame tachibure hafan 조교
지금의 대령급 군관).
aisilame kadalara da 부장(副將
aisilambi 도와주다. 방조하다. 보좌하다.
aisilabukū 재상. 보필하는 신하.
aisi 이익. 유익. 이(利). 는가.
aiserengge 무슨 말인가. 무슨 말을 하
aiseme gisurehe 뭐라고 말하였는가.

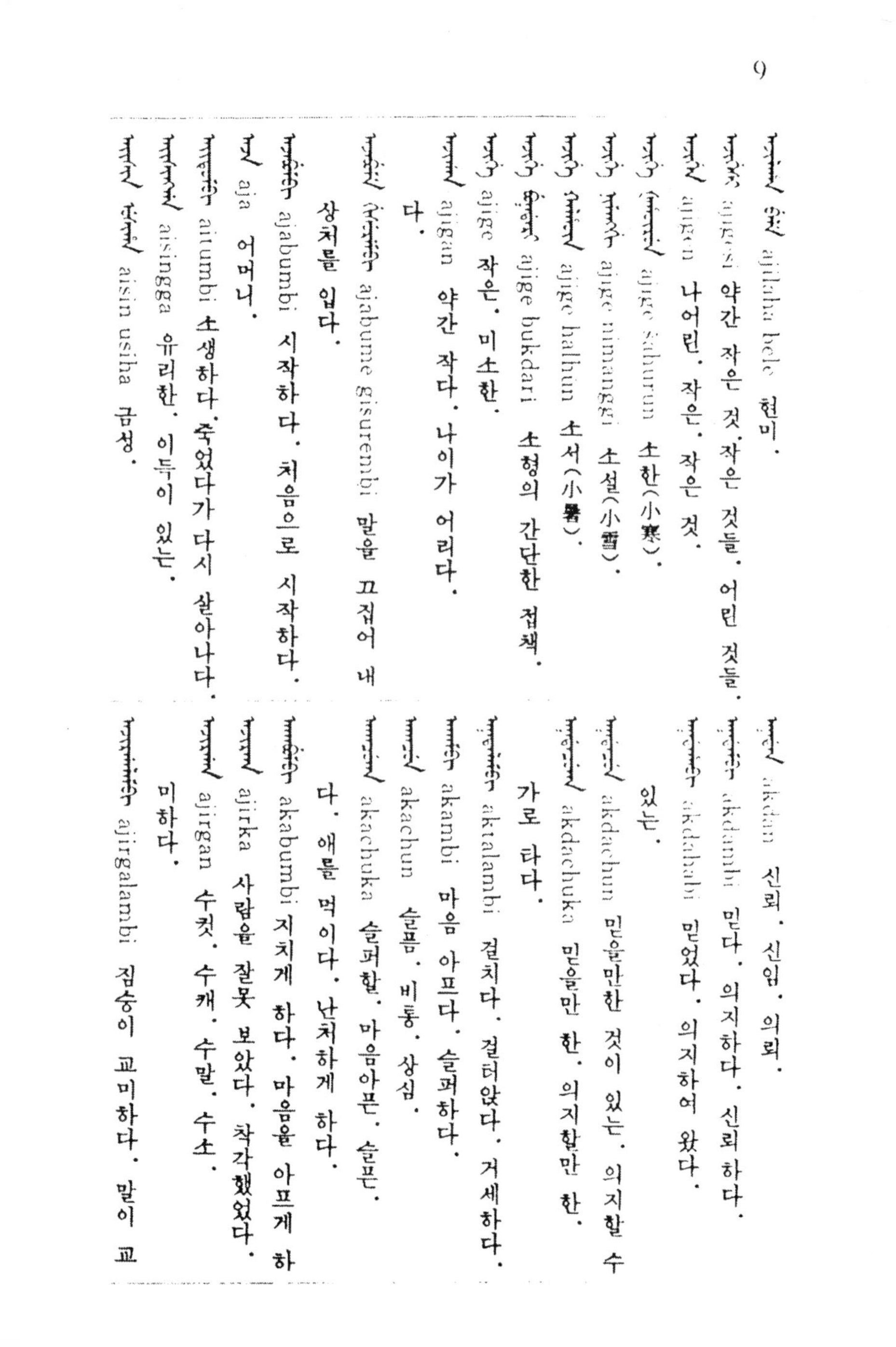

ajilaha bele 현미.

ajigesi 약간 작은 것.작은 것들. 어린 것들.

ajigen 나어린. 작은. 작은 것.

ajige šahurun 소한(小寒).

ajige nimanggi 소설(小雪).

ajige halhūn 소서(小暑).

ajige bukdari 소형의 간단한 접책.

ajige 작은. 미소한.

ajigan 약간 작다. 나이가 어리다.

다.

ajabume gisurembi 말을 끄집어 내

상처를 입다.

ajabumbi 시작하다. 처음으로 시작하다.

aja 어머니.

aitumbi 소생하다.죽었다가 다시 살아나다.

aisingga 유리한. 이득이 있는.

aisin usiha 금성.

akdan 신뢰. 신임. 의뢰.

akdambi 믿다. 의지하다. 신뢰하다.

akdahabi 믿었다. 의지하여 왔다.

있는.

akdachun 믿을만한 것이 있는. 의지할 수

akdachuka 믿을만 한. 의지할만 한.

가로 타다.

aktalambi 걸치다. 걸터앉다. 거세하다.

akambi 마음 아프다. 슬퍼하다.

akachun 슬픔. 비통. 상심.

akachuka 슬퍼할. 마음아픈. 슬픈.

다. 애를 먹이다. 난처하게 하다.

akabumbi 지치게 하다. 마음을 아프게 하

ajirka 사람을 잘못 보았다. 착각했었다.

ajirgan 수컷. 수캐. 수말. 수소.

미하다.

ajirgalambi 짐승이 교미하다. 말이 교

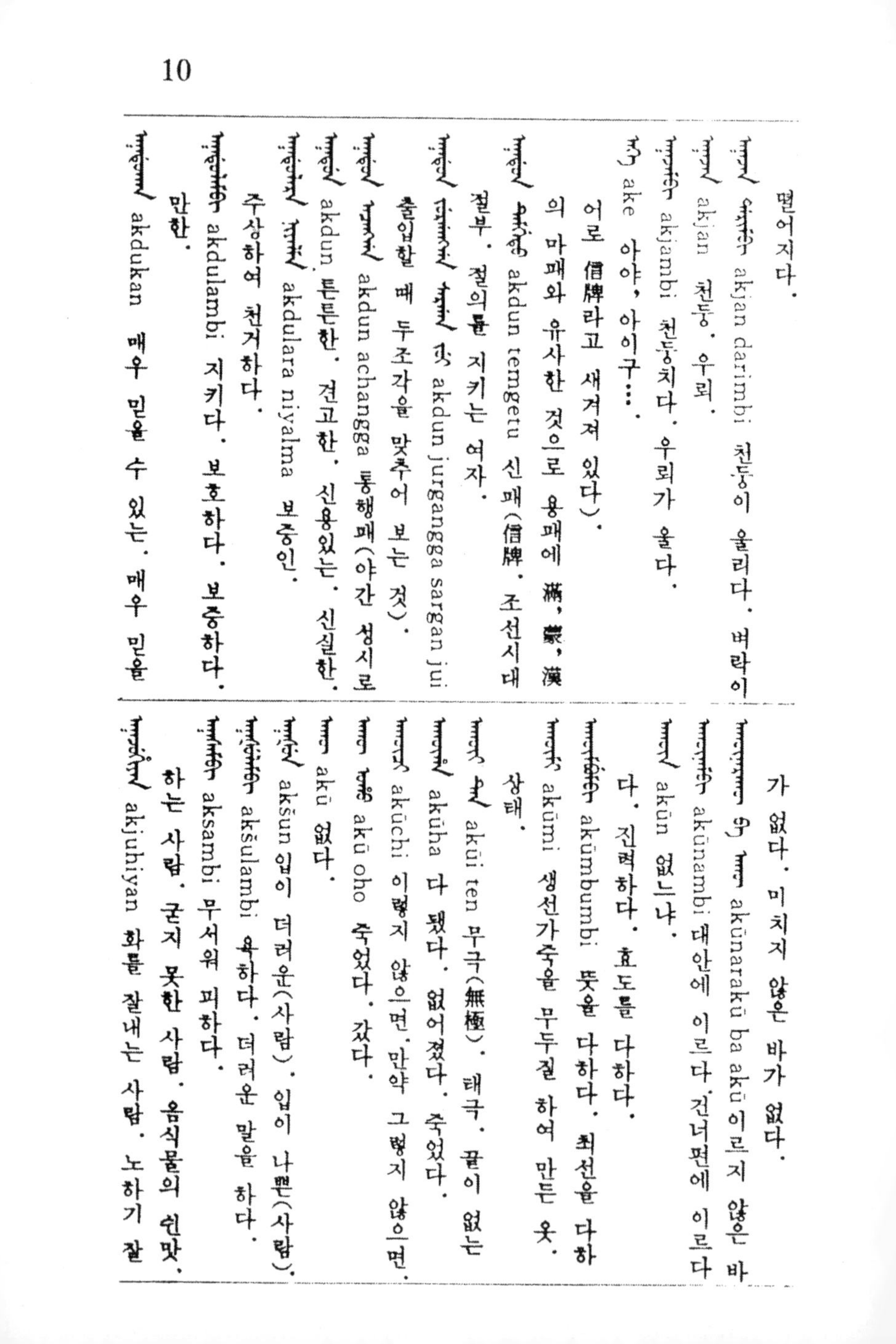

떨어지다.

akjan darimbi 천둥이 울리다. 벼락이

akjan 천둥. 우뢰.

akjambi 천둥치다. 우뢰가 울다.

ake 아야, 아이구….

어로 信牌라고 새겨져 있다).

의 마패와 유사한 것으로 용패에 滿, 蒙, 漢

akdun temgetu 신패(信牌. 조선시대

절부. 절의를 지키는 여자.

akdun jurgangga sargan jui

출입할 때 두조각을 맞추어 보는 것).

akdun achangga 통행패(야간 성시로

akdun 튼튼한. 견고한. 신용있는. 신실한.

akdulara niyalma 보증인.

주상하여 천거하다.

akdulambi 지키다. 보호하다. 보증하다.

만한.

akdukan 매우 믿을 수 있는. 매우 믿을

가 없다. 미치지 않은 바가 없다.

akūnarakū ba akū 이르지 않은 바

akūnambi 대안에 이르다. 건너편에 이르다

akūn 없느냐.

다. 진력하다. 효도를 다하다.

akūmbumbi 뜻을 다하다. 최선을 다하

akūmi 생선가죽을 무두질 하여 만든 옷.

상태.

akūi ten 무극(無極). 태극. 끝이 없는

akūha 다 됐다. 없어졌다. 죽었다.

akūchi 이렇지 않으면. 만약 그렇지 않으면.

akū oho 죽었다. 갔다.

akū 없다.

akšun 입이 더러운(사람). 입이 나쁜(사람).

akšulambi 욕하다. 더러운 말을 하다.

aksambi 무서워 피하다.

하는 사람. 굳지 못한 사람. 음식물의 쉰맛.

akjuhiyan 화를 잘내는 사람. 노하기 잘

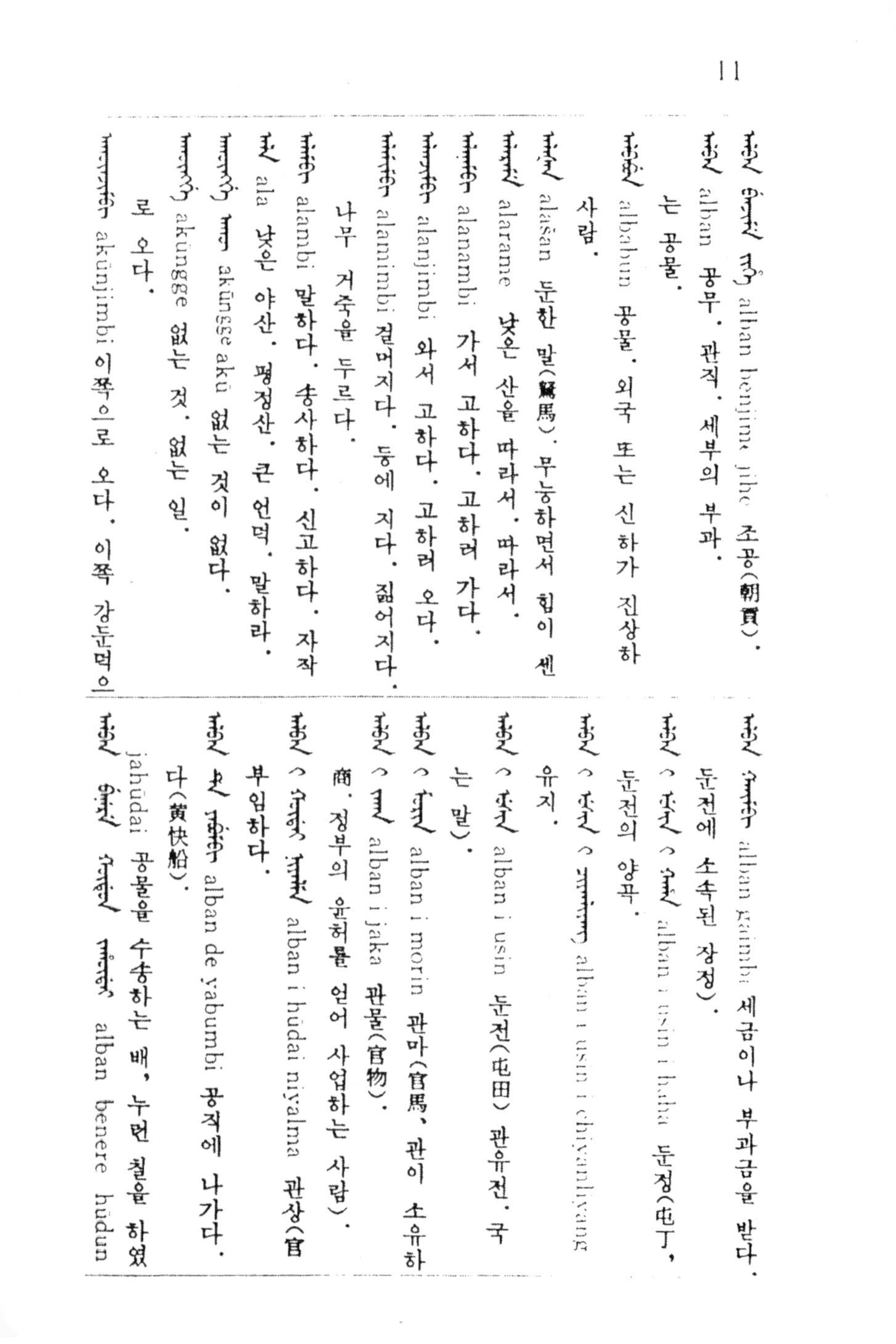

akūnjimbi 이쪽으로 오다·이쪽 강둔덕이
로 오다.

akūngge 없는 것·없는 일.

akūngge akū 없는 것이 없다.

ala 낮은 야산·평정산·큰 언덕·말하라.

alambi 말하다·송사하다·신고하다·자작
나무 저죽을 두르다.

alamimbi 걸머지다·등에 지다·짊어지다.

alanjimbi 와서 고하다·고하러 오다.

alanambi 가서 고하다·고하러 가다.

alarame 낮은 산을 따라서·따라서.

alašan 둔한 말(駑馬)·무능하면서 힘이 센
사람.

albabun 공물·외국 또는 신하가 진상하
는 공물.

alban 공무·관직·세부의 부과.

alban benjime jihe 조공(朝貢).

alban benere hūdun
jahūdai 공물을 수송하는 배, 누런 칠을 하였
다(黃快船).

alban de yabumbi 공직에 나가다.
부임하다.

alban i hūdai niyalma 관상(官
商·정부의 윤허를 얻어 사업하는 사람).

alban i jaka 관물(官物).

alban i morin 관마(官馬, 관이 소유하
는 말).

alban i usin 둔전(屯田) 관유전·국
유지.

alban i usin i chiyanliyang
둔전의 양곡.

alban i usin i haha 둔정(屯丁,
둔전에 소속된 장정).

alban gaimbi 세금이나 부과금을 받다.

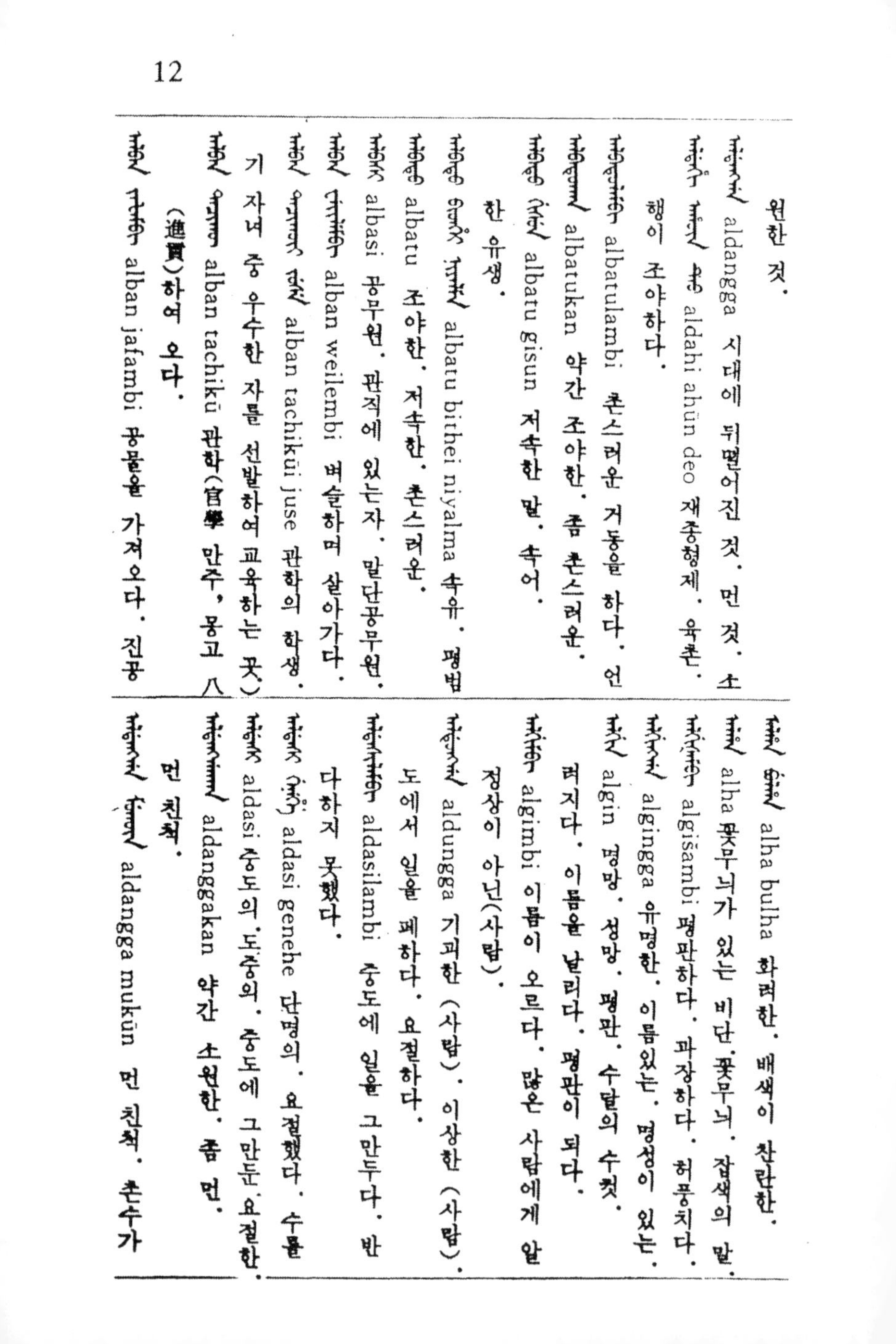

alban jafambi 공물을 가져오다. 진공(進貢)하여 오다.

alban tachikū 관학(官學 만주, 몽고 八기 자녀 중 우수한 자를 선발하여 교육하는 곳)

alban tachikūi juse 관학의 학생.

alban weilembi 벼슬하며 살아가다.

albasi 공무원. 관직에 있는자. 말단공무원.

albatu 조야한. 저속한. 촌스러운.

albatu bithei niyalma 속유. 평범한 유생.

albatu gisun 저속한 말. 속어.

albatukan 약간 조야한. 좀 촌스러운.

albatulambi 촌스러운 거동을 하다. 언행이 조야하다.

aldahi ahūn deo 재종형제. 육촌.

aldangga 시대에 뒤떨어진 것. 먼 것. 소원한 것.

aldangga mukūn 먼 친척. 촌수가 먼 친척.

aldanggakan 약간 소원한. 좀 먼.

aldasi 중도의. 도중의. 중도에 그만둔. 요절한.

aldasi genehe 단명의. 요절했다. 수를 다하지 못했다.

aldasilambi 중도에 일을 그만두다. 반도에서 일을 폐하다. 요절하다.

aldungga 기괴한 (사람). 이상한 (사람). 정상이 아닌(사람).

algimbi 이름이 오르다. 많은 사람에게 알려지다. 이름을 날리다. 평판이 되다.

algin 명망. 성망. 평판. 수달의 수컷.

algingga 유명한. 이름있는. 명성이 있는.

algišambi 평판하다. 과장하다. 허풍치다.

alha 꽃무늬가 있는 비단. 꽃무늬. 잡색의 말.

alha bulha 화려한. 배색이 찬란한.

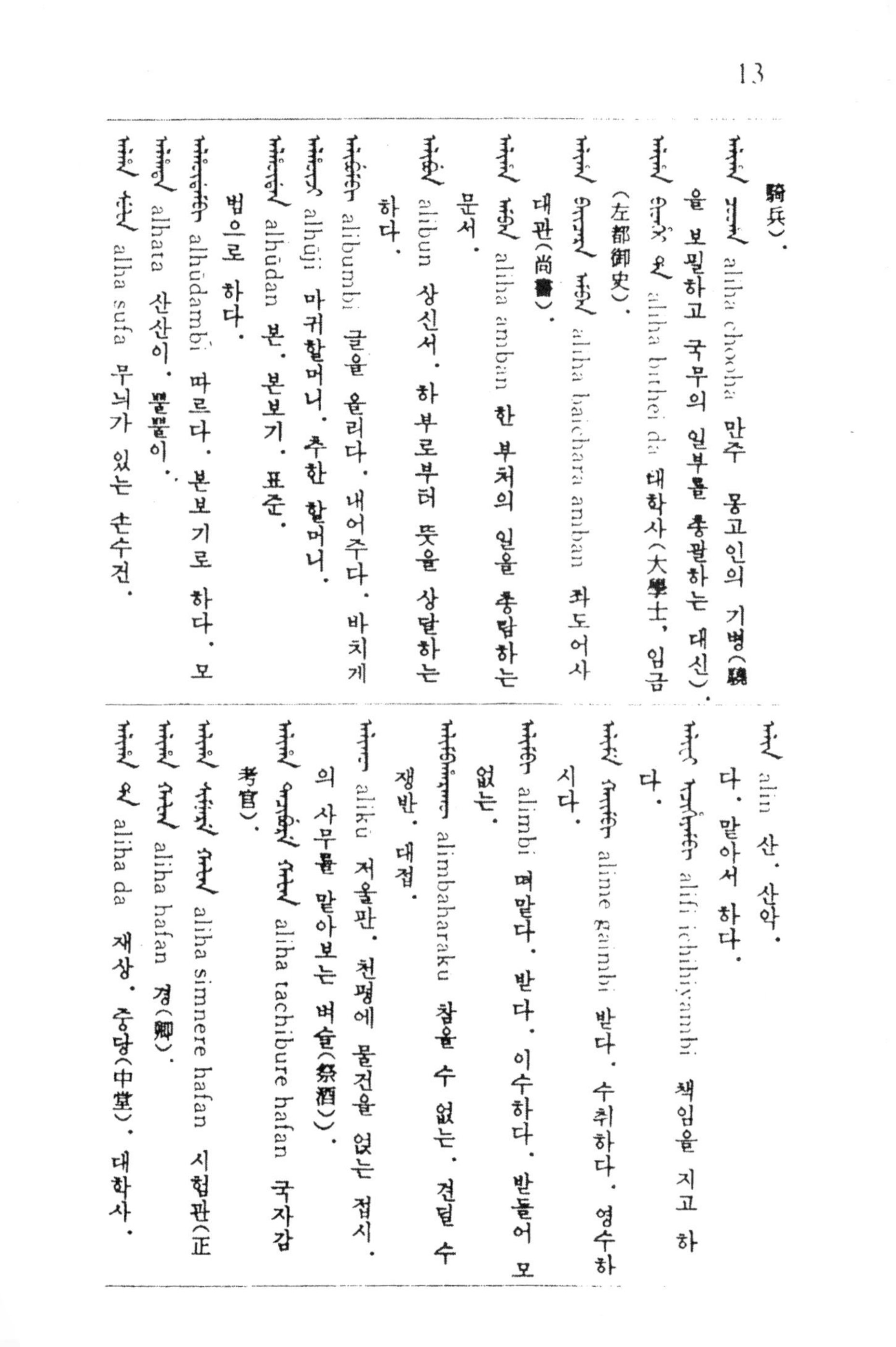

騎兵).
aliha chooha 만주 몽고인의 기병(騎
을 보필하고 국무의 일부를 총괄하는 대신).
aliha bithei da 대학사(大學士, 입금
(左都御史).
aliha baichara amban 좌도어사
대관(尚書).
aliha amban 한 부처의 일을 총람하는
문서.
alibun 상신서. 하부로부터 뜻을 상달하는
하다.
alibumbi 글을 올리다. 내어주다. 바치게
alhūji 마귀할머니. 추한 할머니.
alhūdan 본. 본보기. 표준.
법으로 하다.
alhūdambi 따르다. 본보기로 하다. 모
alhata 산산이. 뿔뿔이.
alha sufa 무늬가 있는 손수건.

alin 산. 산악.
다. 맡아서 하다.
alifi ichihiyambi 책임을 지고 하
다.
alime gaimbi 받다. 수취하다. 영수하
시다.
alimbi 떠맡다. 받다. 이수하다. 받들어 모
없는.
alimbaharaku 참을 수 없는. 견딜 수
쟁반. 대접.
aliku 저울판. 천평에 물건을 얹는 접시.
의 사무를 맡아보는 벼슬(祭酒)).
aliha tachibure hafan 국자감
考官).
aliha simnere hafan 시험관(正
aliha hafan 경(卿).
aliha da 재상. 중당(中堂). 대학사.

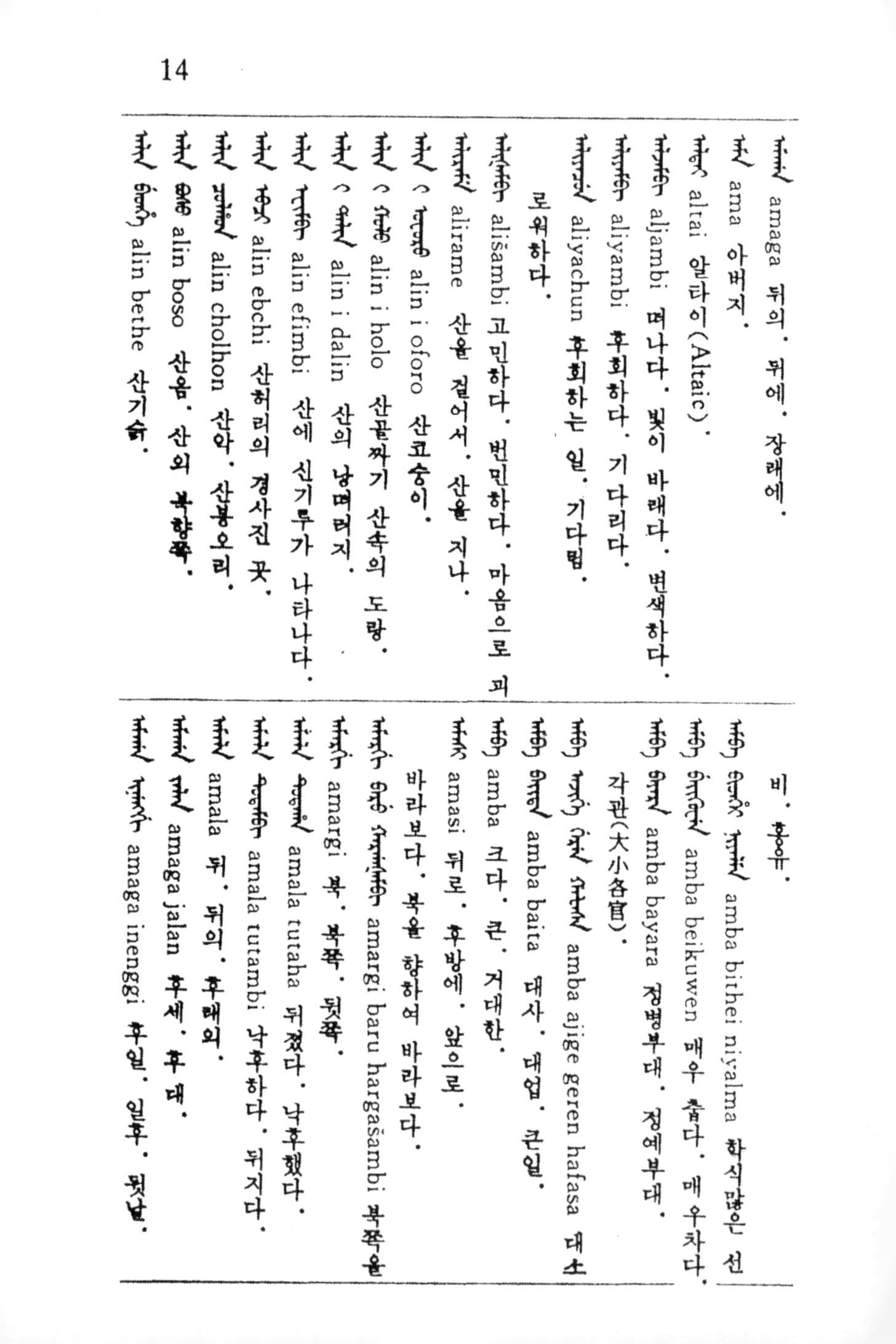

amaga 뒤의·뒤에·장래에.

ama 아버지.

altai 알타이(Altaic).

aljambi 떠나다·빛이 바래다·변색하다.

aliyambi 후회하다·기다리다.

aliyachun 후회하는 일·기다림.

　로워하다.

ališambi 고민하다·번민하다·마음으로 괴

alirame 산을 걸어서·산을 지나.

alin i oforo 산코숭이.

alin i holo 산골짜기 산속의 도랑.

alin i dalin 산의 낭떠러지.

alin efimbi 산에 신기루가 나타나다.

alin ebchi 산허리의 경사진 곳.

alin cholhon 산아·산봉오리.

alin boso 산음·산의 북향쪽.

alin bethe 산기슭.

　비·흉아.

amba bithei niyalma 학식많은 선

amba beikuwen 매우 춥다·매우 차다.

amba bayara 정병부대·정예부대.

　각관(大小各官).

amba ajige geren hafasa 대소

amba baita 대사·대업·큰일.

amba 크다·큰·거대한.

amasi 뒤로·후방에·앞으로.

　바라보다·북을 향하여 바라보다.

amargi baru hargašambi 북쪽을

amargi 북·북쪽·뒷쪽.

amala tutaha 뒤졌다·낙후했다.

amala tutambi 낙후하다·뒤지다.

amala 뒤·뒤의·후대의.

amaga jalan 후세·후대.

amaga inenggi 후일·일후·뒷날.

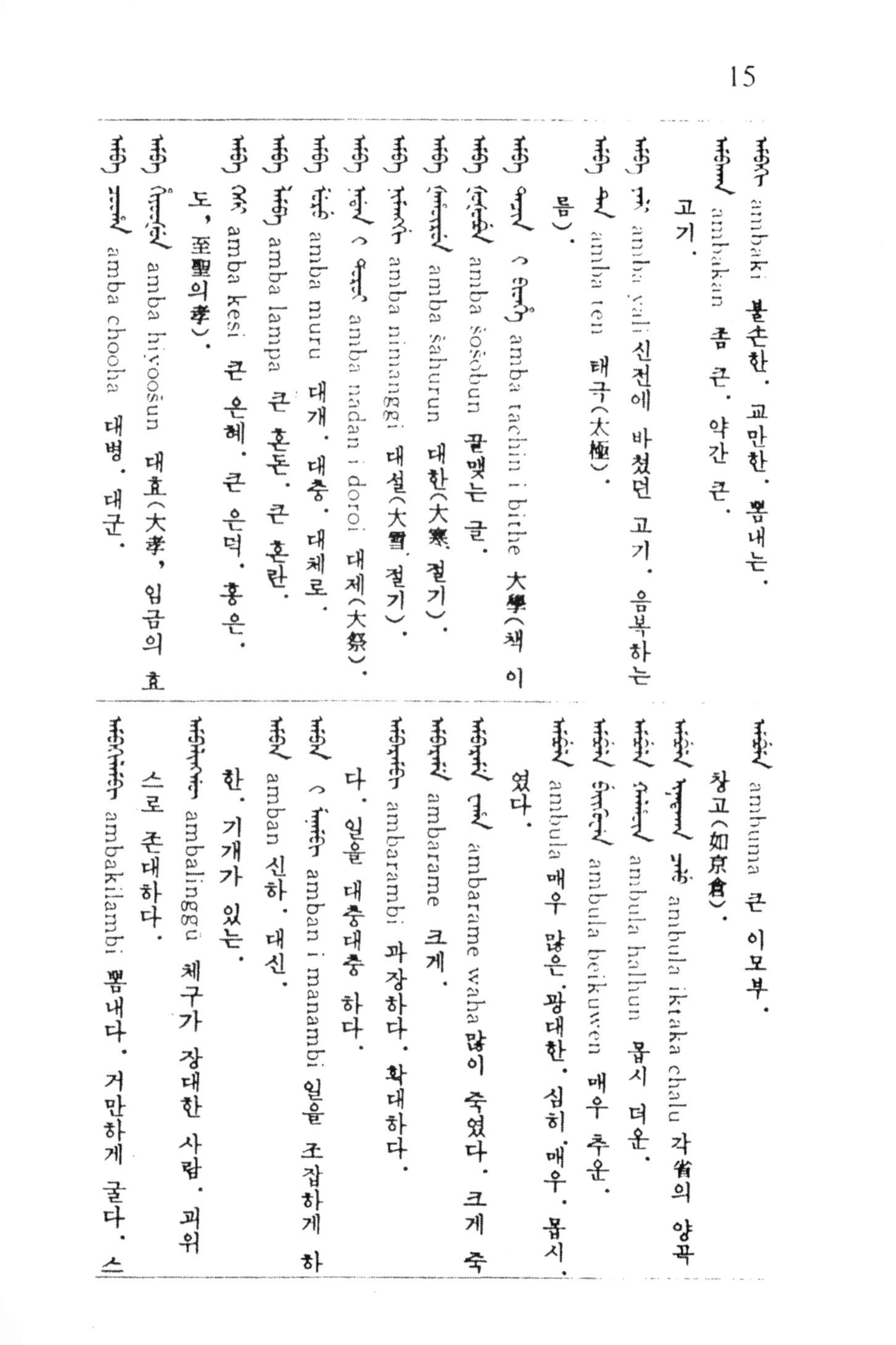

amba chooha 대병. 대군.

amba hiyoošun 대효(大孝, 임금의 효
도, 至聖의孝).

amba kesi 큰 은혜. 큰 은덕. 홍은.

amba lampa 큰 혼돈. 큰 혼란.

amba muru 대개. 대충. 대체로.

amba nadan i doroi 대제(大祭).

amba nimanggi 대설(大雪 절기).

amba šahurun 대한(大寒 절기).

amba šošobun 끝맺는 글.

amba tachin i bithe 大學(책 이
름).

amba ten 태극(太極).

amba yali 신전에 바쳤던 고기. 음복하는
고기.

ambakan 좀 큰. 약간 큰.

ambaki 불손한. 교만한. 뽐내는.

ambakilambi 뽐내다. 거만하게 굴다. 스
스로 존대하다.

ambalinggū 체구가 장대한 사람. 괴위
한. 기개가 있는.

amban 신하. 대신.

amban i manambi 일을 조잡하게 하
다. 일을 대충대충 하다.

ambarambi 과장하다. 확대하다.

ambarame 크게.

ambarame waha 많이 죽였다. 크게 죽
였다.

ambula 매우 많은. 광대한. 심히. 매우. 몹시.

ambula beikuwen 매우 추운.

ambula halhūn 몹시 더운.

ambula iktaka chalu 각省의 양곡
창고(如京倉).

ambuma 큰 이모부.

amchambi 쫓다. 추격하다. 추구하다. 미치다. 분을 더 접다.

amchame fungnembi 추봉(追封)하다.

amchanambi 쫓아 가다.

amchanjimbi 쫓아 오다.

amchatambi 참람하다. 노한 사람에게 먼저 말을 하다.

amdun 갖풀. 아교.

amgambi 자다. 수면을 취하다.

amha 장인. 아내의 부친.

amila 수컷(금수에게만 쓰는 말).

amji 큰 아버지.

amsu 임금에게 올리는 음식.

amsulambi 임금이 수라를 들다.

amsun 신에게 바치는 주식(酒食).

amtan 음식의 맛. 식도락. 취미.

amtan achabumbi 맛을 맞추다.

amtan akū 맛이 없다. 재미가 없다.

amtan bi 맛이 있다. 재미가 있다.

amtan simten 맛이 있는.

amtan tuheke 낙담했다. 실망했다.

amtangga 맛이 있는. 흥취가 있는.

amtašambi 맛을 즐기다. 잘 씹어서 맛을 보다.

amtun 제사때 쓰는 그릇(俎).

amu 큰 어머니, 백모. 졸리는. 돼지등심.

amu mangga 잠이 몹시 오는. 잠이 쏟아지는.

amu sureke 잠이 깨었다.

amuran …을 좋아하는.

amurangga 좋아하는 것. …을 애호하는 것.

an 항상. 늘. 낡은. 통례의.

an akū 일정한 규정이 없다. 정규가 아니다.

an be tuwakiyambi 본분을 지키다. 원래의 분을 지키다.

an bi 상례가 있다. 상규가 있다.
an choko 닭.
an chiktan i tanggin 황제가 친림하여 강서하는 강당(彝倫堂).
an dulimba bithe 중용(中庸 책이름)
an i 평상에 비추어. 평상에 따라. 여전히. 종전대로.
an i baita 평상의 일. 일상사.
an i jergi 평상. 늘상. 보통. 중간. 중등.
an i wesimbure 내용을 숨기지 않는 통상의 상주문.
an kemun 규정. 규칙.
an kooli 구례. 상규(常規). 풍속. 상례(常例).
an wehe 나무가 변하여 돌로 된 화석(木化石).
anabumbi 서로 사양하다. 밀리다. 지다. 천연시키다.
anabure etere 승부. 지고 이기는 것.
anafu chooha 위술병. 방어병.
anagan 구실. 핑계. 이용하여. 기회를 타고.
anagan i biya 윤달(閏月).
anahūnjambi 겸양하다. 양보하다.
anaku 열쇠. 걸쇠.
anaku jui 유복자.
anambi 포위망을 넓히다. 밀다. 억누르다. 천연하다. 핑계삼다.
anatambi 일제히 밀다. 다같이 밀다. 강요하다. 책임을 밀다.
anchun 귀걸이.
anchun umiyaha 바퀴벌레.
anda 두터운 교제. 친구 간의 우의.
anda jafambi 두터운 우의를 맺다. 형제의 교제를 하다.
andala 중도. 인의 중간. 도중. 길의 중도.

andan 잠시. 순식간. 극히 짧은 시간.

andande 잠깐동안에. 순식간에. 갑자기.

anduhūri 냉담한.

angga 입. 관문. 산의 협구.

angga akšun 입이 더러운. 입무서운.

angga aljaha 허가가 나왔다.

angga baimbi 범인의 말을 듣고 심문하다.

angga chakchahūn 말(馬)의 입을 벌리기 힘든. 개폐가 힘든.

angga gaimbi 입맞추다. 접분하다.

angga hetumbumbi 입에 풀칠을 하다. 생계를 세우다.

angga isi 잡수세요. 드세요.

angga isimbi 먼저 먹다. 먼저 맛을 보다.

angga jasimbi 말을 전하다.

angga juwambi 입을 열다.

angga sulfambi 간신히 살아가다.

anggai anakū 구실. 핑계.

anggala 호구. 인구. 뿐만아니라. 보다는.

anggalambi 구걸하다. 구걸하며 다니다.

angga mimimbi 함구하다. 입을 다물다.

anggara 절독. 항아리.

anggasi 홀어미. 미망인. 과부.

anggasi hehe 과부.

anggasilambi 과부가 수절하다.

anja 쟁기.

aniya 해(年). 년.

aniya aliha gūsai siden yamun 八旗의 효기위(驍騎衛)에 있는 아문이로 八旗의 사령본부. 한문으로는 値年旗衙門이라고 한다.

aniya biya 정월(正月).

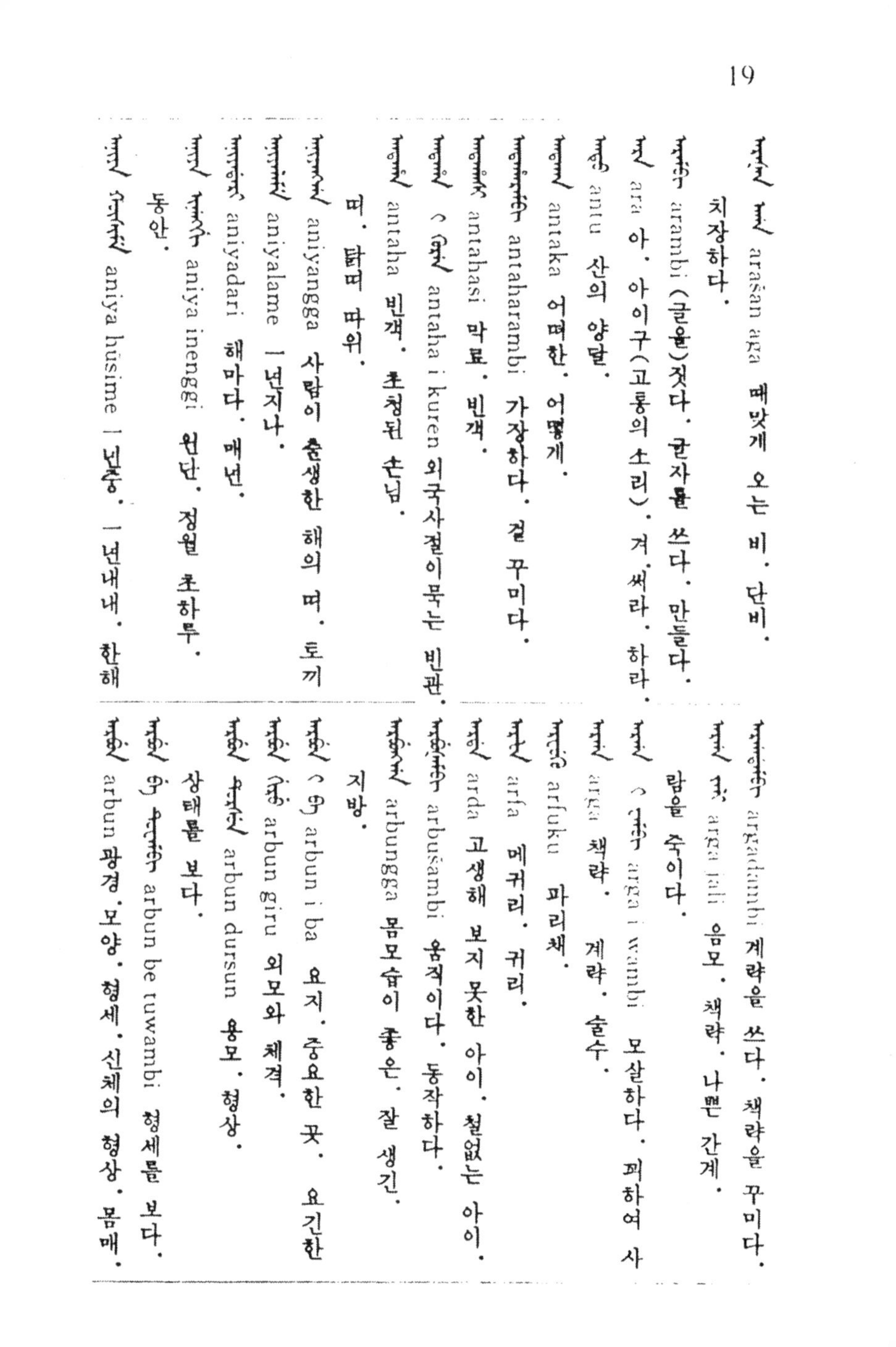

arašan aga 때맞게 오는 비. 단비.
치장하다.
arambi (글을)짓다. 글자를 쓰다. 만들다.
ara 아. 아이구(고통의 소리). 겨. 써라. 하라.
antu 산의 양달.
antaka 어떠한. 어떻게.
antaharambi 가장하다. 겉 꾸미다.
antahasi 막료. 빈객.
antaha i kuren 외국사절이 묵는 빈관.
antaha 빈객. 초청된 손님.
띠. 띠띠 따위.
aniyangga 사람이 출생한 해의 띠. 토끼
aniyalame 1년지나.
aniyadari 해마다. 매년.
aniya inenggi 원단. 정월 초하루.
동안.
aniya hūsime 1년중. 1년내내. 한해

argadambi 계략을 쓰다. 책략을 꾸미다.
arga jali 음모. 책략. 나쁜 간계.
략을 죽이다.
arga i wambi 모살하다. 꾀하여 사
arga 책략. 계략. 술수.
arfuku 파리채.
arfa 메귀리. 귀리.
arda 고생해 보지 못한 아이. 철없는 아이.
arbušambi 움직이다. 동작하다.
arbungga 몸모습이 좋은. 잘 생긴.
지방.
arbun i ba 요지. 중요한 곳. 요긴한
arbun giru 외모와 체격.
arbun dursun 용모. 형상.
상태를 보다.
arbun be tuwambi 형세를 보다.
arbun 광경. 모양. 형세. 신체의 형상. 몸매.

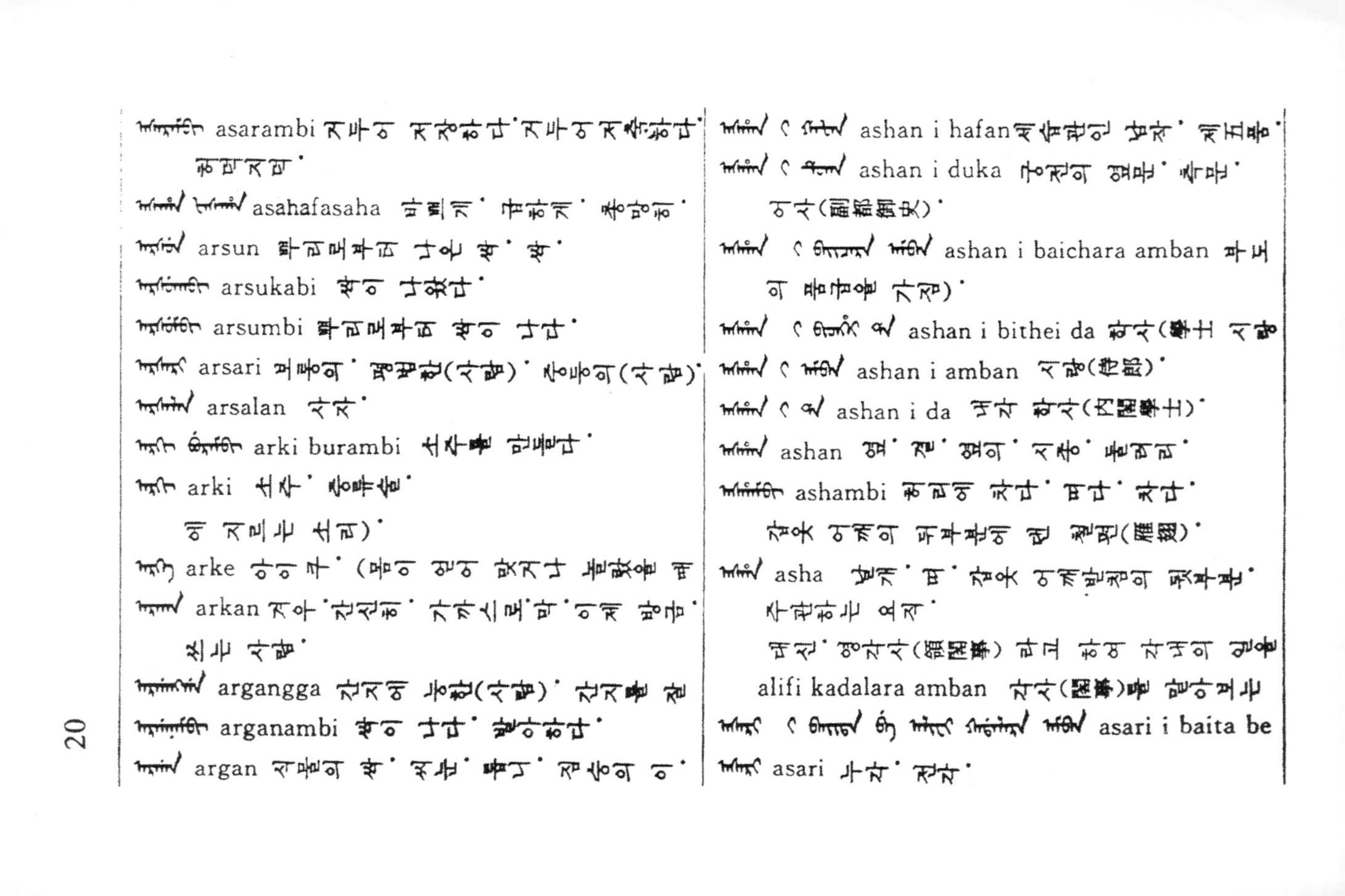

asarambi 거두어 저장하다·거두어 저축하다·
허며지며·
asahafasaha 바쁘게·급하게·총망히·
arsun 뿌리로부터 나온 싹·싹·
arsukabi 싹이 나왔다·
arsumbi 뿌리로부터 싹이 나다·
arsari 보통의·평범한(사람)·중등의(사람)·
arsalan 사자·
arki burambi 소주를 만들다·
arki 소주·증류술·
arke 아이쿠·(몸이 얻어 맞거나 놀랐을 때
에 지르는 소리)·
arkan 겨우·간신히·가까스로·막·이제 방금·
쓰는 사람·
argangga 간지에 능한(사람)·간지를 잘
arganambi 싹이 나다·발아하다·
argan 식물의 싹·씨눈·덧니·짐승의 이·

ashan i hafan 세습관인 남작·제五품·
ashan i duka 궁전의 옆문·측문·
어사(副都御史)·
ashan i baichara amban 부도
의 품급을 가짐)·
ashan i bithei da 학사(學士 시랑
ashan i amban 시랑(侍郞)·
ashan i da 내각 학사(內閣學士)·
ashan 옆·곁·옆의·시종·둘러리·
ashambi 허리에 차다·떠다·차다·
갑옷 어깨의 뒤부분에 댄 철편(雁翅)·
asha 날개·떠·갑옷 어깨받침의 뒷부분·
주관하는 요직·
대신·영각사(領閣事)라고 하여 각내의 일을
alifi kadalara amban 각사(閣事)를 맡아보는
asari i baita be
asari 누각·전각·

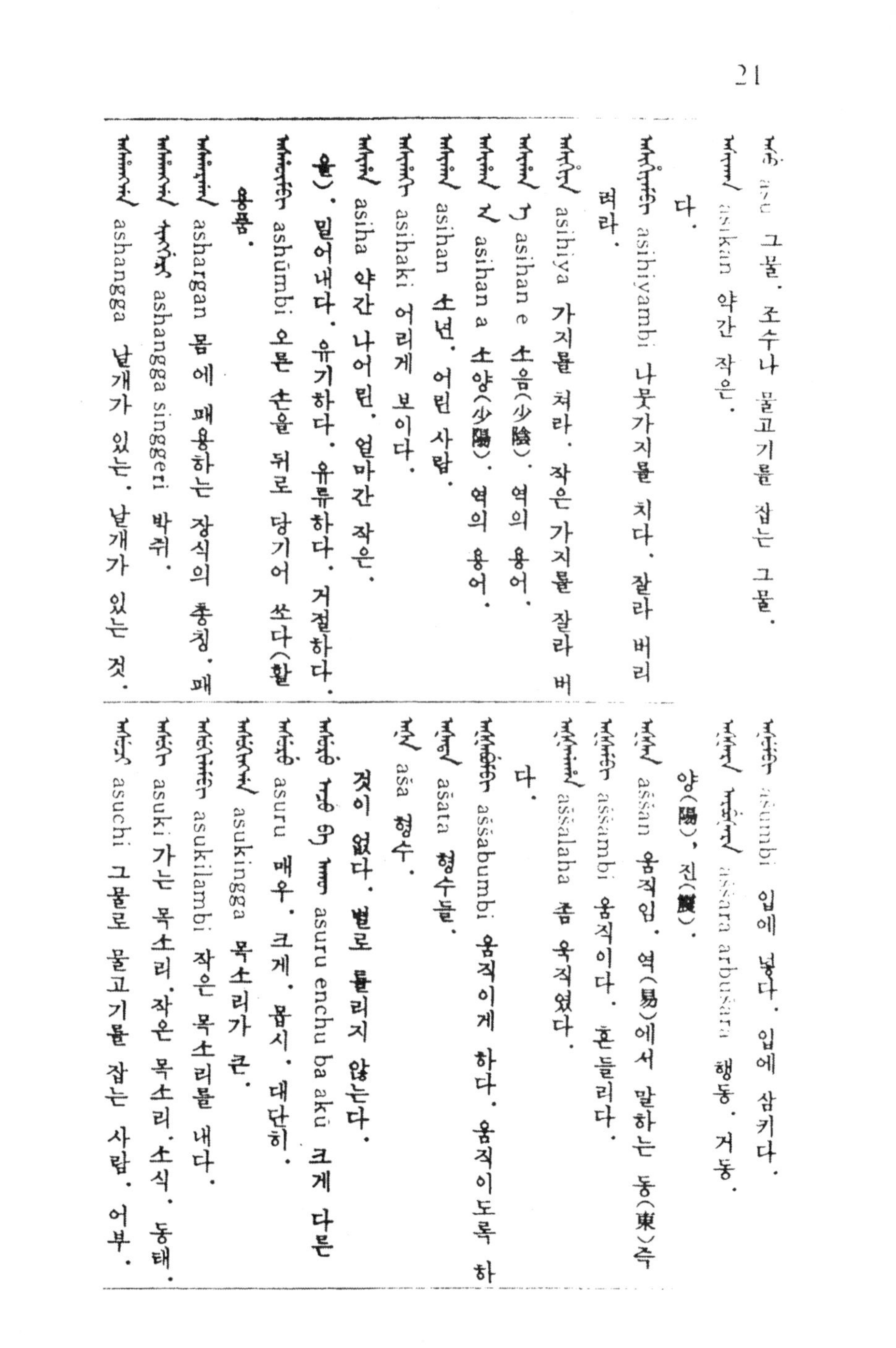

asu 그물. 조수나 물고기를 잡는 그물.

asikan 약간 작은.
다.

asihiyambi 나뭇가지를 치다. 잘라 버리라.

asihiya 가지를 쳐라. 작은 가지를 잘라 버려라.

asihan e 소음(少陰). 역의 용어.

asihan a 소양(少陽). 역의 용어.

asihan 소년. 어린 사람.

asihaki 어리게 보이다.

asiha 약간 나어린. 얼마간 작은.

ashūmbi 오른 손을 뒤로 당기어 쏘다(활을). 밀어내다. 유기하다. 유류하다. 거절하다.

ashargan 몸에 매용하는 장식의 총칭. 매용품.

ashangga singgeri 박쥐.

ashangga 날개가 있는. 날개가 있는 것.

ašumbi 입에 넣다. 입에 삼키다.

aššara arbušara 행동. 거동.

aššan 움직임. 역(易)에서 말하는 동(東)즉 양(陽), 진(震).

aššambi 움직이다. 흔들리다.

aššalaha 좀 움직였다.

aššabumbi 움직이게 하다. 움직이도록 하다.

asata 형수들.

aša 형수.

asuru enchu ba akū 크게 다른 것이 없다. 별로 틀리지 않는다.

asuru 매우. 크게. 몹시. 대단히.

asukingga 목소리가 큰.

asukilambi 작은 목소리를 내다.

asuki 가는 목소리. 작은 목소리. 소식. 동태.

asuchi 그물로 물고기를 잡는 사람. 어부.

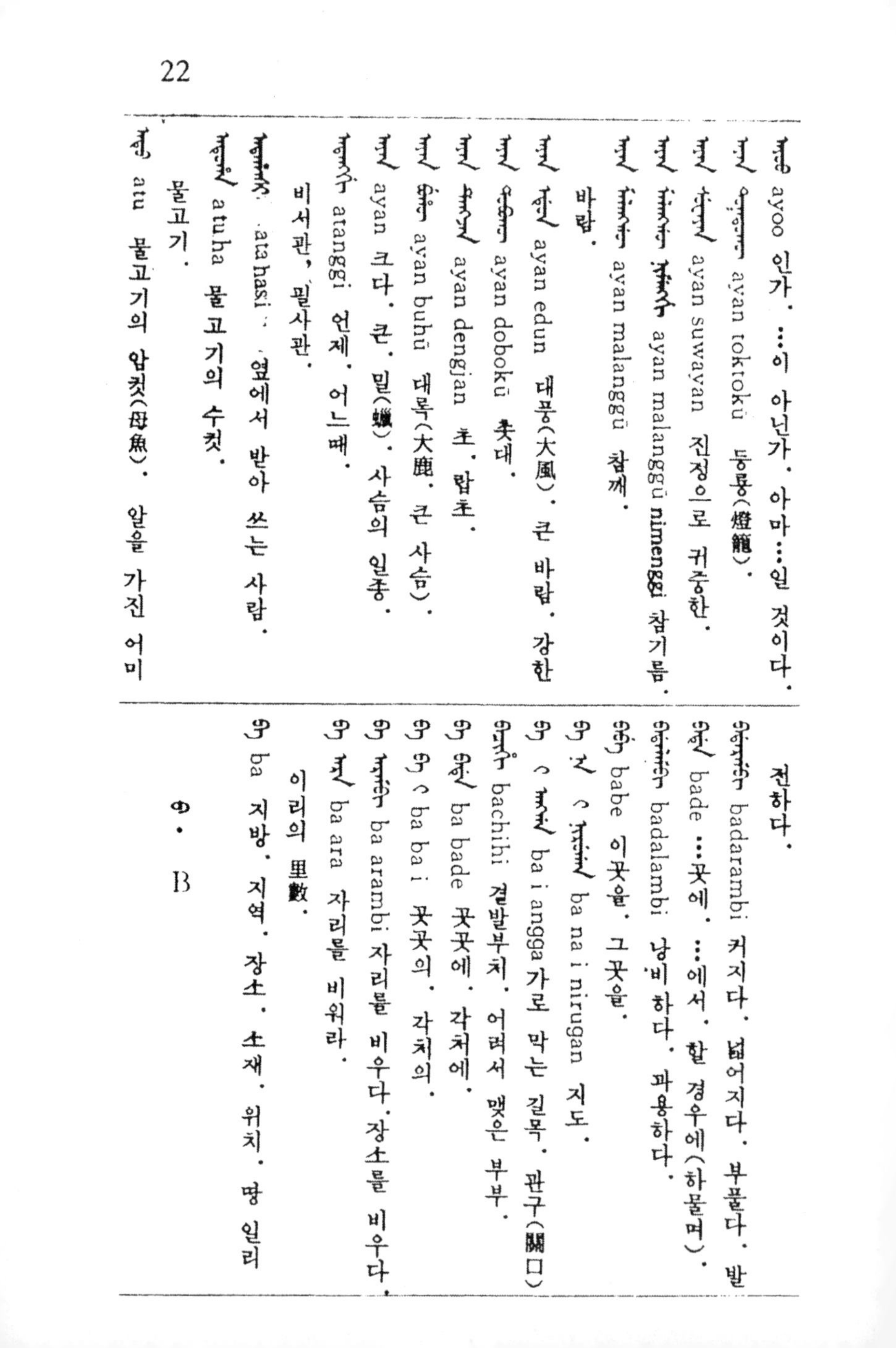

atu 물고기의 암컷(母魚) · 알을 가진 어미 물고기 ·

atuha 물고기의 수컷 ·

atahasi 옆에서 받아 쓰는 사람 · 비서관 · 필사관 ·

atanggi 언제 · 어느때 ·

ayan 크다 · 큰 · 밀(蠟) · 사슴의 일종 ·

ayan buhū 대록(大鹿 · 큰 사슴) ·

ayan dengjan 초 · 랍초 ·

ayan dobokū 촛대 ·

ayan edun 대풍(大風) · 큰 바람 · 강한 바람 ·

ayan malanggū 참깨 ·

ayan malanggū **nimenggi** 참기름 ·

ayan suwayan 진정이로 귀중한 ·

ayan toktokū 등롱(燈籠) ·

ayoo 인가 · ...이 아닌가 · 아마...일 것이다 ·

· B

ba 지방 · 지역 · 장소 · 소재 · 위치 · 땅 일리 이리의 里數 ·

ba ara 자리를 비워라 ·

ba arambi 자리를 비우다 · 장소를 비우다 ·

ba ba i 곳곳의 · 각처의 ·

ba bade 곳곳에 · 각처에 ·

bachihi 결발부처 · 어려서 맺은 부부 ·

ba i angga 가로 막는 길목 · 관구(關口)

ba na i nirugan 지도 ·

babe 이곳을 · 그곳을 ·

badalambi 낭비하다 · 파용하다 ·

bade ...곳에 · ...에서 · 할 경우에(하물며) ·

badarambi 커지다 · 넓어지다 · 부풀다 · 발전하다 ·

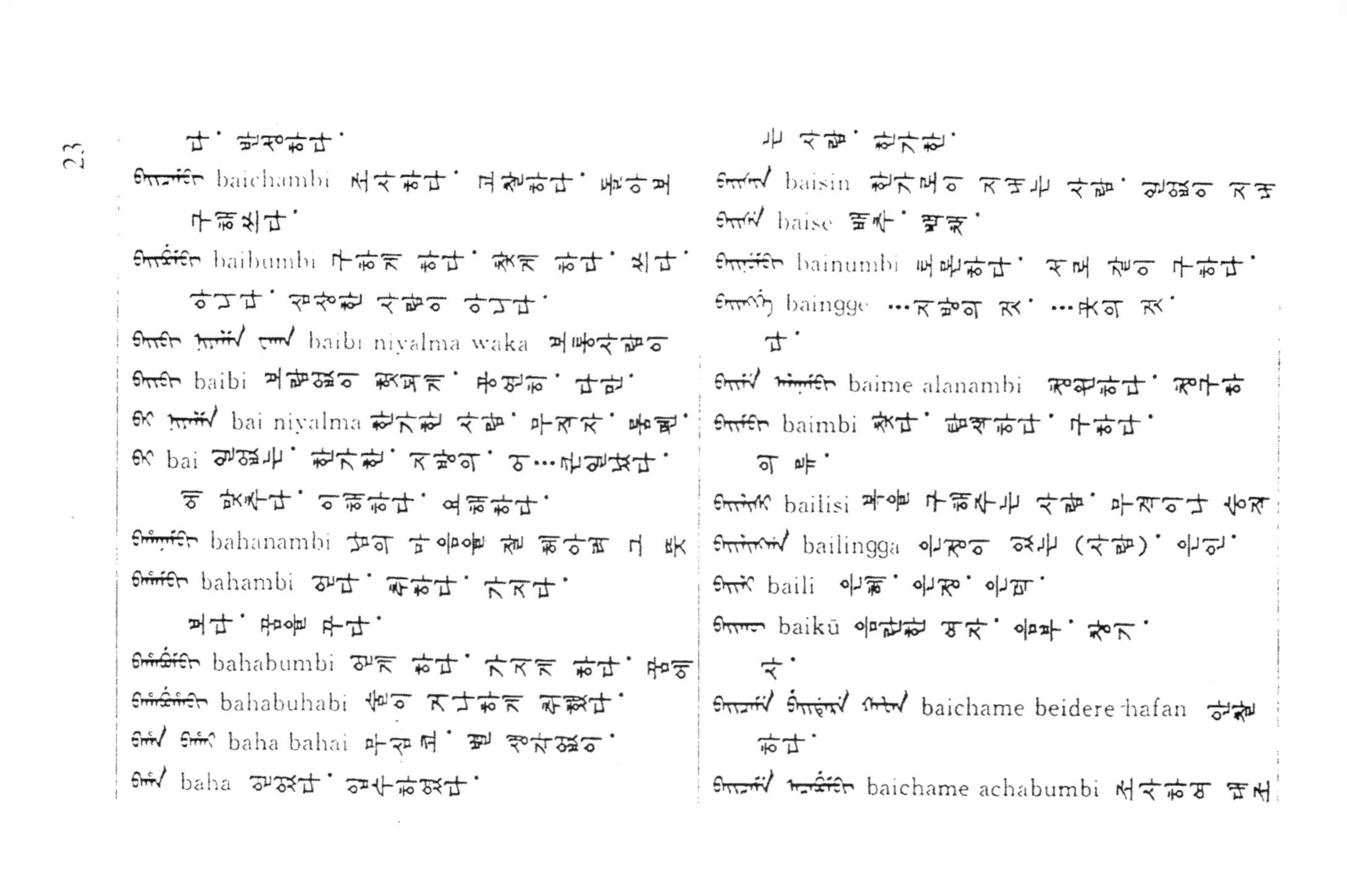

baha 얻었다. 입수하였다.
baha bahai 무심코. 별 생각없이.
bahabuhabi 술이 거나하게 취했다.
bahabumbi 얻게 하다. 가지게 하다. 꿈에
보다. 꿈을 꾸다.
bahambi 얻다. 취하다. 가지다.
bahanambi 남의 마음을 잘 헤아려 그 뜻
에 맞추다. 이해하다. 요해하다.
bai 일없는. 한가한. 지방의. 어…큰일났다.
bai niyalma 한가한 사람. 무직자. 룸펜.
baibi 보람없이 헛되게. 공연히. 다만.
baibi niyalma waka 보통사람이
아니다. 심상한 사람이 아니다.
baibumbi 구하게 하다. 찾게 하다. 쓰다.
구해쓰다.
baichambi 조사하다. 고찰하다. 돌아보
다. 반성하다.

baichame achabumbi 조사하여 대조
하다.
baichame beidere hafan 안찰
사.
baikū 음란한 여자. 음부. 창기.
baili 은혜. 은정. 은덕.
bailingga 은정이 있는 (사람). 은인.
bailisi 복을 구해주는 사람. 무격이나 승직
의 류.
baimbi 찾다. 탐색하다. 구하다.
baime alanambi 청원하다. 청구하
다.
baingge …지방의 것. …곳의 것.
bainumbi 토론하다. 서로 같이 구하다.
baise 배추. 백채.
baisin 한가로이 지내는 사람. 일없이 지내
는 사람. 한가한.

해자.

baita tušaha niyalma 사건의 피

baita kadalasi 동사(董事).

baita i dorgi 안내(案內).

baita i gusherakū 불초(不肖). 않다. 사정이 맞지 않다.

baita de hamirakū 일에 적합하지

baita be ejere šudesi 전리(典吏) 관(提調官).

baita be kadalara hafan 제조 당하다. …사무를 맡다.

baita be ichihiyambi 사무를 담 부승(府丞).

baita be aliha hafan 宗人府의

baita alire boo 수자실. 당번실.

baita 일. 사무. 사업. 업무.

baisu 찾아라. 찾아내라. 구하라.

비용.

baitalan 용도품. 필수품. 일용의 필요품.

baitalambi 임용하다. 채용하다. 騎都尉.

baitalabure hafan 세습관의 四 품. 을 쓰게 하다.

baitalabumbi 등용되다. 채용되다. 사람

baitala 써라. 사용하라. 쓰게 하라. 무용지물. 한인.

baitakū niyalma 쓸데가 없는 사람. 쓸모없는 신하.

baitakū amban 용신(庸臣). 무능하여

baitakū 일없다. 무용하다. 쓸모가 없다. 상주(上奏)하는 일을 맡아보는 관청(奏事處).

baita wesimbure ba 지방으로부터 사자.

baita tušara niyalma 사건의 담

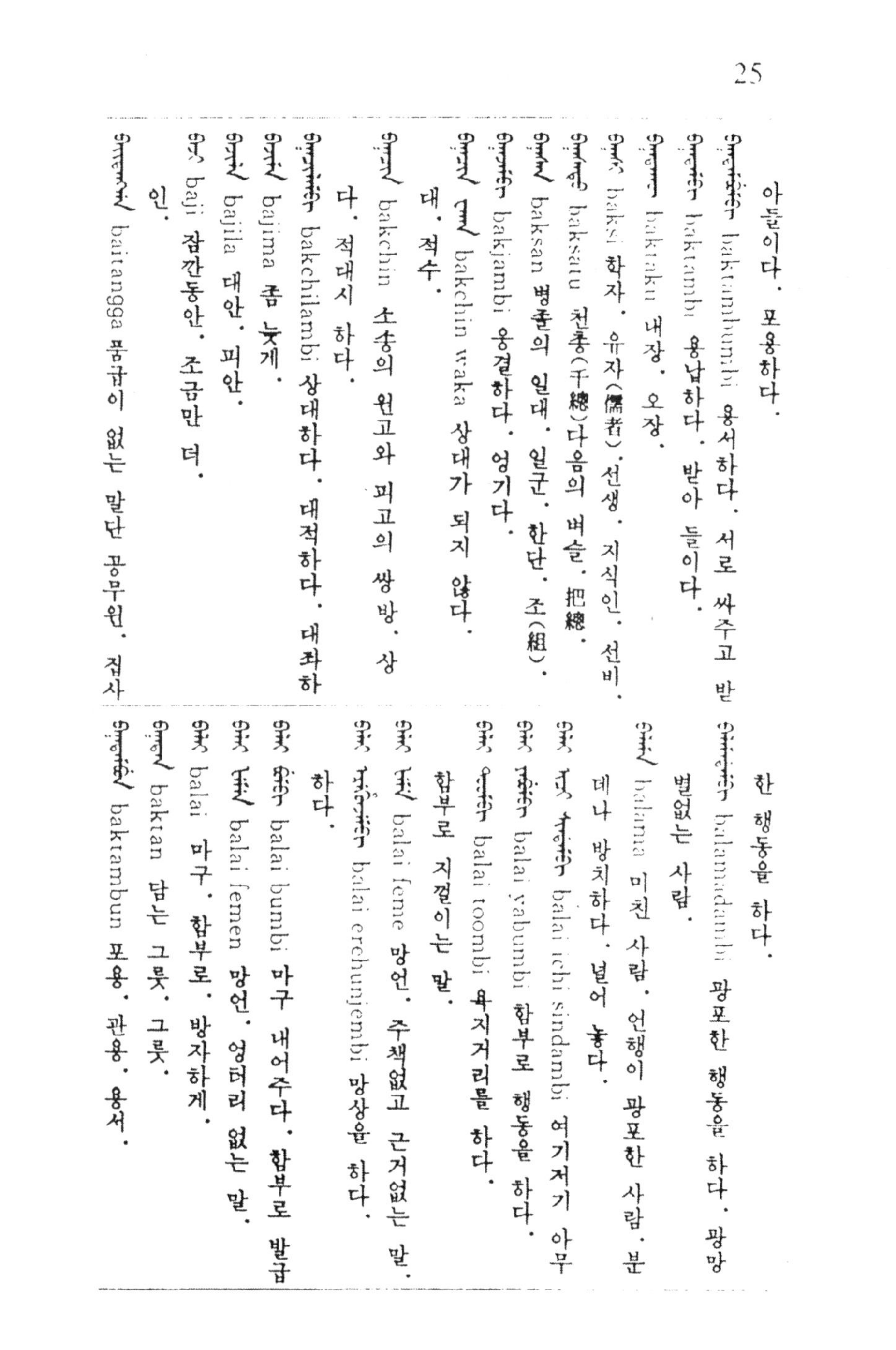

아들이다. 포용하다.

baktambumbi 용서하다. 서로 싸주고 받

baktambi 용납하다. 받아 들이다.

baktaku 내장. 오장.

baksi 학자. 유자(儒者). 선생. 지식인. 선비.

baksatu 천총(千總)다음의 벼슬. 把總.

baksan 병졸의 일대. 일군. 한단. 조(組).

bakjambi 응결하다. 엉기다.

bakchin waka 상대가 되지 않다.
대. 적수.

bakchin 소송의 원고와 피고의 쌍방. 상
다. 적대시 하다.

bakchilambi 상대하다. 대적하다. 대좌하

bajima 좀 늦게.

bajila 대안. 피안.

baji 잠깐동안. 조금만 더.
인.

baitangga 품급이 없는 말단 공무원. 집사

한 행동을 하다.

balamadambi 광포한 행동을 하다. 광망
별없는 사람.

balama 미친 사람. 언행이 광포한 사람. 분
데나 방치하다. 널어 놓다.

balai ichi sindambi 여기저기 아무

balai yabumbi 함부로 행동을 하다.

balai toombi 욕지거리를 하다.
함부로 지껄이는 말.

balai feme 망언. 주책없고 근거없는 말.

balai erehunjembi 망상을 하다.
하다.

balai bumbi 마구 내어주다. 함부로 발급

balai femen 망언. 엉터리 없는 말.

balai 마구. 함부로. 방자하게.

baktan 담는 그릇. 그릇.

baktambun 포용. 관용. 용서.

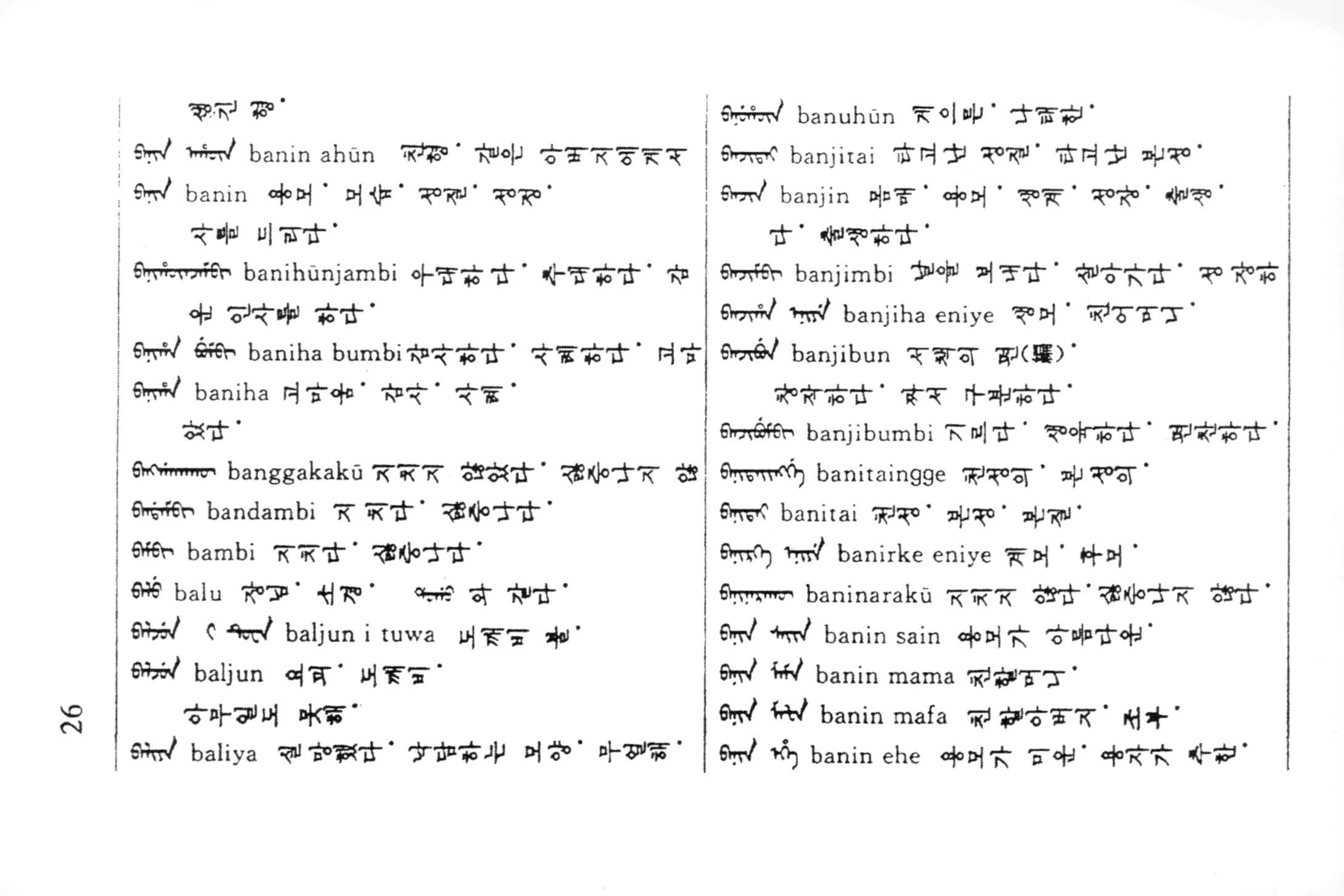

생긴 형.

banin ahūn 친형. 같은 아버지에게서

banin 용모. 모습. 성질. 성정.
사를 드리다.

banihūnjambi 우대하다. 후대하다. 감
운 인사를 하다.

baniha bumbi 감사하다. 사례하다. 고마

baniha 고마움. 감사. 사례.
았다.

banggakakū 지치지 않았다. 싫증나지 않

bandambi 지치다. 싫증나다.

bambi 지치다. 싫증나다.

balu 장님. 소경. 와 같다.

baljun i tuwa 도깨비 불.

baljun 요괴. 도깨비.
아무일도 못해.

baliya 실망했다. 낙담하는 모양. 무업해.

banuhūn 게으른. 나태한.

banjitai 타고난 성질. 타고난 본성.

banjin 몸매. 용모. 생계. 성장. 출생.
다. 출생하다.

banjimbi 날을 보내다. 살아가다. 성장하

banjiha eniye 생모. 친어머니.

banjibun 서책의 편(編).
창작하다. 짜서 구분하다.

banjibumbi 기르다. 생육하다. 편찬하다.

banitaingge 천성의. 본성의.

banitai 천성. 본성. 본질.

banirke eniye 계모. 후모.

baninarakū 지치지 않다. 싫증나지 않다.

banin sain 용모가 아름다운.

banin mama 친할머니.

banin mafa 친할아버지. 조부.

banin ehe 용모가 미운. 용자가 추한.

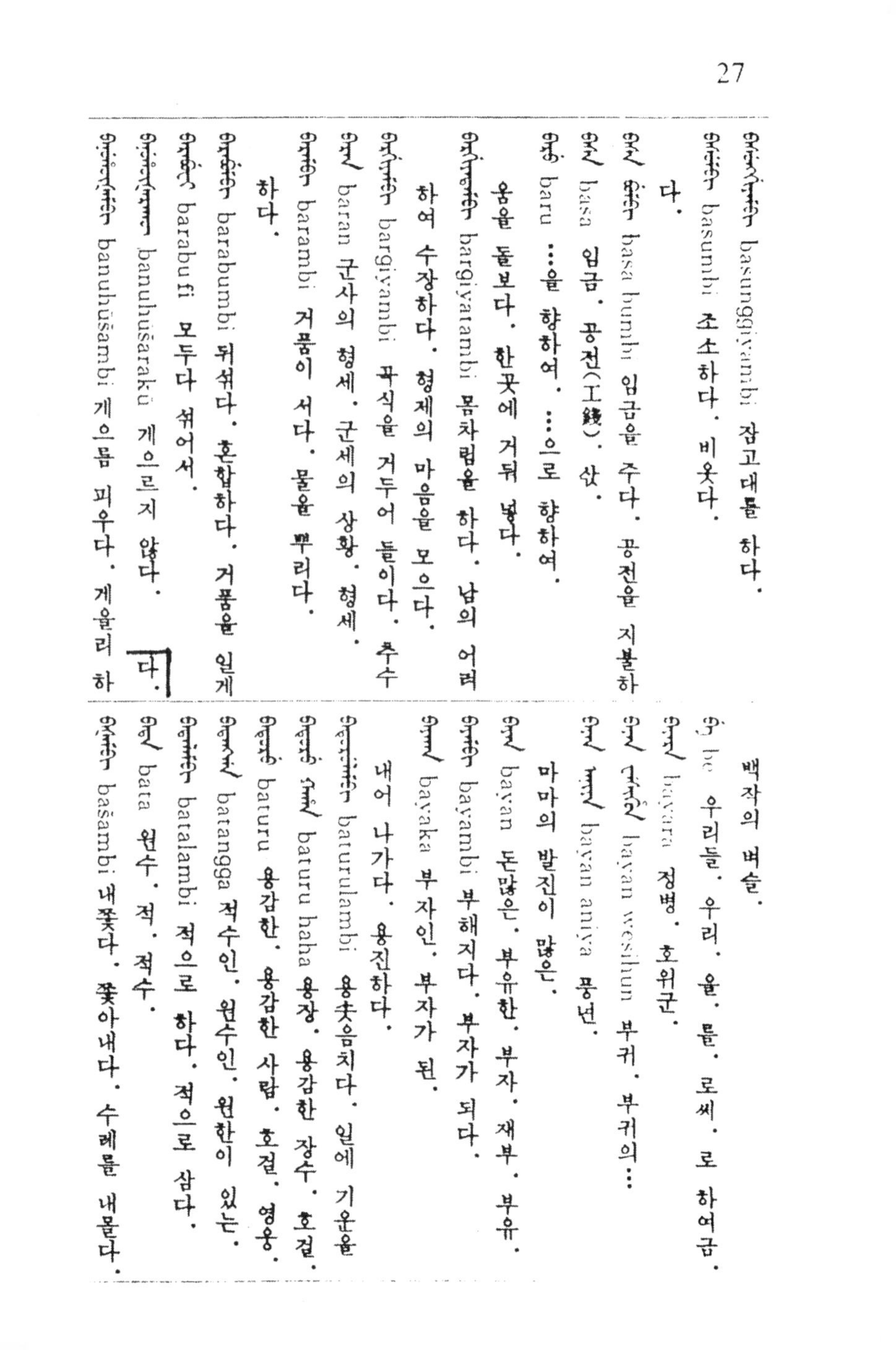

basunggiyambi 잡고대를 하다.

basumbi 조소하다. 비웃다.

다.

basa bumbi 입금을 주다. 공전을 지불하

basa 입금. 공전(工錢). 삯.

baru …을 향하여. …으로 향하여.

옴을 돌보다. 한곳에 거둬 넣다.

bargiyatambi 몸차림을 하다. 남의 어려

하여 수장하다. 형제의 마음을 모으다.

bargiyambi 곡식을 거두어 들이다. 추수

baran 군사의 형세. 군세의 상황. 형세.

barambi 거품이 서다. 물을 뿌리다.

하다.

barabumbi 뒤섞다. 혼합하다. 거품을 일게

barabufi 모두다 섞어서.

banuhūšarakū 게으르지 않다. 다.

banuhūšambi 게으름 피우다. 게을리 하

백작의 벼슬.

be 우리들. 우리. 을. 를. 로써. 로 하여금.

bayara 정병. 호위군.

bayan wesihun 부귀. 부귀의…

bayan aniya 풍년.

마마의 발진이 많은.

bayan 돈많은. 부유한. 부자. 재부. 부유.

bayambi 부해지다. 부자가 되다.

bayaka 부자인. 부자가 된.

내어 나가다. 용진하다.

baturulambi 용솟음치다. 일에 기운을

baturu haha 용장. 용감한 장수. 호걸.

baturu 용감한. 용감한 사람. 호걸. 영웅.

batangga 적수인. 원수인. 원한이 있는.

batalambi 적으로 하다. 적으로 삼다.

bata 원수. 적. 적수.

bašambi 내쫓다. 쫓아내다. 수레를 내몰다.

behelembi 먹을 갈다.
behe 먹.
bedune hoton 버두너(伯都納)성.
bedun 엽추 지었지만 든든한.
bedu 범(호랑이)의 별명.
bederi 꽃무늬. 곰수의 반문. 화문. 엽록무늬.
bederembi 돌아가다. 퇴출하다. 물러가다.
bederehe 홍서하셨다. 돌아 가셨다…
퇴하다. 반짝하다. 술잔을 돌려주다.
bederebumbi 돌리다. 돌아가게 하다. 철
bedercheku 위축된 사람. 겁쟁이.
다툼하다. 이미 그렇게 된 바에야.
bechunumbi 때리며 싸우다. 격투하다. 말
bechembi 책하다. 나무라다. 책임을 묻다.
…로 인하여. …에 의하여.
be dahame …을 좇아서. …에 따라서.
be bu 자장 자장(아기를 잠재우는 말).

勅). 貝子보다 높은 작위. 청실의 종실작위.
beile 만주, 몽고의 작위의 이름. 버이러(貝
beikuwen 찬. 추운.
beihuwe 허수아비.
는 관리.
beidesi 심문관. 취조관. 범인을 심문조사하
를 총괄하는 중앙관서(刑部).
beiden jurgan 六부의 하나. 사법사무
官).
beidesi 범죄를 심문처리하는 심판관(審事
으로 형사지청과 같은 곳.
beidere boo 이번원(理藩院)에 속한 기관
yamun 심판을 관장하는 중앙 관청(大理司).
beiden be tuwanchihiyara
beiden 심문. 취조. 신문.
beidembi 심문하다. 따져 묻다.
beidebumbi 심문케 하다. 심문받다.
bei 비. 비석.

해하다. 시해하다.
belembi 없는 일을 꾸며서 남을 해치다. 모
하다.
belebumbi 모해를 받다. 모살되다. 죽이게
bele 쌀.
belchidembi 남의 말이나 거동을 흉내내다.
bekilembi 고수하다. 굳게 지키다.
beki 든든한. 견고한.
bekdun sindambi 돈을 대부하다.
부채.
bekdun gakdun 부채가 많은. 다액의
bekdun 빚. 부채.
bejihiyembi 위안하다. 안심시키다.
다음가는 벼슬(貝子).
beise 버이러의 다음가는 작위. 버이러의
beile i fujin 버이러(貝勒)의 부인.
貝子의 일을 총괄하는 벼슬(司儀長).
beile i faidan i da 버이러나

benjimbi 보내오다.
bengsen aku 재주가 없다.
bengsen 재능. 기량. 유능한 자.
bengneli 갑자기. 문득. 홀연히.
benembi 보내다.
bene 보내라. 보내 버려라.
ben 재능. 기량. 유능한 사람. 공책. 노트.
beliyen 바보같은. 천치같은. 멍청한.
belhere chooha 예비병. 예비군.
belhen 예비. 준비.
belhembi 예비하다. 미리 준비하다.
belhe 예비하라. 미리 준비하라.
belge 난알. 알갱이. 좁쌀 알. 과일의 액체
를 짜낸 찌끼.
beleningge 지금 막 완성된 것.
beleni 기성의. 완성된. 지금 막 완성된.
belemimbi 쌀을 찧다. 정미하다.

benju 보내라. 보내오너라. 부쳐오너라.

berhū 올캐. 동서.

beri 활.

beri tatambi 활을 당기다.

besergen 침대. 침상.

bešehun 멍청한(주색이 과도하여). 정신이 몽롱한.

bešembi 침투하다. 스며들다.

bete 범용한. 무능한. 변변치 않은.

beten 먹이. 낚시밥. 지렁이.

bethe 발. 정강이. 의자나 책상의 다리.

bethe bukdambi 한 발을 굽히다. 제비를 뽑다. 추첨하다.

beye 몸. 신체. 자신.

beye amba 몸집이 크다.

beye be arambi 자살하다. 자진하다.

beye be dasambi 몸을 깨끗이 하다.

beye be hairambi 자애(自愛)하다.

beye chihakū 몸이 불쾌하여 귀찮다. 모든것을 참을 수 없다.

beye taksimbi 자존하다. 자립하다. 스스로 다스리다.

beye de oho 임신했다. 회임했다.

beye fiyangga 덕기가 갖어 있는. 인격이 훌륭한 (사람).

beye isihiha 분만했다. 해산했다.

beye madagan 본리(本利). 본전과 이자.

beye mehumbi 국궁하다. 허리를 굽혀 절하다.

beye teksin 몸의 균형이 잘 잡힌.

beyeingge 자기의. 자기의 것.

beyembi 춥다. 한냉하다. 몸이 얼다.

bi 나. 있다. 존재하다.

bibu 남겨라. 묵게 하라.

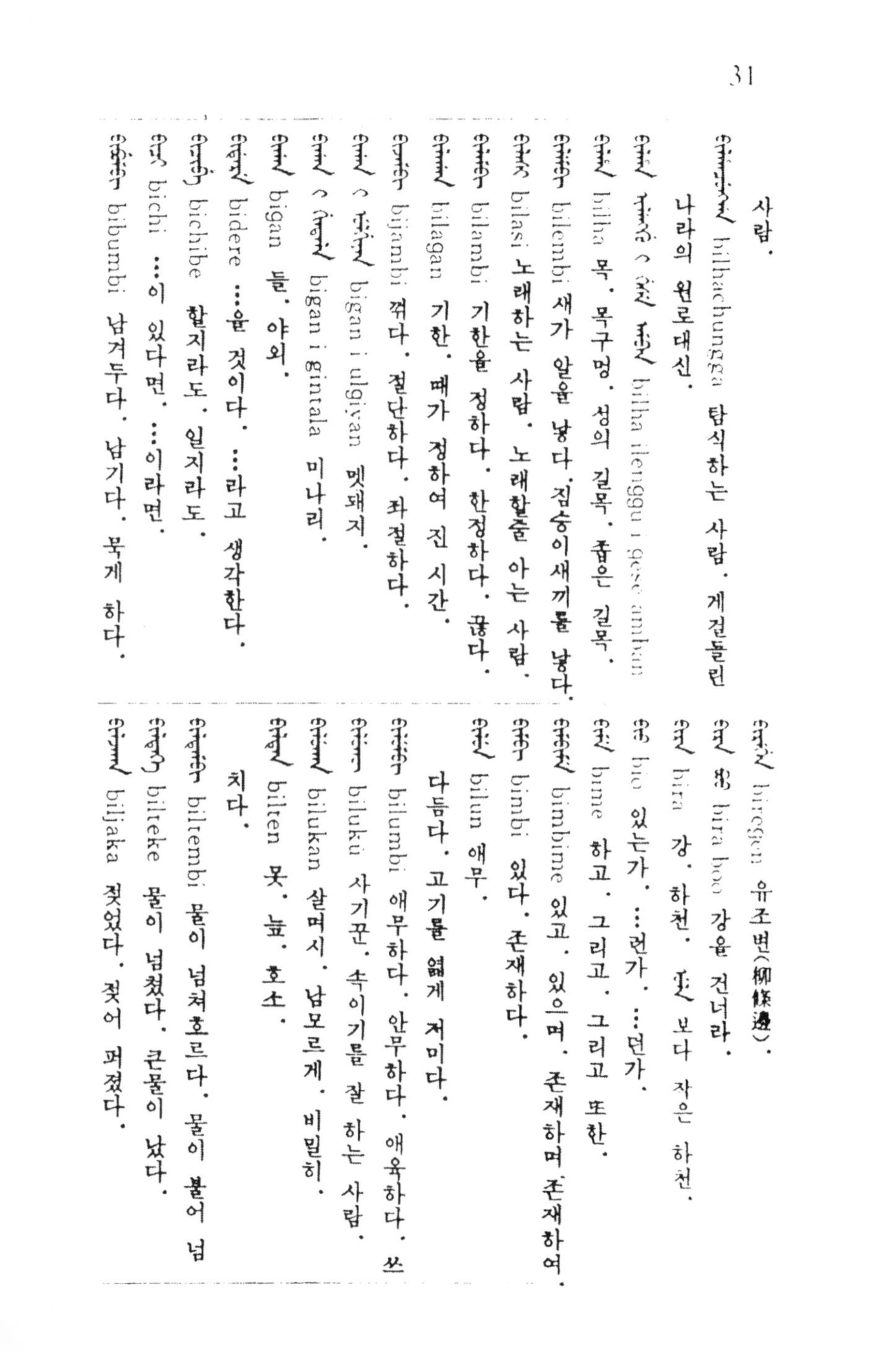

bibumbi 남겨두다. 남기다. 묵게 하다.

bichi …이 있다면. …이라면.

bichibe 할지라도. 일지라도.

bidere …을 것이다. …라고 생각한다.

bigan 들. 야외.

bigan i gintala 미나리.

bigan i ulgiyan 멧돼지.

bijambi 꺾다. 절단하다. 좌절하다.

bilagan 기한. 때가 정하여 진 시간.

bilambi 기한을 정하다. 한정하다. 끊다.

bilasi 노래하는 사람. 노래할줄 아는 사람.

bilembi 새가 알을 낳다. 짐승이새끼를 낳다.

bilha 목. 목구멍. 성의 길목. 좁은 길목.

bilha ilenggu i gese amban 나라의 원로대신.

bilhachungga 탐식하는 사람. 게걸들린 사람.

biljaka 찢었다. 찢어 퍼졌다.

bilteke 물이 넘쳤다. 큰물이 났다.

biltembi 물이 넘쳐흐르다. 물이 불어 넘치다.

bilten 못. 늪. 호소.

bilukan 살며시. 남모르게. 비밀히.

bilukū 사기꾼. 속이기를 잘 하는 사람.

bilumbi 애무하다. 안무하다. 애육하다. 쓰다듬다. 고기를 엷게 저미다.

bilun 애무.

bimbi 있다. 존재하다.

bimbime 있고. 있으며. 존재하며 존재하여.

bime 하고. 그리고. 그리고 또한.

bio 있는가. …런가. …던가.

bira 강. 하천. [Manchu] 보다 작은 하천.

bira boo 강을 건너라.

biregen 유조변(柳條邊).

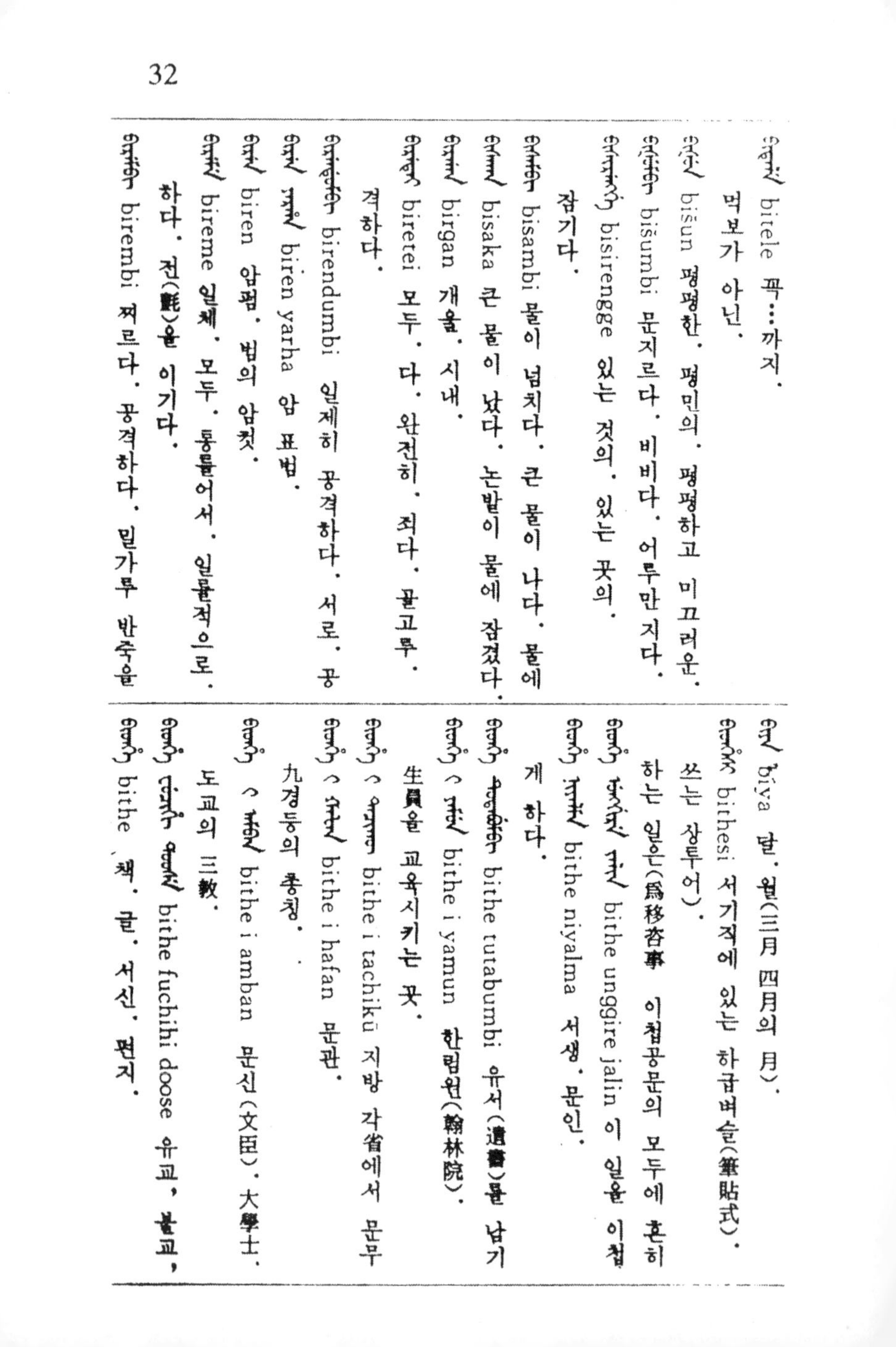

bitele 픽…까지.

먹보가 아닌.

bišun 평평한. 평민의. 평평하고 미끄러운.

bišumbi 문지르다. 비비다. 어루만지다.

bisirengge 있는 것의. 있는 곳의.

잠기다.

bisambi 물이 넘치다. 큰 물이 나다. 물에

bisaka 큰 물이 났다. 논밭이 물에 잠겼다.

birgan 개울. 시내.

biretei 모두. 다. 완전히. 죄다. 골고루.

격하다.

birendumbi 일제히 공격하다. 서로. 공

biren yarha 암 표범.

biren 암펌. 범의 암컷.

bireme 일체. 모두. 통틀어서. 일률적으로.

하다. 전(戰)을 이기다.

birembi 찌르다. 공격하다. 밀가루 반죽을

biya 달. 월(三月 四月의 月).

bithesi 서기직에 있는 하급벼슬(筆貼式).

쓰는 상투어).

하는 일은(爲移咨事 이첩공문의 모두에 흔히

bithe unggire jalin 이 일을 이첩

bithe niyalma 서생. 문인.

게 하다.

bithe tutabumbi 유서(遺書)를 남기

bithe i yamun 한림원(翰林院).

生員을 교육시키는 곳.

bithe i tachikū 지방 각省에서 문무

bithe i hafan 문관.

九경등의 총칭.

bithe i amban 문신(文臣). 大學士.

도교의 三敎.

bithe fuchihi doose 유교, 불교,

bithe 책. 글. 서신. 편지.

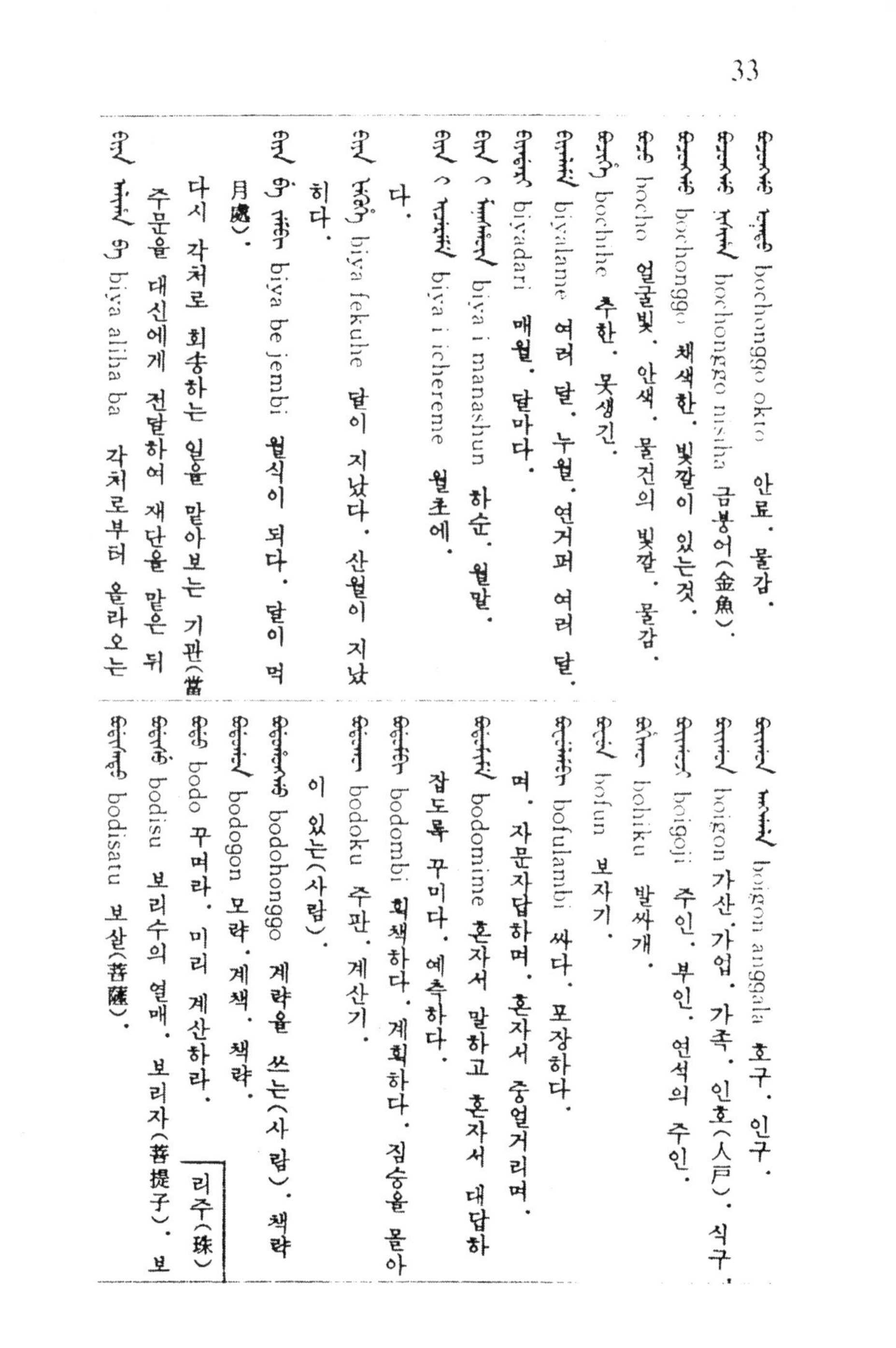

bochonggo okto 안료. 물감.

bochonggo nisiha 금붕어(金魚).

bochonggo 채색한. 빛깔이 있는것.

bocho 얼굴빛. 안색. 물건의 빛깔. 물감.

bochihe 추한. 못생긴.

biyalame 여러 달. 누월. 연거퍼 여러 달.

biyadari 매월. 달마다.

biya i manashun 하순. 월말.

biya i ichereme 월초에.

다.

biya fekuhe 달이 지났다. 산월이 지났

히다.

biya be jembi 월식이 되다. 달이 먹

月蝕).

다시 각처로 회송하는 일을 맡아보는 기관(當

주문을 대신에게 전달하여 재단을 맡은 뒤

biya aliha ba 각처로부터 올라오는

boigon anggala 호구. 인구.

boigon 가산. 가업. 가족. 인호(人戶). 식구.

boigoji 주인. 부인. 연석의 주인.

bohiku 발싸개.

bofun 보자기.

bofulambi 싸다. 포장하다.

며. 자문자답하며. 혼자서 중얼거리며.

bodomime 혼자서 말하고 혼자서 대답하

잡도록 꾸미다. 예측하다.

bodombi 획책하다. 계획하다. 짐승을 몰아

bodoku 주판. 계산기.

이 있는(사람).

bodohonggo 계략을 쓰는(사람). 책략

bodogon 모략. 계책. 책략.

bodo 꾸며라. 미리 계산하라. 리주(珠)

bodisu 보리수의 열매. 보리자(菩提子). 보

bodisatu 보살(菩薩).

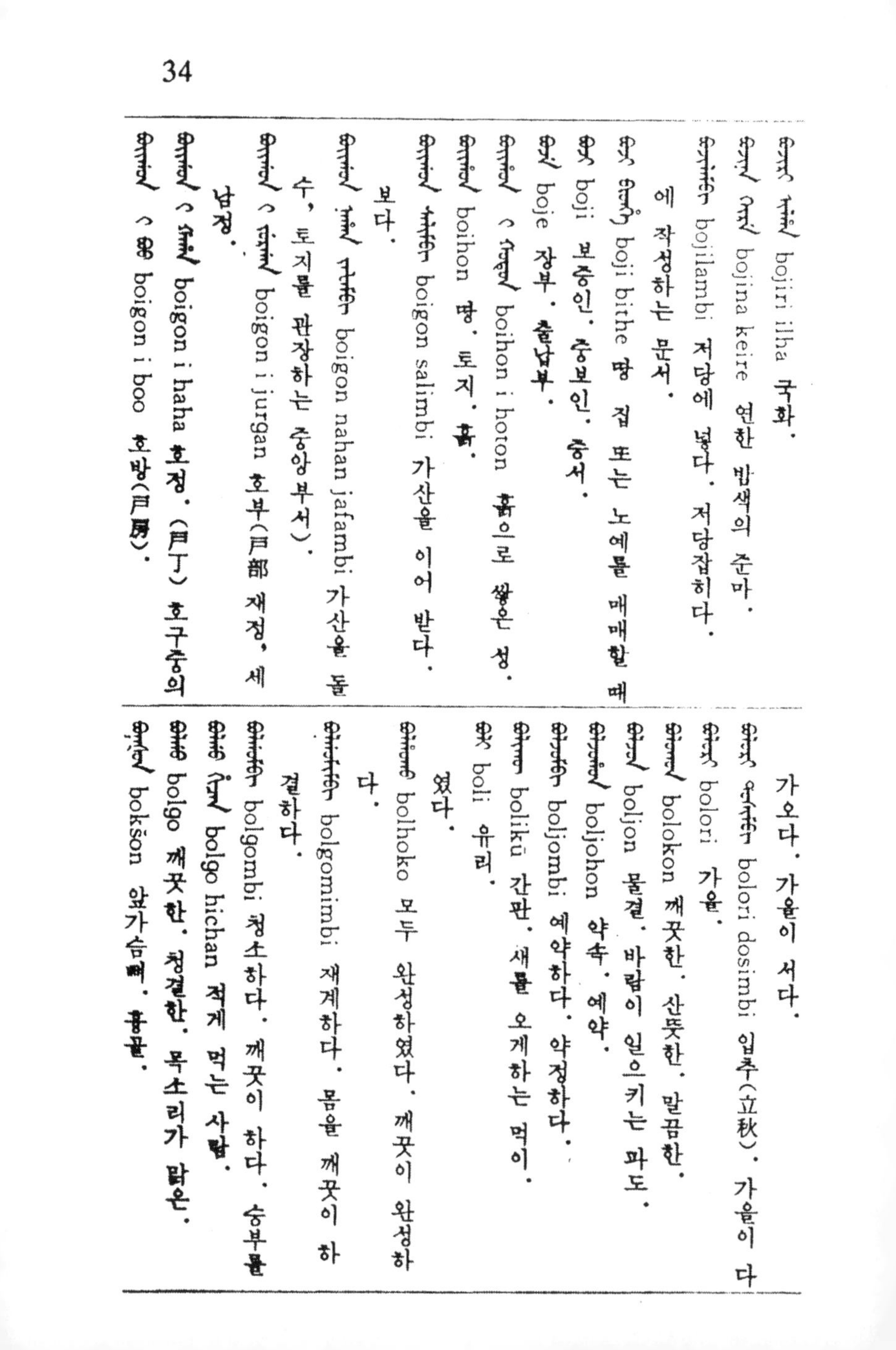

boigon i boo 호방(戶房).
boigon i haha 호정. (戶丁) 호구중의 남정.
boigon i jurgan 호부(戶部 재정, 세수. 토지를 관장하는 중앙부서).
boigon nahan jafambi 가산을 돌보다.
boigon salimbi 가산을 이어 받다.
boihon 땅. 토지. 흙.
boihon i hoton 흙으로 쌓은 성.
boje 장부. 출납부.
boji 보증인. 중보인. 증서.
boji bithe 땅 집 또는 노예를 매매할 때에 작성하는 문서.
bojilambi 저당에 넣다. 저당잡히다.
bojina keire 연한 밤색의 준마.
bojiri ilha 국화.
bokšon 앞가슴뼈. 흉골.
bolgo 깨끗한. 청결한. 목소리가 맑은.
bolgo hichan 적게 먹는 사람.
bolgombi 청소하다. 깨끗이 하다. 승부를 결하다.
bolgomimbi 재계하다. 몸을 깨끗이 하다.
bolhoko 모두 완성하였다. 깨끗이 완성하였다.
boli 유리.
bolikū 간판. 새를 오게하는 먹이.
boljombi 예약하다. 약정하다.
boljohon 약속. 예약.
boljon 물결. 바람이 일으키는 파도.
bolokon 깨끗한. 산뜻한. 말끔한.
bolori 가을.
bolori dosimbi 입추(立秋). 가을이 다가오다. 가을이 서다.

boo i durugan 가보(家譜). 집의 족보.
boo i gubchi 일가. 모든 가족. 가중.
boo i amban 내무府 총관(總管).
boo giyalan 방. 기둥과 기둥 사이의 한칸.
어른.
boo ahuchihangge 가장(家長). 집안
boo 집. 가옥.
없다. 나혼자만이 얻은 것이 없다.
bontoholombi 허탕치다. 아무런 소득이
bonombi 우박이 오다. 우박이 내리다.
bono 우박.
bonionggo aniya 申의 해.
bonio biya 七월. 申월.
bonio 원숭이. 十二支의 申.
bonggo sonjosi 과거의 수석합격자(壯元)
bonggo 선두. 제일.
bolori dulin 추분(秋分절기).

을 나타낼 때에 쓴다.
bu 줘라. 급여하라. 동사에서 사역이나 피동
bošonombi 독촉하러 가다. 가서 독촉하다.
bošombi 재촉하다. 몰아내다. 구축하다. 쫓다.
아보는 관원.
bošoku 공문서의 기록과 봉급의 지불을 맡
bošobumbi 독촉시키다. 독촉받다.
bošo 재촉하라. 추궁하라. 몰아내라.
boso 면포. 무명. 산의 그늘. 산의 북쪽.
bosho 콩팥. 신장.
boro 서늘한 여름모자(청색의).
booši 보석.
boo nimaha 고래.
boolambi 알리다. 보고하다.
boobai soorin 옥좌. 제왕의 보좌.
boobai 옥새. 임금의 도장. 보물.
는 사당.
boo juktehen 가묘(家廟). 집에서 모시

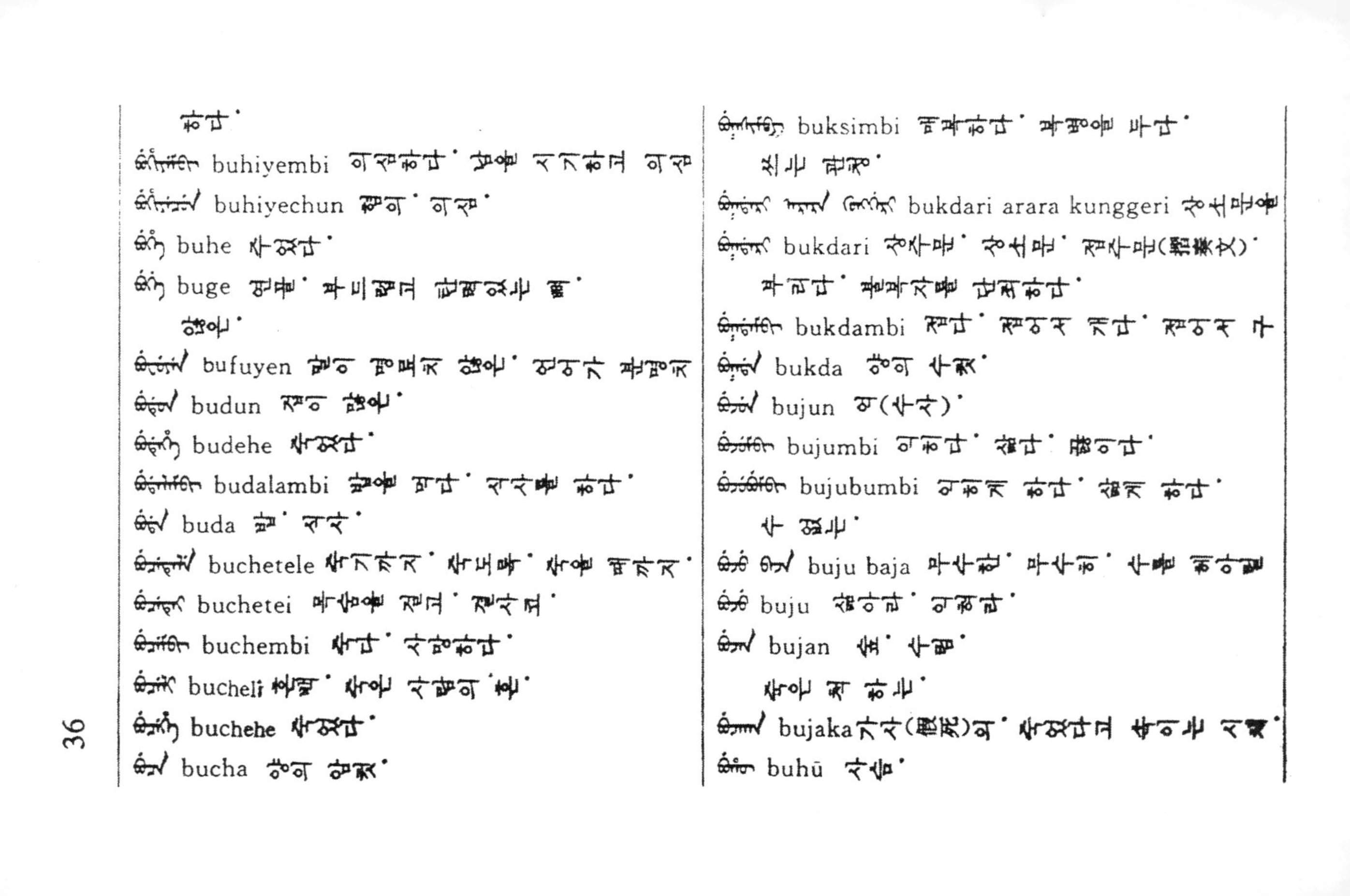

하다.

buhiyembi 의심하다. 남을 시기하고 의심

buhiyechun 혐의. 의심.

buhe 주었다.

buge 연골. 부드럽고 탄력있는 뼈.

않은.

bufuyen 말이 명료치 않은. 언어가 분명치

budun 접이 많은.

budehe 죽었다.

budalambi 밥을 먹다. 식사를 하다.

buda 밥. 식사.

buchetele 죽기까지. 죽도록. 죽을 때까지.

buchetei 목숨을 걸고. 결사코.

buchembi 죽다. 사망하다.

buchelī 혼백. 죽은 사람의 혼.

buchehe 죽었다.

bucha 양의 암컷.

buksimbi 매복하다. 복병을 두다.

쓰는 관청.

bukdari arara kunggeri 상소문을

bukdari 상주문. 상소문. 접주문(摺奏文).

부리다. 불복자를 단죄하다.

bukdambi 접다. 접어서 개다. 접어서 구

bukda 양의 수컷.

bujun 어(수사).

bujumbi 익히다. 삶다. 끓이다.

bujubumbi 익히게 하다. 삶게 하다.

수 없는.

buju baja 무수한. 무수히. 수를 헤아릴

buju 삶아라. 익혀라.

bujan 숲. 수림.

죽은 척 하는.

bujaka 가사(假死)의. 죽었다고 속이는 시체.

buhū 사슴.

bulun 풀더미. 풀무더기. 바퀴통.
bulukan šeri 온천.
bulukan 온화한. 따뜻한.
buliyambi 삼키다. 피우다.
buleri 나팔.
 피보다.
bulekušembi 거울에 비추다. 자세히 살
 펴에 있다.
bulhūri omo 불후리 호(湖). 장백산 동
buleku 거울. 체경. 호심경.
bulehen 학.
bula sogi 시금치
bulangga 가시가 있는.
bula ilha 가시나무 꽃의 이름(刺梅).
bula 가시. 나무의 가시. 가시덤불.
buktan 흙더미. 흙두렁. 한 무더기.
buksin 복병. 매복한 군대.

butemji 음험한. 냉혹스럽고 우악한.
 분노. 아쉬움.
butan halan 아! 아깝다. 아! 분하다.
butambi 잡 다. 포획하다.(조수 어류 등을)
buša 좀 더 많은.
busumda 나리꽃. 百合꽃.
 작을 하다. 재간하다.
buserembi 조야한 행동을 하다. 거치른 동
burulambi 패주하다. 퇴각하다.
burtei 모두. 다. 두루. 널리.
burkimbi 묻다. 매장하다. 안장하다.
burgin 기회.
burga 버들가지.
buren 소라고동.
burdembi 불다. 소라고동의 패각을 불다.
bungnambi 강행하다. 강박하다.
bumbi 주다. 지급하다.

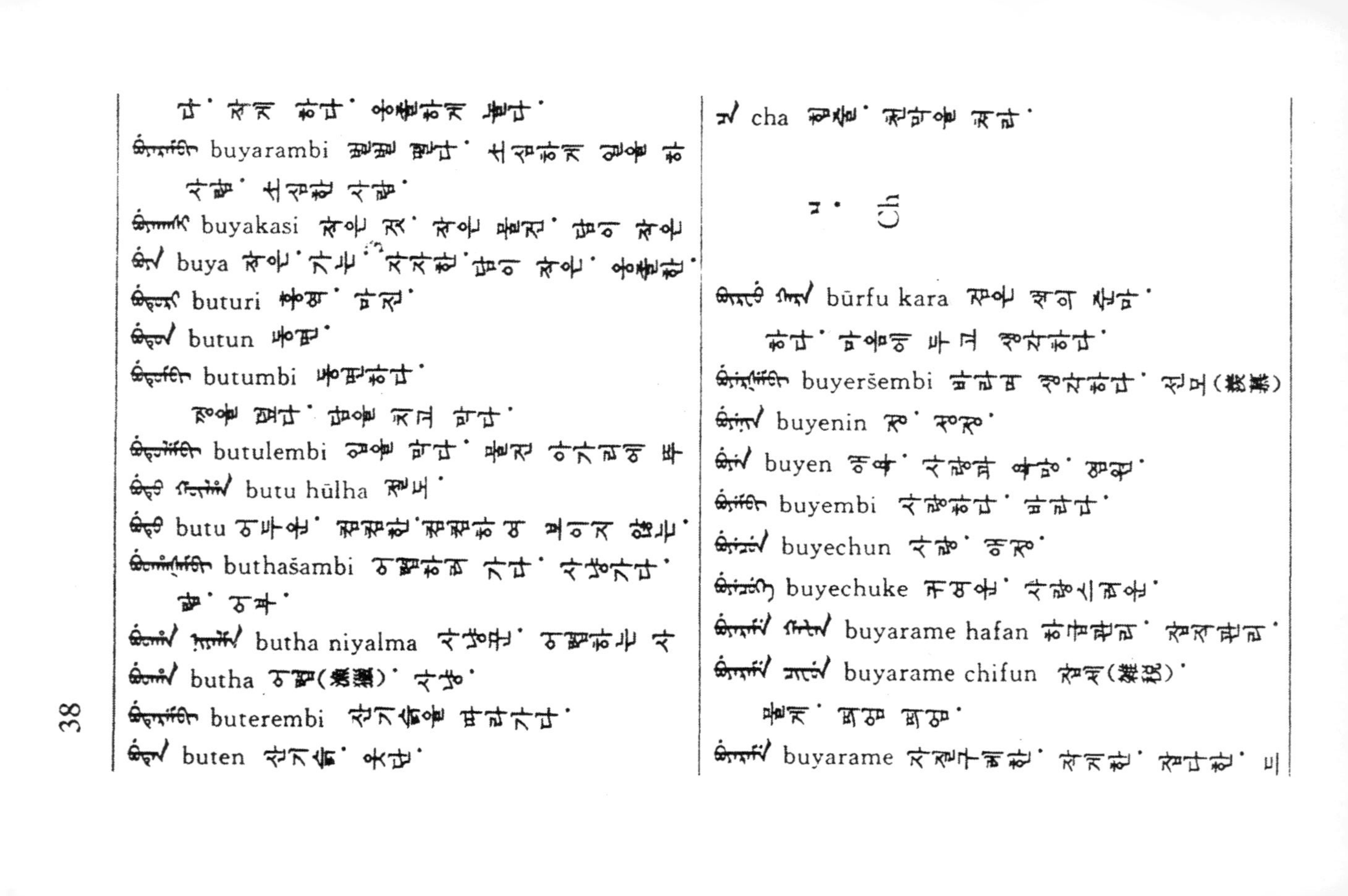

다· 작게 하다· 옹졸하게 굴다·
buyarambi 벌벌 떤다· 소심하게 일을 하
사람· 소심한 사람·
buyakasi 작은 것· 작은 물건· 담이 작은
buya 작은· 가는· 자자한· 담이 작은· 옹졸한·
buturi 홍역· 마진·
butun 동편·
butumbi 동편하다·
짱을 멈다· 담을 치고 막다·
butulembi 입을 막다· 물건 아가리에 뚜
butu hūlha 절도·
butu 어두운· 컴컴한· 컴컴하여 보이지 않는·
buthašambi 어렵하러 가다· 사냥가다·
람· 어부·
butha niyalma 사냥꾼· 어렵하는 사
butha 어렵(漁獵)· 사냥·
buterembi 산기슭을 따라가다·
buten 산기슭· 옷단·

cha 힘줄· 천마을 쳐라·

ㅊ· Ch

būrfu kara 검은 색의 준마·
하다· 마음에 두고 생각하다·
buyeršembi 바라며 생각하다· 선모(羨慕)
buyenin 정· 성정·
buyen 애욕· 사랑과 욕망· 염원·
buyembi 사랑하다· 바라다·
buyechun 사랑· 애정·
buyechuke 귀여운· 사랑스러운·
buyarame hafan 하급관리· 잡직관리·
buyarame chifun 잡세(雜稅)·
물게· 띄엄 띄엄·
buyarame 자질구레한· 작게한· 잡다한· 드

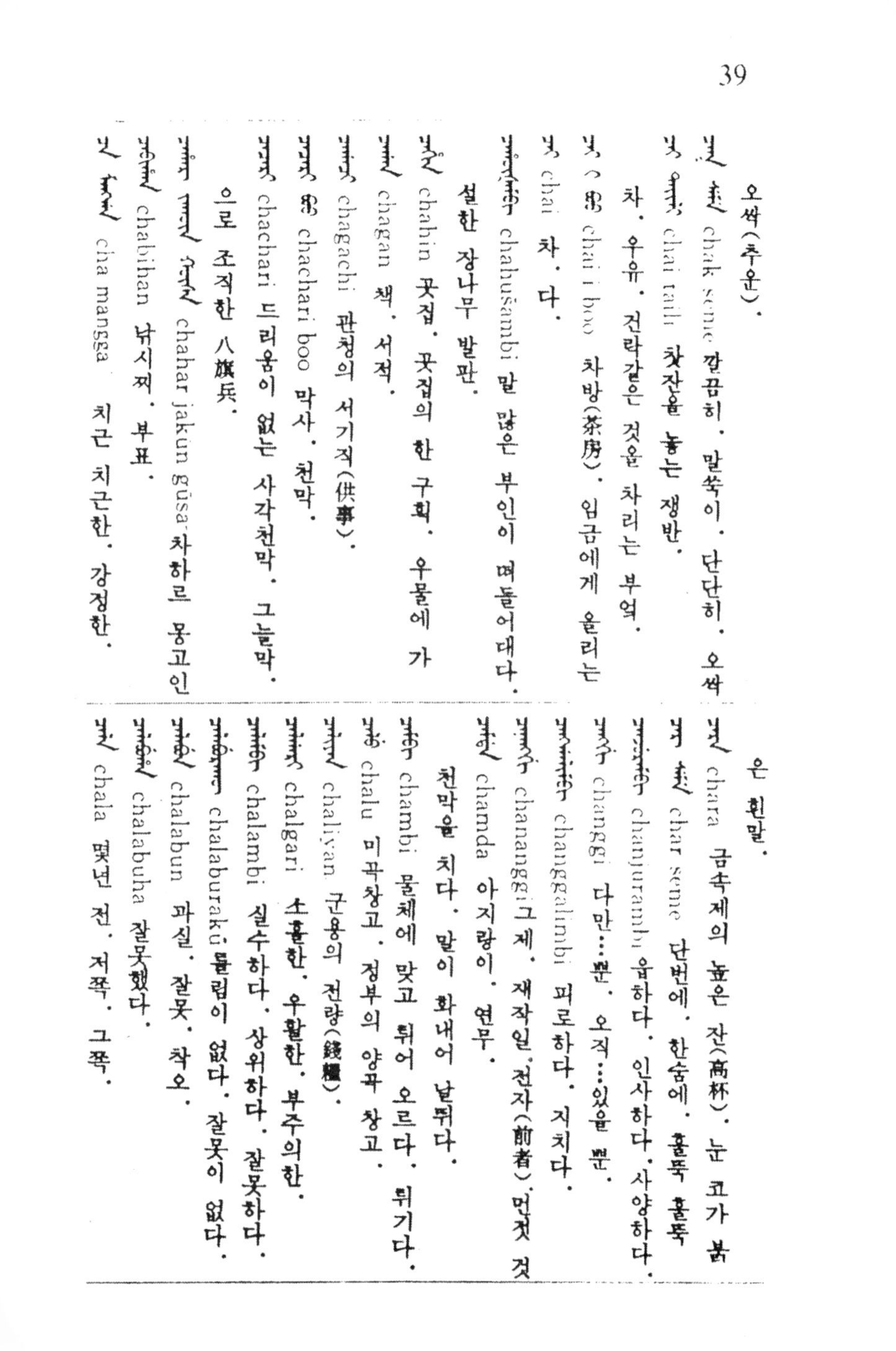

오싹(추운).

chak seme 깔끔히. 말쑥이. 단단히. 오싹

chai taili 찻잔을 놓는 쟁반.

차. 우유. 전락같은 것을 차리는 부엌.

chai i boo 차방(茶房). 임금에게 올리는

chai 차. 다.

chahušambi 말 많은 부인이 떠들어대다.

설한 장나무 발판.

chahin 꽃집. 꽃집의 한 구획. 우물에 가

chagan 책. 서적.

chagachi 관청의 서기직(供事).

chachari boo 막사. 천막.

chachari 드리움이 없는 사각천막. 그늘막.

으로 조직한 八旗兵.

chahar jakūn gūsa 차하르 몽고인

chabihan 낚시찌. 부표.

cha mangga 치근 치근한. 강정한.

은 흰말.

chara 금속제의 높은 잔(高杯). 눈 코가 붉

char seme 단번에. 한숨에. 훌뚝 훌뚝

chanjurambi 읍하다. 인사하다. 사양하다.

changgi 다만…뿐. 오직…있을 뿐.

changgalimbi 피로하다. 지치다.

chananggi 그제. 재작일. 전자(前者). 먼젓 것

chamda 아지랑이. 연무.

천막을 치다. 말이 화내어 날뛰다.

chambi 물체에 맞고 튀어 오르다. 튀기다.

chalu 미곡창고. 정부의 양곡 창고.

chaliyan 군용의 전량(錢糧).

chalgari 소홀한. 우활한. 부주의한.

chalambi 실수하다. 상위하다. 잘못하다.

chalaburakū 틀림이 없다. 잘못이 없다.

chalabun 과실. 잘못. 착오.

chalabuha 잘못했다.

chala 몇년 전. 저쪽. 그쪽.

기다.

checherembi 짝 포옹하다. 활을 세게 당

cheche 깁(紗). 직사.

che 그들. 저들. 책(冊의 음역).

chasikan 조금 그쪽으로. 약간 그곳으로.

chasi foro 그쪽을 향하여라.

지도 오지도 못하다.

chasi akū ebsi akū 진퇴양난. 가

chasi 그곳에. 그곳으로. 좀 그쪽으로.

배반하다.

chashūlambi 서로 등을 맞대다. 등지다.

chargi biya 먼먼젓 달. 지지난 달.

chargi aniya 재작년.

불을 대라. 화포를 터지게 하라.

chargi 저기. 저쪽. 이전. 앞쪽. 오독도기에

죽이 엎였다.

charchinahabi 물집이 생겼다. 얼음이 깔

chibtui 재삼. 되풀이하여. 반복하여.

chib chab 조용히. 고요히. 죽은듯이.

로…번째. 간격. 행오.

chi …로 부터. 부터. 에서. 보다. 비하여. 으

장부를 보관하는 창고.

chese namun 문서창고. 사무용 책자나

chese 사무용 책자. 관청의 장부.

cheri 엷은 비단. 엷은 주단.

cheningge 그들의 것. 그들의 일.

cheni 그들의.

chendembi 시험하다. 시도하다. 추측하다.

chelembi 자로 재다. 피곤하다. 깔다.

cheku 그네.

chejen anambi 앞가슴을 펴다.

chejen 가슴. 앞가슴.

chechike 참새. 작은 새.

checheri 무늬가 없는 견직물.

기분이 좋지 않다.

chihaku 마지 못해. 싫으나 할수 없이 맘대로…

chihai chihai 하고 싶은 대로. 뜻대로. 합부로.

chihai 임의로. 제멋대로. 제뜻대로. 수의로.

chiha 소망. 희망. 기대.

부과하다.

chifun gaimbi 세금을 받다. 세금을 는 관청. 세무서.

chifun gaijara yamun 세금을 받

chifun 세금.

chifelembi 침을 뱉다. 가래를 뱉다.

chifambi 진흙을 바르다.

chifahan 진흙.

chifaha 벽을 발랐다. 벽을 칠했다.

chichihar 치치하르(齊齊哈爾). 지방이름.

는.

chilchin aku 명쾌한. 재빠른. 재치있

chikten 줄기. 화살. 干支의 干.

사는. 번성한.

chiktaraka 부유한. 가구를 잘 갖춘. 잘

chiktan 윤리. 도리. 윤상.

chiksin 장년. 장정. 장년의 사람.

chikin 강가. 강변. 가장자리.

chik seme 홀연히. 갑자기.

chik chik 끊임없이. 계속하여. 때때로. 술렁 술렁.

chik chak seme 뒤숭숭한. 어수선한.

chik 구두점. 갑자기. 홀연히.

chihangga 바라는 바의 것. 원하는 바의 것.

chihalan 욕구. 바람. 소망.

남의 결점을 찾다.

chihalambi 좋아하다. 구하다. 바라다.

chira aljaha 얼굴빛이 변했다.
chira 혈색·안색·빈틈없는.
chingkai 아득히 먼·차이가 큰.
chinggiyakan 약간 마음이 좁은.
람)·천박한·그리 멀지 않은·부족한.
chinggiya 째째한(사람)·마음이 좁은(사
(銅鐸)·
chinggilakū 방울·작은 종 모양의 동탁
ching chang 쨍·얼음이 깨지는 소리.
chinchilambi 자세히 보다·빠짐없이 살피다.
chin i duka 궁전의 정문.
chin 정면(의)·남쪽(의)·황새.
chimari erde 내일새벽·다음날 이른아침.
chimari 내일·내일아침·아침·다음날 아침.
chimaha 내일·내일아침.
chilba 동명이인·이인동명.
chilembi 칠을 바르다·칠하다.

사사로운 정에 잡히다.
chisulembi 사사로운 정에 따라 행동하다.
chisui 나의·자기의·독자의.
chisu akū 사심이 없다.
chisu 개인·사인·사 인(私人)의.
chise 채소밭·남새밭.
를 없다.
chirumbi 베개를 베다·베개로 하다·머리
chirku moo 침목.
chirku 베개.
chirgembi 달구질하다·활줄을 메어 내다.
chirgeku 달구·탄약을 재는 쇠꼬치.
람.
chirgashūn 꼽추, 꼽사등이·속좁은 사
chirangga …한 얼굴의.
굳게 하다.
chiralambi 경계를 엄중히 하다·방비를

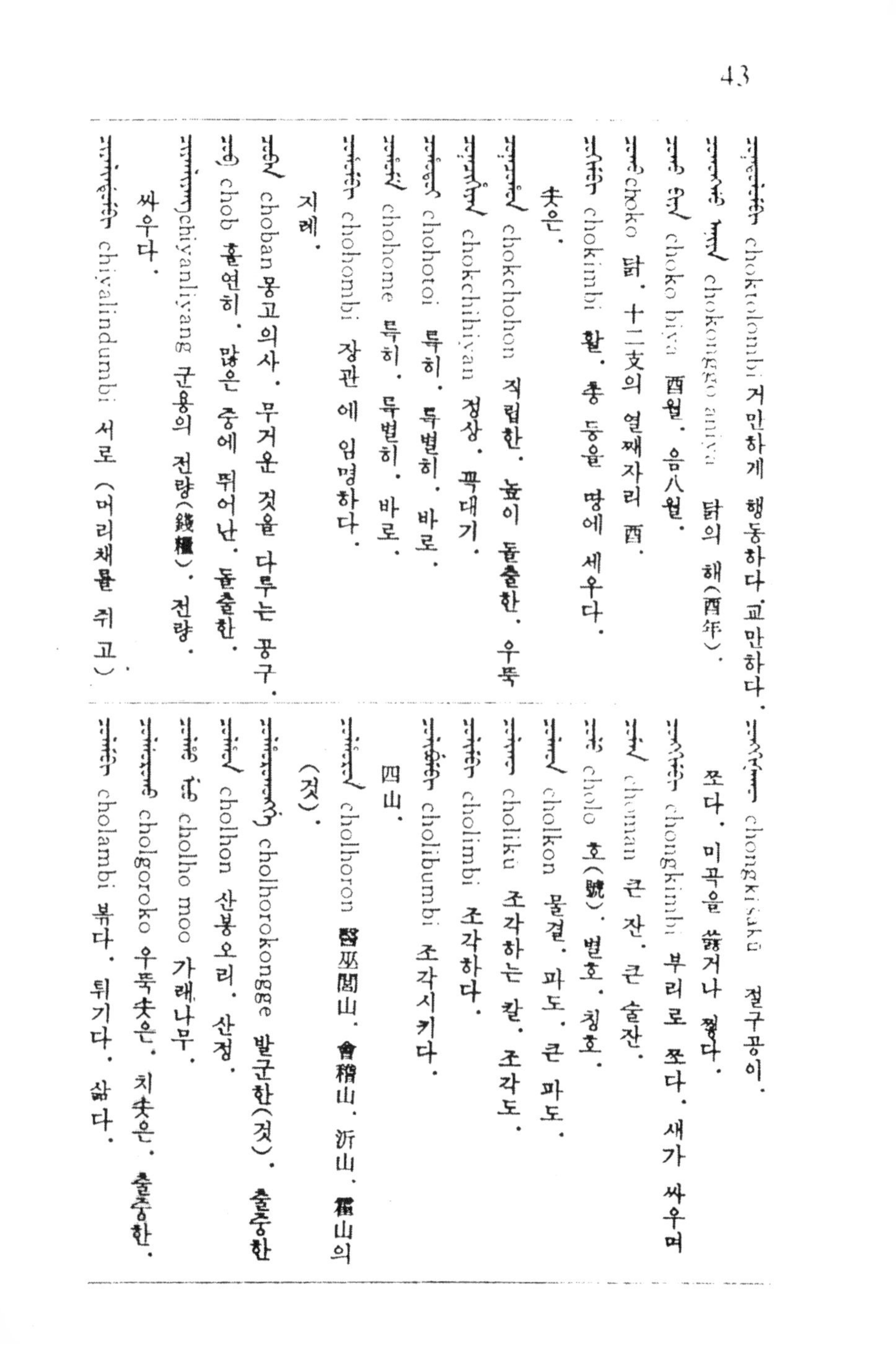

choktolombi 거만하게 행동하다. 교만하다.
chokonggo aniya 닭의 해(酉年).
choko biya 酉월. 음八월.
choko 닭. 十二支의 열째자리 酉.
chokimbi 활. 총 등을 땅에 세우다.
솟은.
chokchohon 직립한. 높이 돌출한. 우뚝
chokchihiyan 정상. 꼭대기.
chohotoi 특히. 특별히. 바로.
chohome 특히. 특별히. 바로.
chohombi 장관에 임명하다.
지레.
choban 몽고의사. 무거운 것을 다루는 공구.
chob 홀연히. 많은 중에 뛰어난. 돌출한.
chiyanliyang 군용의 전량(錢糧). 전량.
싸우다.
chiyalindumbi 서로 (머리채를 쥐고)

chongkisakū 절구공이.
쪼다. 미곡을 찧거나 찧다.
chongkimbi 부리로 쪼다. 새가 싸우며
choman 큰 잔. 큰 술잔.
cholo 호(號). 별호. 칭호.
cholkon 물결. 파도. 큰 파도.
cholikū 조각하는 칼. 조각도.
cholimbi 조각하다.
cholibumbi 조각시키다.
四山.
cholhoron 醫巫閭山. 會稽山. 沂山. 霍山의
(것).
cholhorokongge 발군한(것). 출중한
cholhon 산봉오리. 산정.
cholho moo 가래나무.
cholgoroko 우뚝솟은. 치솟은. 출중한.
cholambi 볶다. 튀기다. 삶다.

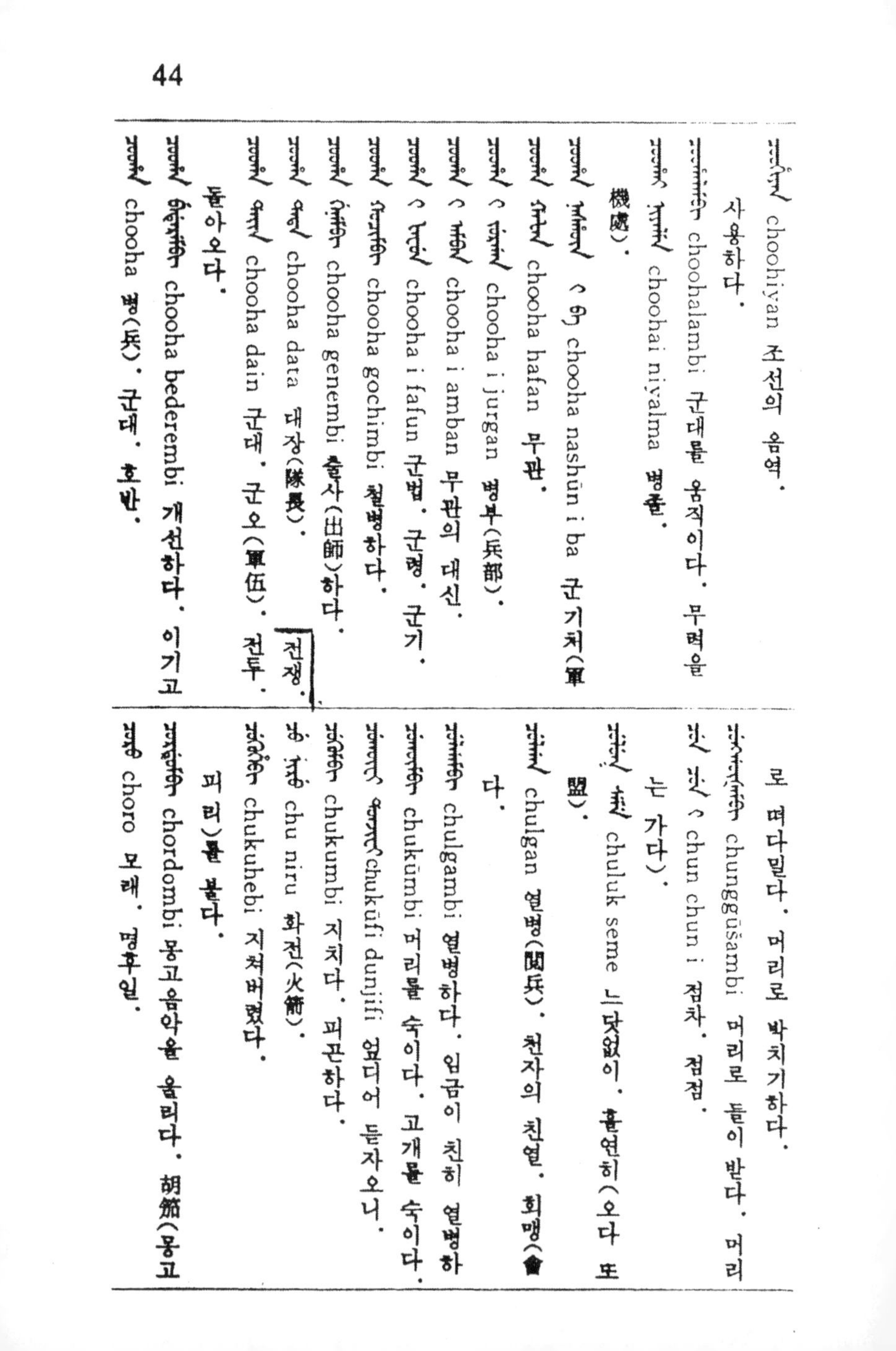

chooha 병(兵). 군대. 호반.

chooha bederembi 개선하다. 이기고 돌아오다.

chooha dain 군대. 군오(軍伍). 전투. 전쟁.

chooha data 대장(隊長).

chooha genembi 출사(出師)하다.

chooha gochimbi 철병하다.

chooha i fafun 군법. 군령. 군기.

chooha i amban 무관의 대신.

chooha i jurgan 병부(兵部).

chooha hafan 무관.

chooha nashūn i ba 군기처(軍機處).

choohai niyalma 병졸.

choohalambi 군대를 움직이다. 무력을 사용하다.

choohiyan 조선의 음역.

choro 모래. 명후인.

chordombi 몽고음악을 울리다. 胡笳(몽고피리)를 불다.

chukuhebi 지쳐버렸다.

chu niru 화전(火箭).

chukumbi 지치다. 피곤하다.

chukūfi dunjifi 엎디어 듣자오니.

chukūmbi 머리를 숙이다. 고개를 숙이다.

chulgambi 열병하다. 임금이 친히 열병하다.

chulgan 열병(閱兵). 천자의 친열. 회맹(會盟).

chuluk seme 느닷없이. 홀연히(오다 또는 가다).

chun chun i 점차. 점점.

chunggūšambi 머리로 들이 받다. 머리로 떠다밀다. 머리로 박치기하다.

chūming 칙명(勅命).

chūlebumbi 매를 맞게하다. 매를 치게하다.

chūleme weile 태형에 해당하는 죄.

chūlembi 볼기를 치다.

chū 자(尺). 태(笞). 매.

chuwangnambi 약탈하다. 강탈하다.

chuwan šurure niyalma 수병.

chuwan 배(船). 船의 음역.

chusile 수정.

chuse mooi arsun 죽순. 대순.

chuse moo 대. 대나무.

chuse 요리사. 주자(廚子).

churgimbi 시끄럽게 떠돌다.

D

da mama 증조의 어머니. 고조모.

da mafa 증조의 아버지. 고조부.

da jurgan 본의. 본뜻.

da jiha 돈의 원형(祖錢).

da hergin 본기(本紀).

da habšaha niyalma 원고(原告).

da dube 본말. 시말.

da ba 원적. 본적. 적관. 지방. 해롭다.

da an i ombi 복원하다. 원 상태로

da an i 평상대로. 전과 같이. 원 상태로. 尋). 관리하라.

da 수령. 장. 두목. 근본. 기원. 五척단위(一

da mujilen 본심. 본정신. 근본적 생각.
da omolo 적손.
da sekiyen mafa 시조. 비조. 첫조상.
daba 넘어라. 건너라. 넘어 뛰어라.
dababumbi 넘게 하다. 씀씀이 지나치다.
파장하여 말하다.
dababurakū 낭비하지 않다.
dabagan 고개.
dabala 뿐. 만. 할뿐. …라면 좋다. 끝내다.
dabali 넘어서. 초월하여. 계급의 순서를
dabali duleke (새가)날아 넘었다.
넘어서. 분에 넘친. 참람한.
dabambi 넘다. 건너뛰다.
daban 초과. 과분. 초월.
dabanahabi 지나쳤다. 초과했다.
dabašambi 기어오르다. 버릇없이 굴다.
참람한 행동을 하다.

dabatala 지나치게 과도하게.
dabchikū 두 칼날의 검.
dabduri 성급한. 조급한.
dabduršambi 성급한 행동을 하다. 불
안정한 거동을 하다.
dabkūri 이중의.
dabkūri dorgi hoton 자금성(紫
禁城).
dabkūri duka 이중문.
dabkūri leose 이중전각. 이층집.
dabsimbi 해가 서쪽으로 지다.
dabsulambi 소금에 절이다.
dabsun 소금.
dabsun be giyarire yamun 소금을 몰래 제조하거나 파는 것을 단속하는
기관(巡鹽司).
dabsun i chifun 염세.

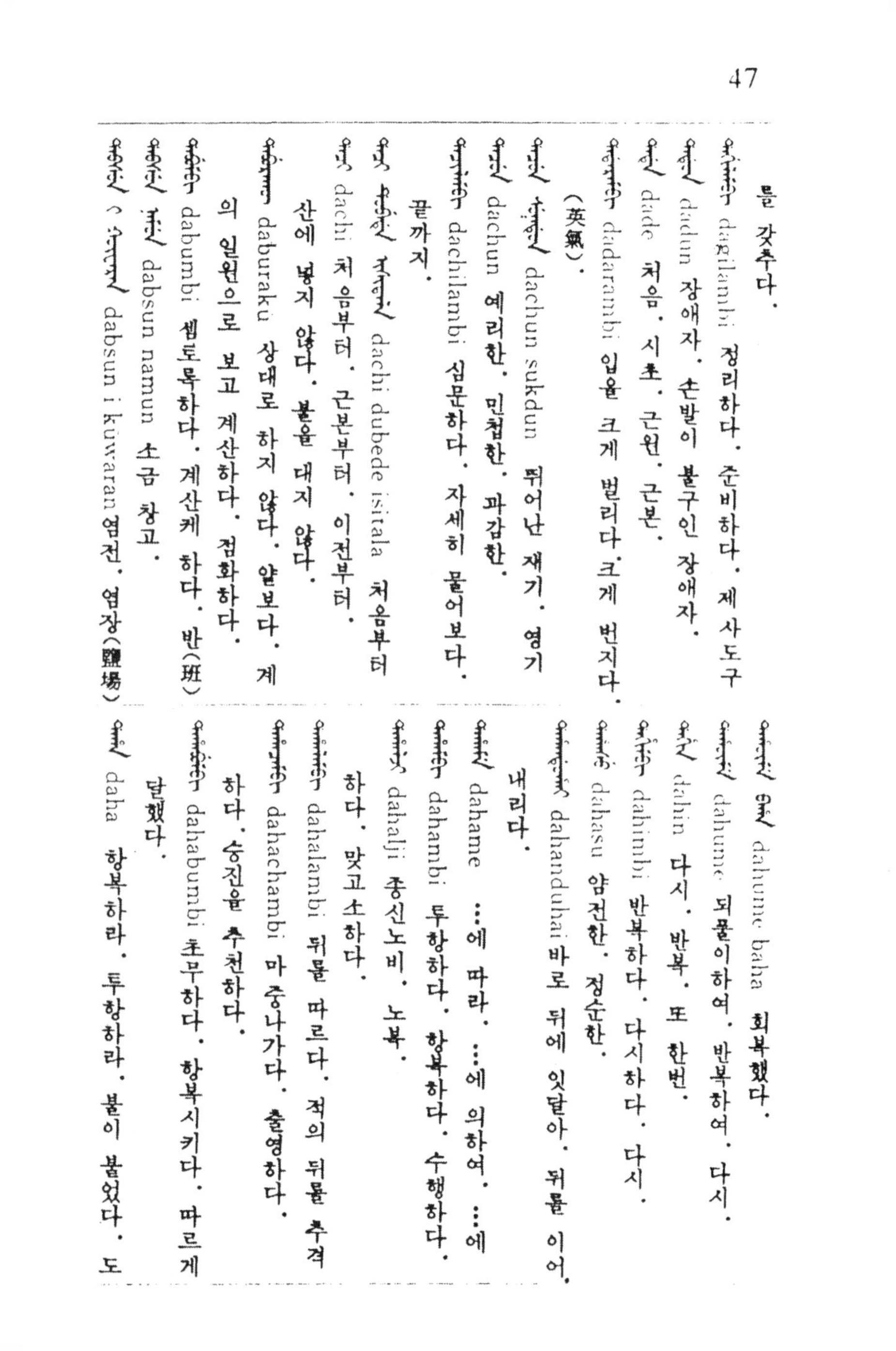

를 갖추다.

dagilambi 정리하다. 준비하다. 제사도구

dadun 장애자. 손발이 불구인 장애자.

dade 처음. 시초. 근원. 근본.

dadarambi 입을 크게 벌리다. 크게 번지다.

(英氣).

dachun sukdun 뛰어난 재기. 영기

dachun 예리한. 민첩한. 과감한.

dachilambi 심문하다. 자세히 물어보다.

끝까지.

dachi dubede isitala 처음부터

dachi 처음부터. 근본부터. 이전부터.

산에 넣지 않다. 불을 대지 않다.

daburakū 상대로 하지 않다. 얕보다. 계

의 일원으로 보고 계산하다. 점화하다.

dabumbi 셈토록하다. 계산케 하다. 반(班)

dabsun namun 소금 창고.

dabsun i kūwaran 염전. 염장(鹽場)

dahume baha 회복했다.

dahume 되풀이하여. 반복하여. 다시.

dahin 다시. 반복. 또 한번.

dahimbi 반복하다. 다시하다. 다시.

dahasu 얌전한. 정순한.

dahanduhai 바로 뒤에 잇달아. 뒤를 이어.

내리다.

dahame …에 따라. …에 의하여. …에

dahambi 투항하다. 항복하다. 수행하다.

dahalji 종신노비. 노복.

하다. 맞고소하다.

dahalambi 뒤를 따르다. 적의 뒤를 추격

dahachambi 마중나가다. 출영하다.

하다. 승진을 추천하다.

dahabumbi 초무하다. 항복시키다. 따르게

답했다.

daha 항복하라. 투항하라. 불이 붙었다. 도

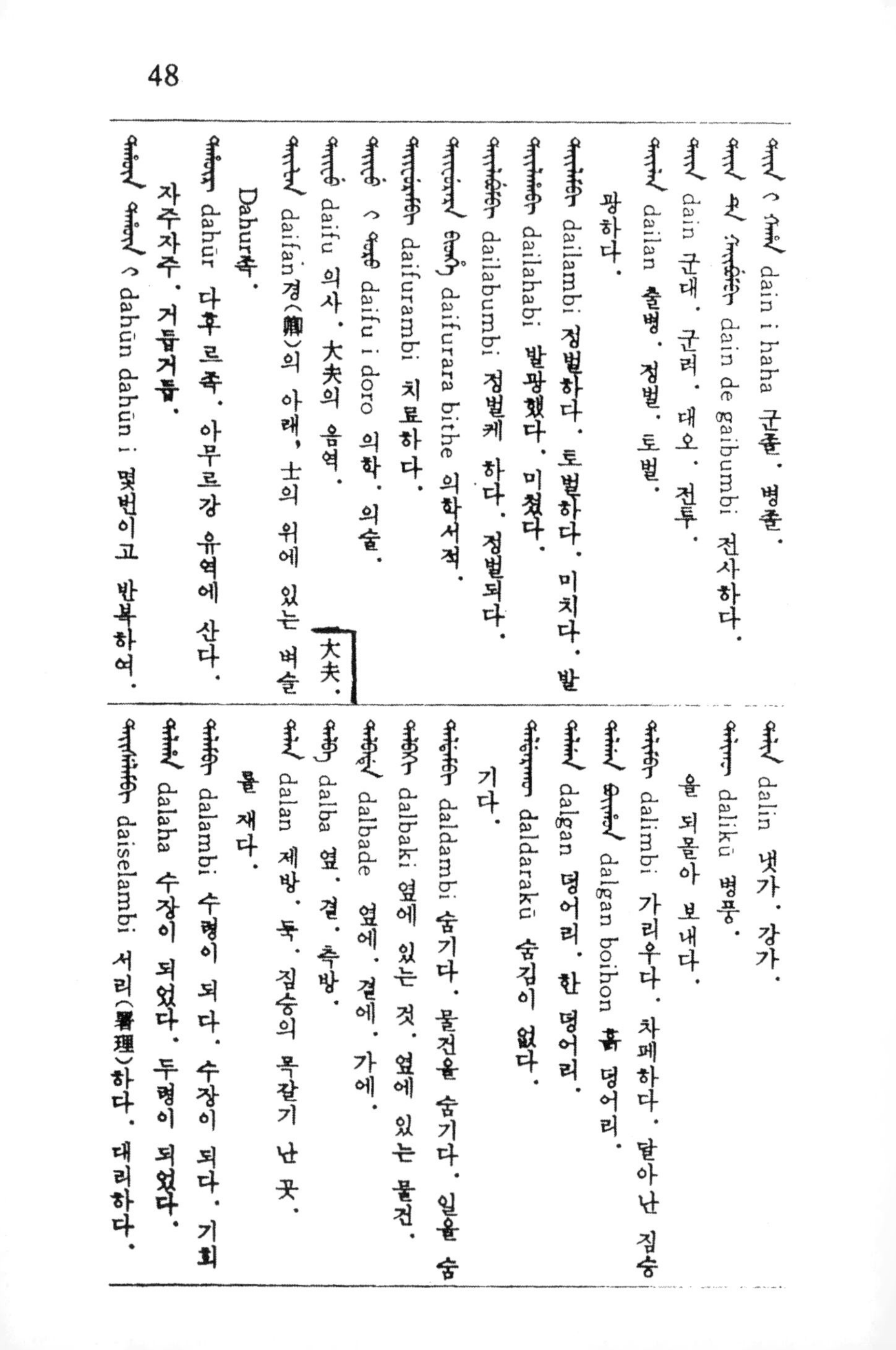

dain i haha 군졸. 병졸.
dain de gaibumbi 전사하다.
dain 군대. 군려. 대오. 전투.
dailan 출병. 정벌. 토벌.
광하다.
dailambi 정벌하다. 토벌하다. 미치다. 발
dailahabi 발광했다. 미쳤다.
dailabumbi 정벌케 하다. 정벌되다.
daifurara bithe 의학서적.
daifurambi 치료하다.
daifu i doro 의학. 의술.
daifu 의사. 大夫의 음역.
daifan 경(卿)의 아래, 士의 위에 있는 벼슬 大夫.
Dahur족.
dahūr 다후르족. 아무르강 유역에 산다.
자주자주. 거듭거듭.
dahūn dahūn i 몇번이고 반복하여.

dalin 냇가. 강가.
dalikū 병풍.
을 되몰아 보내다.
dalimbi 가리우다. 차폐하다. 달아난 짐승
dalgan boihon 흙 덩어리.
dalgan 덩어리. 한 덩어리.
daldarakū 숨김이 없다.
기다.
daldambi 숨기다. 물건을 숨기다. 일을 숨
dalbaki 옆에 있는 것. 옆에 있는 물건.
dalbade 옆에. 곁에. 가에.
dalba 옆. 곁. 측방.
dalan 제방. 둑. 짐승의 목갈기 난 곳.
물 재다.
dalambi 수령이 되다. 수장이 되다. 기회
dalaha 수장이 되었다. 두령이 되었다.
daiselambi 서리(署理)하다. 대리하다.

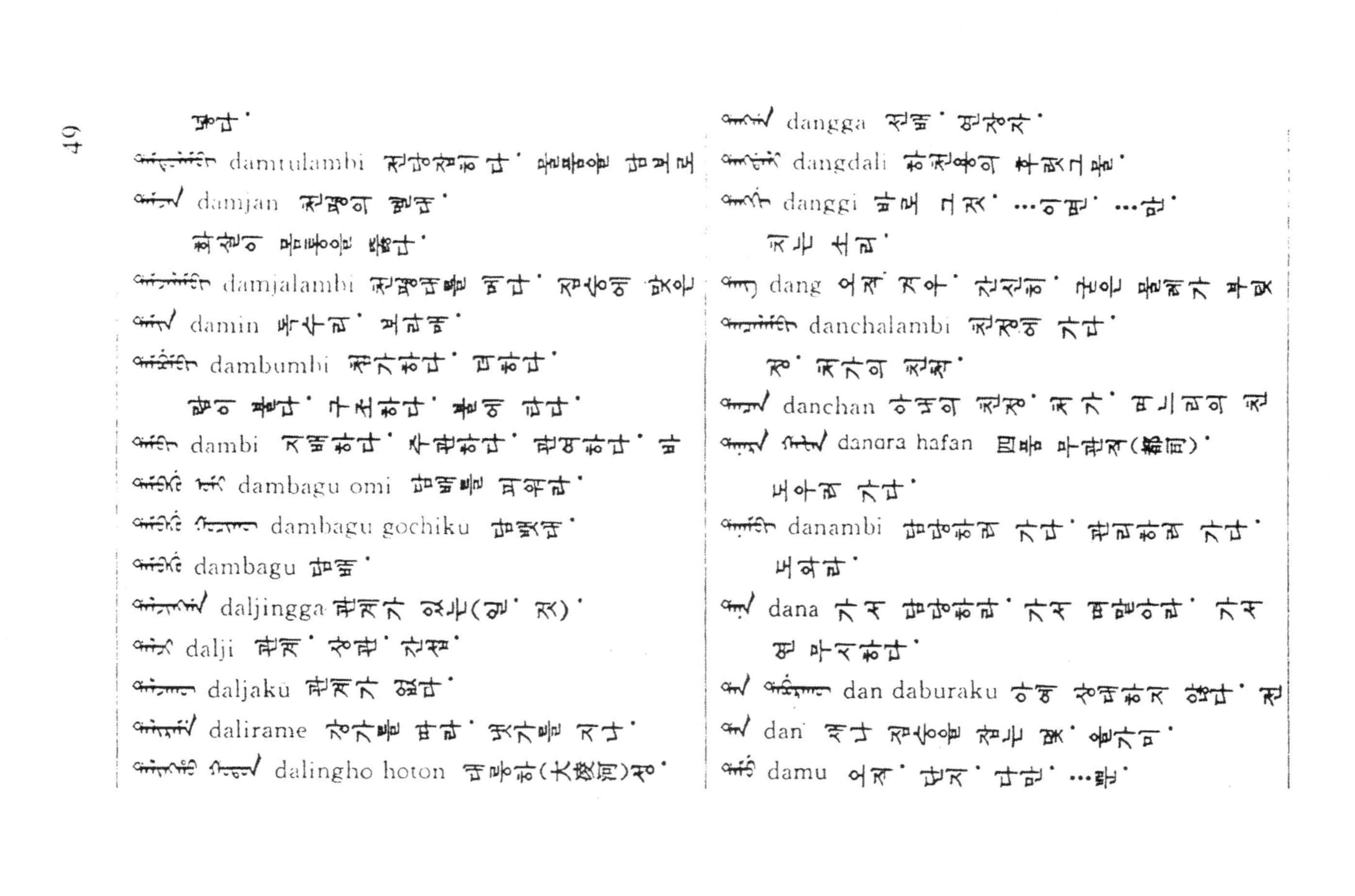

dalingho hoton 대릉하(大陵河)성.
dalirame 강가를 따라. 냇가를 지나.
daljakū 관계가 없다.
dalji 관계. 상관. 간섭.
daljingga 관계가 있는(일. 것).
dambagu 담배.
dambagu gochiku 담뱃대.
dambagu omi 담배를 피워라.
dambi 지배하다. 주관하다. 관여하다. 바
람이 붙다. 구조하다. 불에 타다.
dambumbi 첨가하다. 더하다.
damin 독수리. 보라매.
damjalambi 천평대를 메다. 짐승에 맞은
화살이 몸통을 뚫다.
damjan 천평의 멜대.
damtulambi 전당잡히다. 물품을 담보로
놓다.

damu 오직. 단지. 다만. …뿐.
dan 새나 짐승을 잡는 덫. 올가미.
dan daburakū 아예 상대하지 않다. 전
연 무시하다.
dana 가서 담당하라. 가서 떠맡아라. 가서
도와라.
danambi 담당하러 가다. 관리하러 가다.
도우러 가다.
danara hafan 四품 무관직(都司).
danchan 아내의 친정. 처가. 며느리의 친
정. 처가의 친척.
danchalambi 친정에 가다.
dang 오직. 겨우. 간신히. 굳은 물레가 부딪
치는 소리.
danggi 바로 그것. …이면. …만.
dangdali 하천용의 후릿그물.
dangga 선배. 연장자.

dangnambi 교대하다. 교체하다.

dangpuli 정당포.

dangse 당안(檔案). 관청의 문서. 책자.

dangse bargiyara tinggin 정부의 기록문서의 보관등을 관장하는 기관.

dangse ejere hafan 당안(檔案)의 사무를 관리하는 관원(典簿).

dangse faksalambi 호적기록에서 삭제하다. 호적기록을 옮기다.

dangse jafašakū 지현(知縣)아문의 문서를 취급하는 서기.

dangse jafašara hafan 당안(檔案)을 담당하는 관원(主簿).

dangse jafašara tinggin 문서의 출납과 보관을 맡아 보는 주부청(主簿廳).

dangsimbi 힐책하다. 비난하다. 책망하다.

dangšan 실가닥. 실토막. 실끄트러기. 풀의 한가닥(草芥).

daniyalambi 감추다. 보이지 않는 곳에 숨기다. 은폐하다. 막다.

daniyan 숨겨진 곳. 감추인 곳. 도피처.

dara 허리.

dara chooha 원병. 원군.

darakabi 잘 훈련됐다. 잘 길들었다.

dargiya 경동맥.

dari …마다.

dargimbi 부들부들 떨다.

darimbi 들르다. 경유하다. 빗대어 말하다. 비끼다. 짐승이 사람을 스치고 달아나다. 만약장에 상처를 입다.

dartai 잠시. 짧은 시간 동안.

daru 외상으로 사라. 후불로 사라.

daruhai 언제나. 늘 시종.

daruha urun 민며느리. 어린매 데려다 키운 며느리.

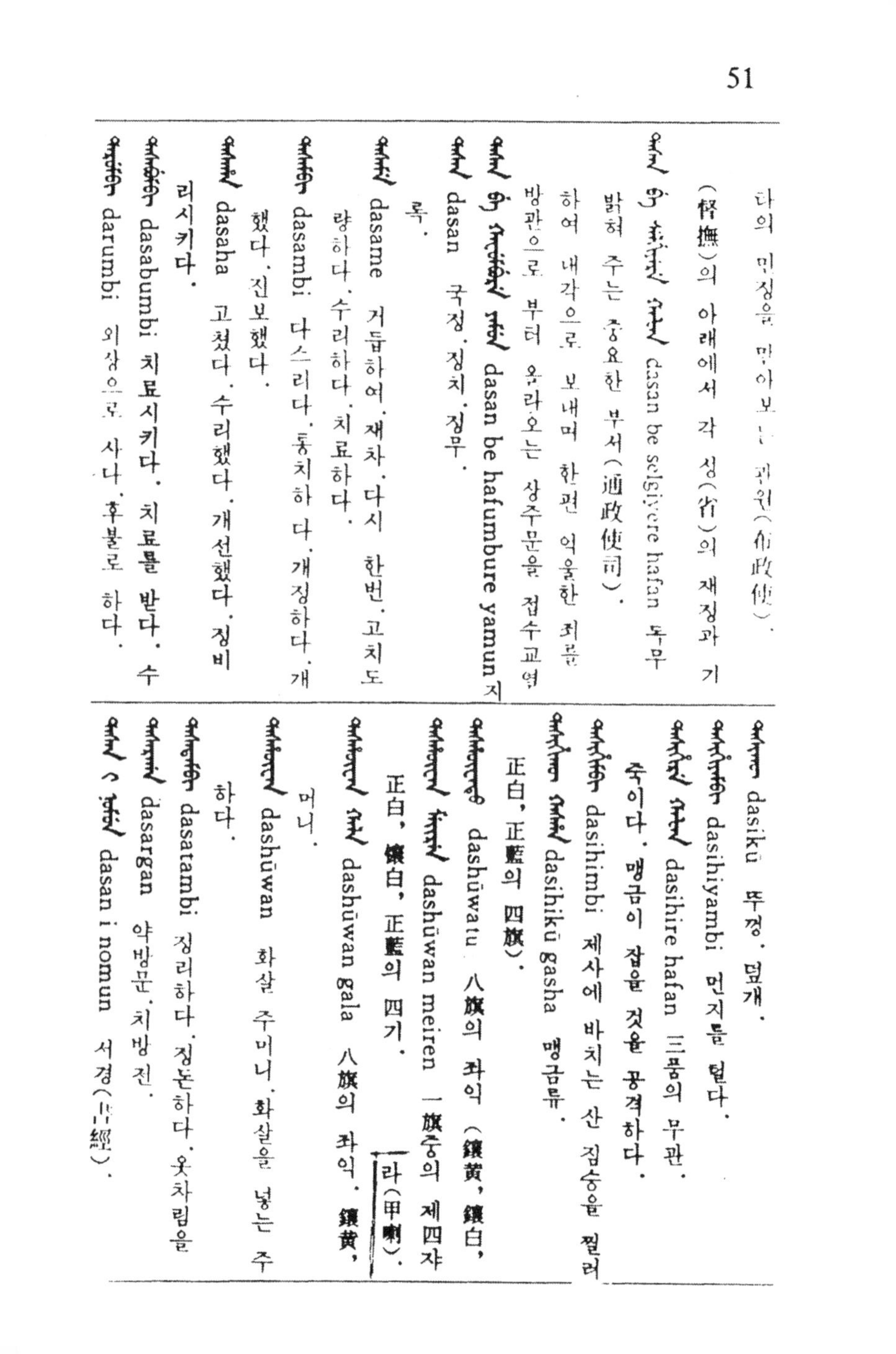

다의 미정을 맡아보는 관원(布政使).

(督撫)의 아래에서 각 성(省)의 재정과 기

dasan be selgiyere hafan 독무

밝혀 주는 중요한 부서(通政使司).

하여 내각으로 보내며 한편 억울한 죄를

방관으로 부터 올라오는 상주문을 접수교열

dasan be hafumbure yamun 지

dasan 국정. 정치. 정무.

록.

dasame 거듭하여. 재차. 다시 한번. 고치도

량하다. 수리하다. 치료하다.

dasambi 다스리다. 통치하 다. 개정하다. 개

했다. 진보했다.

dasaha 고쳤다. 수리했다. 개선했다. 정비

리시키다.

dasabumbi 치료시키다. 치료를 받다. 수

darumbi 외상으로 사다. 후불로 하다.

dasikū 뚜껑. 덮개.

dasihiyambi 먼지를 털다.

dasihire hafan 三품의 무관.

죽이다. 맹금이 잡을 것을 공격하다.

dasihimbi 제사에 바치는 산 짐승을 찔러

dasihikū gasha 맹금류.

正白, 正藍의 四旗).

dashūwatu 八旗의 좌익 (鑲黃, 鑲白,

dashūwan meiren 一旗중의 제四자

正白, 鑲白, 正藍의 四기. 라(甲喇).

dashūwan gala 八旗의 좌익. 鑲黃,

머니.

dashūwan 화살 주머니. 화살을 넣는 주

하다.

dasatambi 정리하다. 정돈하다. 옷차림을

dasargan 약방문. 치방전.

dasan i nomun 서경(書經).

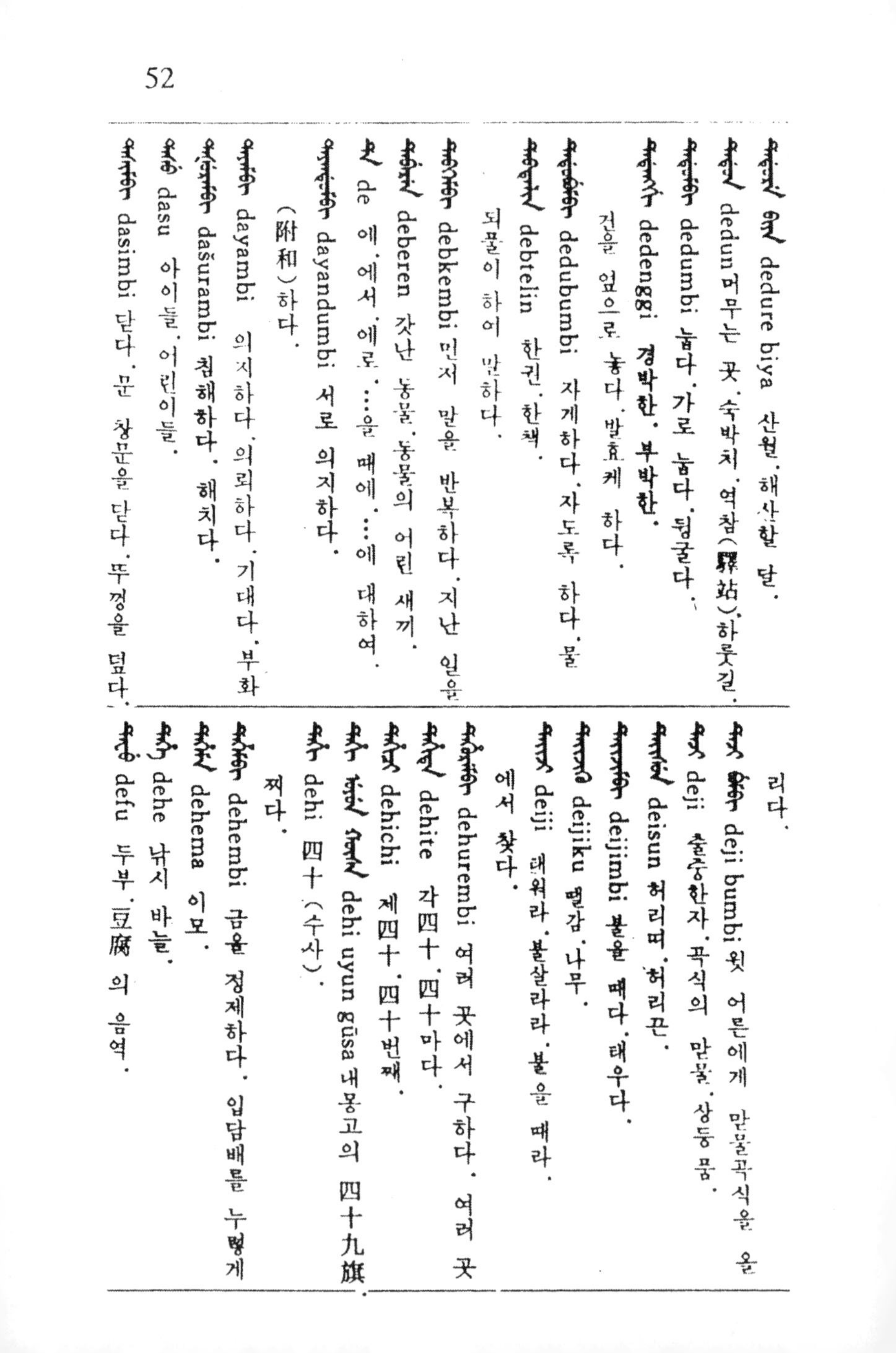

dedure biya 산월. 해산할 달.

dedun 머무는 곳. 숙박처. 역참(驛站). 하룻길.

dedumbi 눕다. 가로 눕다. 뒹굴다.

dedenggi 경박한. 부박한.

dedubumbi 자게하다. 자도록 하다. 물
건을 엎으로 놓다. 발효케 하다.

debtelin 한권. 한책.

debkembi 먼저 말을 반복하다. 지난 일을
되풀이 하여 말하다.

deberen 갓난 동물. 동물의 어린 새끼.

de 에. 에서. 에로. …을 때에. …에 대하여.

dayandumbi 서로 의지하다.

dayambi 의지하다. 의뢰하다. 기대다. 부화
(附和)하다.

dašurambi 침해하다. 해치다.

dasu 아이들. 어린이들.

dasimbi 닫다. 문 창문을 닫다. 뚜껑을 덮다.

deji bumbi 윗 어른에게 만물곡식을 올
리다.

deji 출중한자. 곡식의 만물. 상등 품.

deisun 허리띠. 허리끈.

deijimbi 불을 때다. 태우다.

deijiku 땔감. 나무.

deiji 태워라. 불살라라. 불을 때라.

dehurembi 여러 곳에서 구하다. 여러 곳
에서 찾다.

dehite 각四十. 四十마다.

dehichi 제四十. 四十번째.

dehi uyun gūsa 내몽고의 四十九旗.

dehi 四十(수사).

dehembi 금을 정제하다. 입담배를 누렇게
찌다.

dehema 이모.

dehe 낚시 바늘.

defu 두부. 豆腐 의 음역.

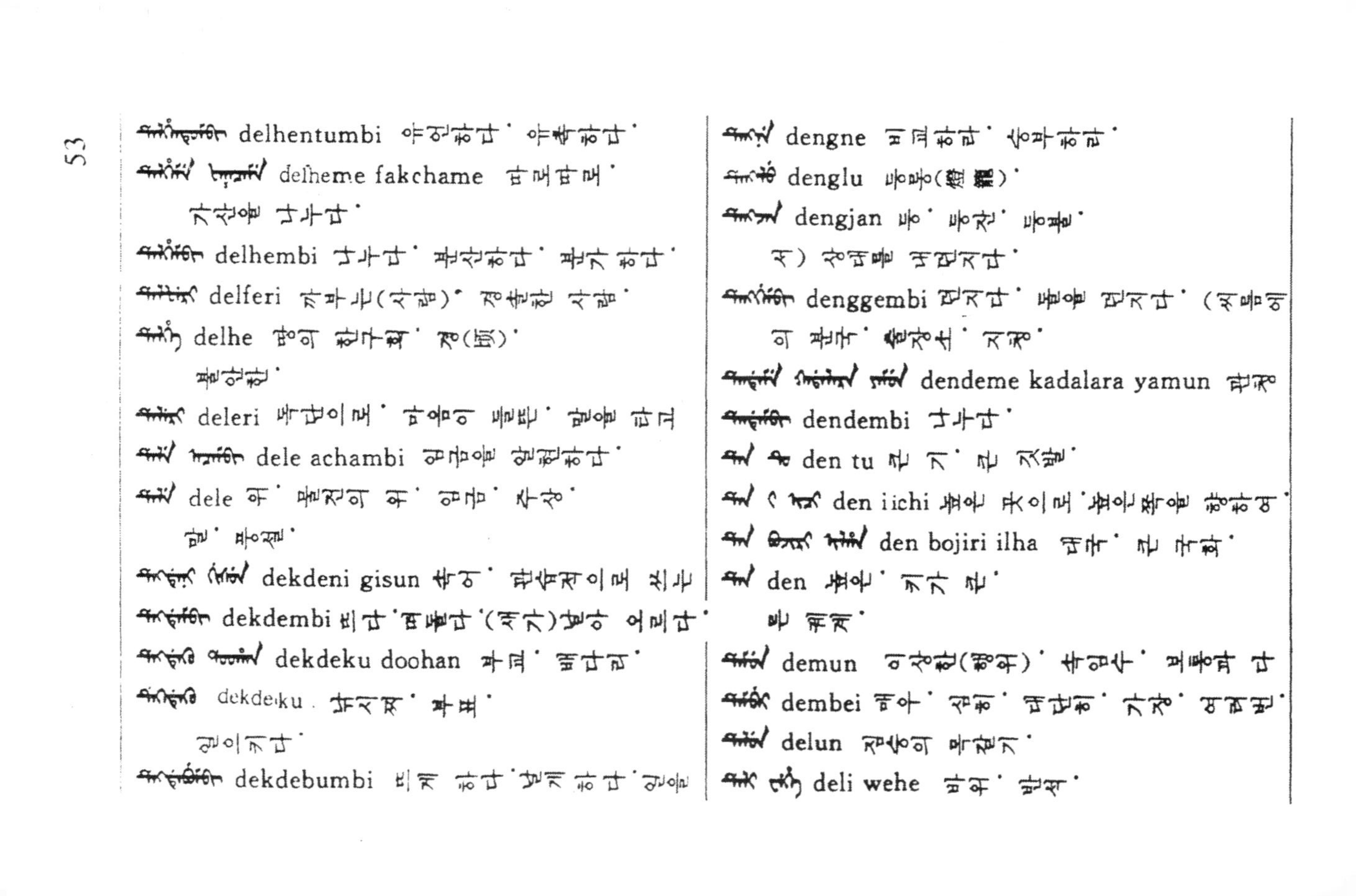

delhentumbi 유언하다. 유촉하다.
delheme fakchame 따로따로.
　가산을 나누다.
delhembi 나누다. 분산하다. 분가하다.
delferi 까부는(사람), 경솔한 사람.
delhe 땅의 한구획. 경(頃).
　불안한.
deleri 독단으로. 마음이 들뜬. 말을 타고
dele achambi 임금을 알현하다.
dele 위. 물건의 위. 임금. 주상.
　말. 풍설.
dekdeni gisun 속어. 관습적으로 쓰는
dekdembi 뜨다. 떠돌다.(새가)날아 오르다.
dekdeku doohan 부교. 배다리.
dekdeku 낚시찌. 부표.
　일이키다.
dekdebumbi 뜨게 하다. 날게 하다. 일을

dengne 비교하라. 승부하라.
denglu 등롱(燈籠).
dengjan 등. 등잔. 등불.
　서) 상대를 내던지다.
denggembi 던지다. 돌을 던지다. (씨름에
　의 분국. 출장소. 지청.
dendeme kadalara yamun 관청
dendembi 나누다.
den tu 큰 기. 큰 깃발.
den iichi 높은 곳으로. 높은쪽을 향하여.
den bojiri ilha 대국. 큰 국화.
den 높은. 키가 큰.
　른 궤계.
demun 이상한(행위). 속임수. 보통과 다
dembei 매우. 심히. 대단히. 가장. 여러번.
delun 짐승의 목갈기.
deli wehe 바위. 반석.

dengneku 작은 저울. 금 은을 다는 작은 저울.
dengjan 등. 등잔.
dengnembi 작은 저울로 달다. 승부를 걸다. 짐바리의 좌우 균형을 가늠하다.
dengse 작은 저울. 「戥子」의 음역.
dengselembi 작은 저울에 달다. 승부를 걸다. 짐바리의 균형을 가늠하다.
dengsimbi 차가 흔들리다.
dengsitembi 흠칫 흠칫 하다. 심신이 불안정하다. 크게 흔들리다.
deo 동생. 아우.
deochilembi 아우로서의 도리를 다하다. 형장을 잘 섬기다.
deochin 형장을 섬기는 예도.
deote 아우들. 아우의 복수.
derakū 체면을 잃은(자). 체면이 없는(자).
derakūlambi 면목을 잃다. 체면을 손상하다. 모욕하다.
derbehun 습기가 있는. 축축한.
derbembi 축축해 지다.
derdu 배두렁이.
dere 얼굴. 면목. …쪽. 방위. 방향. 탁자. …인까. …인지도 모르겠다. 뿐. 일뿐.
dere banjimbi 편파적 재판을 하다. 낯을 보아 재단을 하다.
dere felembi 안면 불구하고 요구하다.
dere funcheburakū 면목을 남긴 것이 없다. 면목이 완전히 손상되다.
dere mangga 얼굴가죽이 두터운.
derengge 명망있는 (사람). 체면이 있는 (사람).
deretu 곳집으로 쓰는 장방형의 장.
dergi 위. 동쪽. 왼쪽. 높은. 임금. 주상.

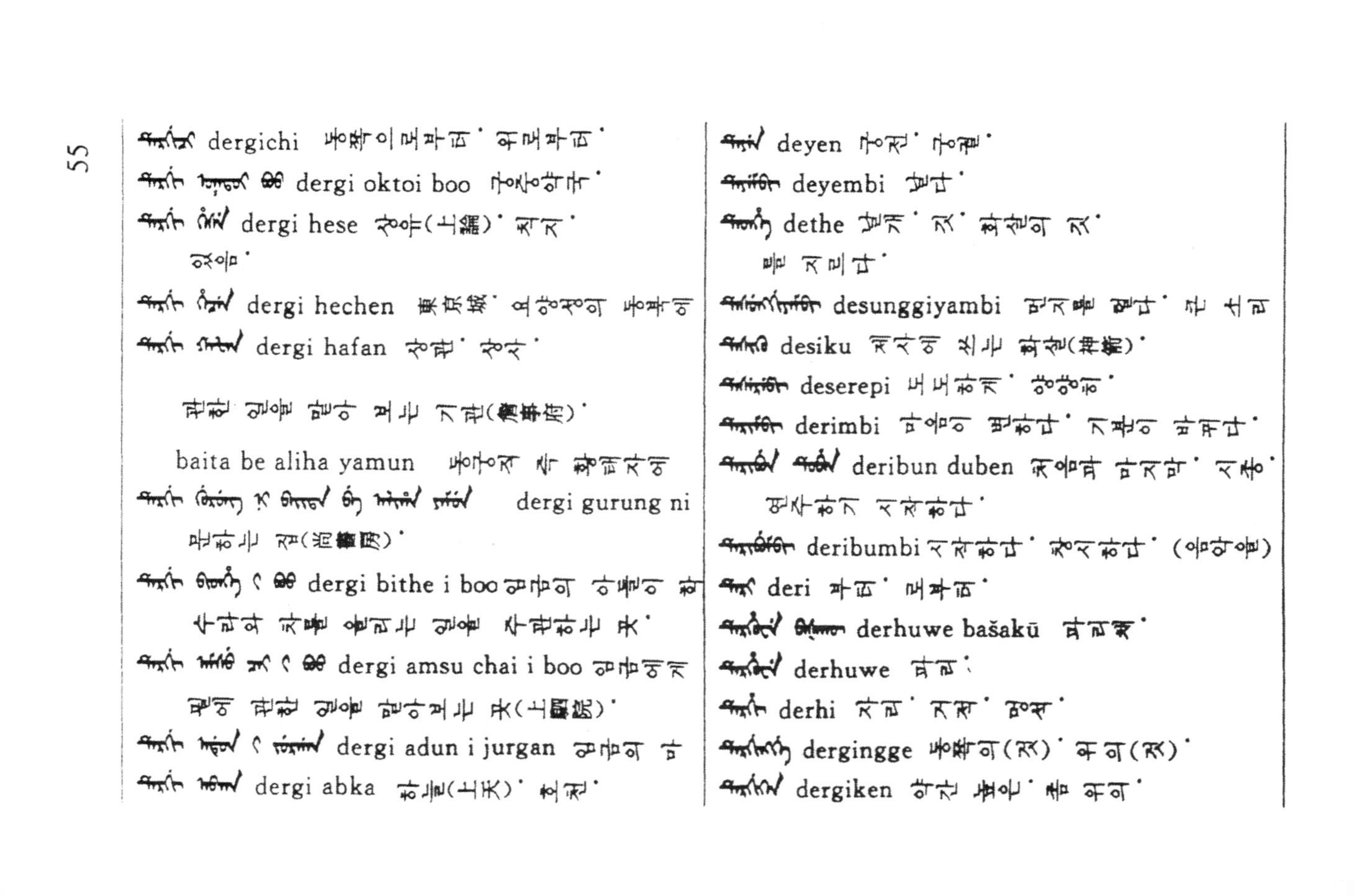

dergichi 동쪽이로부터. 위로부터.
dergi oktoi boo 궁중약국.
dergi hese 상유(上諭). 칙지.
있음.
dergi hechen 東京城. 요양성의 동북에
dergi hafan 상관. 상사.
관한 일을 맡아 보는 기관(詹事府).
baita be aliha yamun 동궁직 즉 황태자에
dergi gurung ni
문하는 집(尙書房).
dergi bithe i boo 임금의 아들이 하
수라와 차를 올리는 일을 주관하는 곳.
dergi amsu chai i boo 임금에게
필에 관한 일을 맡아보는 곳(上駟院).
dergi adun i jurgan 임금의 마
dergi abka 하늘(上天). 호천.

deyen 궁전. 궁궐.
deyembi 날다.
dethe 날개. 깃. 화살의 깃.
를 지르다.
desunggiyambi 먼지를 일다. 큰 소리
desiku 제사에 쓰는 화살(神箭).
deserepi 도도하게. 양양히.
derimbi 마음이 변하다. 기분이 바뀌다.
deribun duben 처음과 마지막. 시종.
연주하기 시작하다.
deribumbi 시작하다. 창시하다. (음악을)
deri 부터. 로부터.
derhuwe bašakū 파리채.
derhuwe 파리.
derhi 자리. 거적. 멍석.
dergingge 동쪽의(것). 위의(것).
dergiken 약간 높은. 좀 위의.

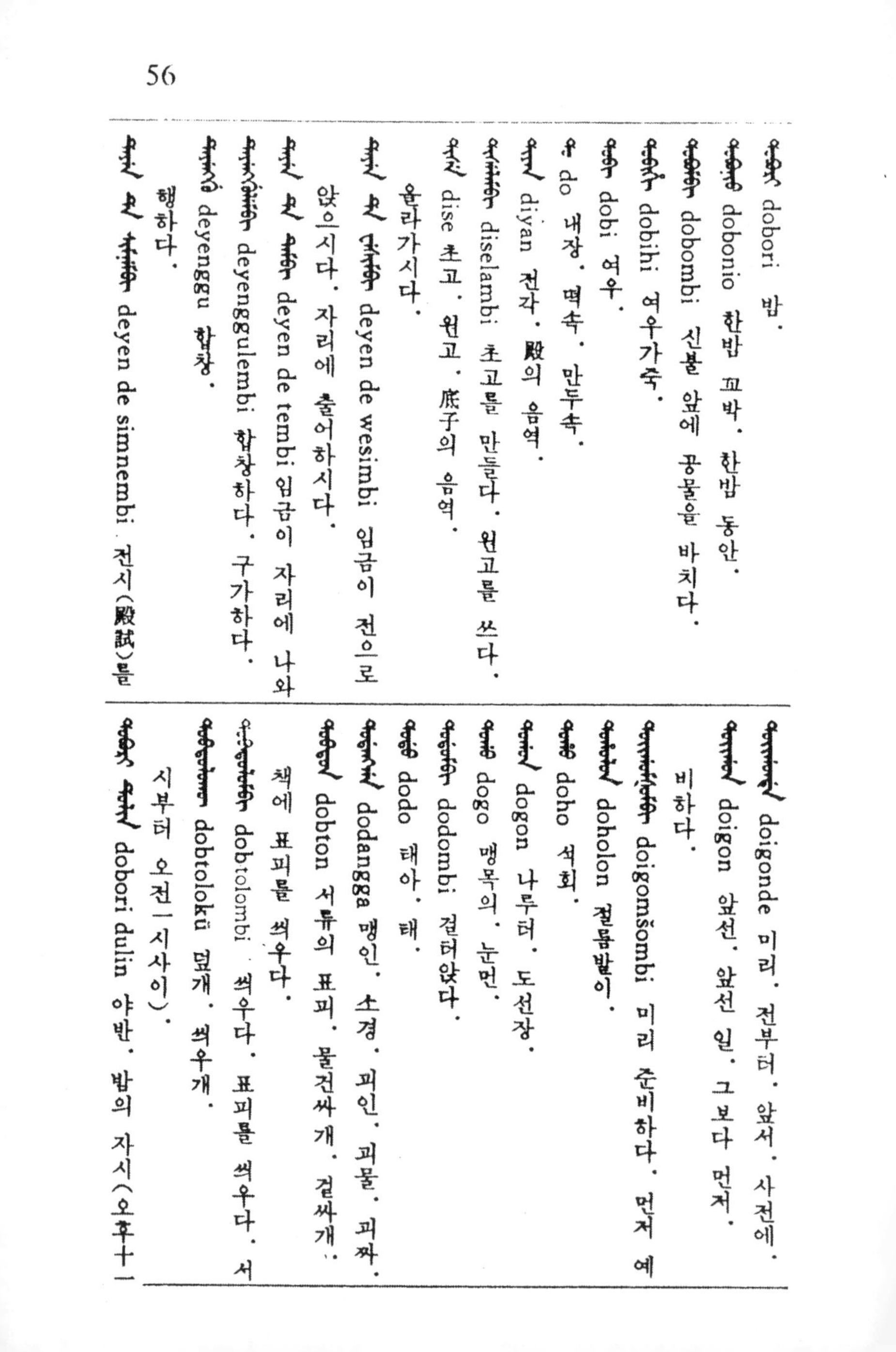

dobori 밥.

dobonio 한밥 끄바. 한밥 동안.

dobombi 신불 앞에 공물을 바치다.

dobihi 여우가죽.

dobi 여우.

do 내장. 뗙속. 만두속.

diyan 전각. 殿의 음역.

diselambi 초고를 만들다. 원고를 쓰다.

dise 초고. 원고. 底子의 음역.

올라가시다.

deyen de wesimbi 임금이 전이로
앉이시다. 자리에 출어하시다.

deyen de tembi 임금이 자리에 나와

deyenggulembi 합창하다. 구가하다.

deyenggu 합창.

행하다.

deyen de simnembi 전시(殿試)를

doigonde 미리. 전부터. 앞서. 사전에.

doigon 앞선. 앞선 일. 그보다 먼저.

비하다.

doigomšombi 미리 준비하다. 먼저 예

doholon 절름발이.

doho 석회.

dogon 나루터. 도선장.

dogo 맹목의. 눈먼.

dodombi 걸터앉다.

dodo 태아. 태.

dodangga 맹인. 소경. 괴인. 괴물. 괴짜.

dobton 서류의 표피. 물건싸개. 겉싸개:
책에 표피를 씌우다.

dobtolombi 씌우다. 표피를 씌우다. 서

dobtolokū 덮개. 씌우개.

시부터 오전1시사이).

dobori dulin 야반. 밤의 자시(오후十1

(에)· 내부의(에)·

dolori 마음 속에· 심중에· 살며시· 내면의
아프다·

dolo tokobumbi 뱃속이 쑤시는 듯이
하게 생각하다·

dolo tatabumbi 마음에 걸리다· 불안

dolo ilimbi 활이 세어서 당길수 없다·
견딜수 없다·

dolo gosimbi 배가 고프다· 배고파서

dolo 가운데· 안쪽· 내부· 뱃속· 마음속·

dokdoršombi 경망하게 행동하다·

doksin 난폭한· 거칠은·
뒷바라지하다·

dokolombi 지름길을 가다· 여러사람을
로· 지름길·

doko 뒤· 내측· 뒤쪽· 옷의 안쪽· 뒷길· 소

dokdolaha 깜짝 놀랐다·

dokdohon 돌기한· 돌출한· 솟아오른·

장하는 곳· 내외두곳이 있는 중의 하나·

dorgi amsu i boo 임금의 수라를 관

borgi amban 내대신(內大臣)·

dorgi 안· 내부·

doosidambi 탐하다· 탐하여 취하다·

doosi 탐욕스러운· 욕심많은·

doose 도사· 도교의 중· 道士의 음역·

doorambi 모방하다· 본보기로 하다·

doombi 건너다· 건너가다· 강을 건너다·
물을 버리다·

doolambi 베끼다· 복사하다· 물을 쏟다·

다·

doohan 다리· 교량·

doobumbi 건너게 하다·배로 건너도록 하

donjin 들은 일·

donjimbi 듣다·

domo 부인용 속옷·

dombi 내려 앉다·

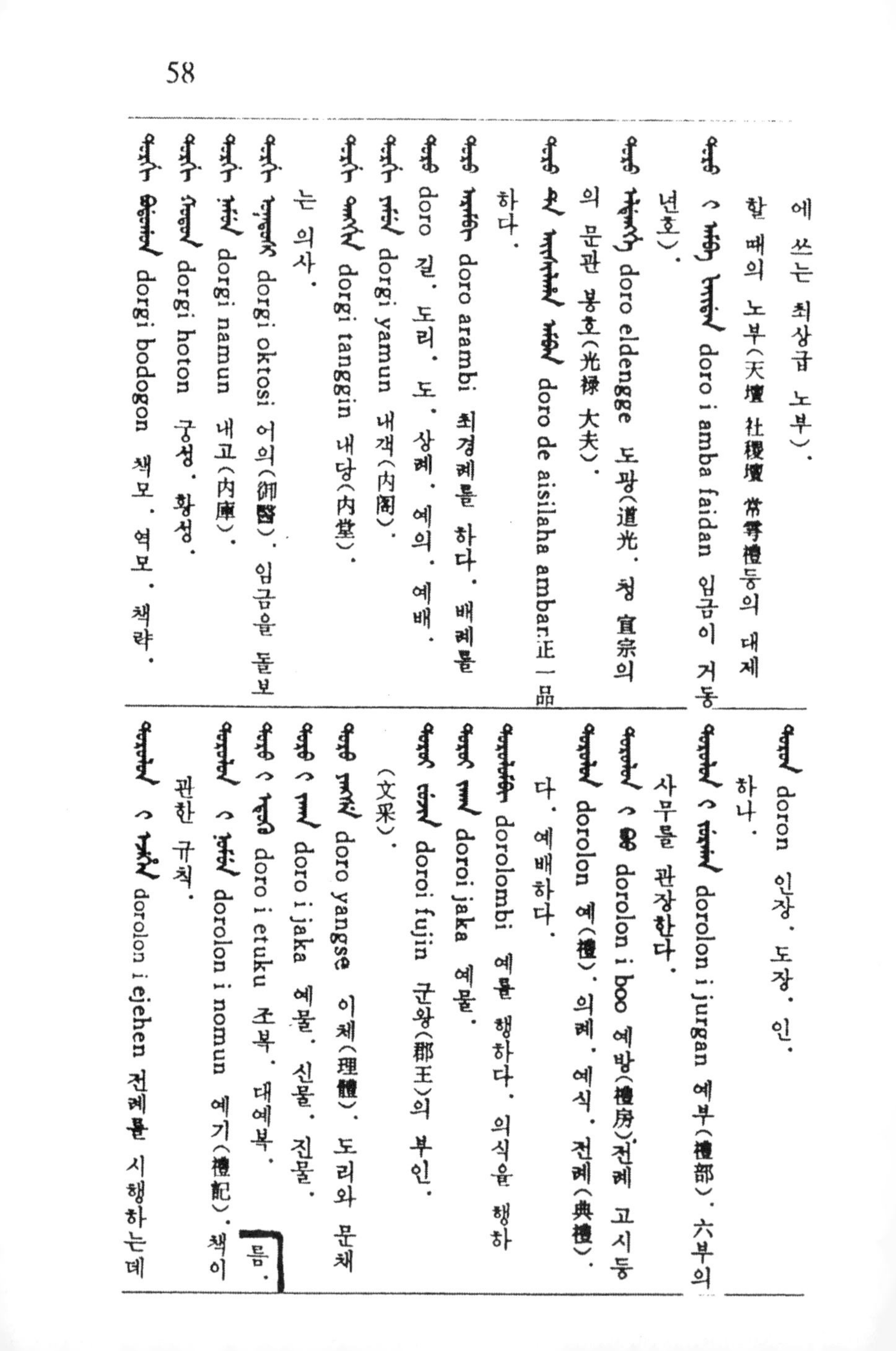

에 쓰는 최상급 노부).

할 때의 노부(天壇 社稷壇 常雩禮등의 대제

doro i amba faidan 임금이 거동

년호).

doro eldengge 도광(道光. 청 宣宗의

의 문관 봉호(光祿 大夫).

doro de aisilaha ambar 正一品

하다.

doro arambi 최경례를 하다. 배례를

doro 길. 도리. 도. 상례. 예의. 예배.

dorgi yamun 내객(內閣).

dorgi tanggin 내당(內堂).

는 의사.

dorgi oktosi 어의(御醫). 임금을 돌보

dorgi namun 내고(內庫).

dorgi hoton 궁성. 황성.

dorgi bodogon 책모. 여모. 책략.

doron 인장. 도장. 인.

하나.

dorolon i jurgan 예부(禮部). 六부의

사무를 관장한다.

dorolon i boo 예방(禮房)전례 고시등

dorolon 예(禮). 의례. 예식. 전례(典禮).

다. 예배하다.

dorolombi 예를 행하다. 의식을 행하

doroi jaka 예물.

doroi fujin 군왕(郡王)의 부인.

(文采).

doro yangse 이체(理體). 도리와 문채

doro i jaka 예물. 신물. 진물.

doro i etuku 조복. 대예복.

름.

dorolon i nomun 예기(禮記). 책이

관한 규칙.

dorolon i ejehen 전례를 시행하는데

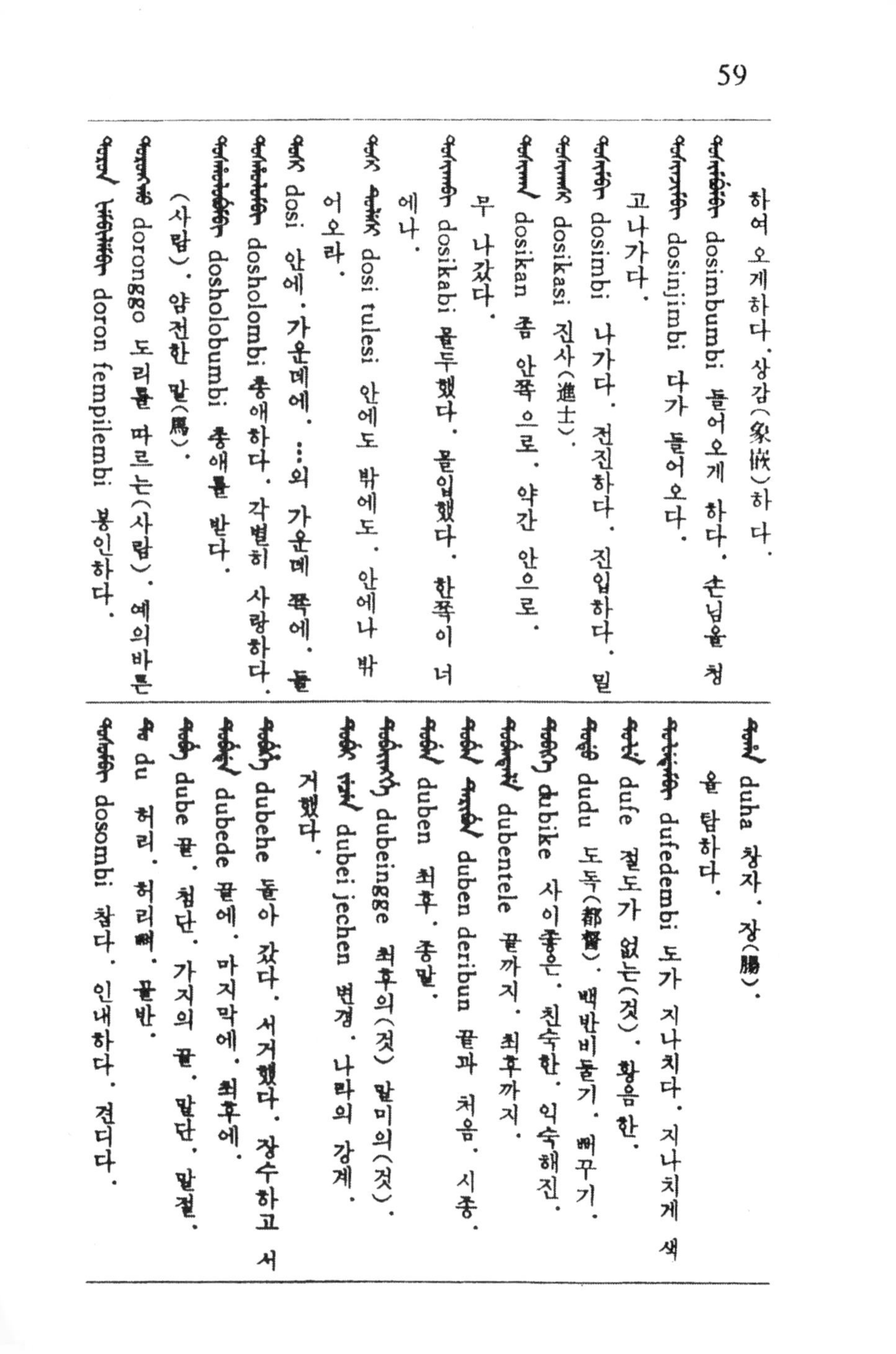

하여 오게하다·상감(象嵌)하다.
dosimbumbi 들어오게 하다·손님을 청
dosinjimbi 다가 들어오다.
고나가다.
dosimbi 나가다·전진하다·진입하다·밀
dosikasi 진사(進士).
dosikan 좀 안쪽으로·약간 안으로.
무 나갔다.
dosikabi 몰두했다·몰입했다·한쪽이 너
에나.
dosi tulesi 안에도 밖에도·안에나 밖
어오라.
dosi 안에·가운데에·…의 가운데 쪽에·들
dosholombi 총애하다·각별히 사랑하다.
dosholobumbi 총애를 받다.
(사람)·얌전한 말(馬).
doronggo 도리를 따르는(사람)·예의바른
doron fempilembi 봉인하다.

duha 창자·장(腸).
을 탐하다.
dufedembi 도가 지나치다·지나치게 색
dufe 절도가 없는(것)·황음한.
dudu 도독(都督)·백반비둘기·뻐꾸기.
dubike 사이좋은·친숙한·익숙해진.
dubentele 끝까지·최후까지.
duben deribun 끝과 처음·시종.
duben 최후·종말.
dubeingge 최후의(것) 말미의(것).
dubei jechen 변경·나라의 강계.
거했다.
dubehe 늙어 갔다·서거했다·장수하고 서
dubede 끝에·마지막에·최후에.
dube 끝·첨단·가지의 끝·말단·말절.
du 허리·허리뼈·골반.
dosombi 참다·인내하다·견디다.

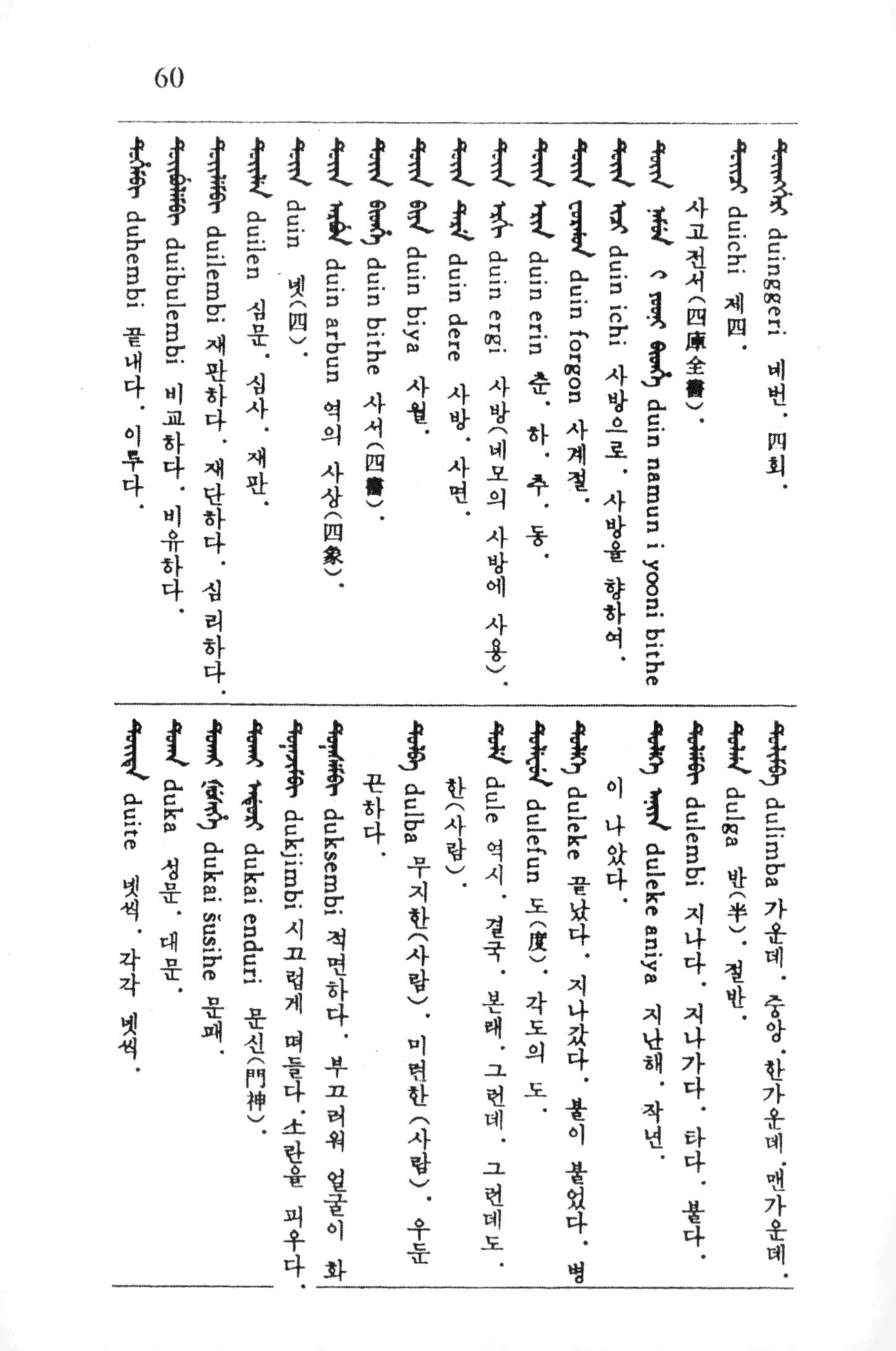

duhembi 끝내다. 이루다.

duibulembi 비교하다. 비유하다.

duilembi 재판하다. 재단하다. 심리하다.

duilen 심문. 심사. 재판.

duin 넷(四).

duin arbun 역의 사상(四象).

duin bithe 사서(四書).

duin biya 사월.

duin dere 사방. 사면.

duin ergi 사방(네모의 사방에 사용).

duin erin 춘. 하. 추. 동.

duin forgon 사계절.

duin ichi 사방으로. 사방을 향하여.

duin namun i yooni bithe 사고전서(四庫全書).

duichi 제四.

duinggeri 네번. 四회.

duite 넷씩. 각각 넷씩.

duka 성문. 대문.

dukai šusihe 문패.

dukai enduri 문신(門神).

dukjimbi 시끄럽게 떠들다. 소란을 피우다.

duksembi 적면하다. 부끄러워 얼굴이 화끈하다.

dulba 무지한(사람). 미련한(사람). 우둔한(사람).

dule 역시. 결국. 본래. 그런데. 그런데도.

dulefun 도(度). 각도의 도.

duleke 끝났다. 지나갔다. 불이 붙었다. 병이 나았다.

duleke aniya 지난해. 작년.

dulembi 지나다. 지나가다. 타다. 붙다.

dulga 반(半). 절반.

dulimba 가운데. 중앙. 한가운데. 맨가운데.

durugan 도보(圖譜). 그림을 그리고 설명

dursun 체격. 용모.

모범으로 하다.

dursukilembi 모방하다. 본보기로 하다.

dursuki 모습이 닮은. 닮은 것.

durimbi 떼앗다. 누탈하다. 요람차를 흔들 다.

durbejen 사각형. 모.

이 웃는 소리. 여러 북소리.

dur 와글 와글. 여럿이 떠드는 소리. 여럿

dunggi 머리가 둔한(사람).

dunggu 동굴. 동혈. 굴.

dunggami 동갑. 같은 나이.

dungga use 수박씨.

dungga 수박.

dulin 절반. 반분.

dulimbi 철야하다. 밤새우다.

dulimba i gurun 중국.

dūmbi 때리다. 치다. 종아리를 치다.

지 않는. 입을 위로 올리는 성질의 말(馬).

duyen 냉담한. 박정한. 사람에 가까이 하

duyembumbi 급습하다. 기습하다.

(것).

duwalingga 동류의(것). 같은 종류의

편을 나눈다.

duwalibun 문체의 일종. 유(類)를 따라

duwali 동류. 동지. 한패. 동아리.

duturehebi 말을 잘못 알아 들었다.

dutu 귀머거리.

dute talu 지름길.

dushun 어두운. 광택이 없는. 컴컴한.

durun kemun 일정한 법칙. 규범.

durun 틀. 모양. 거푸집. 규범. 전식. 주형.

한 것.

J · E

J e 음양의 음(陰). 앗(위급하거나 놀라서 내는 소리). 어(사람을 경시할 때 쓰는 말).

ebchi 갈비. 늑골. 배의 늑골. 산허리의 경사.

ebdereku 부도덕한 자. 패륜자.

ebele 이곳. 이쪽.

ebeniyembi 물에 적시다.

eberekebi 지쳤다. 싫증났다. 노쇠했다. 쇠했다.

eberembi 지치다. 싫증나다. 줄다. 쇠하다. 노쇠하다.

ebereke 노쇠했다. 지쳤다.

eberembu 감하라. 줄여라. 머리수나 금전의 액수를 줄인 매에.

eberembumbi 줄이다. 감하게 하다. 사람의 마음을 꺾다. 쇠하게 하다.

ebergi 와 같다. 이곳. 이쪽의 것.

eberhun 무능한. 나약한. 유약한.

eberi 인품이 모자라는. 힘이 못미치는. 부족한.

eberi akū 뒤지지 않다. 버금가지 않다.

ebihe 배불렀다. 많이 먹었다.

ebimbi 포식하다. 배부르게 먹다.

ebišembi 목욕하다. 몸을 씻다.

ebišere oton 욕조. 목욕통.

ebsi …한 이래. 이래로. 이쪽으로 (오라). 좀 더 여기로.

ebsi chasi akū 결단이 없다. 마음을 결정하지 못하다. 방향을 잡지 못하다.

ebsi foro 이쪽을 향해라. 이쪽으로 돌아라.

ebsi jio 이쪽으로 오라.

ebsi oso 여기에 있거라. 이쪽으로.

ebsihe …한대로. 대로…하여. 하고 싶은 대로 맡겨.

ebsiken 조금 이쪽으로. 좀더 이쪽으로(오라).

ebšembi 서두르다. 당황하다.

ebu 멈춰라. 내려라.

ebubumbi 내리게 하다. 멈추게하다. 천막을 걷게 하다. 짐을 내리다.

ebuhu sabuhū 황망히. 창졸히. 안절부절하여.

ebumbi 멈추 다. 서다. 내리다(말에서).

ebunembi 가서 유하다. 가서 내리다.

ebunjimbi 와서 유하다. 와서 내리다.

echi 그렇다. 그와 같다. 마침… 하다.

echi ainara 그러면 어떻게 되는가. 그런데 어떤가.

echike 숙부. 삼촌.

echikese 숙부들.

ede 말미암아. 이것으로 인하여.

edelembi 부족하다. 빠지다. 홈지다. 이지러지다.

eden 부족하다. 불완전하다. 홈있는. 불구의.

edumbi 바람이 불다.

edun 바람.

edun dambi 바람이 불다.

edun dekdehe 바람이 불었다. 감기에 걸리셨다(귀인에 대한 말).

edun goimbi 감기에 걸리다.

edun nesuken oho 바람이 그쳤다. 바람이 잤다. 바람이 조용해졌다.

edun tuwambi 용변하다. 대소변을 보다.

edunggiyembi 까부르다. 키질을 하다.

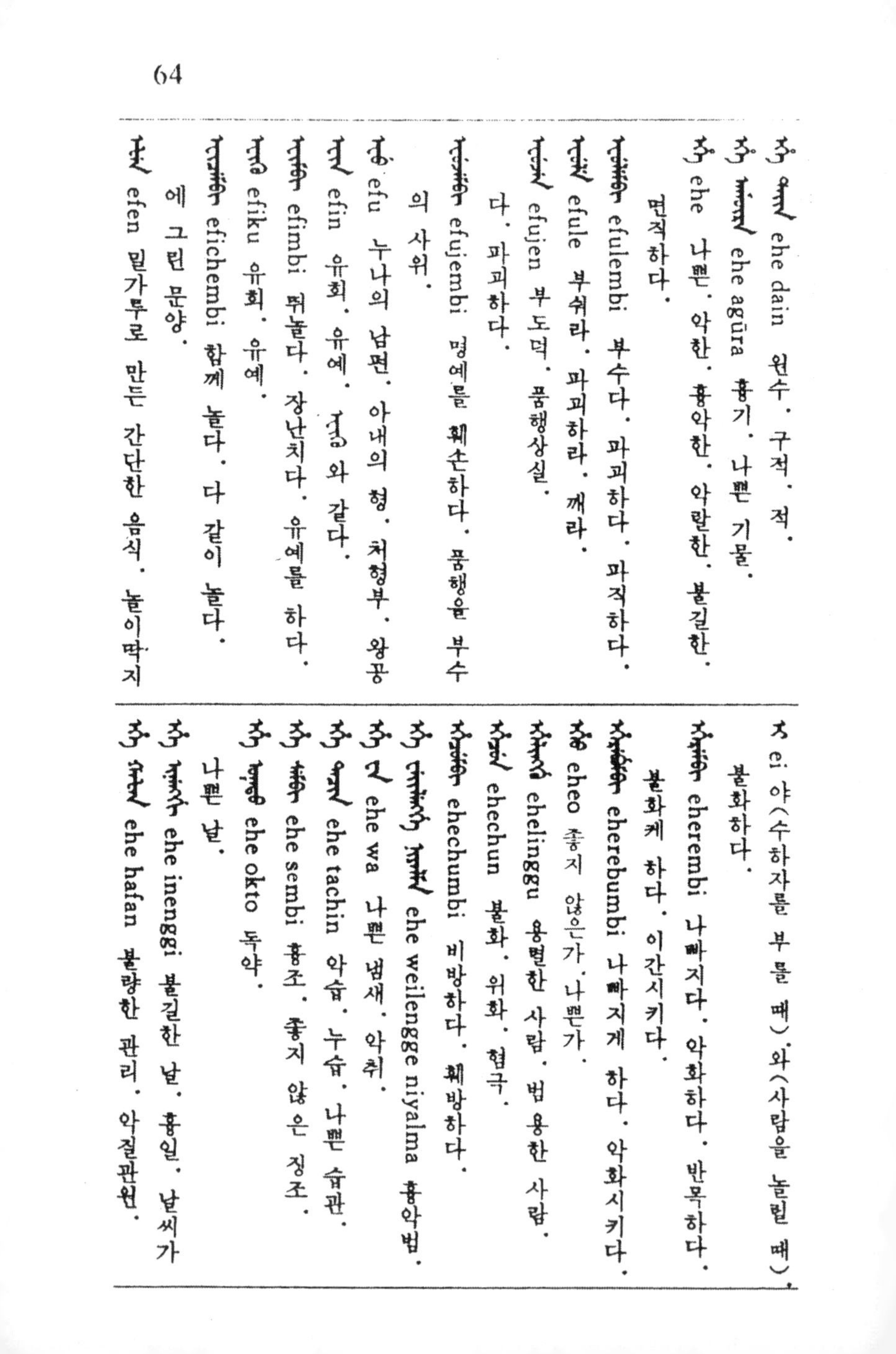

ehe dain 원수. 구적. 적.
ehe agūra 흉기. 나쁜 기물.
ehe 나쁜. 악한. 흉악한. 악랄한. 불길한.
편잔하다.
efulembi 부수다. 파괴하다. 파직하다.
efule 부숴라. 파괴하라. 깨라.
efujen 부도덕. 품행상실.
다. 파괴하다.
efujembi 명예를 훼손하다. 품행을 부수
의 사위.
efu 누나의 남편. 아내의 형. 처형부. 왕공
efin 유희. 유예. ᡝᡶᡳᡴᡠ 와 같다.
efimbi 뛰놀다. 장난치다. 유예를 하다.
efiku 유희. 유예.
efichembi 함께 놀다. 다 같이 놀다.
에 그린 문양.
efen 밀가루로 만든 간단한 음식. 놀이딱지

ei 야(수하자를 부를 때)와(사람을 놀릴 때).
불화하다.
eherembi 나빠지다. 악화하다. 반목하다.
불화케 하다. 이간시키다.
eherebumbi 나빠지게 하다. 악화시키다.
eheo 좋지 않은가. 나쁜가.
ehelinggu 용렬한 사람. 범용한 사람.
ehechun 불화. 위화. 협극.
ehechumbi 비방하다. 훼방하다.
ehe weilengge niyalma 흉악범.
ehe wa 나쁜 냄새. 악취.
ehe tachin 악습. 누습. 나쁜 습관.
ehe sembi 흉조. 좋지 않은 징조.
ehe okto 독약.
나쁜 날.
ehe inenggi 불길한 날. 흉일. 날씨가
ehe hafan 불량한 관리. 악질관원.

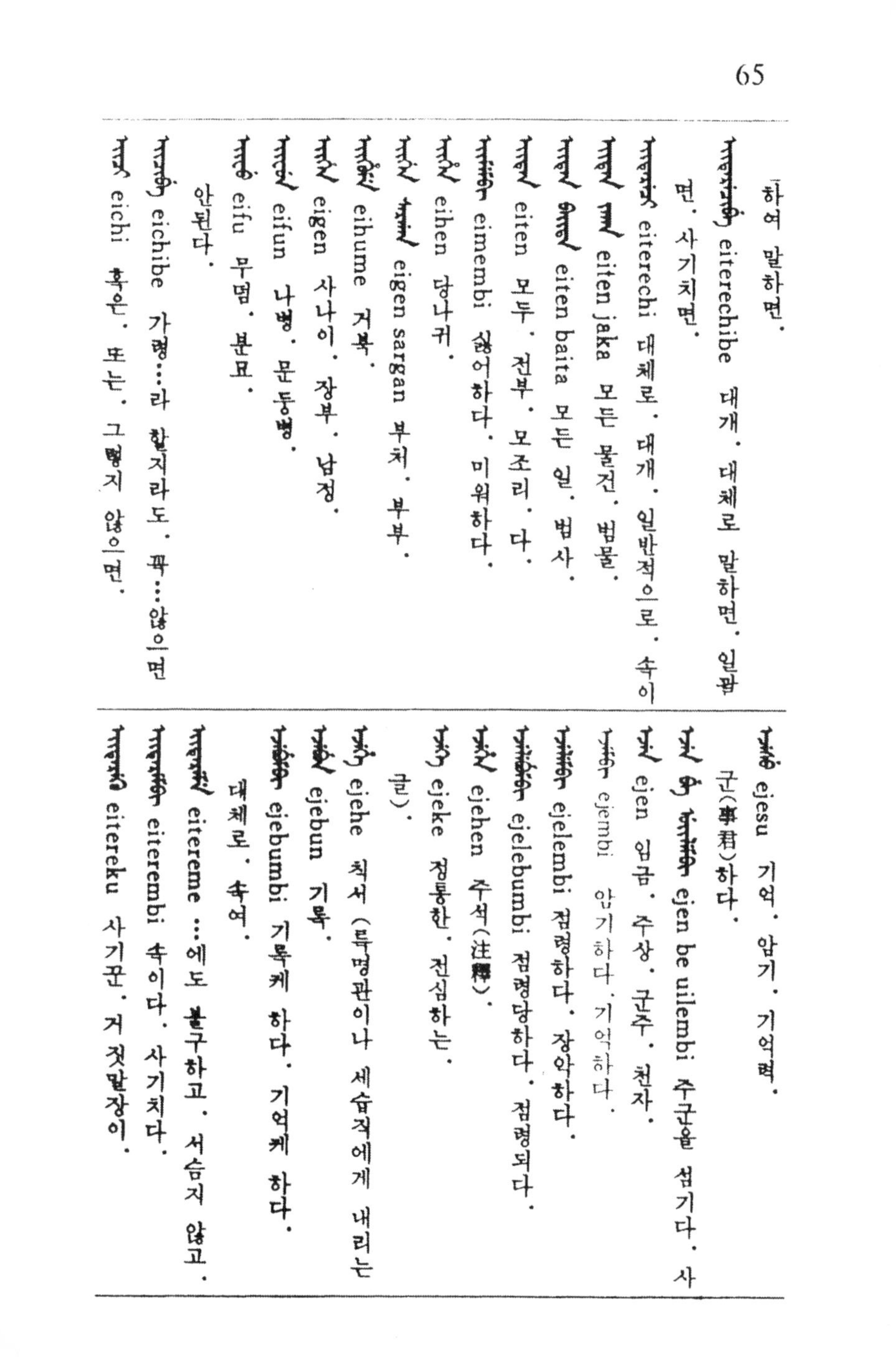

eichi 혹은·또는·그렇지 않으면.

eichibe 가령…라 할지라도·꼭…않으면 안된다.

eifu 무덤·분묘.

eifun 나병·문둥병.

eigen 사나이·장부·남정.

eihume 거북.

eigen sargan 부처·부부.

eihen 당나귀.

eimembi 싫어하다·미워하다.

eiten 모두·전부·모조리·다.

eiten baita 모든 일·범사.

eiten jaka 모든 물건·범물.

eiterechi 대체로·대개·일반적으로·속이면·사기치면.

eiterechibe 대개·대체로 말하면·일괄하여 말하면.

eitereku 사기꾼·거짓말쟁이.

eiterembi 속이다·사기치다.

eitereme …에도 불구하고·서슴지 않고·대체로·속여.

ejebumbi 기록케 하다·기억케 하다.

ejebun 기록.

ejehe 칙서(특명관이나 세습직에게 내리는 글).

ejeke 정통한·전심하는.

ejehen 주석(注釋).

ejelebumbi 점령당하다·점령되다.

ejelembi 점령하다·장악하다.

ejembi 암기하다·기억하다.

ejen 임금·주상·군주·천자.

ejen be uilembi 주군을 섬기다·사군(事君)하다.

ejesu 기억·암기·기억력.

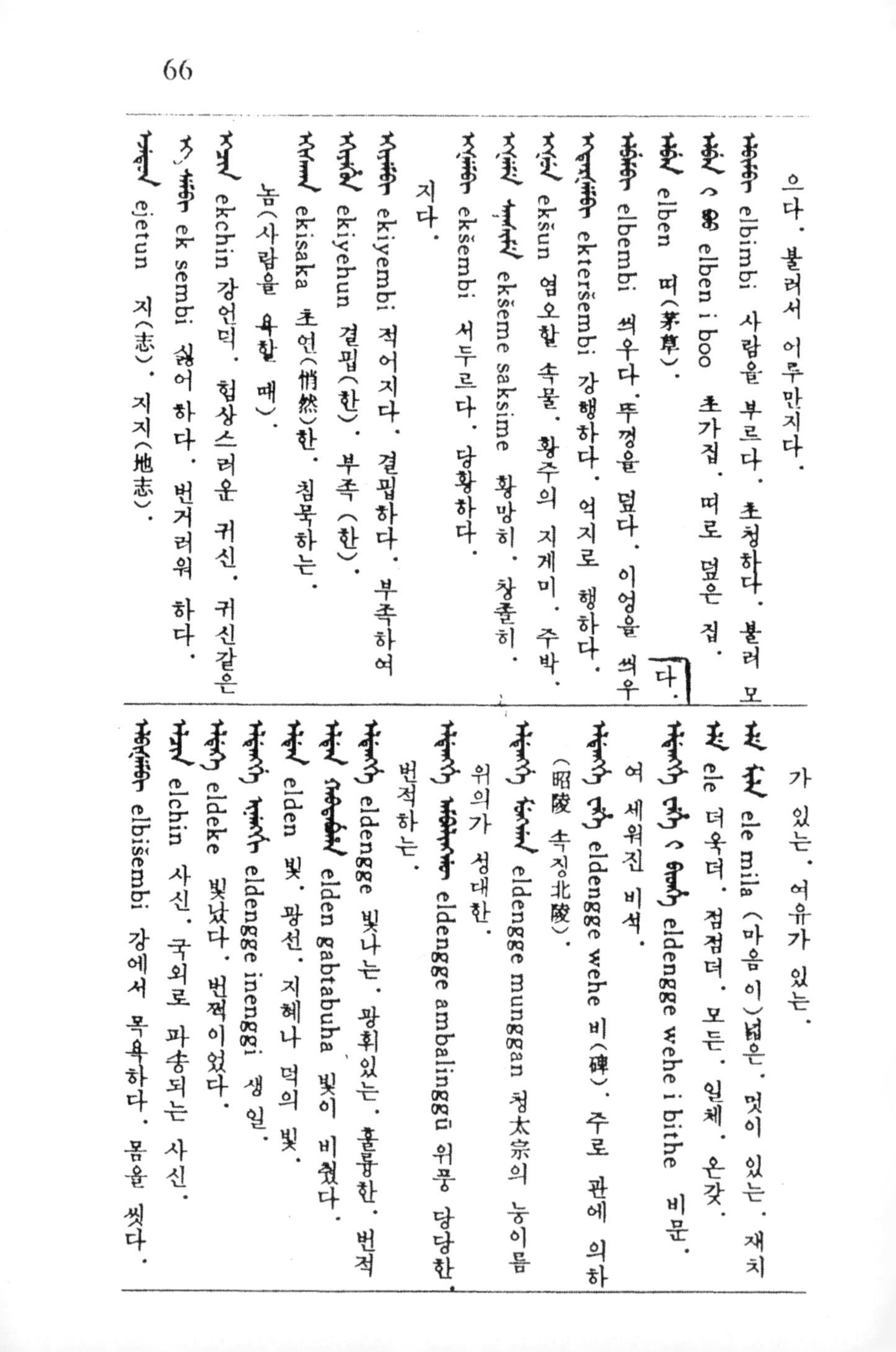

으다. 불러서 어루만지다.
elbimbi 사람을 부르다. 초청하다. 불러 모다.
elben i boo 초가집. 떠로 덮은 집.
elben 떠(茅草).
elbembi 씌우다. 뚜껑을 덮다. 이엉을 씌우
ekteršembi 강행하다. 억지로 행하다.
ekšun 염오할 속물. 황주의 지게미. 주박.
ekšeme saksime 황망히. 창졸히.
ekšembi 서두르다. 당황하다.
지다.
ekiyembi 적어지다. 결핍하다. 부족하여
ekiyehun 결핍(한). 부족 (한).
ekisaka 초연(悄然)한. 침묵하는.
놈(사람을 욕할 때).
ekchin 강언덕. 협상스러운 귀신. 귀신같은
ek sembi 싫어 하다. 번거러워 하다.
ejetun 지(志). 지지(地志).

가 있는. 여유가 있는.
ele mila (마음이)넓은. 멋이 있는. 재치
ele 더욱더. 점점더. 모든. 일체. 온갖.
eldengge wehe i bithe 비문.
여 세워진 비석.
eldengge wehe 비(碑). 주로 관에 의하
(昭陵 속칭北陵).
eldengge munggan 청太宗의 능이름
위의가 성대한.
eldengge ambalinggū 위풍 당당한.
번적하는.
eldengge 빛나는. 광휘있는. 훌륭한. 번적
elden gabtabuha 빛이 비췄다.
elden 빛. 광선. 지혜나 덕의 빛.
eldengge inenggi 생일.
eldeke 빛났다. 번쩍이었다.
elchin 사신. 국외로 파송되는 사신.
elbišembi 강에서 목욕하다. 몸을 씻다.

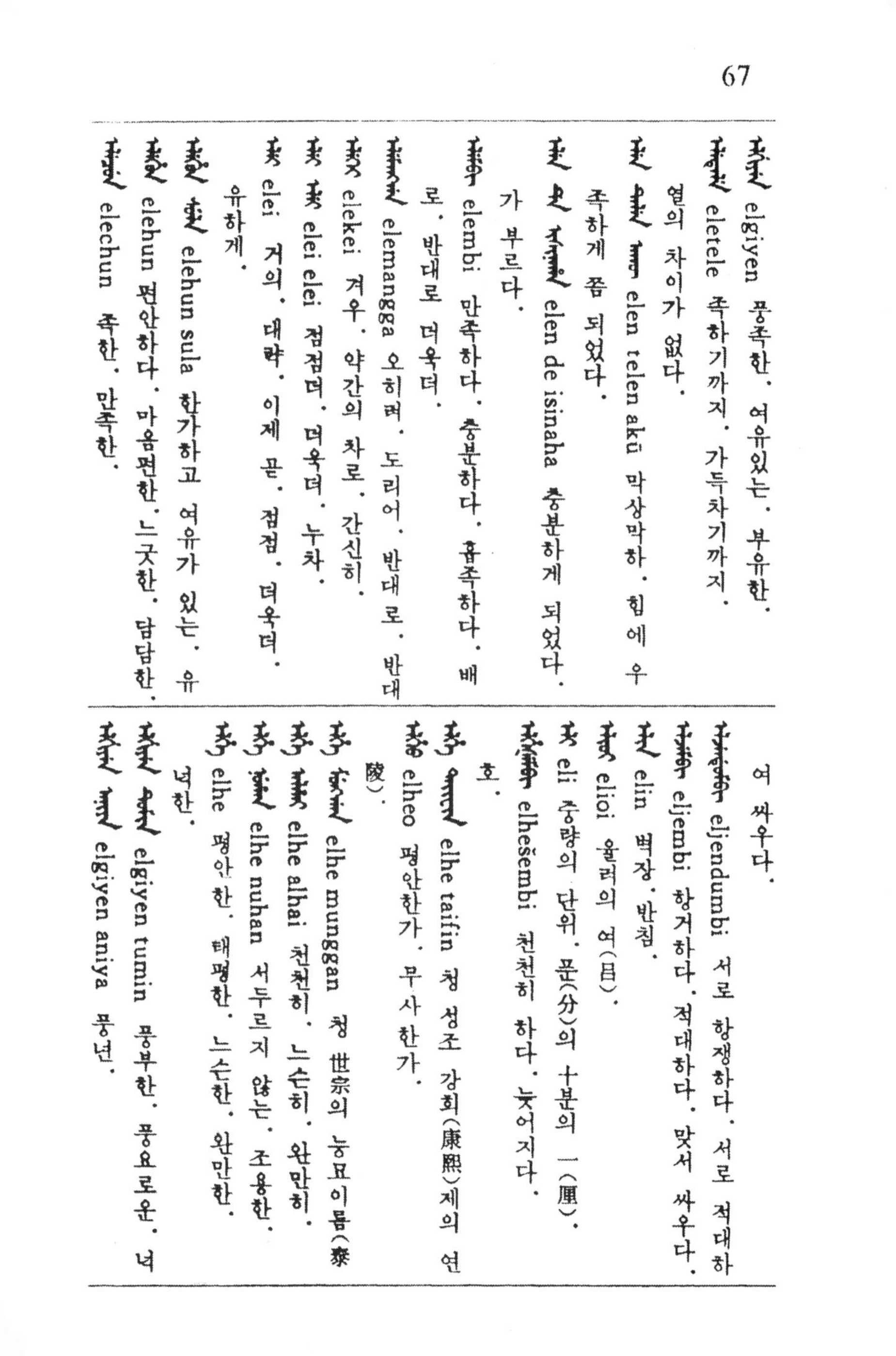

elgiyen 풍족한. 여유있는. 부유한.
eletele 족하기까지. 가득차기까지.
열의 차이가 없다.
elen telen akū 막상막하. 힘에 우
족하게 좀 되었다.
elen de isinaha 충분하게 되었다.
가 부르다.
elembi 만족하다. 충분하다. 흡족하다. 배
로. 반대로 더욱더.
elemangga 오히려. 도리어. 반대로. 반대
elekei 겨우. 약간의 차로. 간신히.
elei elei 점점더. 더욱더. 누차.
elei 거의. 대략. 이제 곧. 점점. 더욱더.
유하게.
elehun sula 한가하고 여유가 있는. 유
elehun 편안하다. 마음편한. 느긋한. 담담한.
elechun 족한. 만족한.

여 싸우다.
eljendumbi 서로 항쟁하다. 서로 적대하
eljembi 항거하다. 적대하다. 맞서 싸우다.
elin 벽장. 반침.
elioi 율려의 여(呂).
eli 중량의 단위. 푼(分)의 十분의 一(厘).
elhešembi 천천히 하다. 늦어지다.
호.
elhe taifin 청 성조 강희(康熙)제의 연
elheo 평안한가. 무사한가.
陵).
elhe munggan 청 世宗의 능묘이름(泰
elhe alhai 천천히. 느슨히. 완만히.
elhe nuhan 서두르지 않는. 조용한.
elhe 평안한. 태평한. 느슨한. 완만한.
녀한.
elgiyen tumin 풍부한. 풍요로운. 녀
elgiyen aniya 풍년.

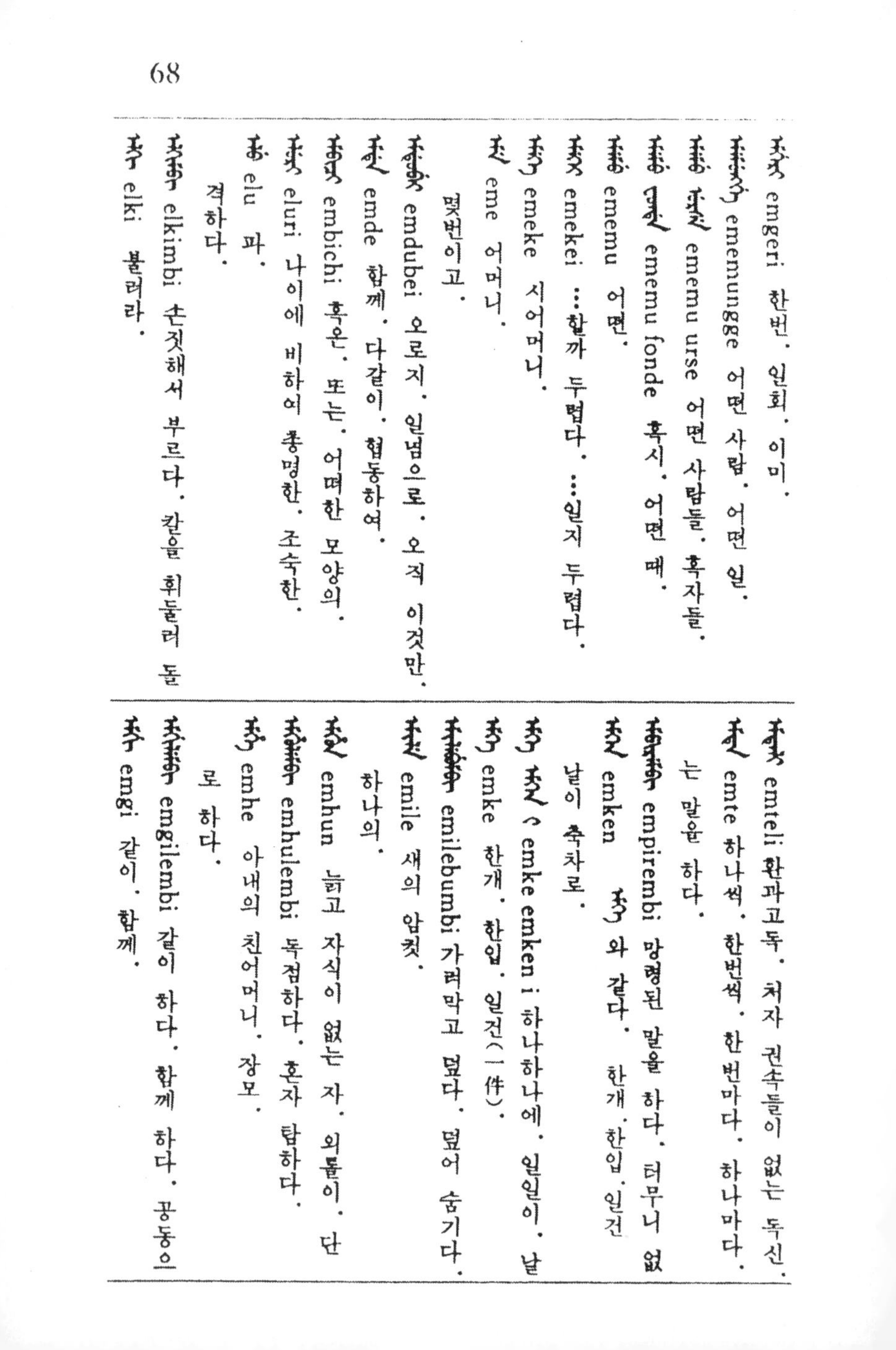

emgeri 한번. 일회. 이미.
ememungge 어떤 사람. 어떤 일.
ememu urse 어떤 사람들. 혹자들.
ememu fonde 혹시. 어떤 때.
ememu 어떤.
emekei …할까 두렵다. …일지 두렵다.
emeke 시어머니.
eme 어머니.
몇번이고.
emdubei 오로지. 일념으로. 오직 이것만.
emde 함께. 다같이. 협동하여.
embichi 혹은. 또는. 어떠한 모양의.
eluri 나이에 비하여 총명한. 조숙한.
elu 파.
격하다.
elkimbi 손짓해서 부르다. 칼을 휘둘러 돌
elki 불러라.

emteli 환과고독. 처자 권속들이 없는 독신.
emte 하나씩. 한번씩. 한번마다. 하나마다.
는 말을 하다.
empirembi 망령된 말을 하다. 터무니 없
emken 와 같다. 한개. 한입. 일건
낱이 축차로.
emke emken i 하나하나에. 일일이. 낱
emke 한개. 한입. 일건(一件).
emilebumbi 가려막고 덮다. 덮어 숨기다.
emile 새의 암컷.
하나의.
emhun 늙고 자식이 없는 자. 외톨이. 단
emhulembi 독점하다. 혼자 탐하다.
emhe 아내의 친어머니. 장모.
로 하다.
emgilembi 같이 하다. 함께 하다. 공동으
emgi 같이. 함께.

emtenggeri 하나마다. 한번마다.
emu 하나(一).
emu anan 차례차례로. 하나씩. 순차로.
emu biha 한 조각. 작은 한덩어리.
emu chimari 하루갈이. 하루에 경작할 수 있는 땅.
emu dedun 하룻길. 하루에 걸어갈 수 있는 거리.
emu ergen i 한번에. 한숨에(비우다).
emu i hafumbi 일관하다. 오직 외길로 가다.
emu i hafure 일관하여. 외곬으로.
emu ichi 오로지. 일편단심으로. 일념으로.
emu imari 땅 면적의 단위. 一畝.
emu mari 한번. 일회.
emu okson 한 발자국. 한 걸음.
emu talgan 한장. 한쪽. 한면.

emu udu 일편의. 여러개의.
emuchi 제일의. 첫번째의.
emu yabun emu aššan 일거일동.
emursu 단층의. 일층의. 간편한.
en 그래 그래. 옹 그래. 남의 말을 긍정하는 말투.
enchehen 재능. 재간.
enchu 별개의. 다른. 다른 모양의.
enchu demun 이단(異端). 정도가 아닌 것. 사도(邪道).
enchulembi 따로 행하다. 딴 마음이 있다.
endebuku 잘못. 과실. 허물. 실수.
endebumbi 과실을 범하다. 잘못하다. 음식 먹다 목이 메다.
endehe 죽었다. 사망했다.
enderakū 다 알고 있다. 추측이 틀림없다.

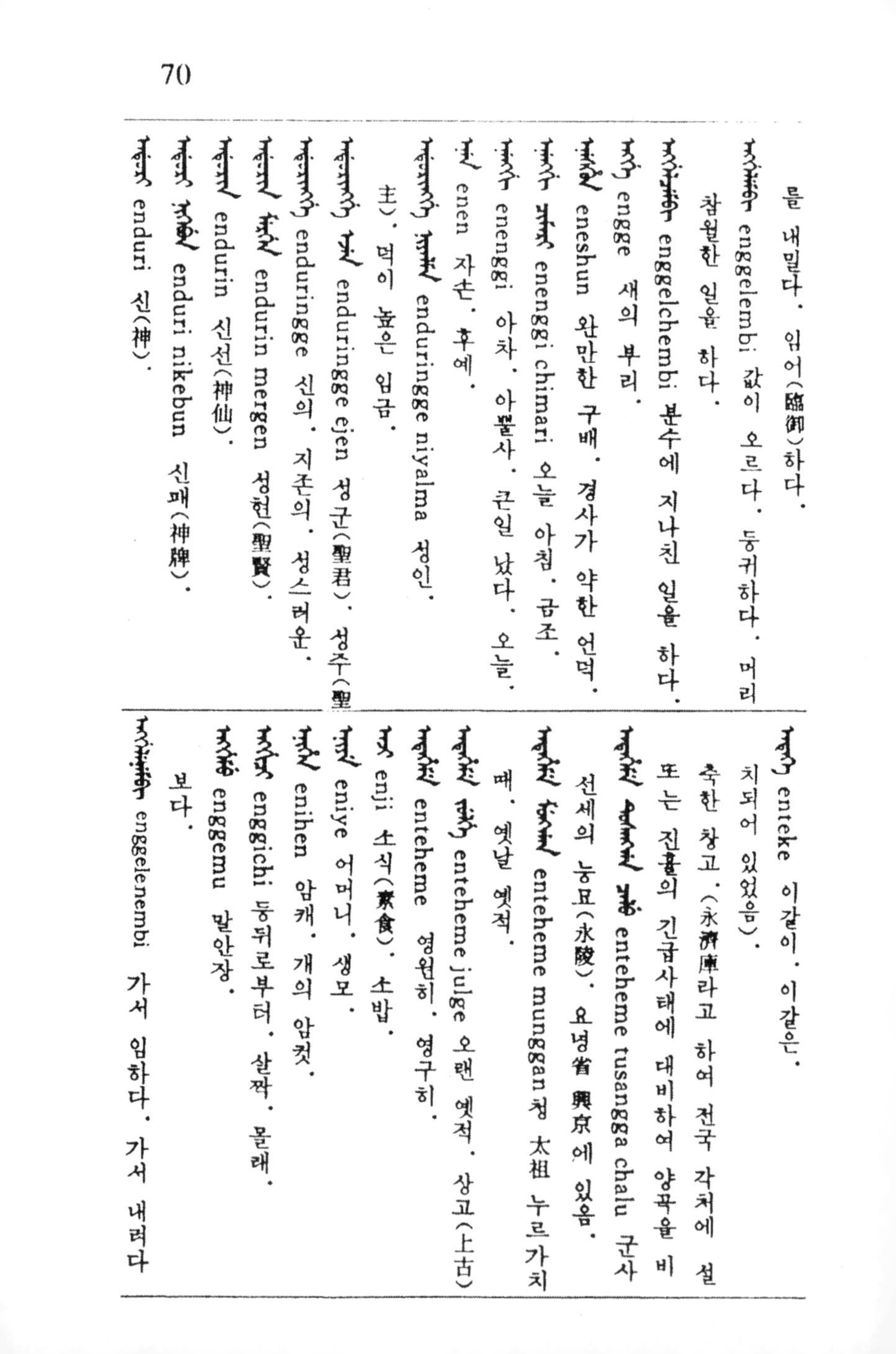

를 내밀다. 임어(臨御)하다.
enggelembi 값이 오르다. 등귀하다. 머리
참월한 일을 하다.
enggelchembi 분수에 지나친 일을 하다.
engge 새의 부리.
eneshun 완만한 구배. 경사가 약한 언덕.
enenggi chimari 오늘 아침. 금조.
enenggi 아차. 아뿔사. 큰일 났다. 오늘.
enen 자손. 후예.
enduringge niyalma 성인.
主). 덕이 높은 임금.
enduringge ejen 성군(聖君). 성주(聖
enduringge 신의. 지존의. 성스러운.
endurin mergen 성현(聖賢).
endurin 신선(神仙).
enduri nikebun 신패(神牌).
enduri 신(神).

enteke 이같이. 이같은.
치되어 있었음).
축한 창고.(永濟庫라고 하여 전국 각처에 설
또는 진황의 긴급사태에 대비하여 양곡을 비
enteheme tusangga chalu 군사
선세의 능묘(永陵). 요녕省 興京에 있음.
enteheme munggan 청 太祖 누르가치
때. 옛날 옛적.
enteheme julge 오랜 옛적. 상고(上古)
enteheme 영원히. 영구히.
enji 소식(素食). 소밥.
eniye 어머니. 생모.
enihen 암캐. 개의 암컷.
enggichi 등뒤로부터. 살짝. 몰래.
enggemu 말안장.
보다.
enggelenembi 가서 임하다. 가서 내려다

entekengge 이와 같은 것.
erde 이른 아침. 새벽.
erdemu 덕(德). 재주.
erdemu muten 재능.
erdemu banin 덕성.
erdemungge 후덕한(사람). 유능한(사람).
ere 이. 이것.
ere aniya 금년.
ere biya 이달. 금월.
ere chimari 오늘 아침.
ere foni 이번. 금번.
erebe 이것을.
erechi 이제부터. 이것이로부터. 여기서부터.
erechi amasi 이제부터 이후. 자금이후.
erechun 희망. 기대. 덕망있는 사람.
erembi 바라다. 희망하다.

ereni 이것으로써. 이 까닭에. 그래서.
ergelembi 압박하다. 강박하다. 말을 달아매다.
ergembi 안락하게 지내다. 안일하게 살다. 안식하다. 쉬다.
ergeke 안식했다. 편히 쉬었다.
ergen 생명. 기식. 사람의 끈기.
ergen beye 몸과 생명. 신명(身命).
ergen gaimbi 호흡하다. 숨을 쉬다.
ergen jalgan 수명.
ergen šelembi 목숨을 걸고 일을 행하다. 목숨을 걸다.
ergen yadaha 숨이 끊겼다. 숨을 거두었다. 죽었다.
ergendembi 휴식하다. 평안히 하다. 안일하게 살다.
ergenderakū (부지런 하여)를 쉬지 않다.

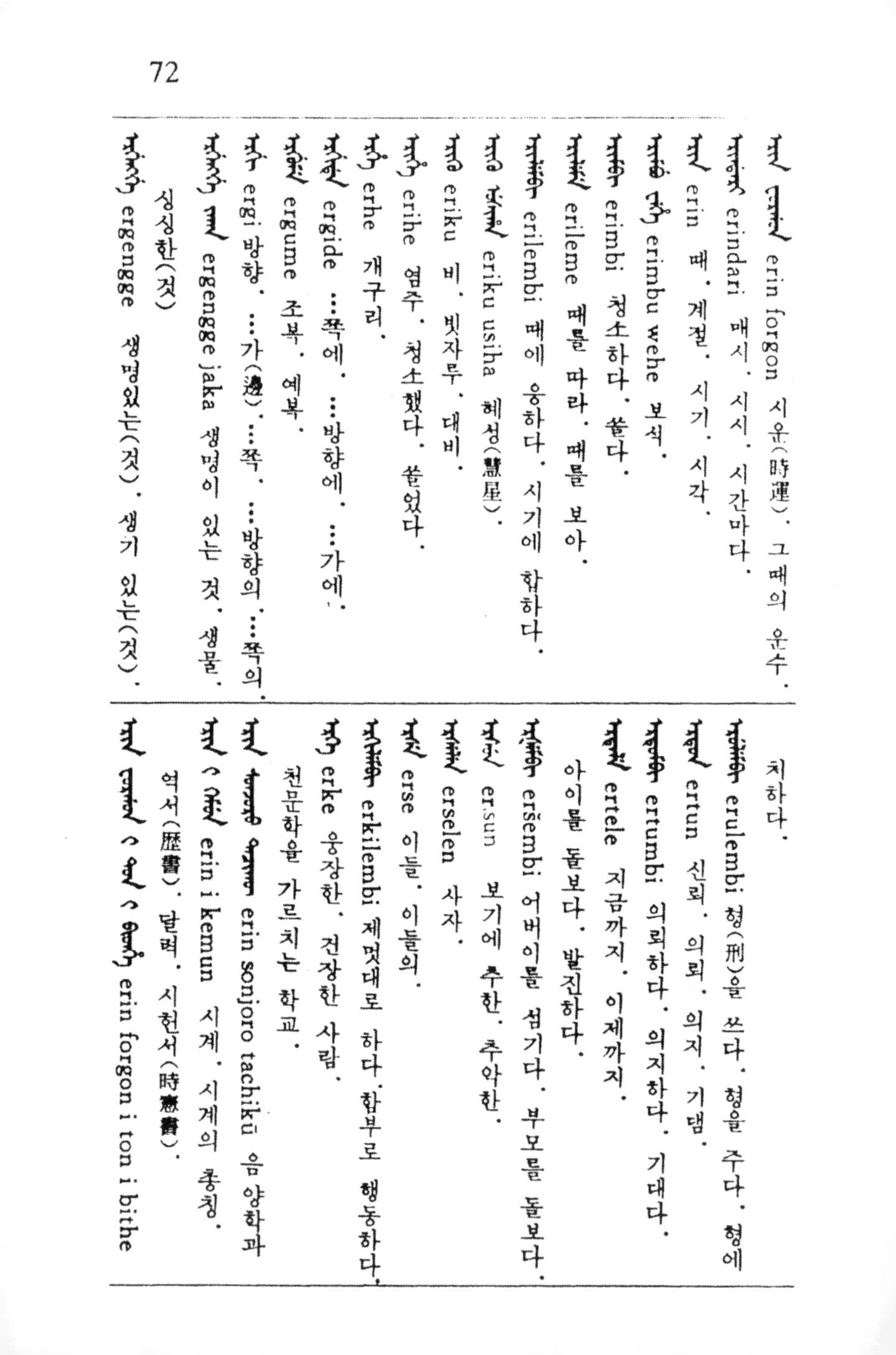

erin forgon 시운(時運)˙ 그때의 운수˙
erindari 매시˙ 시시˙ 시간마다˙
erin 때˙ 계절˙ 시기˙ 시각˙
erimbu wehe 보석˙
erimbi 청소하다˙ 쓸다˙
erileme 때를 따라˙ 때를 보아˙
erilembi 때에 응하다˙ 시기에 합하다˙
eriku usiha 혜성(彗星)˙
eriku 비˙ 빗자루˙ 대비˙
erihe 염주˙ 청소했다˙ 쓸었다˙
erhe 개구리˙
ergide …쪽에˙ …방향에˙ …가에˙
ergume 조복˙ 예복˙
ergi 방향˙ …가(邊)˙…쪽˙ …방향의˙…쪽의˙
ergengge jaka 생명이 있는 것˙ 생물˙
싱싱한(것)
ergengge 생명있는(것)˙ 생기 있는(것)˙

치하다˙
erulembi 형(刑)을 쓰다˙ 형을 주다˙ 형에
ertun 신뢰˙ 의뢰˙ 의지˙ 기댐˙
ertumbi 의뢰하다˙ 의지하다˙ 기대다˙
ertele 지금까지˙ 이제까지˙
아이를 돌보다˙ 발진하다˙
eršembi 어버이를 섬기다˙ 부모를 돌보다˙
er.sun 보기에 추한˙ 추악한˙
erselen 사자˙
erse 이들˙ 이들의˙
erkilembi 제멋대로 하다˙합부로 행동하다˙
erke 웅장한˙ 전장한 사람˙
천문학을 가르치는 학교˙
erin sonjoro tachikū 음양학과
erin i kemun 시계˙ 시계의 총칭˙
여서(歷書)˙ 달력˙ 시헌서(時憲書)˙
erin forgon i ton i bithe

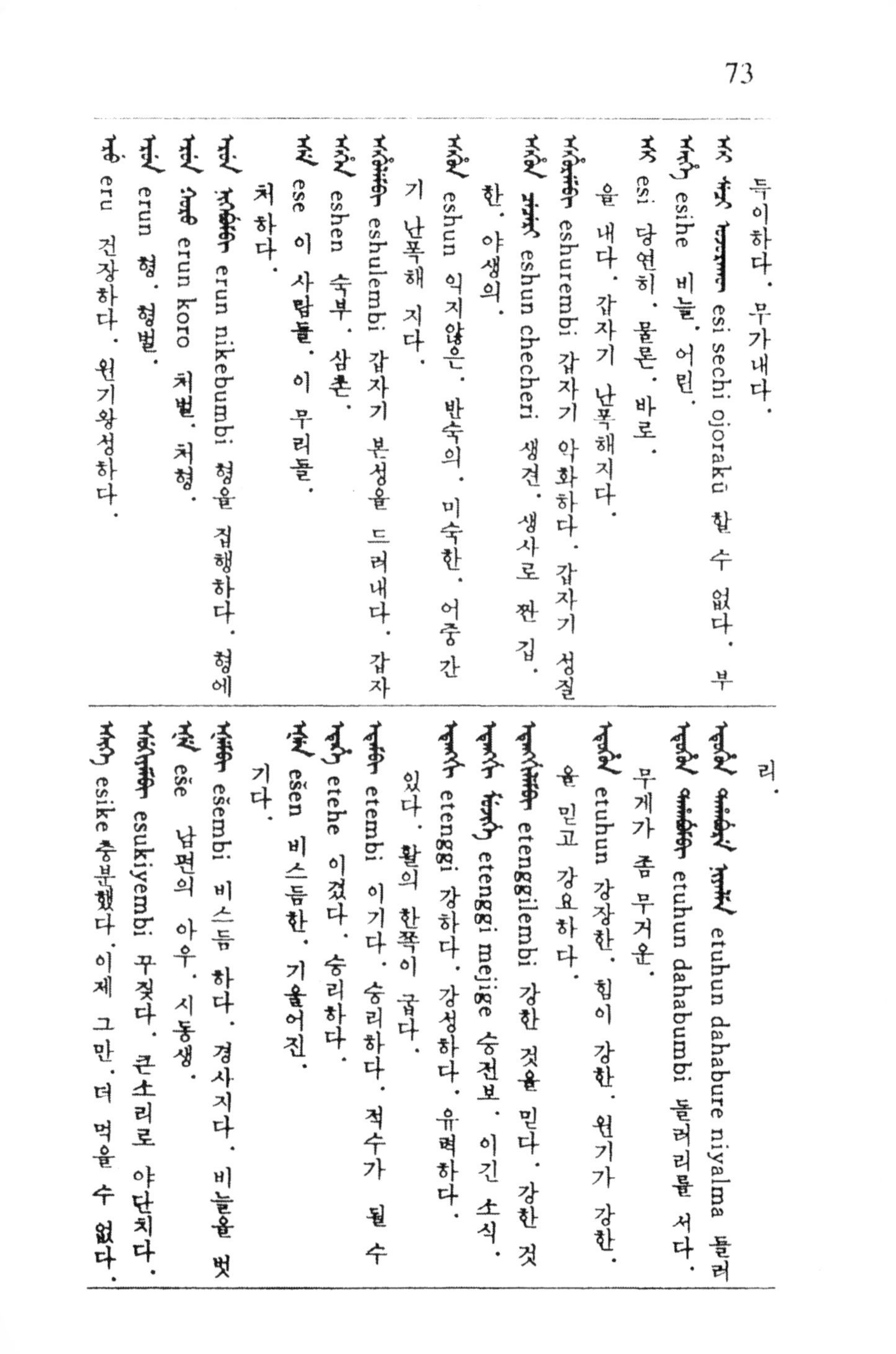

eru 건장하다. 원기왕성하다.
erun 형. 형벌.
erun koro 처벌. 처형.
erun nikebumbi 형을 집행하다. 형에
처하다.
ese 이 사람들. 이 무리들.
eshen 숙부. 삼촌.
eshulembi 갑자기 본성을 드러내다. 갑자
기 난폭해 지다.
eshun 익지않은. 반숙의. 미숙한. 어중간
한. 야생의.
eshun checheri 생견. 생사로 짠 집.
eshurembi 갑자기 악화하다. 갑자기 성질
을 내다. 갑자기 난폭해지다.
esi 당연히. 물론. 바로.
esihe 비늘. 어린.
esi sechi ojorakū 할 수 없다. 부
득이하다. 무가내다.

esike 충분했다. 이제 그만. 더 먹을 수 없다.
esukiyembi 꾸짖다. 큰소리로 야단치다.
eše 남편의 아우. 시동생.
ešembi 비스듬 하다. 경사지다. 비늘을 벗
기다.
ešen 비스듬한. 기울어진.
etehe 이겼다. 승리하다.
etembi 이기다. 승리하다. 적수가 될 수
있다. 활의 한쪽이 굽다.
etenggi 강하다. 강성하다. 유력하다.
etenggi mejige 승전보. 이긴 소식.
etenggilembi 강한 것을 믿다. 강한 것
을 믿고 강요하다.
etuhun 강장한. 힘이 강한. 원기가 강한.
무게가 좀 무거운.
etuhun dahabumbi 들러리를 서다.
etuhun dahabure niyalma 들러
리.

저울대를 낮추다.

eyebumbi 쌓인 물을 방출하다. 방류하다.

eyebuhe gisun 유언. 떠도는 말.

eye 광. 식량같은 것을 저장하는 지하창고.
을 쓰다.

etumbi 옷을 입다. 머리에 이다. 목에 칼
붙 수 있는 거울.

etukulere buleku 큰 거울. 전신을
관하는 장.

etukn i namun 옷장. 옷을 넣어서 보
경이 오지않다.

etuku halarakū 옷을 바꾸지 않다. 월

etuku dusihi 의상(衣裳).

etuku etu 옷을 입어라.

etuku 옷. 의복.
하다.

etuhušembi 강압하다. 마음껏 하다. 강요

eyute ᡝᠶᡝᠨ 의 복수. 언니들.

eyungge 장녀. 맏이.

eyun 언니 누나 친척 중에 나이 많은 여자.

eyeršembi 기분이 나쁘다. 토하고 싶다.

eyeri hayari 멋있게 걷는 모양.

eyere usiha 유성(流星).
는. 사람을 차게 대하는.

eyen seyen akū 냉담한. 정감이 없

eyen 흐름. 물흐름.

eyembi 물이 흐르다. 저울대가 낮아지다.

eyehe sohin 유빙(流氷).

eyehebi 타락했다.
꾸물거리며.

eyefi sekiyefi 멍청해서. 축 늘어져서.

파괴하다. 평정을 잃다.

fachuhūrambi 난을 일으키다. 질서를 실부시러기가 흩어지다.

fachuhūn 무질서한. 문란한. 어지러운.

fachambi 흩어지다. 해산하다. 퇴출하다.

fachabumbi 해산시키다.
말리다.

fabumbi 적을 추격하다. 내나 못의 물을

fa i olokū 창의 휘장. 창의 스크린.

fa i jaka 창문 아래.

fa i beren 문짝(門框). 창틀.

fa chikin 창문받이. 창문대(窗門臺).
역.

fa 창호. 법술(도인 巫人등의 法術). 法의 음

F

fafun selgiyen 포고. 포고령.
에 속함).
법률이나 율례를 편찬하는 관청(律例館. 刑部

fafun kooli bithe i kuren

fafun kooli 법률. 전례.
에 따라 처결하다(正法이라고도 말한다).

fafun i gamambi 사형에 처하다. 법

fafun 법률. 법도. 왕법.
다. 군령을 전하다.

fafulambi 금지하다. (출정할 때)훈계하

fafula 금지하라.
다.

fadulambi 주머니에 넣다. 구량을 휴대하
하다.

fadambi 요술을 쓰다. 술법을 써서 저주

fadu 허리에 차는 주머니. 전대.

fadagan 요술. 법술.

fahūn akū 담력이 없다.

fahūn 간장(肝臟). 담. 수레바퀴의 외부.
하다.

fahanambi 곡식이 여물다. 곡식이 결실
다.

fahame tehebi 피곤해 털썩 주저 앉았

fahame injembi 앙천대소하다.

fahame 털썩(앉다).

fahambi 던지다. 투하하다. 내던지다.

fahabi 지치고 목 말랐다.

faha 눈알. 안구. 과실의 씨. 던져라. 말랐다
서다.

fafuršambi 발분하다. 기운을 내어 일어

fafuri 용감한(사람). 조포한(사람).

fafungga 법도가 엄격한.

fafun de jojitala 순직(殉職).

fafun šajin 금령. 금약.

faihachambi 번민하다. 초려하다.

fajiran 외벽. 울타리.

fajan 똥(특히 새나 짐승의 똥).
다. 봉급을 깎다.

faitambi 천을 재단하다. 고깃덩이를 자르

faifan 손바자.

faidan i kiyoo 의교(儀轎).
관(典儀).

faidan i hafan 의장사무를 담당하는

faidan i etuku 의장 관의 옷([illegible]衣).
은 줄.

faidan 행렬. 의장. 군인의 행렬. 늘어놓
어쓰다. 연명하다.

faidambi 줄서다. 정렬하다. 이름을 늘

faida 줄서라.
시려운.

fahūn amba 담력이 큰. 호담한. 뻔뻔

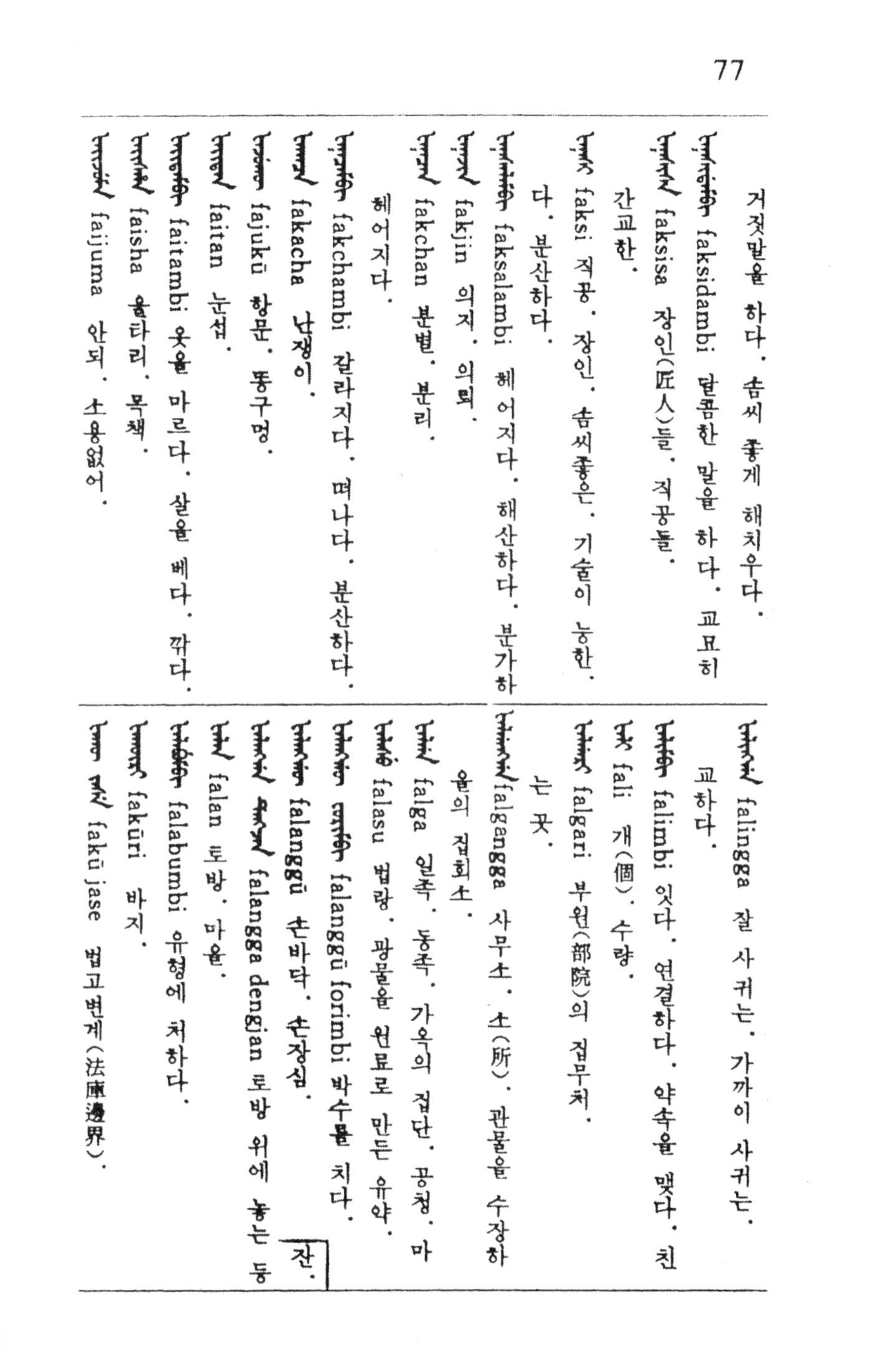

거짓말을 하다. 솜씨 좋게 해치우다.

faksidambi 달콤한 말을 하다. 교묘히 간교한.

faksisa 장인(匠人)들. 직공들.

faksi 직공. 장인. 솜씨좋은. 기술이 능한
다. 분산하다.

faksalambi 헤어지다. 해산하다. 분가하

fakjin 의지. 의뢰.

fakchan 분별. 분리.
헤어지다.

fakchambi 갈라지다. 떠나다. 분산하다.

fakacha 난쟁이.

fajukū 항문. 똥구멍.

faitan 눈썹.

faitambi 옷을 마르다. 살을 베다. 깎다.

faisha 울타리. 목책.

faijuma 안되. 소용없어.

falingga 잘 사귀는. 가까이 사귀는.
교하다.

falimbi 잇다. 연결하다. 약속을 맺다. 친

fali 개(個). 수량.

falgari 부원(部院)의 집무처.
는 곳.

falgangga 사무소. 소(所). 관물을 수장하
울이 집회소.

falga 일족. 동족. 가옥의 집단. 공청. 마

falasu 법랑. 광물을 원료로 만든 유약.

falanggū forimbi 박수를 치다.

falanggū 손바닥. 손장심. 잔.

falangga dengjan 토방 위에 놓는 등

falan 토방. 마을.

falabumbi 유형에 처하다.

fakūri 바지.

fakū jase 법고변계(法庫邊界).

famaha 길을 잃었다.
fambi 피로하고 목이 마르다. 물이 마르다.
fambumbi 길을 잃다.
fanchachuka 화가 나는. 속상하는.
fanchahabi 화가 났다. 속상했다. 더위를
먹었다.
fanchakū nimeku 간질. 지랄병.
fanchambi 분개하여 원망하다. 매우 화가
나다. 아주 분개하다.
fangga bithe 부적(符籍).
fangga niyalma 방사(方士). 술사.
요술사.
fangka 던져라. 떨어뜨려라.
fangkabumbi 물건으로 부채를 갚다.
fangkala 낮다. 키가 작다. 음성이 낮다.
fangkalakan 약간 낮은. 좀 낮은.
fangkambi 아래로 던지다. 내던지다. 떨
어뜨리다.

fangnai 완고한. 단호한. 결코.
fargambi 쫓다. 추격하다. 추적하다.
fargara chooha 추격병. 뒤를 쫓는 병
사.
farhūkan 약간 어두운. 좀 컴컴한.
farhūn 어두운. 아주 캄캄한. 아주 도리
를 모르는(사람).
farhūn oho 어두웠다.
farhūn suwaliyame 미명에.
farsi 조각. 덩어리. 한조각. 고깃덩어리.
farsi farsi 몇조각. 몇덩어리. 한조각
한조각.
farsilahaokto 환약. 알약.
fasimbi 늘어지다. 매달리다. 목을 매다.
faššambi 힘쓰다. 애쓰다. 진력하다. 공
적이 있다.
faššan 공적. 공업. 공훈.

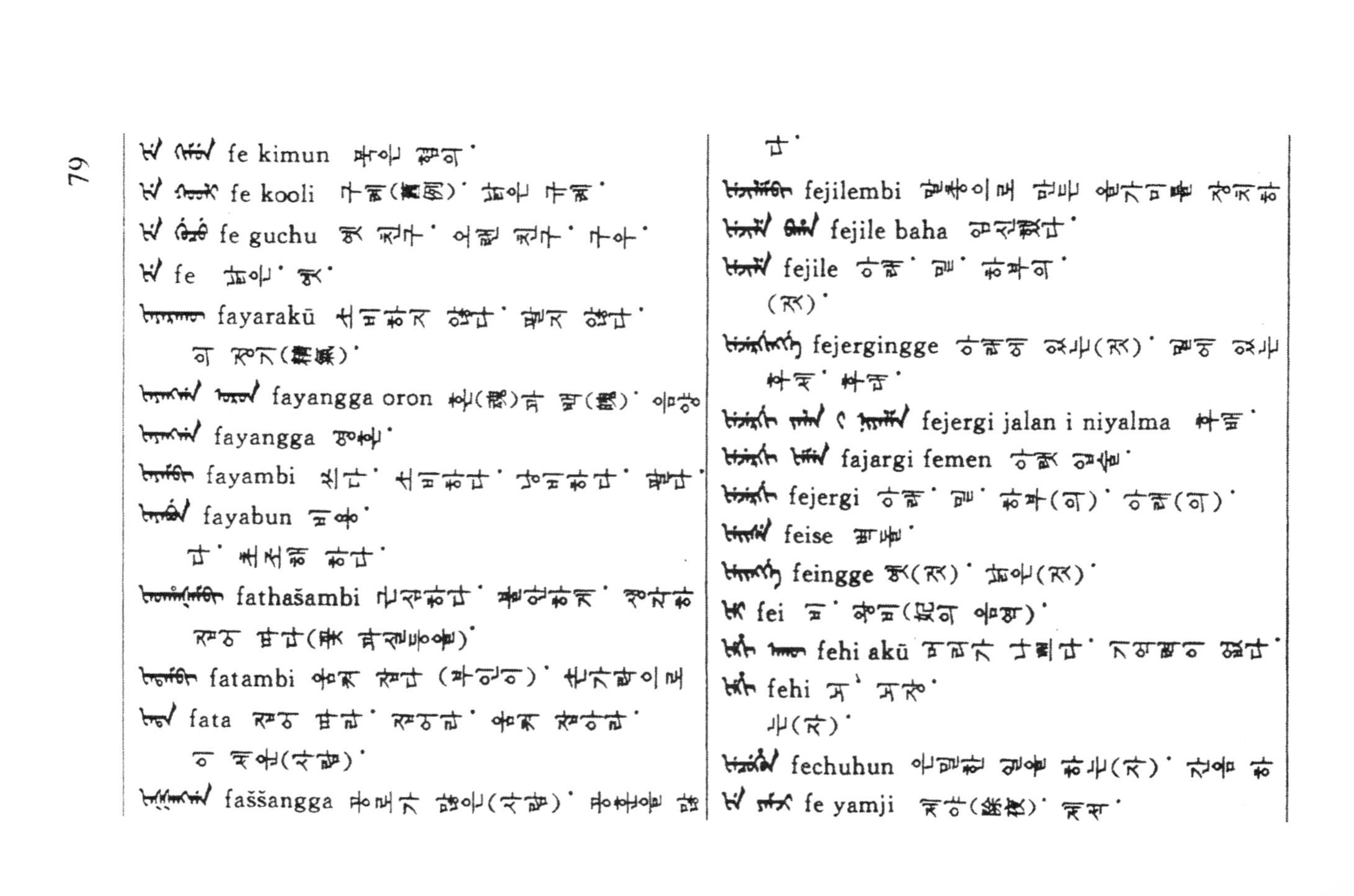

fe kimun 묵은 협의.
fe kooli 구례(舊例). 낡은 구례.
fe guchu 옛 친구. 오랜 친구. 구우.
fe 낡은. 옛.
fayarakū 소비하지 않다. 팔지 않다.
의 정기(精氣).
fayangga oron 혼(魂)과 백(魄). 음양
fayangga 영혼.
fayambi 쓰다. 소비하다. 낭비하다. 팔다.
fayabun 비용.
다. 초조해 하다.
fathašambi 근심하다. 불안하게. 생각하
잡아 따다(꽃 과실등을).
fatambi 움켜 잡다 (부인이). 손가락이로
fata 집어 따라. 집어라. 움켜 잡아라.
이 세운(사람).
faššangga 공로가 많은(사람). 공훈을 많
다.
fejilembi 말총이로 만든 올가미를 장치하
fejile baha 입신했다.
fejile 아래. 밑. 하부의.
(것).
fejergingge 아래에 있는(것). 밑에 있는
후세. 후대.
fejergi jalan i niyalma 후배.
fajargi femen 아랫 입술.
fejergi 아래. 밑. 하부(의). 아래(의).
feise 벽돌.
feingge 옛(것). 낡은(것).
fei 비. 왕비(妃의 음역).
fehi akū 머리가 나쁘다. 기억력이 없다.
fehi 뇌. 뇌장.
는(자).
fechuhun 은밀한 일을 하는(자). 간음 하
fe yamji 제야(除夜). 제석.

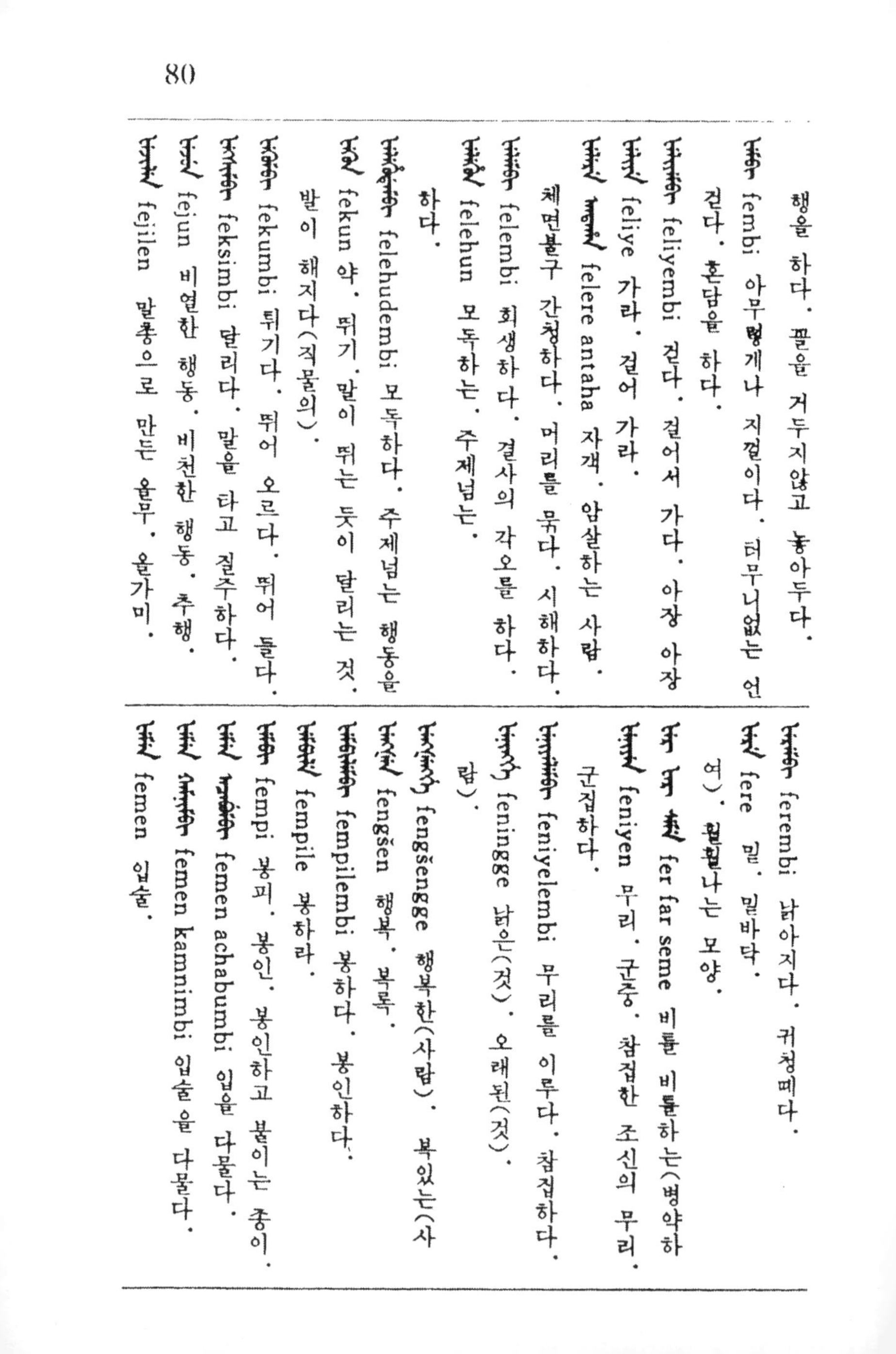

행을 하다. 끝을 거두지 않고 놓아두다.

fembi 아무렇게나 지껄이다. 터무니없는 언
건다. 혼담을 하다.

feliyembi 걷다. 걸어서 가다. 아장 아장

feliye 가라. 걸어 가라.

felere antaha 자객. 암살하는 사람.
체면불구 간청하다. 머리를 묶다. 시해하다.

felembi 회생하다. 결사의 각오를 하다.

felehun 모독하는. 주제넘는.
하다.

felehudembi 모독하다. 주제넘는 행동을

fekun 야. 뛰기. 말이 뛰는 듯이 달리는 것.
발이 해지다(직물의).

fekumbi 뛰기다. 뛰어 오르다. 뛰어 들다.

feksimbi 달리다. 말을 타고 질주하다.

fejun 비열한 행동. 비천한 행동. 추행.

fejilen 말총이로 만든 올무. 올가미.

ferembi 낡아지다. 귀청떼다.

fere 밑. 밑바닥.
어). [illegible]나는 모양.

fer far seme 비틀 비틀하는(병약하

feniyen 무리. 군중. 참접한 조신의 무리.
군집하다.

feniyelembi 무리를 이루다. 참집하다.

feningge 낡은(것). 오래된(것).
람).

fengšengge 행복한(사람). 복있는(사

fengšen 행복. 복록.

fempilembi 봉하다. 봉인하다.

fempile 봉하라.

fempi 봉피. 봉인. 봉인하고 붙이는 종이.

femen achabumbi 입을 다물다.

femen kamnimbi 입술을 다물다.

femen 입술.

feretu 중군(中軍).
ferguwechuke 신기한. 놀랄만한. 보통이 아닌.
ferguwechuke niyalma 기인(奇人). 괴짜.
ferguwechun 상서. 영묘. 서조.
ferguwembi 경탄하다. 찬탄하다. 신기하게 여기다.
ferhe 손발의 엄지가락.
fetembi 파다. 탐구하다. 남의 결점을 비난하다.
fetenumbi 서로 비난하다.
fetheku 노(櫓). 방매.
feye 상처. 짐짐승의 집. 바늘로 뚫은 구멍.
feyelehebi 상처를 입었다. 부상했다.
feyelembi 상처를 입다. 부상하다. 둥지를 짓다. 둥지를 틀다.

fi 붓.
fi i dube 붓끝.
fi i sihan 필통.
fichakū 퉁소.
fichambi 퉁소를 불다. 취주하다. 휘파람을 불다.
fichan 관악기. 취주악기.
fidembi 동원하다(군대를). 이동시키다. 좌천시키다.
fihali 바보. 멍텅구리.
fihembi 차다. 충만하다. 메우다.
fihetele 가득 차기까지. 가득 차도록.
fika nimeku 변비.
fiktu 틈. 불화. 간격.
fiktu baimbi 남의 뒤를 캐다.
fila 접시.
filtahūn 공지. 빈땅.

히 묶었다.

fita hūwaitambi 꽉 묶었다. 단단

fita 긴밀히(한). 든든히 (한). 단단히(한).

fišur seme 우물 쭈물. 꾸물 꾸물.

실하다. 지방이 적은 정육.

fisin 조밀하다. 빽빽하다. 발이 가늘다. 성

fisiku 꾸물대는(사람). 느린(사람).

넉넉한. 약간 풍부한(사람).

fisikan 좀 정밀한. 약간 빽빽한. 살기에

리다.

fisihimbi 손으로 물을 뿌리다. 물을 뿌

fisihe 차조.

fisa 등, 배의 반대쪽.

firgembi 새다. 비밀이 새다.

fili 튼튼한. 견고한. 견실한. 면밀한.

filembi 불에 쬐다. 불에 굽다.

(것). 찌는듯이 더운(것).

fiyakiyame halhūn 타는듯이 더운

번쩍. 믿을 수 없는 대포.

fiyak fik 펄펄(날다). 동에 번쩍 서에

fiyajumbi 바쁜척하고 뛰어 다니다.

fiyaju 사슴 새끼. 어린 사슴.

부가 굳어지다.

fiyahanambi 피부나 살이 거칠어지다. 피

가죽이 두꺼워진 것.

fiyahan 사람의 발바닥. 마노(瑪瑙). 손발

다.

fiyaganjambi 피차에 융통하다. 교환하

바보.

fiyada 무능한 사람을 욕하는 말. 멍청이.

하다.

fitheme achanambi 꼭 맞다. 지당

fithembi 튀기다. 타다. 터지다. 튀다.

면부리.

fiyelen 글의 편(篇). 장. 절(節). 움. 누

fiyartun 종기나 상처 등의 자국.

fiyanji 신뢰. 믿음. 의지. 후미. 신뢰.

fiyangtahūn 건장하다. 장대하다.

fiyanggū 막둥이. 새끼손가락.
(것).

fiyangga 빛깔이 좋은(것). 용모가 좋은

fiyanarakū 다리미.
좋다.

fiyan sain 얼굴빛이 좋다. 말의 털빛이

fiyan 얼굴빛. 연지. 털빛.
구ㅂ다.

fiyakūmbi 불에 쬐이다. 햇빛에 쬐이라.
는 것.

fiyakiyan i dalikū 차양. 햇살을 마

fiyakiyan 혹염. 무더위.

fon 때. 시각.

fomochi 양말. 버선.

foloro faksi 조각사. 석공.

folon 명(銘). 명문(銘文).

folombi 새기다. 조각하다.

foihori 소홀한. 대수롭지 않게.

foifombi 칼을 갈다.

fohodombi 화나게 하다.

foholon 짧은.

fiyotombi 방귀를 뀌다.

fiyokombi 쓸데없는 말을 하다.

fiyeren 산이 갈라진 곳.

fiyenten 관청의 국(局)이나 과(課).
오전되다.

fiyentembi 와전되다. 사실과는 다르게
지대.

fiyentehe 꽃잎. 살것의 하나. 군의 분대.

forko 물레·방차·
를 치다·
forimbi 치다·두드리다·때리다·종아리
돌리다·굴리다·직무를 바꾸다·
forgošombi 돌리다·이리 돌리고 저리
forgošo 돌려라·바꾸어라·
책력·시헌역서·
forgon i yargiyan ton 달력·
forgon 때·계절·시절·四時의 운행질서·
구멍·
fontoho 밑 뚫린 구멍·밑이 없는 그릇·
fonjinambi 물러 가다·
fonjin 질문·심문·
fonjimbi 묻다·
fondo 뚫린·관통한·구멍이 뚫린·
fonde …음 때에·때에·
fonchi 어느때부터·

fu i aliha hafan 부윤(府尹)·
fu be dabambi 담을 넘다·월장하다·
fu 담아라·담고 지워라·담장·府의 음역·
foyoro 자두·자두나무·
foyodon 점·점술·
foson 빛·일광·광선·
빛나다·물이 튕겨내리다·
fosombi 해가 비치다·해가 뜨다·태양이
fosolhon 햇살·햇살이 따스한·
르다·
fosobumbi 물이 튕기다·물이 튕기며 흐
fosoba 반사·
foron (머리의) 가마· 다·
forombi 실을 뽑다·잣다·향하다·뒤돌리
foroho ichi 향한 방향·맞은편 방향·
우다·실을 뽑게하다·향하게 하다·
forobumbi 기도하다·무당이 주문을 외

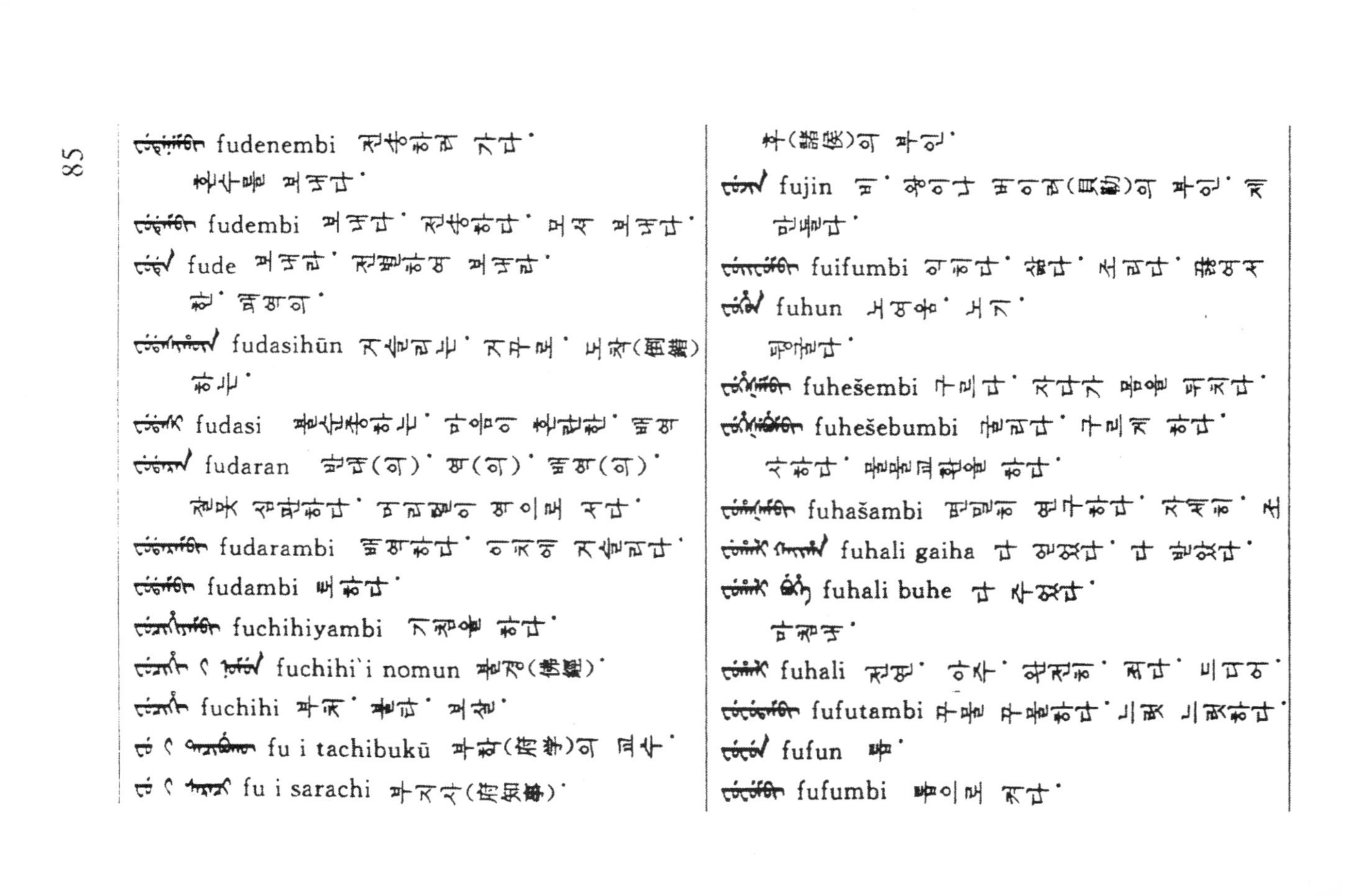

fudenembi 전송하러 가다.
혼수를 보내다.
fudembi 보내다. 전송하다. 모셔 보내다.
fude 보내라. 전별하여 보내라.
한. 매여의.
fudasihūn 거슬리는. 거꾸로. 도착(倒錯)
하는.
fudasi 불순종하는. 마음이 혼란한. 배여
fudaran 반대(의). 역(의). 배역(의).
잘못 심만하다. 머리털이 역으로 서다.
fudarambi 배역하다. 이치에 거슬리다.
fudambi 토하다.
fuchihiyambi 기침을 하다.
fuchihi`i nomun 불경(佛經).
fuchihi 부처. 불타. 보살.
fu i tachibukū 부학(府学)의 교수.
fu i sarachi 부지사(府知事).

후(諸侯)의 부인.
fujin 비. 왕이나 버이러(貝勒)의 부인. 제
만들다.
fuifumbi 익히다. 삶다. 조리다. 끓여서
fuhun 노여움. 노기.
뒹굴다.
fuhešembi 구르다. 자다가 몸을 뒤치다.
fuhešebumbi 굴리다. 구르게 하다.
사하다. 물물교환을 하다.
fuhašambi 면밀히 연구하다. 자세히. 조
fuhali gaiha 다 얻었다. 다 받았다.
fuhali buhe 다 주었다.
마침내.
fuhali 전연. 아주. 완전히. 죄다. 드디어.
fufutambi 꾸물 꾸물하다. 느릿 느릿하다.
fufun 톱.
fufumbi 톱으로 켜다.

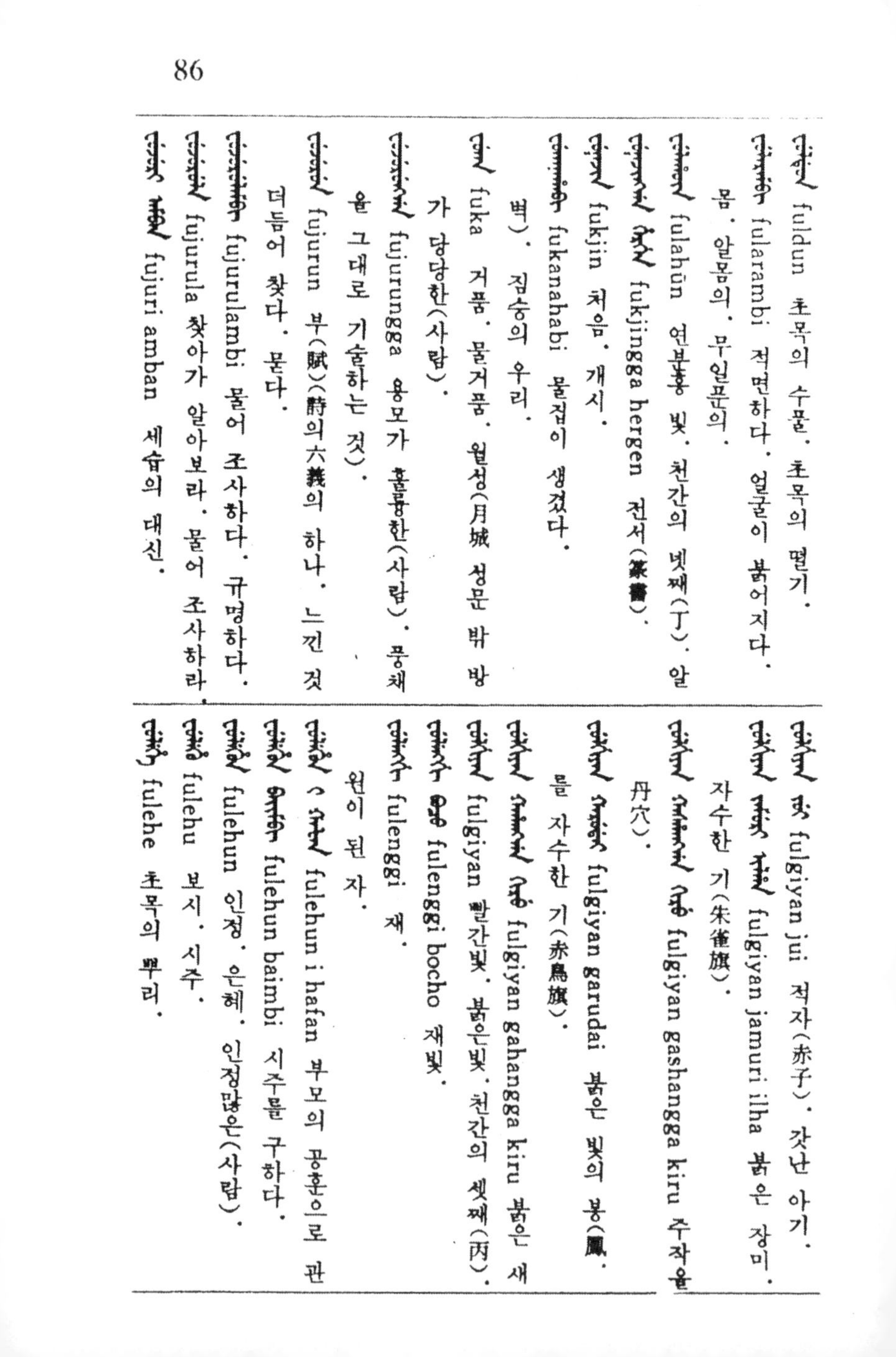

fuldun 초목의 수풀. 초목의 떨기.
fularambi 적면하다. 얼굴이 붉어지다.
몸. 알몸의. 무일푼의.
fulahūn 연분홍 빛. 천간의 넷째(丁). 알
fukjingga hergen 전서(篆書).
fukjin 처음. 개시.
fukanahabi 물집이 생겼다.
벼). 짐승의 우리.
fuka 거품. 물거품. 월성(月城 성문 밖 방
가 당당한(사람).
fujurungga 용모가 훌륭한(사람). 풍채
율 그대로 기술하는 것).
fujurun 부(賦)(詩의 六義의 하나. 느낀 것
더듬어 찾다. 묻다.
fujurulambi 물어 조사하다. 규명하다.
fujurula 찾아가 알아보라. 물어 조사하라.
fujuri amban 세습의 대신.

fulgiyan jui 적자(赤子). 갓난 아기.
fulgiyan jamuri ilha 붉은 장미.
자수한 기(朱雀旗).
fulgiyan gashangga kiru 주작을
丹穴).
fulgiyan garudai 붉은 빛의 봉(鳳.
를 자수한 기(赤鳥旗).
fulgiyan gahangga kiru 붉은 새
fulgiyan 빨간빛. 붉은빛. 천간의 셋째(丙).
fulenggi bocho 재빛.
fulenggi 재.
원이 된 자.
fulehun i hafan 부모의 공훈으로 관
fulehun baimbi 시주를 구하다.
fulehun 인정. 은혜. 인정많은(사람).
fulehu 보시. 시주.
fulehe 초목의 뿌리.

fulun faitambi 감봉하다. 벌봉하다.

fulun 봉급. 봉록.

fulu len 강대한. 뛰어 나게 큰.

fulukan 약간 많은. 좀 우수한. 약간 남은.

fulu 뛰어난. 우수한. 센. 많은. 남은. 끝무.
속. 묶인 단.

fulmiyen 한 단(초화. 곡식 등의). 한
묶다.

fulmiyembi 새끼로 묶다. 단이로 하여

fuliyambi 용서하다. 용사하다.

fulingga 하늘로부터 복을 받은 (사람).

fuli 전육. 말린 고기.

fulhū 자루. 포대. 큰 자루.

fulgiyembi (아기를) 불다. (불을) 불다.
가 착용한 붉은 띠.

fulgiyan umiyesun 청조 종실인 覺羅

fulgiyan sisa 팥.

않은.

fundehun 얼굴이 창백한. 황량한. 선명치
신하여 만들다.

funde weilembi 대신하여 일하다. 대
않았다.

funde orolohakū 대리를 보충하지

funde jalbarimbi 대신하여 축하하다.

funde gaijambi 대 신하여 받다.

funde 대신에. 대신하여. 대리하여.

funchetere 남이리 만치.

funchen 남은.

funchembi 남다.

funchebumbi 남도록 하다. 남기다.

fun beye 용모나 성정이 닮은 사람.

fun 漢어의 分、粉의 음역.

fumerembi 휘저어 섞다. 교반하다.

fulungge 많은(것). 여분이로 있는(것).

funfulambi 분부하다. 시키다. 물건을 미리 받다.
funggaha 날개. 깃.
fungkebi 마비되었다.
fungku 손수건. 명주수건.
funglu 俸祿의 음역. 녹봉.
funghūwang 봉황 새.
fungnebumbi 책봉되다. 봉호를 받다.
fungnehen 봉호(封號)를 주는 사령서.
fungnembi 봉(封)하다. 봉호(封號)를 수여하다.
fungse 곡물의 가루. 곡분.
fungšun 지린내. 지린내가 나는(것).
funiyagan 관용. 도량.
funiyagangga 관대한(사람). 도량있는 (사람).
funiyehe 털(사람이나 동물의). 사람의 모발.

funiyehe sen 모공(毛孔).
funtu 녹용.
funtuhulembi 간격을 두다. 결하다. …이 부족하다. 자리를 비우다.
furanaha 먼지가 올랐다.
furangsi 프랑스(佛蘭西).
furdan 상처. 상처자리. 칩자리. 관문. 거치적 거리는 나무뿌리.
furdan i chifun 관세.
furdan kamni 관문. 애로.
furdehe 모피.
furgin 밀물. 조수. 맵다.
furihabi 술에 탐닉했다.
fusa 보살.
fuse injembi 웃음을 터뜨리다.
fur seme tuchike 땀이 흠뻑 났다. 홍건히 땀이 났다.

fursun 모. 묘밥.

fusembi 번식하다. 자손이 많이 퍼지다.

fuse 분만하다.

fusembi 번식하다. 자손이 번성하다.

fusen 번 식(된자). 증식(된자).

fuseri 후추.

fushaha 투전노름에서 돈을 깨끗이 잃었
다. 투전판에서 한푼 없이 잃었다.

fusheku 부채.

fushembi 부채질하다.

fushu 부뚜 막.

fushubumbi 불꽃을 쏘아 올려 터뜨리게
하다.

fushumbi 꽃이 피다. 꽃 봉오리가 터지
다. 불꽃을 쏘아 올리다.

fusi 흉악한 자. 잔악한 자. 털을 깎아라.

fusihūlambi 경멸하다. 깔보다. 멸시하다.

fusihūn 낮은. 아랫쪽의. 밑 바닥의 천한
(일).

fusihūšambi 경멸하다. 멸시하다.

fusimbi 머리칼 혹은 모피 털을 깎다.

fusuku 물뿌리개. 조로.

fusumbi 물뿌리개로 물을 뿌리다. 물을
뿌리다.

fusur seme 물렁물렁한. 썹기 쉬운. 폭
신 폭신한. 말이 살살 달리는 모양.

futa 새끼. 줄.

futa fekuchembi 줄넘기를 하다.

futalambi 새끼를 써서 측량하다. 측량하
다.

fuwen 分의 음역. 一분. 一분간. 一분(중
량).

fuyakiyambi 욕지기가 나다. 메슥 메슥
하다.

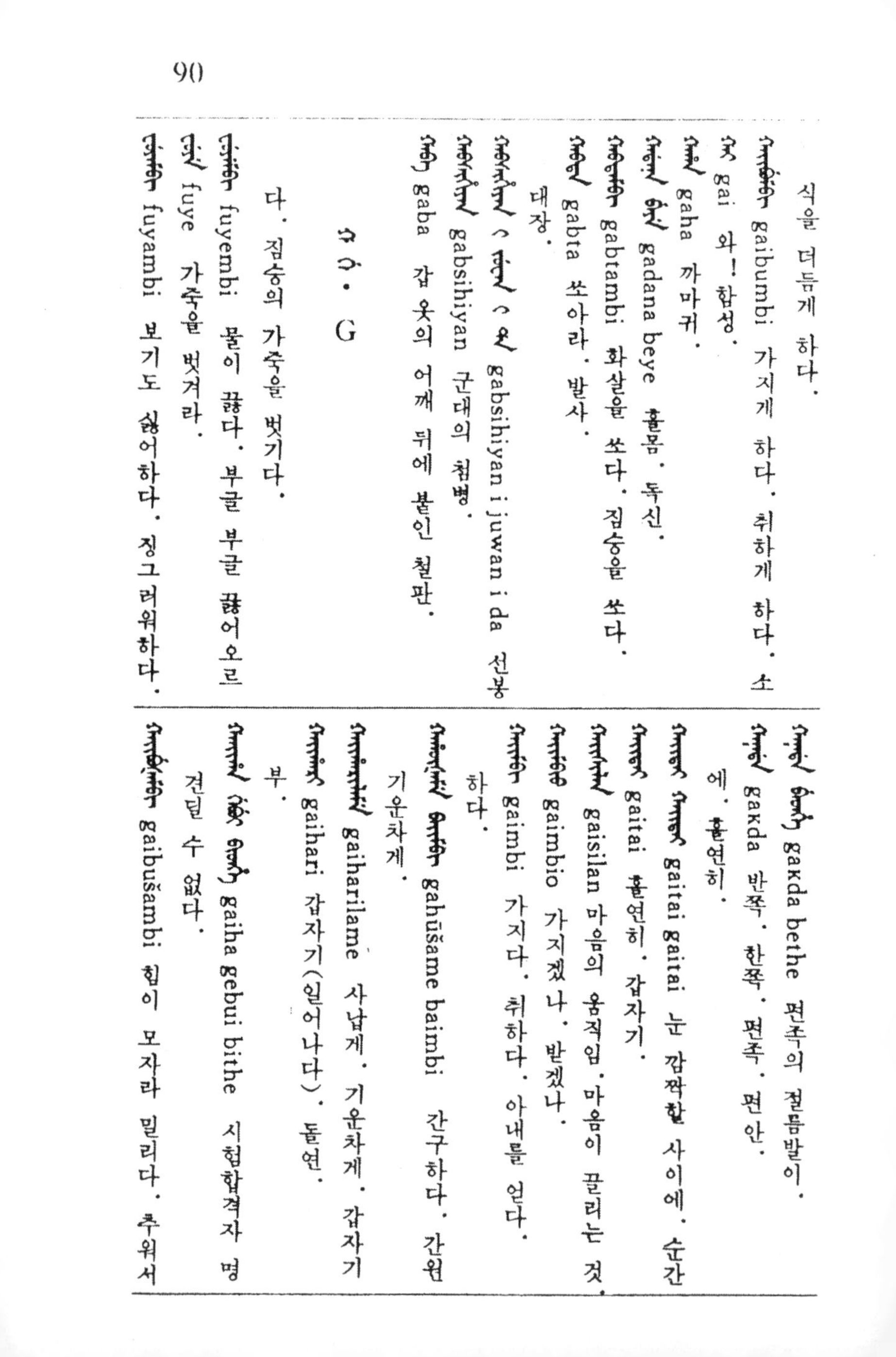

fuyambi 보기도 싫어하다. 징그러워하다.

fuye 가죽을 벗겨라.

fuyembi 물이 끓다. 부글 부글 끓어 오르
다. 짐승의 가죽을 벗기다.

ㄱ ㅏ · G

gaba 갑 옷의 어깨 뒤에 붙인 철판.

gabsihiyan 군대의 첨병.

gabsihiyan i juwan i da 선봉
대장.

gabta 쏘아라. 발사.

gabtambi 화살을 쏘다. 짐승을 쏘다.

gadana beye 홀몸. 독신.

gaha 까마귀.

gai 와! 함성.

gaibumbi 가지게 하다. 취하게 하다. 소
식을 더듬게 하다.

gaibušambi 힘이 모자라 밀리다. 추워서
견딜 수 없다.

gaiha gebui bithe 시험합격자 명
부.

gaihari 갑자기(일어나다). 돌연.

gaiharilame 사납게. 기운차게. 갑자기
기운차게.

gahūšame baimbi 간구하다. 간원
하다.

gaimbi 가지다. 취하다. 아내를 얻다.

gaimbio 가지겠나. 받겠나.

gaisilan 마음의 움직임. 마음이 끌리는 것.

gaitai 홀연히. 갑자기.

gaitai gaitai 눈 깜짝할 사이에. 순간
에. 홀연히.

gakda 반쪽. 한쪽. 편족. 편안.

gakda bethe 편족의 절름발이.

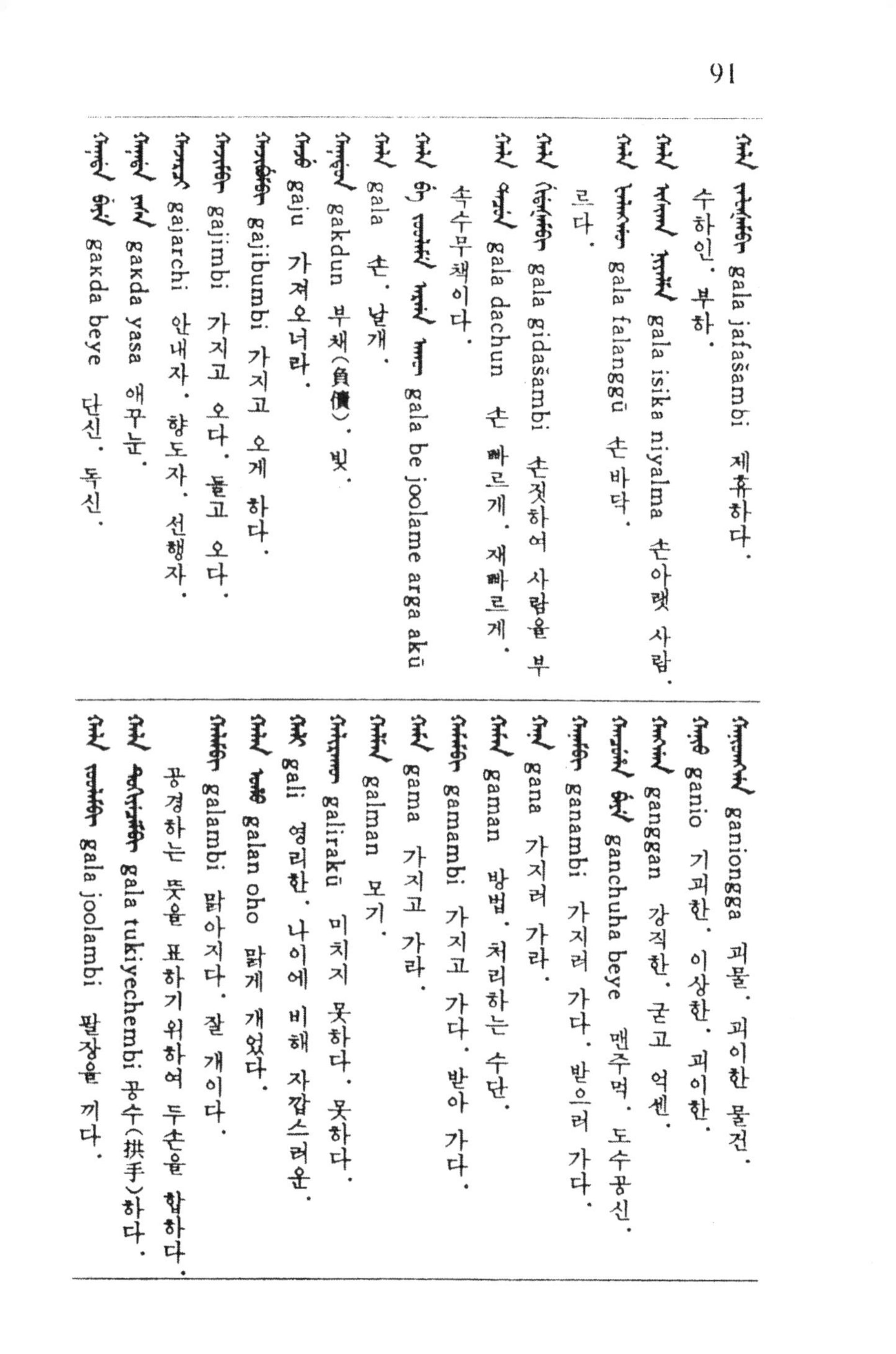

gala jafašambi 제휴하다.
수하인. 부하.
gala isika niyalma 손아랫 사람.
gala falanggū 손 바닥.
리다.
gala gidašambi 손짓하여 사람을 부
gala dachun 손 빠르게. 재빠르게.
속수무책이다.
gala be joolame arga akū
gala 손. 날개.
gakdun 부채(負債). 빚.
gaju 가져오너라.
gajibumbi 가지고 오게 하다.
gajimbi 가지고 오다. 몰고 오다.
gajarchi 안내자. 향도자. 선행자.
gakda yasa 애꾸눈.
gakda beye 단신. 독신.

ganiongga 괴물. 괴이한 물건.
ganio 기괴한. 이상한. 괴이한.
ganggan 강직한. 굳고 억센.
ganchuha beye 맨주먹. 도수공신.
ganambi 가지러 가다. 받으러 가다.
gana 가지러 가라.
gaman 방법. 처리하는 수단.
gamambi 가지고 가다. 받아 가다.
gama 가지고 가라.
galman 모기.
galirakū 미치지 못하다. 못하다.
gali 영리한. 나이에 비해 자깝스러운.
galan oho 맑게 개었다.
galambi 맑아지다. 잘 개이다.
공경하는 뜻을 표하기 위하여 두 손을 합하다.
gala tukiyechembi 공수(拱手)하다.
gala joolambi 팔장을 끼다.

며 곡하다. 슬퍼하다.

gasambi 앙심을 품다. 원망하다. 원망하

gasaha 상사(喪事)의 슬픔.

gasachun 원망. 원한. 한탄.

노여움을 사다.

gasabumbi 원망케 하다. 원한을 사 다.

garudai 봉황새.

garša 승려의 가사.

garsa jahūdai 쾌속선. 빠른 배.

른. 팔팔한.

garsa 영리한. 민첩한. 요리나 재봉에 손빠

garlambi 파괴하다. 부수다.

garjambi 잘게 부수다. 깨뜨리다. 바수다.

garingga 화냥년. (여자를 욕하는 말).

gargalambi 하나로 하다. 단수로 하다.

과 같다). 간지의 支.

gargan 나뭇가지. 강의 지류. 친구(

gardambi 급하게 가다. 빠르게 걷다.

자를 욕하는 말).

gašan i aha 시골 사람. 촌놈(다른 남

gašan falga 향촌마을.

gašan falan 향당(鄕黨).

gašan fafuri 향용(鄕勇).

gašan 마을. 향촌. 향리.

이익을 침해하다. 횡령하다.

gasihiyambi 남의 재물을 빼앗다. 남의

하는 일.

gashūn achambi 회맹. 모여서 맹세

gashūn 서약. 맹서. 맹서의 말.

gashūmbi 서약하다. 맹세하다.

다.

gashūbumbi 서약시키다. 맹서케 하

gashū 서약하라. 맹서하라.

gashan 재난. 재액.

gasha 새.

다.
gebu tuchike 이름이 났다. 유명해졌
gebu jergi 작명. 관작명.
gebu hala i dangse 명부책. 인명부.
gebu hala 성명(姓名).
원의 유무를 확인하다.
gebu baichambi 점호하다. 호명하여 인
gebu algin 명망. 명예. 명성.
었다.
gebu algika 이름이 올랐다. 평판이 되
gebu akū simhun 무명지.
gebu 이름.
ge 제2인 위의 백부. 위의 큰아버지.
gašan i tachikū 향학(鄉學).
gašan i sengge 향로. 향리의 노인.
gašan i da 향장. 촌장. 마을의 두목.
gašan i chalu 마을의 양곡 창고.

언니. 아기씨(존경어).
gege 친척동배 중에 자기보다 연상의 여인.
gefehe 나비.
gechuhun 얼음이 언. 언.
꽁어서 짠 천(錦緞).
gechuheri 세포를 모아 비단구렁이 모양을
내리다.
gechen gechembi 상강(절기). 서리가
gechen 서리.
gechembi 얼다. 서리가 내리다.
여윈(사람).
gebsehun ■■ 마른(사람). 몸이 몹시
gebungge hafan 공신. 명신.
하는. …라고 이름 부르는.
gebungge 유명한. 이름 있는. …라고 칭
칭하다. 이름을 부르다.
gebulembi 이름을 붙이다. 이름을 짓다.

가들다.
gembi 아내를 얻다. 아내를 맞아들이다. 장
geli 또 다시. -도 다시. 겸하여.
gelhun akū 감히 하다. 굳이 하다.
gelfiyen 빛깔이 연한. 회백의.
gelembi 두려워하다. 무서워하다.
gelechuke 무서운. 두려운. 가공할.
gelebumbi 무섭게 하다. 놀라게 하다.
gekdehun 야위어 피골이 상접한(사람).
gejungge deji 노름판에서 자릿세로 내는 돈.
gejun 쌍날 칼. 창과 비슷한 무기.
gehun gereke 하늘이 환하게 밝았다.
gehun 명명백백. 명료. 분명히 보는.
꾸벅 꾸벅하다.
gehešembi 수긍하다. 고개를 끄덕이다.
gegese 언니들.

genefi 가서. 가고.
genechina 가는 것이 좋을 것이다.
genechibe 간다 할지라도. 가도.
갈수 있을 것.
genechi ojorongge 갈수 있는 것.
genechi ojorakū ba akū 가지 못하는 곳이 없다. 가지 않는 곳이 없다.
genechi ojorakū 갈 수가 없다.
genechi ochi 만약에 가려고 하면.
genechi genechina 갈테면 가거라.
genechi 만약에 가면.
gene 가라.
genchehen 칼등. 구두 썰매의 밑바닥. 두령의 밑바닥.
gemun hechen 수도(首都). 경성.
gemun 서울. 임금의 거성.
gemu 모두. 다. 함께. 같이.

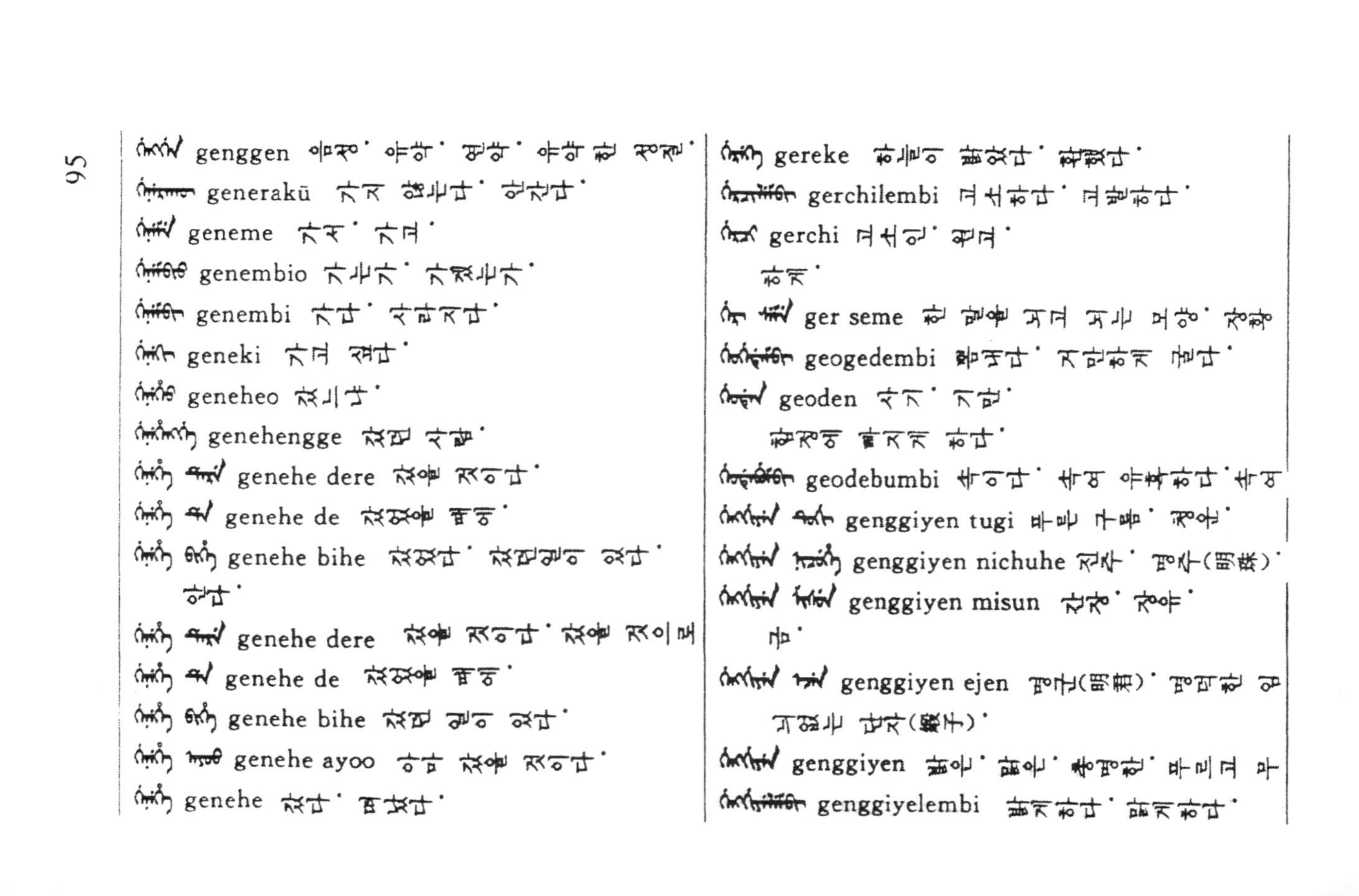

genggen 음성. 유약. 연약. 유약한 성질.
generakū 가지 않는다. 안간다.
geneme 가서. 가고.
genembio 가는가. 가겠는가.
genembi 가다. 사라지다.
geneki 가고 싶다.
geneheo 갔느냐.
genehengge 갔던 사람.
genehe dere 갔을 것이다.
genehe de 갔었을 때에.
genehe bihe 갔었다. 갔던일이 있다.
안다.
genehe dere 갔을 것이다. 갔을 것이로
genehe de 갔었을 때에.
genehe bihe 갔던 일이 있다.
genehe ayoo 아마 갔을 것이다.
genehe 갔다. 떠났다.

gereke 하늘이 밝았다. 환했다.
gerchilembi 고소하다. 고발하다.
gerchi 고소인. 원고.
하게.
ger seme 한 말을 되고 되는 모양. 장황
geogedembi 뽐내다. 거만하게 굴다.
geoden 사기. 기만.
함정에 빠지게 하다.
geodebumbi 속이다. 속여 유혹하다. 속여
genggiyen tugi 푸른 구름. 청운.
genggiyen nichuhe 진주. 명주(明珠).
genggiyen misun 간장. 장유.
금.
genggiyen ejen 명군(明君). 명덕한 임
고없는 단자(緞子).
genggiyen 밝은. 맑은. 총명한. 푸르고 무
genggiyelembi 밝게하다. 맑게하다.

gereken 약간 많은.

gerembumbi 밥을 새다. 밥샘을 하다. 밥새기를 기다리다.

geren 많은. 허다한.

geren i tachin 풍속. 풍습.

geren imiyambi 많은 사람이 모여 오다. 여럿이 모여 놀다.

geren leolen 여론. 중론.

geren giltusi 庶吉士. 조선의 집현전학사와 같음. 진사 중에서 전시를 거쳐 文館에 입하한 자.

geren zŭ tanggū boo 諸子百家.

gerendere 새벽녘.

gerendere ging 새벽 총.

geri 전염 병.

gerišeku 정서가 불안정한(사람). 주저하는 (사람).

gerudei 봉황의 암컷.

gese …와 같은. …와 비슷한. …와 같이. 같은 모양의.

gesengge 비슷한 것. 같은 것.

gešan 경계의 목책.

getembi 눈을 뜨다. 깨어 나다.

getereke 적이 전멸했다. 완전히 끝냈다.

geterembi 깨끗해지다. 맑아지다. 깨끗이 치우다. 평정하다.

geterembu 치워라. 없애라. 제거하라. 소제하라.

getukelembi 조사하여 밝히다. 규명하다.

getuken 두뇌가 분명한(사람). 명백한 일. 쉬운 일.

geyembi 조각하다. 새기다.

gichuke 부끄러운. 수치스러운.

gida 창(槍). 내려 눌러라. 숨겨라. 격파하라. 마서라.

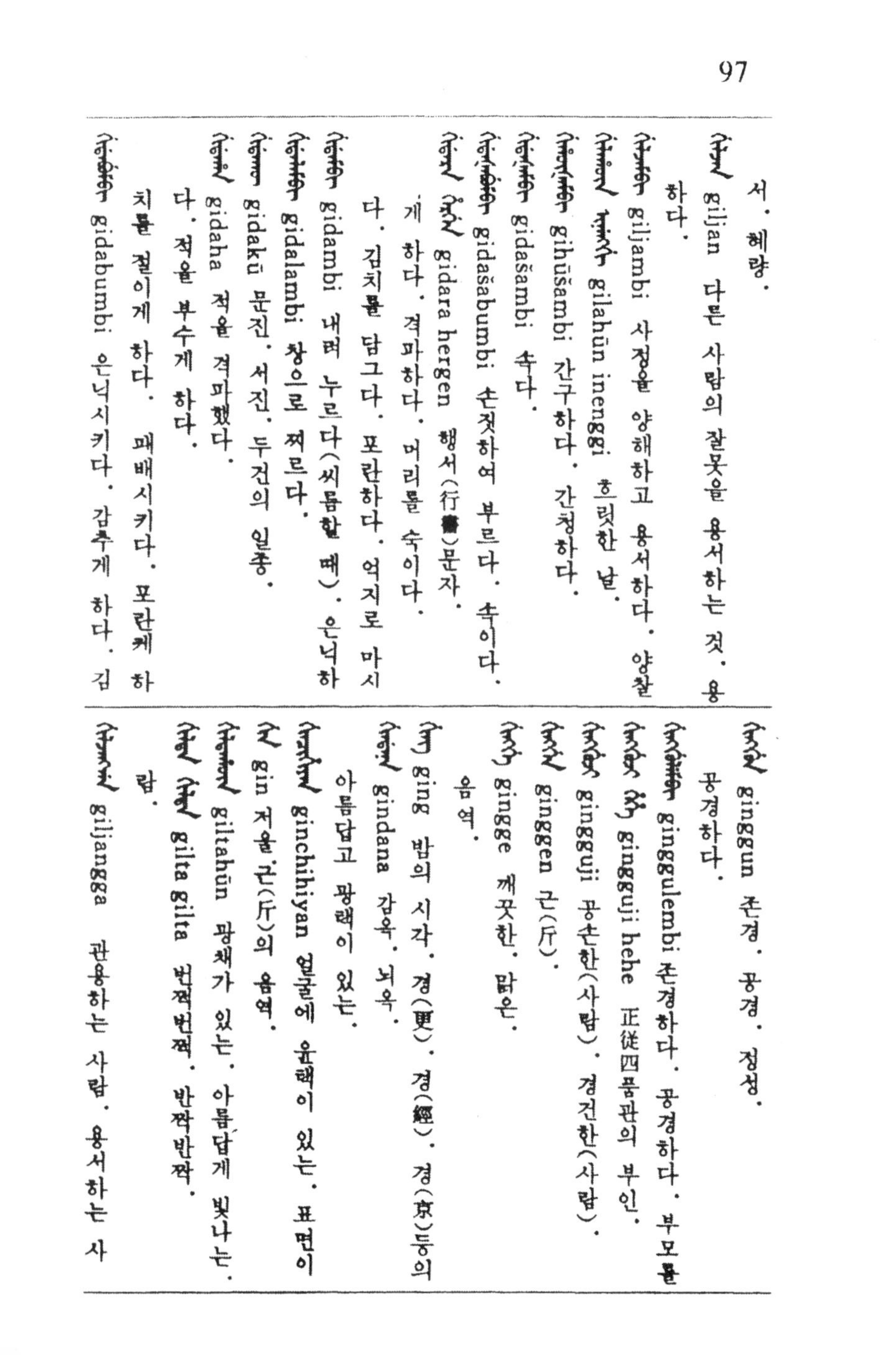

서·혜량.

giljan 다른 사람의 잘못을 용서하는 것·용
하다.

giljambi 사정을 양해하고 용서하다·양찰

gilahūn inenggi 흐릿한 날.

gihūšambi 간구하다·간청하다.

gidašambi 속다.

gidašabumbi 손짓하여 부르다·속이다.

gidara hergen 행서(行書)문자.
게 하다·격파하다·머리를 숙이다.
다·김치를 담그다·포란하다·억지로 마시

gidambi 내려 누르다(씨름할 때)·은닉하

gidalambi 창으로 찌르다.

gidakū 문진·서진·두건의 일종.

gidaha 적을 격파했다.
다·적을 부수게 하다.
치를 절이게 하다· 패배시키다·포란케 하

gidabumbi 은닉시키다·감추게 하다·김

ginggun 존경·공경·정성.
공경하다.

ginggulembi 존경하다·공경하다·부모를

gingguji hehe 正従四품관의 부인.

gingguji 공손한(사람)·경건한(사람).

ginggen 근(斤).

gingge 깨끗한·맑은.
음역.

ging 밤의 시각·경(更)·경(經)·경(京)등의

gindana 감옥·뇌옥.
아름답고 광택이 있는.

ginchihiyan 얼굴에 윤택이 있는·표면이

gin 저울 근(斤)의 음역.

giltahūn 광채가 있는·아름답게 빛나는.

gilta gilta 번쩍번쩍·반짝반짝.
람.

giljangga 관용하는 사람·용서하는 사

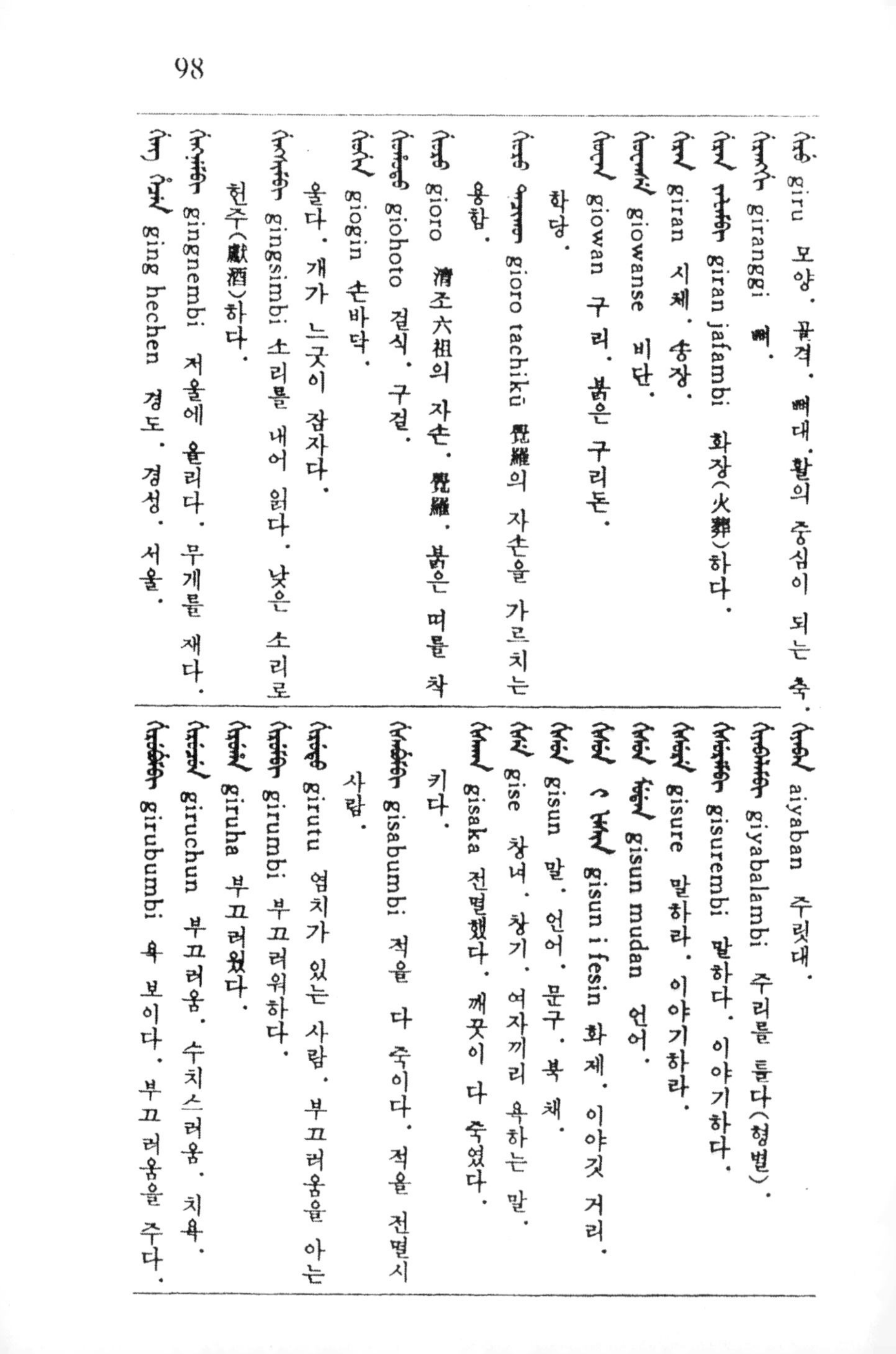

giru 모양·골격·뼈대·활의 중심이 되는 축·

giranggi 뼈·

giran jafambi 화장(火葬)하다·

giran 시체·송장·

giowanse 비단·

giowan 구리·붉은 구리돈·
학당·

gioro tachikū 覺羅의 자손을 가르치는
웅합·

gioro 淸조六祖의 자손·覺羅·붉은 띠를 착

giohoto 걸식·구걸·

giogin 손바닥·
울다·개가 느긋이 잠자다·

gingsimbi 소리를 내어 읽다·낮은 소리로
헌주(獻酒)하다·

gingnembi 저울에 올리다·무게를 재다·

ging hechen 경도·경성·서울·

aiyaban 주릿대·

giyabalambi 주리를 틀다(형벌)·

gisurembi 말하다·이야기하다·

gisure 말하라·이야기하라·

gisun mudan 언어·

gisun i fesin 화제·이야깃 거리·

gisun 말·언어·문구·북 채·

gise 창녀·창기·여자끼리 욕하는 말·

gisaka 전멸했다·깨끗이 다 죽였다·
키다·

gisabumbi 적을 다 죽이다·적을 전멸시
사람·

girutu 염치가 있는 사람·부끄러움을 아는

girumbi 부끄러워하다·

giruha 부끄러웠다·

giruchun 부끄러움·수치스러움·치욕·

girubumbi 욕 보이다·부끄러움을 주다·

giyaha 조라한 수엽.

giyaha sihambi 잎이 떨어지다.

giyahūn 매.

giyahūn i ošoho 매발톱.

giyai 거리. 가로.

giyajan 왕이나 버이러(貝勒)등의 시종.

giyakta 낙엽. 떨어진 나뭇잎.

giyalabun 간격. 틈.

giyalgambi 제외하다. 주지 않다.

giyalambi 간격을 두다. 간막이를 만들다. 분배에 차이를 두다.

giyamulambi 역마를 채찍질하다. 역마를 달리다.

giyambi 깎다. 깎아 내다.

giyamun 역참(驛站). 역. 역관.

giyamusi 역참의 일을 맡아보는 관원.

giyan 노리. 사리. 한칸(間) 두칸의 간. 間의 전음.

giyan fiyan 조리가 있는. 조리가 정연한.

giyanakū 여분은 없다. 우수리는 없다. 한계가 있는.

giyan giyan i 조리를 갖춘. 조리가 분명한.

giyangnambi 강의하다. 강론하다.

giyangnan 강남(江南).

giyari 순찰하다.

giyarimbi 순찰하다. 순라하다.

giyarime kederembi 순수하다. 순행하다.

giyarinambi 가서 순찰하다. 순찰하러 가다.

giyarimsi 州府縣의 순찰사무를 맡아보는 관원.

giyarire jahūdai 순시선.

giyase 선반. 물건을 올려놓는 대.

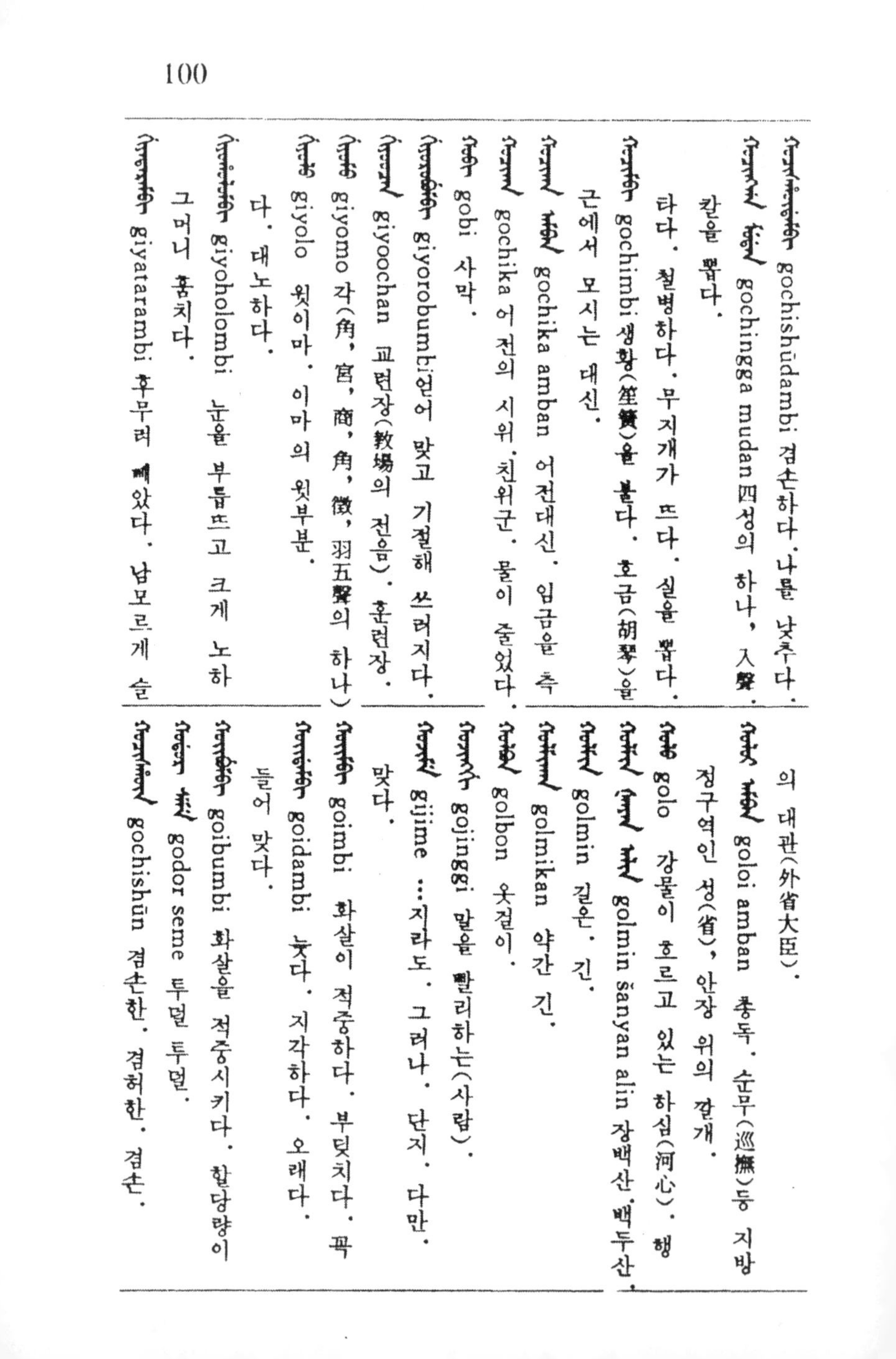

gochishūdambi 겸손하다. 나를 낮추다.

gochingga mudan 四성의 하나, 入聲.

칼을 뽑다.

타다. 질병하다. 무지개가 뜨다. 실을 뽑다.

gochimbi 생황(笙簧)을 불다. 호금(胡琴)을

근에서 모시는 대신.

gochika amban 어전대신. 임금을 측

gochika 어전의 시위. 친위군. 물이 줄었다.

gobi 사막.

giyorobumbi 언어 맞고 기절해 쓰러지다.

giyoochan 교련장(教場의 전음). 훈련장.

giyomo 각(角, 宮, 商, 角, 徵, 羽五聲의 하나)

giyolo 윗이마. 이마의 윗부분.

다. 대노하다.

giyoholombi 눈을 부릅뜨고 크게 노하

그머니 훔치다.

giyatarambi 후무려 빼았다. 남모르게 슬

의 대관(外省大臣).

goloi amban 총독. 순무(巡撫)등 지방

정구역인 성(省), 안장 위의 깔개.

golo 강물이 흐르고 있는 하심(河心). 행

golmin šanyan alin 장백산. 백두산.

golmin 길은. 긴.

golmikan 약간 긴.

golbon 옷걸이.

gojinggi 말을 빨리하는(사람).

gijime …지라도. 그러나. 단지. 다만.

맞다.

goimbi 화살이 적중하다. 부딪치다. 꼭

goidambi 늦다. 지각하다. 오래다.

들어 맞다.

goibumbi 화살을 적중시키다. 할당량이

godor seme 투덜 투덜.

gochishūn 겸손한. 겸허한. 겸손.

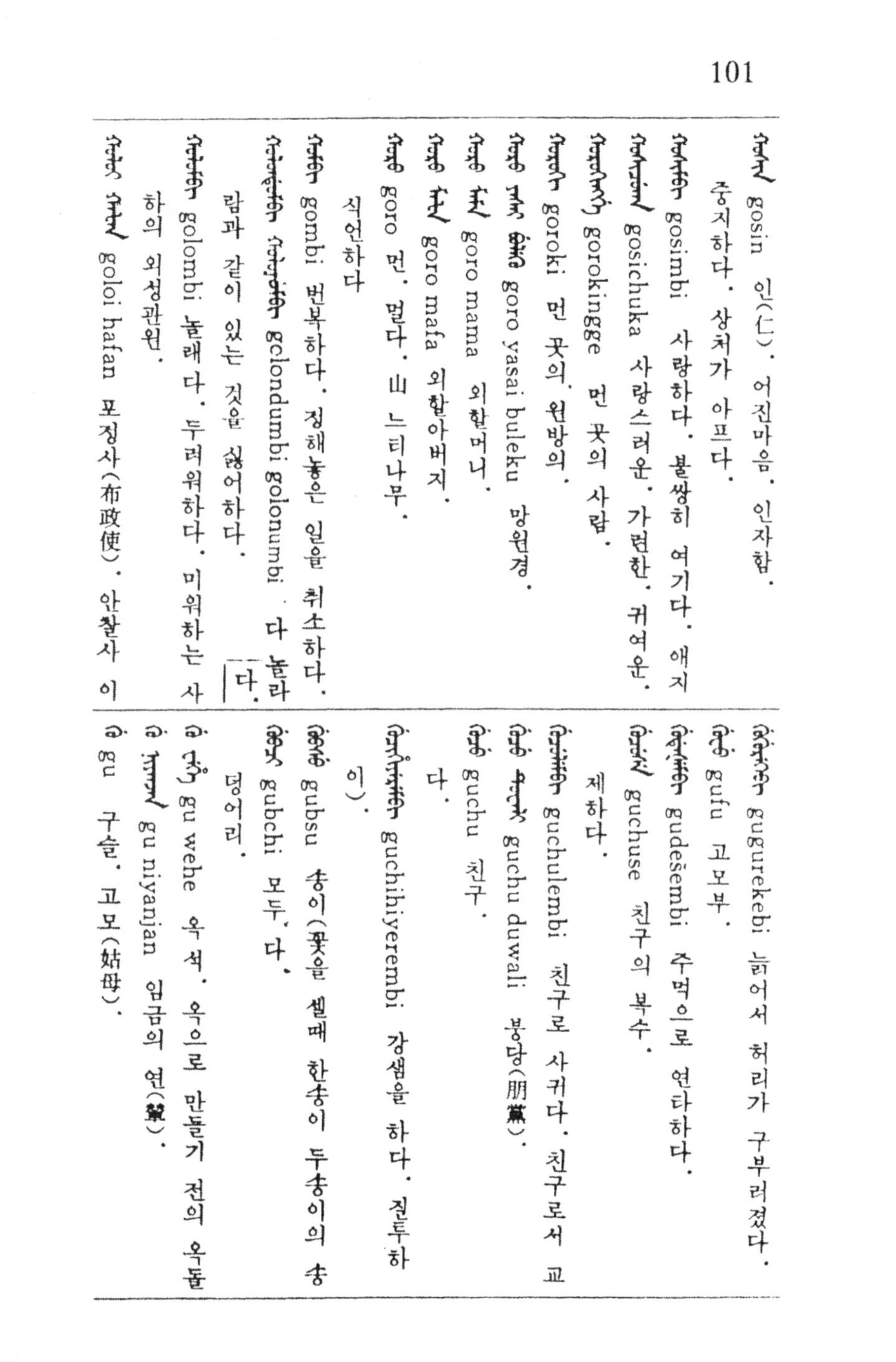

gosin 인(仁). 어진마음. 인자함.
중지하다. 상처가 아프다.
gosimbi 사랑하다. 불쌍히 여기다. 애지
gosichuka 사랑스러운. 가련한. 귀여운.
gorokingge 먼 곳의 사람.
goroki 먼 곳의, 원방의.
goro yasai buleku 망원경.
goro mama 외할머니.
goro mafa 외할아버지.
goro 먼. 멀다. 山 느티나무.
식언하다
gombi 번복하다. 정해놓은 일을 취소하다.
gclondumbi golonumbi 다 놀라
람과 같이 있는 것을 싫어하다. 다.
golombi 놀래다. 두려워하다. 미워하는 사
하의 외성관원.
goloi hafan 포정사(布政使). 안찰사 이

gugurekebi 늙어서 허리가 구부러졌다.
gufu 고모부.
gudešembi 주먹으로 연타하다.
guchuse 친구의 복수.
제하다.
guchulembi 친구로 사귀다. 친구로서 교
guchu duwali 붕당(朋黨).
guchu 친구.
다.
guchihiyerembi 강샘을 하다. 질투하
이).
gubsu 송이(꽃을 셀때 한송이 두송이의 송
gubchi 모두. 다.
덩어리.
gu wehe 옥석. 옥으로 만들기 전의 옥돌
gu niyanjan 임금의 연(輦).
gu 구슬. 고모(姑母).

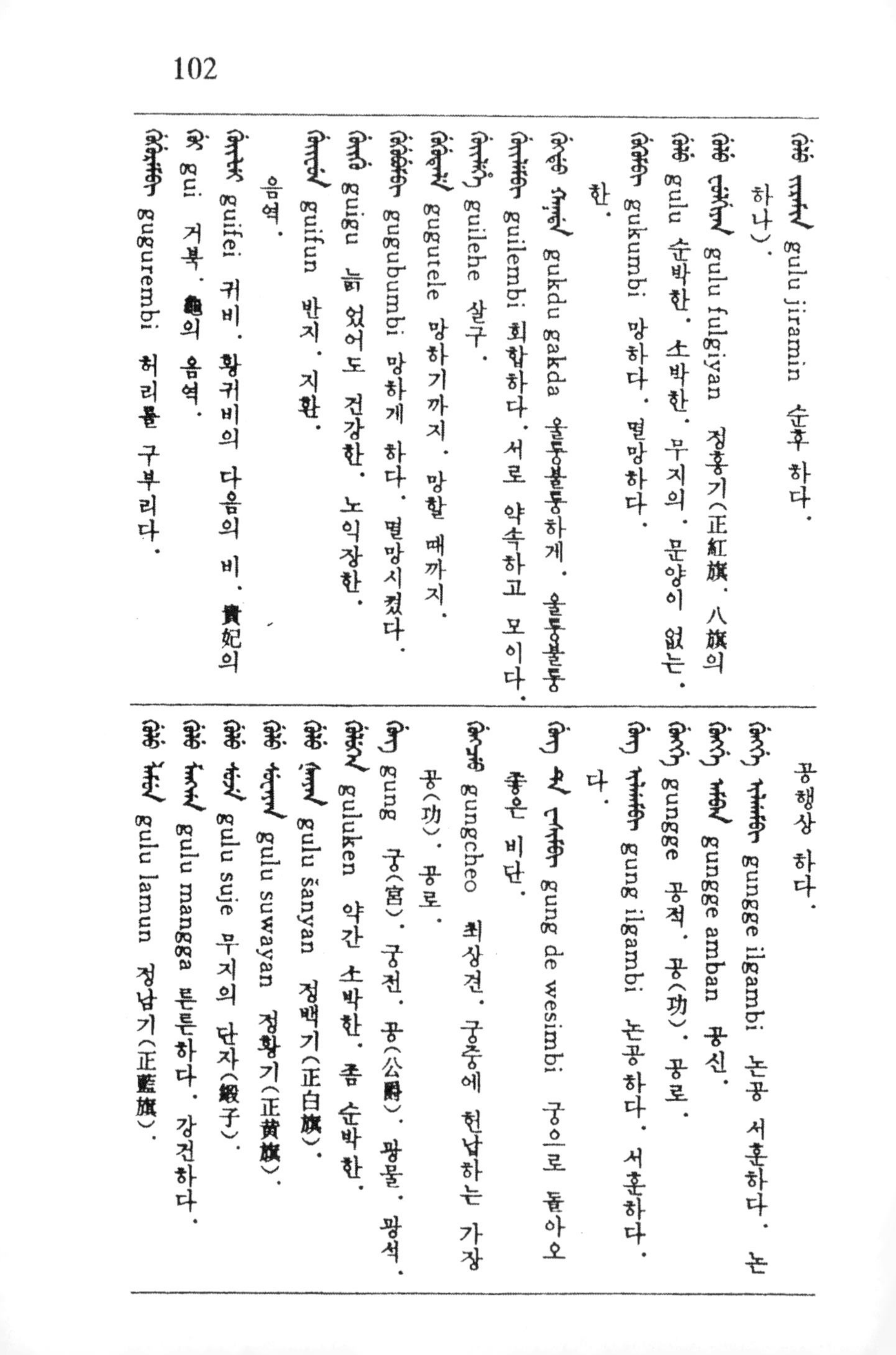

gugurembi 허리를 구부리다.

gui 거북. 龜의 음역.

guifei 귀비. 황귀비의 다음의 비. 貴妃의 음역.

guifun 반지. 지환.

guigu 늙었어도 건강한. 노익장한.

gugubumbi 망하게 하다. 멸망시켰다.

gugutele 망하기까지. 망할 때까지.

guilehe 살구.

guilembi 회합하다. 서로 약속하고 모이다.

gukdu gakda 울퉁불퉁하게. 울퉁불퉁한.

gukumbi 망하다. 멸망하다.

gulu 순박한. 소박한. 무지의. 문양이 없는.

gulu fulgiyan 정홍기(正紅旗. 八旗의 하나).

gulu jiramin 순후 하다.

gulu lamun 정남기(正藍旗).

gulu mangga 튼튼하다. 강건하다.

gulu suje 무지의 단자(緞子).

gulu suwayan 정황기(正黃旗).

gulu šanyan 정백기(正白旗).

guluken 약간 소박한. 좀 순박한.

gung 궁(宮). 궁전. 공(公爵). 공물. 공석. 공(功). 공로.

gungcheo 최상견. 궁중에 헌납하는 가장 좋은 비단.

gung de wesimbi 궁으로 높아오다.

gung ilgambi 논공하다. 서훈하다.

gungge 공적. 공(功). 공로.

gungge amban 공신.

gungge ilgambi 논공 서훈하다. 논공행상 하다.

史館).

gurun i suduri kuren 국사관(國
내친왕.

gurun i gungju 구룬公主. 임금의 딸.

gurun i bodogon 국책. 국계(國計).

gurun gūwa 외국인. 이국인. 외인.
제五위. 鎭國公.

gurun be dalire gung 종신봉작의

gurun 나라. 국가.

gurumbi 따다. 채취하다. 붉게 부어오르다.

gurimbi 옮기다. 이동하다. 이전하다.

guribumbi 옮기게 하다. 이전토록 하다.

gurgu 짐승. 동물. 야수.
어진 살.

gurehe 나타하고 교활한 자. 소의 목에 늘

공경을 다하다.

gungnembi 공손히 하다. 삼가서 섬기다.

gungnechuke 공순한. 공손한. 경건한.

가 울다. 울려 퍼지다.

guwembi 죄를 벗어나다. 방면이 되다. 새

guwelke 소심한. 자세한. 근신하는.

guwangse 죄인의 족가. 나무 울타리.
전옥.

guwanggun 악당. 악한. 무뢰한. 光棍의

guwani 일을 피하는. 안일을 좋아하는.

guwangdung 광동(廣東).

guwali 성문밖 도로 양쪽에 있는 주택.

gusuchumbi 번민하다. 고민하다.
사람.

gusherakū 소질이 없는 사람. 재주없는

guse 비구니. 니(尼).
돌아오다.

gurung de wesimbi 환궁. 궁으로
度, 三十度를 1宮이로 한다).

gurung 궁. 궁궐. 천궁(天宮 周天三百六十

gurun i tachikū 국립대학. 太学.

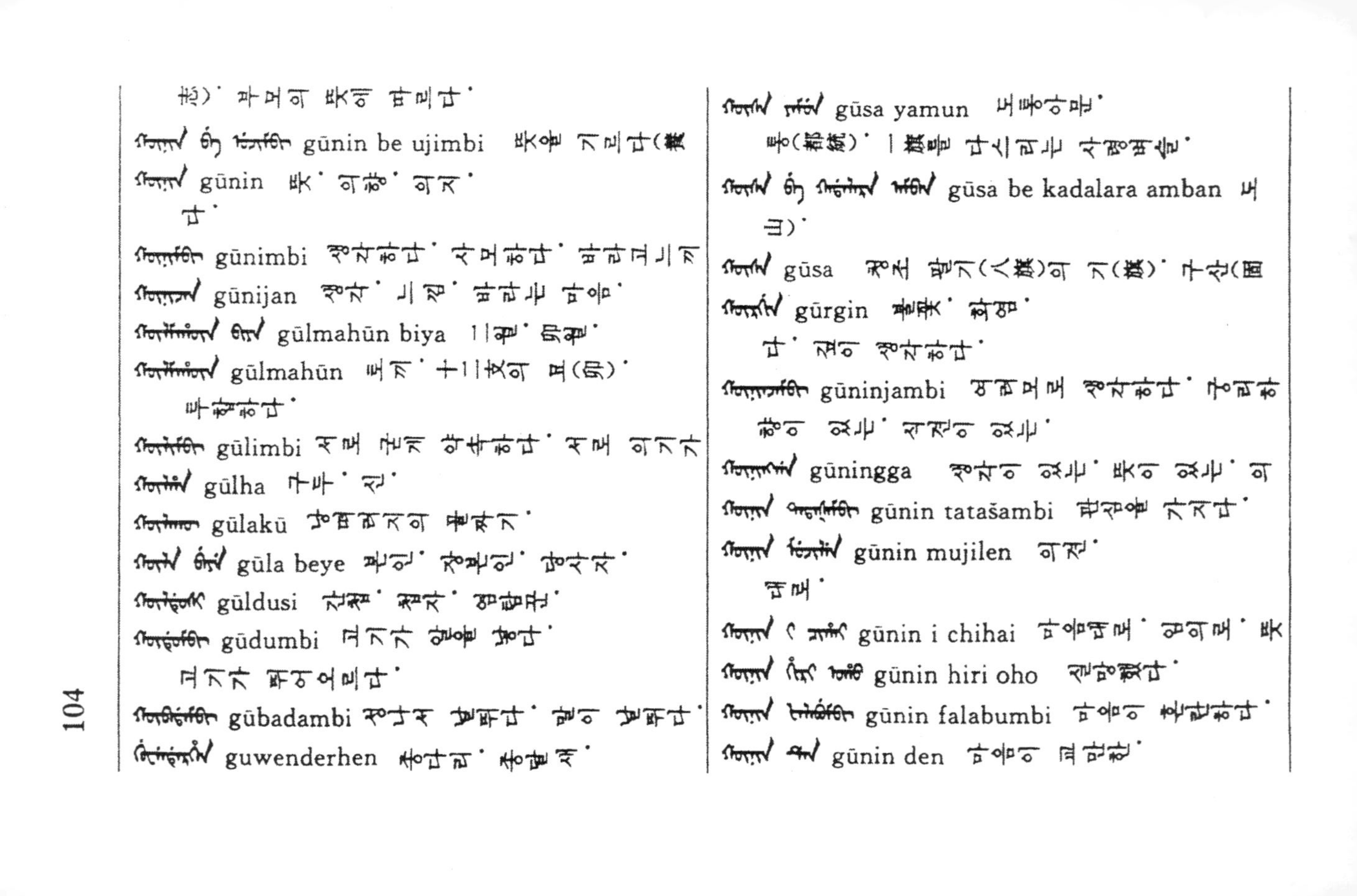

志). 부모의 뜻에 따르다.

gūnin be ujimbi 뜻을 기르다(養

gūnin 뜻. 의향. 의지.

다.

gūnimbi 생각하다. 사모하다. 바라고느끼

gūnijan 생각. 느낌. 바라는 마음.

gūlmahūn biya 二월. 卯월.

gūlmahūn 토끼. 十二支의 묘(卯).

투항하다.

gūlimbi 서로 굳게 약속하다. 서로 의기가

gūlha 구두. 신.

gūlakū 낭떠러지의 끝자기.

gūla beye 본인. 장본인. 당사자.

gūldusi 간첩. 첩자. 염탐꾼.

gūdumbi 고기가 알을 낳다.

고기가 뛰어오르다.

gūbadambi 성나서 날뛰다. 말이 날뛰다.

guwenderhen 종다리. 종달새.

gūsa yamun 도통아문.

통(都統). 1旗를 다스리는 사령벼슬.

gūsa be kadalara amban 도

山).

gūsa 청조 팔기(八旗)의 기(旗). 구산(固

gūrgin 불꽃. 화염.

다. 깊이 생각하다.

gūninjambi 여러모로 생각하다. 궁리하

향이 있는. 식견이 있는.

gūningga 생각이 있는. 뜻이 있는. 의

gūnin tatašambi 관심을 가지다.

gūnin mujilen 의견.

대로.

gūnin i chihai 마음대로. 임의로. 뜻

gūnin hiri oho 실망했다.

gūnin falabumbi 마음이 혼란하다.

gūnin den 마음이 교만한.

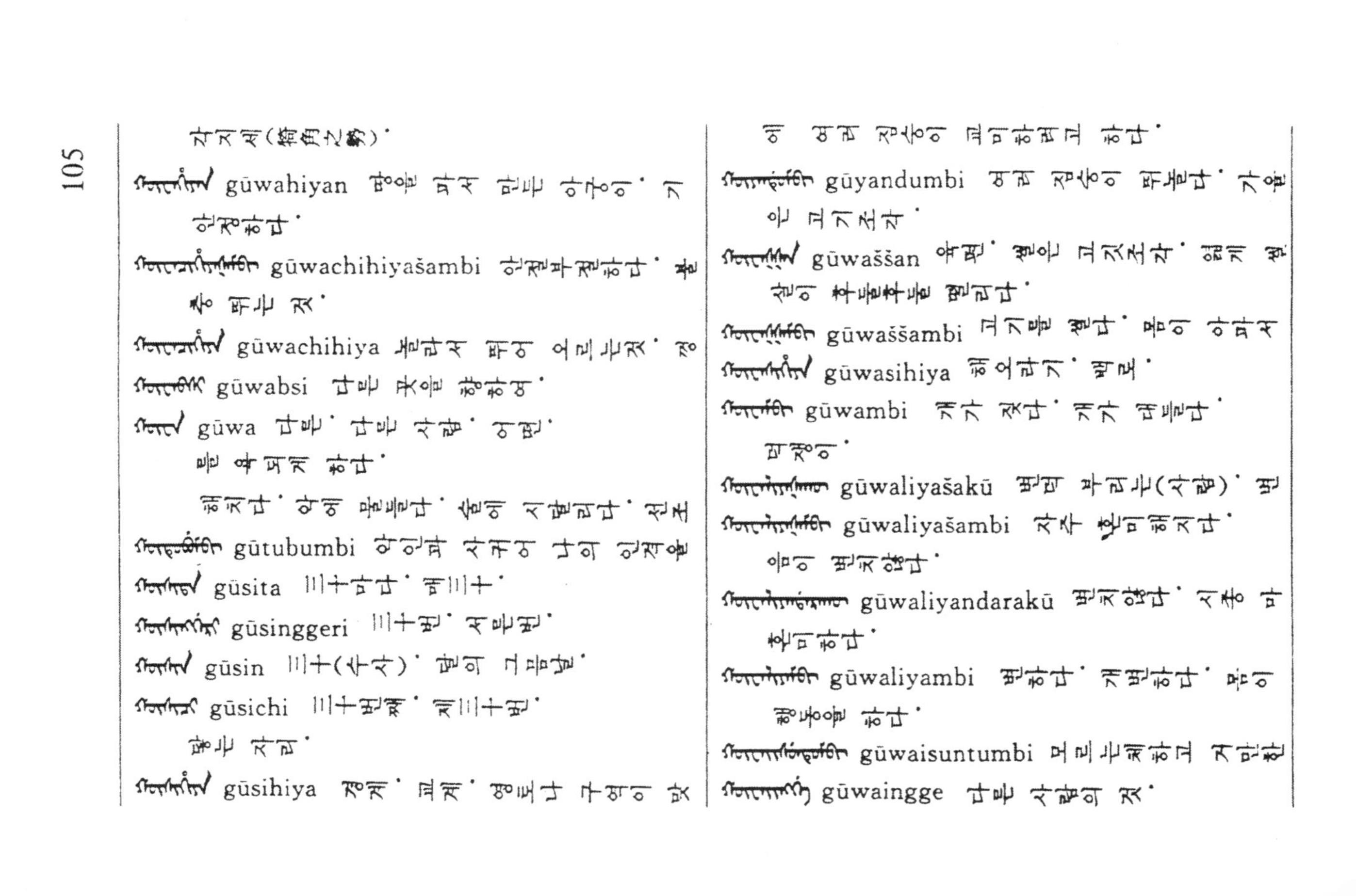

각지세(犄角之勢).
gūwahiyan 땅을 마서 만든 아궁이. 기
안정하다.
gūwachihiyašambi 안절부절하다. 불
충 뛰는 것.
gūwachihiya 놀라서 뛰어 오르는것. 껑
gūwabsi 다른 곳을 향하여.
gūwa 다른. 다른 사람. 어떤.
를 욕되게 하다.
해치다. 악에 물들다. 술에 시달리다. 선조
gūtubumbi 악인과 사귀어 나의 인격을
gūsita 三十마다. 매三十.
gūsinggeri 三十번. 서른번.
gūsin 三十(수사). 달의 그믐날.
gūsichi 三十번째. 제三十번.
닿는 자리.
gūsihiya 경계. 교계. 영토나 구역이 맞

에 여러 짐승이 교미하려고 하다.
gūyandumbi 여러 짐승이 뛰놀다. 가을
은 고기조각.
gūwaššan 육편. 썰은 고깃조각. 엷게 썬
살이 후들후들 떨리다.
gūwaššambi 고기를 썰다. 몸이 아파서
gūwasihiya 해오라기. 백로.
gūwambi 개가 짖다. 개가 대들다.
떠쟁이.
gūwaliyašakū 변덕 부리는(사람). 변
gūwaliyašambi 자주 혼미해지다.
음이 변치않다.
gūwaliyandarakū 변치않다. 시종 마
혼미하다.
gūwaliyambi 변하다. 개변하다. 몸이
행동을 하다.
gūwaisuntumbi 모르는체하고 거만한
gūwaingge 다른 사람의 것.

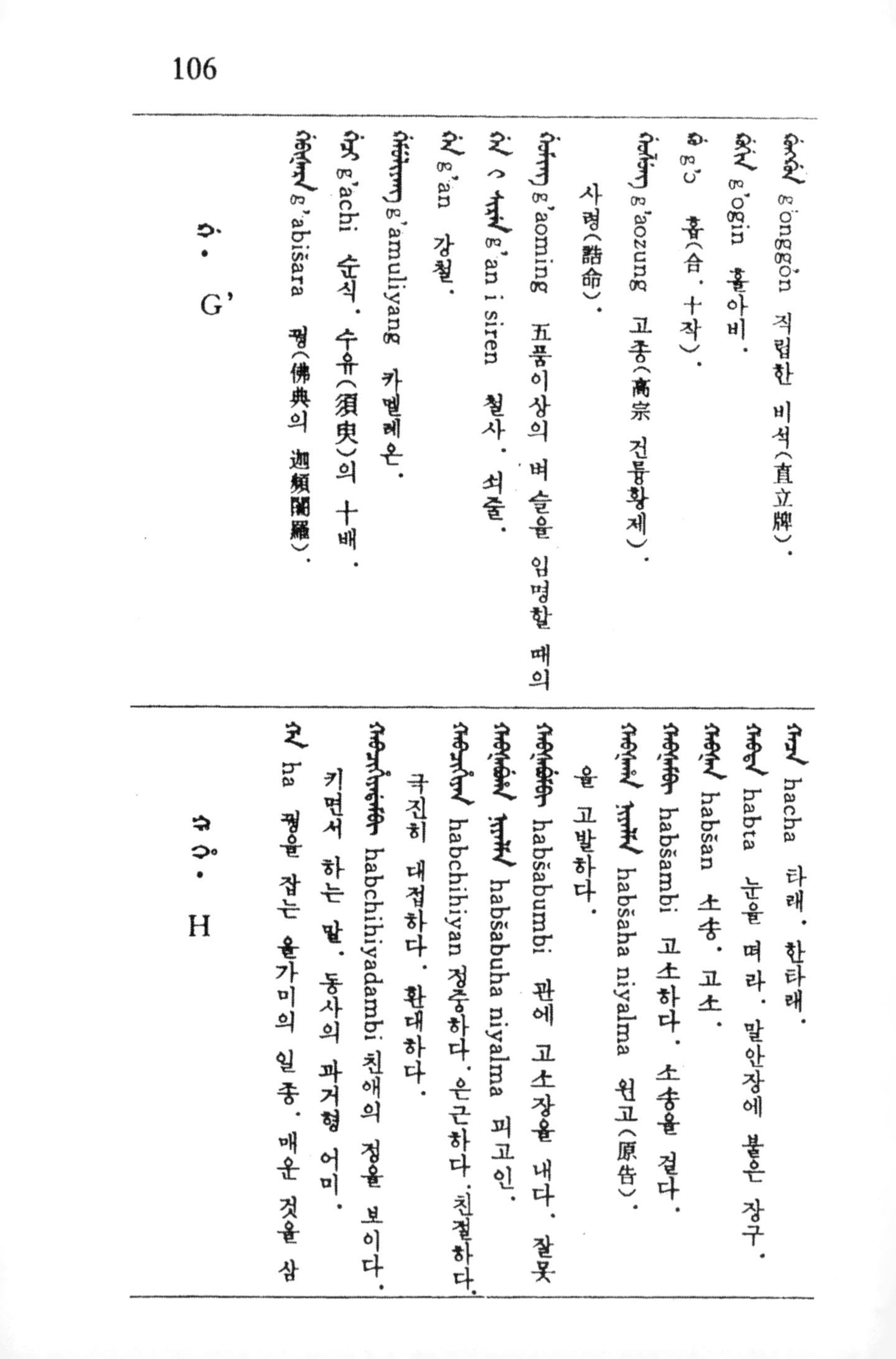

ᡤᠣᠩᡤᠣᠨ g'onggon 직립한 비석(直立牌).
ᡤᠣᡤᡳᠨ g'ogin 홀아비.
g'ɔ 홉(合. 十작).
ᡤᠠᠣᡯᡠᠩ g'aozung 고종(高宗 건륭황제).
  사령(誥命).
ᡤᠠᠣᠮᡳᠩ g'aoming 五품이상의 벼슬을 임명할 때의
g'an i siren 철사. 쇠줄.
g'an 강철.
g'amuliyang 카멜레온.
g'achi 순식. 수유(須臾)의 十배.
g'abišara 경(佛典의 迦頻闍羅).

G'

hacha 다래. 한다래.
habta 눈을 떠라. 말안장에 붙은 장구.
habšan 소송. 고소.
habšambi 고소하다. 소송을 걸다.
habšaha niyalma 원고(原告).
  을 고발하다.
habšabumbi 관에 고소장을 내다. 잘못
habšabuha niyalma 피고인.
habchihiyan 정중하다. 은근하다. 친절하다.
  극진히 대접하다. 환대하다.
habchihiyadambi 친애의 정을 보이다.
  키면서 하는 말. 동사의 파거형 어미.
ha 꿩을 잡는 올가미의 일종. 매운 것을 삼

H

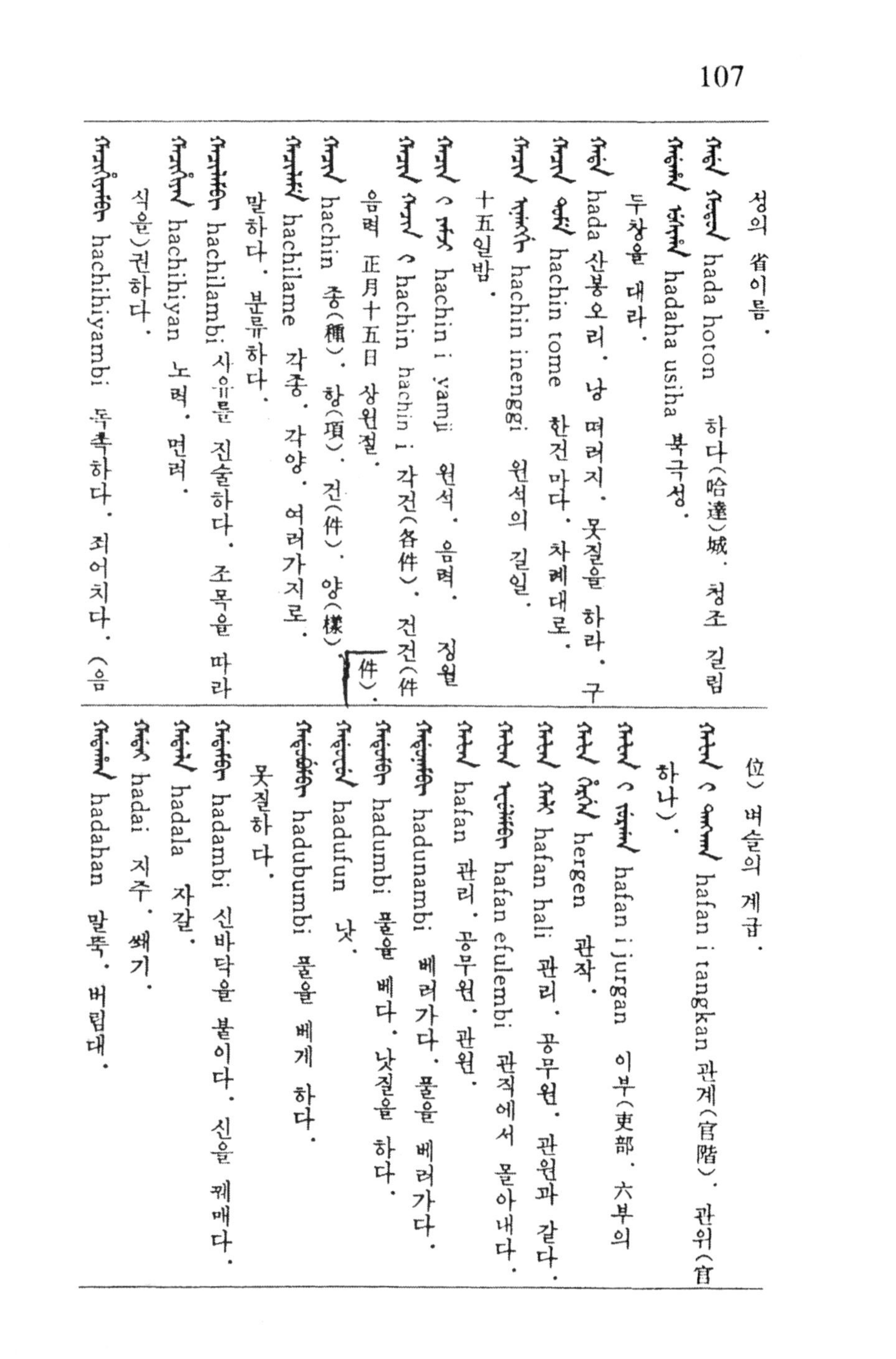

성의 省이름.

hada hoton 하다(哈達)城. 청조 길림

hadaha usiha 북극성.

두창을 대라.

hada 산봉오리. 낭 떠러지. 못질을 하라. 구

hachin tome 한건마다. 차례대로.

hachin inenggi 원석의 길일.

十五일밤.

hachin i yamji 원석. 음력. 정월

hachin hachin i 각건(各件). 건건(件件).

음력 正月十五日 상원절.

hachin 종(種). 항(項). 건(件). 양(樣).

hachilame 각종. 각양. 여러가지로.

말하다. 분류하다.

hachilambi 사유를 진술하다. 조목을 따라

hachihiyan 노력. 면려.

식을)권하다.

hachihiyambi 독촉하다. 죄어치다. (음

位) 벼슬의 계급.

hafan i tangkan 관계(官階). 관위(官

하나).

hafan i jurgan 이부(吏部. 六부의

hergen 관작.

hafan hali 관리. 공무원. 관원과 같다.

hafan efulembi 관직에서 몰아내다.

hafan 관리. 공무원. 관원.

hadunambi 베러가다. 풀을 베러가다.

hadumbi 풀을 베다. 낫질을 하다.

hadufun 낫.

hadubumbi 풀을 베게 하다.

못질하다.

hadambi 신바닥을 붙이다. 신을 꿰매다.

hadala 자갈.

hadai 지주. 쐐기.

hadahan 말뚝. 버팀대.

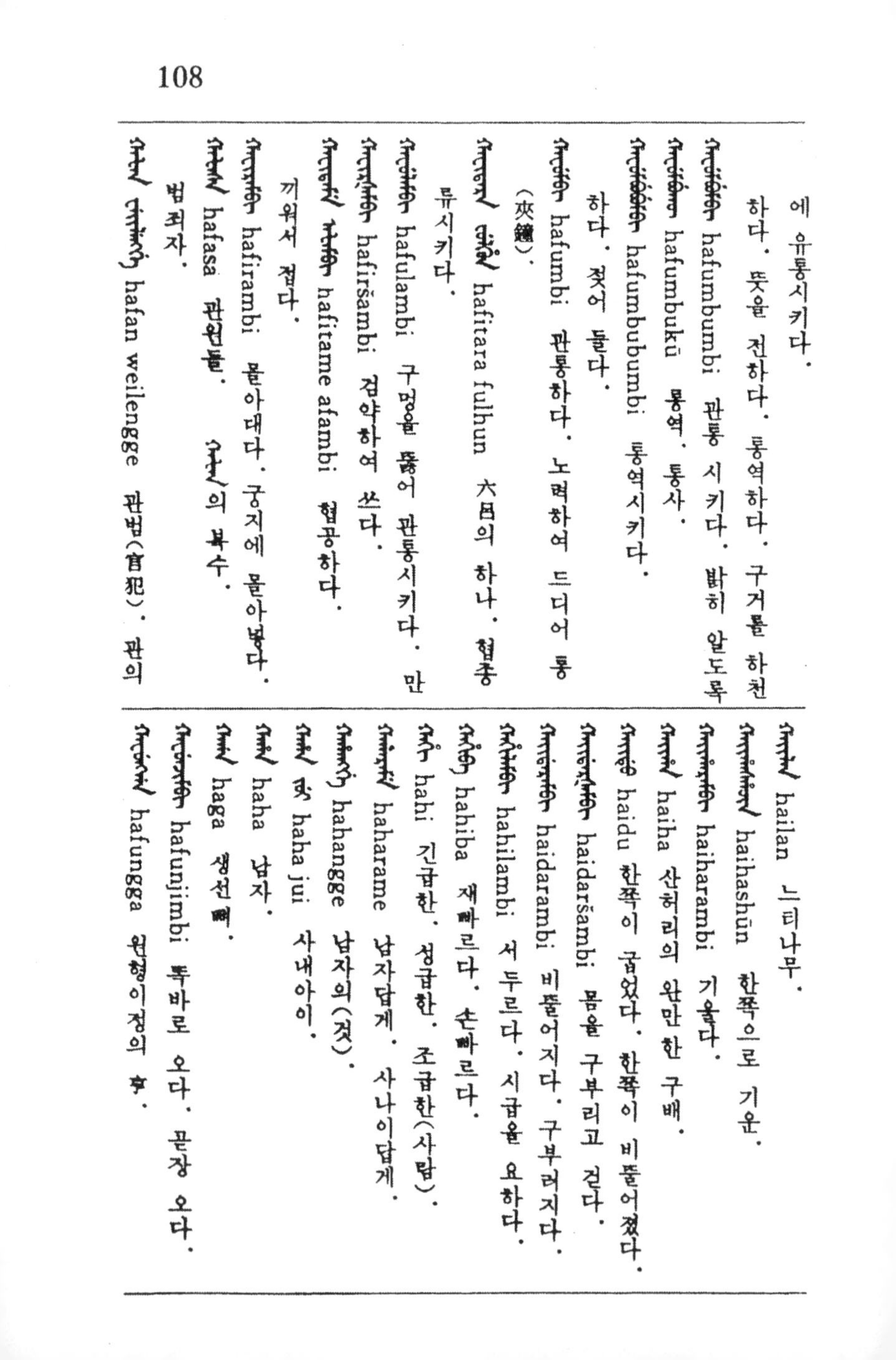

hafan weilengge 관범(官犯). 관의 범죄자.

hafasa 관원들. ᡥᠠᡶᠠᠨ의 복수.

hafirambi 몰아대다. 궁지에 몰아넣다.

hafitame afambi 협공하다. 끼워서 집다.

hafiršambi 검약하여 쓰다.

hafulambi 구멍을 뚫어 관통시키다. 만류시키다.

hafitara fulhun 六呂의 하나. 협종(夾鐘).

hafumbi 관통하다. 노력하여 드디어 통하다. 젖어 들다.

hafumbubumbi 통역시키다.

hafumbukū 통역. 통사.

hafumbumbi 관통 시키다. 밝히 알도록 하다. 뜻을 전하다. 통역하다. 구거를 하천에 유통시키다.

hafungga 원형이정의 亨.

hafunjimbi 똑바로 오다. 끝장 오다.

haga 생선뼈.

haha 남자.

haha jui 사내아이.

hahangge 남자의(것).

haharame 남자답게. 사나이답게.

hahi 긴급한. 성급한. 조급한(사람).

hahiba 재빠르다. 손빠르다.

hahilambi 서두르다. 시급을 요하다.

haidarambi 비뚤어지다. 구부러지다.

haidaršambi 몸을 구부리고 걷다.

haidu 한쪽이 굽었다. 한쪽이 비뚤어졌다.

haiha 산허리의 완만한 구배.

haiharambi 기울다.

haihashūn 한쪽으로 기운.

hailan 느티나무.

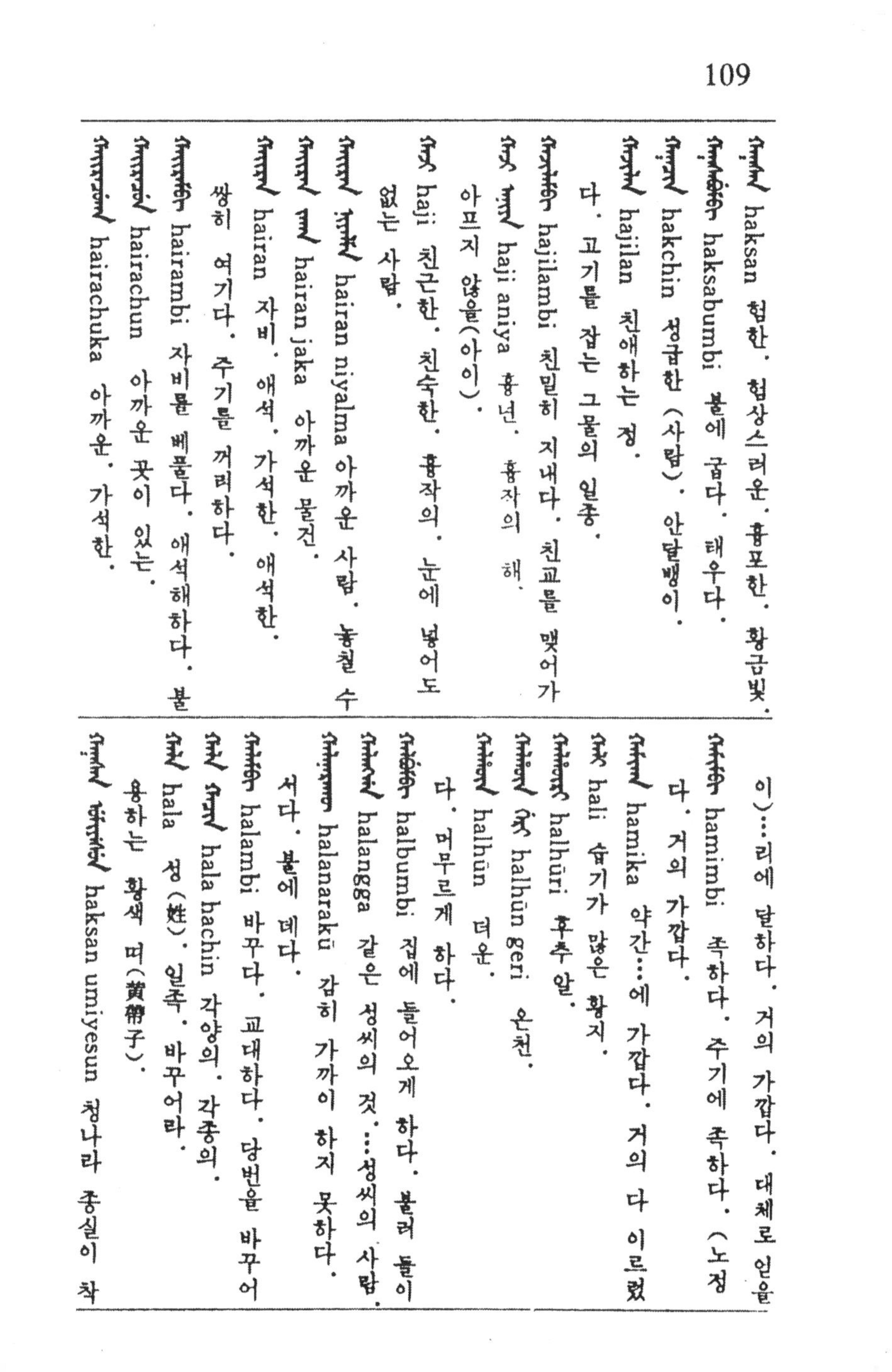

hairachuka 아까운·가석한.
hairachun 아까운 곳이 있는.
hairambi 자비를 베풀다·애석해하다·불
쌍히 여기다·주기를 꺼리하다.
hairan 자비·애석·가석한·애석한.
hairan jaka 아까운 물건.
hairan niyalma 아까운 사람·놓칠 수
없는 사람.
haji 친근한·친숙한·흉자의·눈에 넣어도
아끼지 않을(아이).
haji aniya 흉년·흉자의 해.
hajilambi 친밀히 지내다·친교를 맺어가
다·고기를 잡는 그물의 일종.
hajilan 친애하는 정.
hakchin 성급한 (사람)·안달뱅이.
haksabumbi 불에 굽다·태우다.
haksan 험한·험상스러운·흉포한·황금빛.
haksan umiyesun 청나라 종실이 착
용하는 황색 띠(黃帶子).
hala 성(姓)·일족·바꾸어라.
hala hachin 각양의·각종의.
halambi 바꾸다·교대하다·당번을 바꾸어
서다·불에 데다.
halanarakū 감히 가까이 하지 못하다.
halangga 같은 성씨의 것…성씨의 사람.
halbumbi 집에 들어오게 하다·불러 들이
다·머무르게 하다.
halhūn 더운.
halhūn geri 온천.
halhūri 후추 알.
hali 습기가 많은 황지.
hamika 약간…에 가깝다·거의 다 이르렀
다·거의 가깝다.
hamimbi 족하다·주기에 족하다·(노정
이)…리에 달하다·거의 가깝다·대체로 인을

수 있다.

hamtambi 대변을 보다.

han 임금 군주. 한(汗).

han i wisen 왕통의 계보. 제계(帝系).

hanchi 가까운(혈연관계가). 가까운 (위치).

hanchikan 좀 가까운.

hanchiki 근처. 가까운 곳.

handu 된장을 만드는 곡자. 누룩. 멥쌀.

handu bele 멥쌀. 쌀.

handu iri 논. 수전.

handuchun 이앙가. 모심는 노래.

hangsi 청명절. 항주(杭州)에서 생산되는 견
작물의 일종.

hanja 청렴한. 깨끗한. 결백한(사람).

hanja bolgo 청렴. 결백.

hanja girutu 염치. 염결하여 수치를
아는 것.

hanjadambi 청렴하게 거동하다. 생활이
청렴하다.

haran 그러므로. 까닭에. 말미암아. 따라
서. 위하여.

harangga 부하. 관하. 예하.

haratu 부하사람. 소속된 사람.

hargašambi 높은 곳을 바라다. 우러러보
다. 참조(參朝)하다.

hargašan 조정. 궁중.

hargašanjimbi 각국으로부터 내조(來
朝)하다.

hargi 여울.

hashū 행동이 바르지 못한. 흉악한. 행동
이 어지러운.

hasi 가지.

hasutai doro 좌도(左道). 사교(邪敎).
사도(邪道).

hebei ubašambi 모반하다.
hebei amban 의정대신. 참찬대신.
누설.
hebe 의논. 상의. 상담. 도당. (시험문제의)
hebdešembi 상의하다. 의논하다.
hebdembi 상의하다. 의논하다.
婦).
hayan 음탕한 여자. 방탕한 사람. 음부(淫
맛이 매운.
hatan 거칠고 난폭한. (술이)독하고 매운.
굽다. 담금질하다.
hatambi 싫어하다. 미워하다. (도자기류를)
hatakan 약간 성급한. 좀 강한. 좀 굳은.
hašan 임금이 차마에서 오르고 내릴 때에
호하다. 문지르다. 세우는 장막.
hašambi 둘러막다. 둘러싸다. 감싸다. 보
hašakū 수세미. 솔솔.

려운 사람.
hehereku 마음이 춥고 여자와 같이 곰상스
hehe nakchu 외숙모.
는 말. 농서.
hehe keli 남자형제의 아내끼리 서로 부르
hehe 여자. 부인.
hefeliyenembi 설사하다. 배탈이 났다.
속에 헤아리다.
hefeliyembi 품에 품다. 안에 넣다. 마음
hefeli nimembi 배가 아프다.
hefeli 배. 복부.
hederembi 갈퀴로 긁어모으다.
hechen 성. 성곽.
hechembi 다하다. 끝내다. 완수하다.
hebešembi 같이 상의하다. 중의에 붙이다.
의 사무실.
hebei ba 의정처. 의정에 참여하는 대신

다. 안분토록하다.
hengkilebumbi 고두케하다. 안분토록하
hengke 참외. 오이 등 박과 식물. 특히 참외
하다.
henggenembi 여자가 봉두구면의 모습을
두에 잘 쓰는말. 저. 그. 저 거시기.
hendure balama 말을 시작하면서 모
여. … 의 말에는.
hendume …라고 말하여. 라고 이야기하
hendumbi 말하다. 이야기하다.
hendubumbi 말을 시키다. 말하게 하다.
heme uran 영향. 반향.
helmen 그림자.
hehengge 여자의. 여자의 것.
helmehen 거미.
hele 벙어리.
hehesi 여자들. 여자의 복수.

족문.
hergen 글자. 문자. 작위(爵位). 지문(指紋).
heren 말 외양간. 마구간.
기를 건져 올리다. 종이를 거르다.
herembi 건져 올리다. 떠올리다. 그물로 고
마상에서 물건을 주어 올리다.
herdumbi 먹을 것을 구하여 돌아다니다.
소홀히 하다.
heoledembi 게으름을 피우다. 태만하다.
양. 술술. 척척.
heo seme 막힘없이 원활히 진행되는 모
heo 후작(侯爵). 侯의 음독.
heni 조금. 약간. 사소. 약소.
hengkišembi 계속하여 고두하다.
hengkin 고두. 머리를 조아리는 것.
조아려 절하다.
hengkilembi 고두하다. 고수하다. 머리를

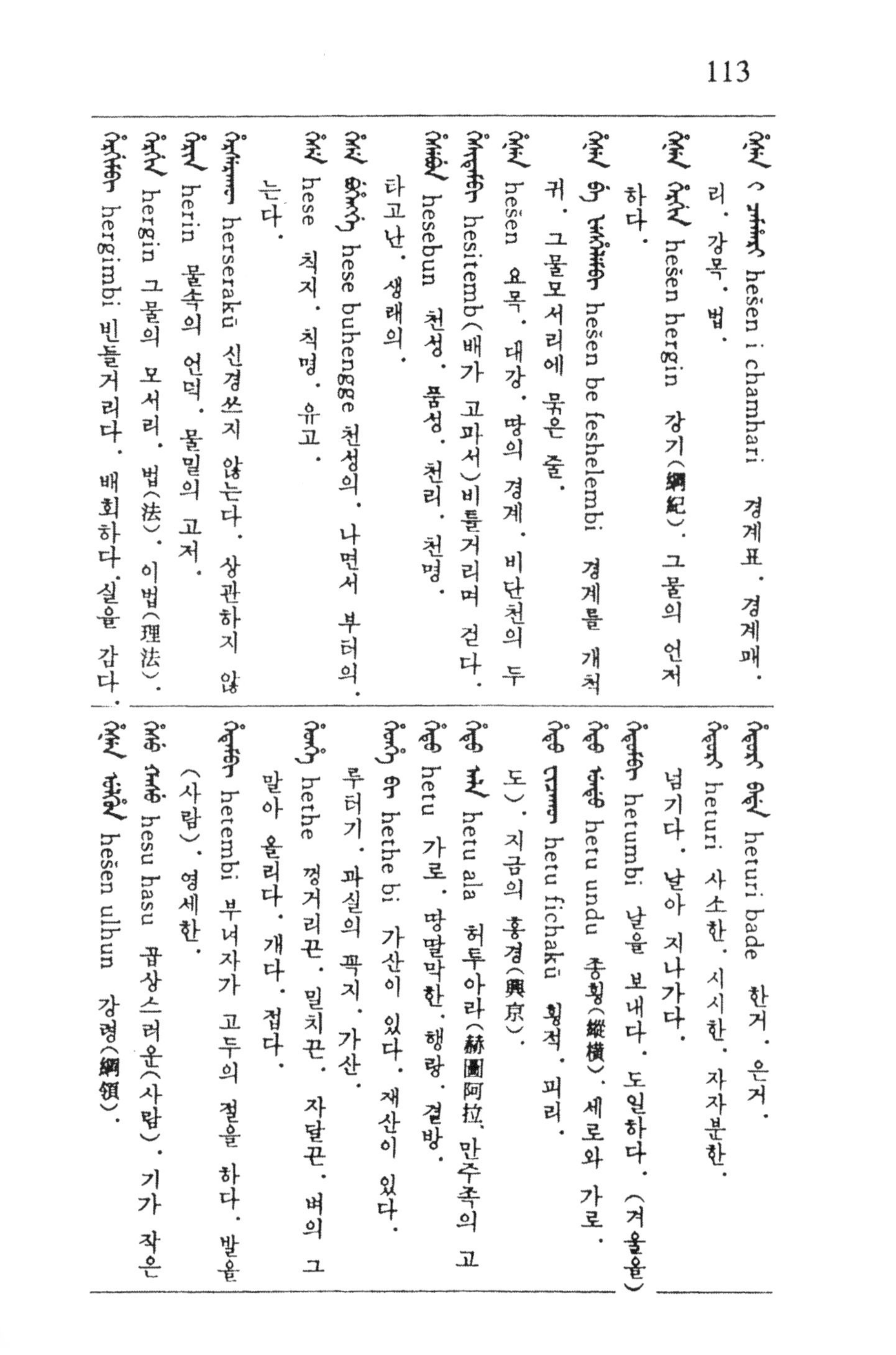

hešen i chamhari 경계표. 경계매
리. 강목. 법.

hešen hergin 강기(綱紀). 그물의 언저
하다.

hešen be feshelembi 경계를 개척
귀. 그물모서리에 묶은 줄.

hešen 요목. 대강. 땅의 경계. 비단천의 두

hesitemb(배가 고파서)비틀거리며 걷다.

hesebun 천성. 품성. 천리. 천명.
타고난. 생래의.

hese buhengge 천성의. 나면서 부터의.

hese 칙지. 칙명. 유고.
는다.

herserakū 신경쓰지 않는다. 상관하지 않

herin 물속의 언덕. 물밑의 고저.

hergin 그물의 모서리. 법(法). 이법(理法).

hergimbi 빈둥거리다. 배회하다. 실을 감다.

heturi bade 한거. 은거.

heturi 사소한. 시시한. 자자분한.
넘기다. 날아 지나가다.

hetumbi 날을 보내다. 도일하다. (겨울을)

hetu undu 종횡(縱橫). 세로와 가로.

hetu fichakū 횡적. 피리.
도). 지금의 흥경(興京).

hetu ala 허투아라(赫圖阿拉, 만주족의 고

hetu 가로. 땅딸막한. 행랑. 곁방.

hethe bi 가산이 있다. 재산이 있다.
루터기. 과실의 꼭지. 가산.

hethe 찡거리꾼. 밀치꾼. 자달꾼. 벼의 그
말아 올리다. 개다. 접다.

hetembi 부녀자가 고두의 절을 하다. 발을
(사람). 영세한.

hesu hasu 꼼상스러운(사람). 기가 작은

hešen ulhun 강령(綱領).

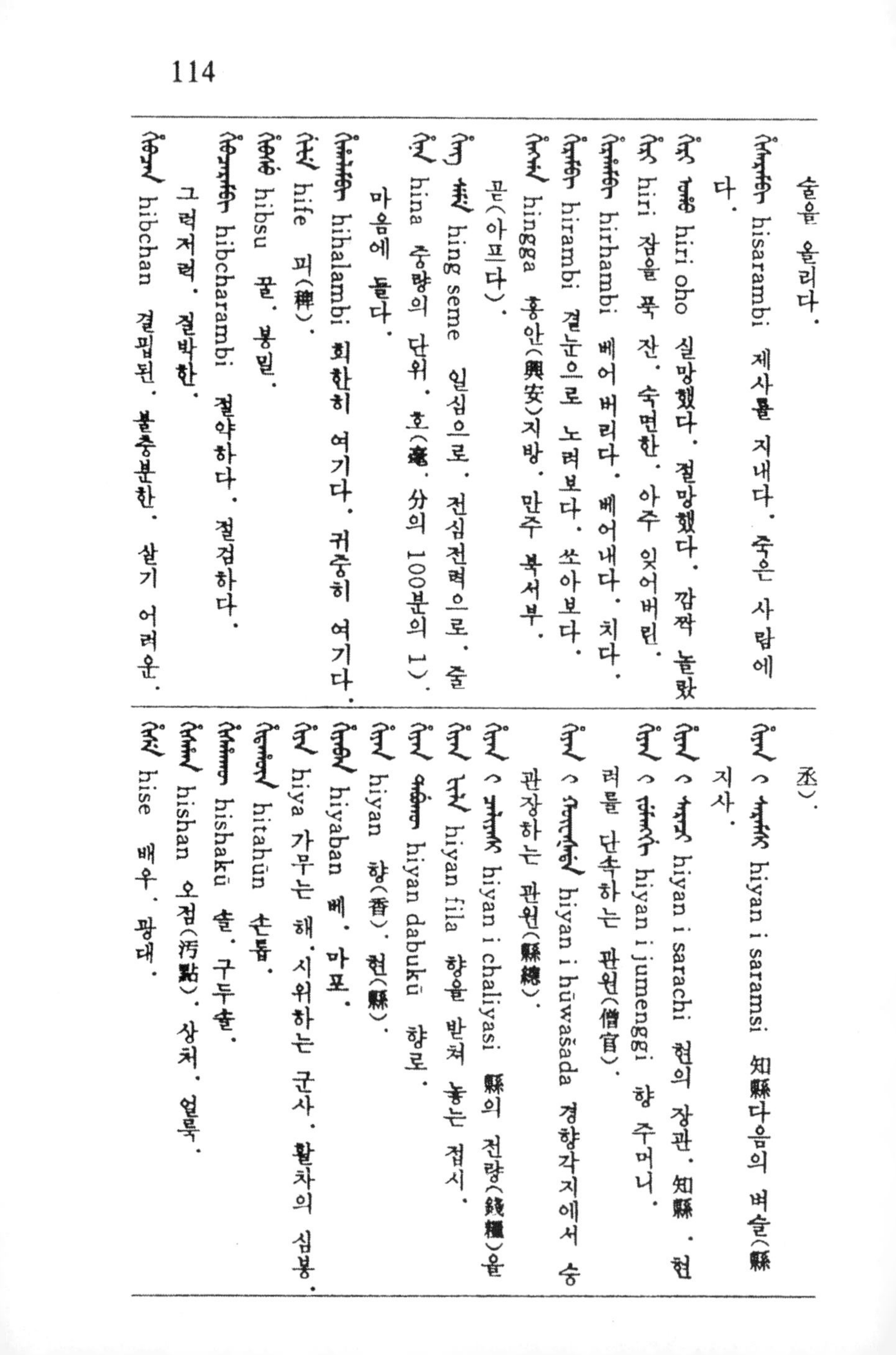

술을 올리다.

hisarambi 제사를 지내다. 죽은 사람에
다.

hiri oho 실망했다. 절망했다. 깜짝 놀랐

hiri 잠을 푹 잔. 숙면한. 아주 잊어버린.

hirhambi 베어 버리다. 베어내다. 치다.

hirambi 곁눈으로 노려보다. 쏘아보다.

hingga 홍안(興安)지방. 만주 북서부.
곧(아프다).

hing seme 일심으로. 전심전력으로. 줄

hina 중량의 단위. 호(毫. 分의 100분의 1).
마음에 들다.

hihalambi 희한히 여기다. 귀중히 여기다.

hife 피(稗).

hibsu 꿀. 봉밀.

hibcharambi 절약하다. 절검하다.
그럭저럭. 절박한.

hibchan 결핍된. 불충분한. 살기 어려운.

丞).

hiyan i saramsi 知縣다음의 벼슬(縣
지사.

hiyan i sarachi 현의 장관. 知縣. 현

hiyan i jumenggi 향 주머니.
려를 단속하는 관원(僧官).

hiyan i hūwašada 경향각지에서 승
관장하는 관원(縣總).

hiyan i chaliyasi 縣의 전량(錢糧)을

hiyan fila 향을 받쳐 놓는 접시.

hiyan dabukū 향로.

hiyan 향(香). 현(縣).

hiyaban 베. 마포.

hiya 가무는 해. 시위하는 군사. 활차의 심봉.

hitahūn 손톱.

hishakū 솔. 구두솔.

hishan 오점(汚點). 상처. 얼룩.

hise 배우. 광대.

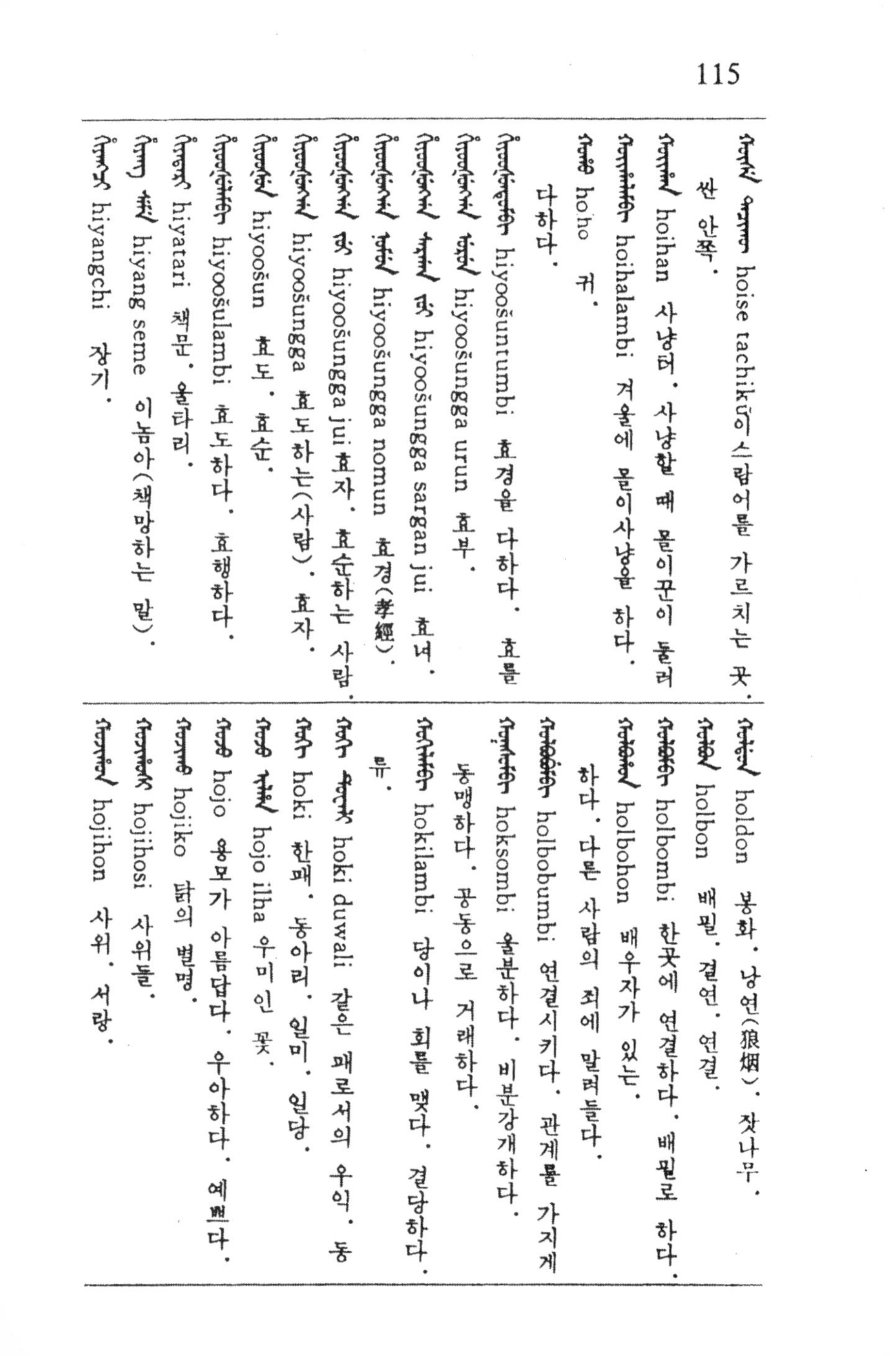

hoise tachikū 스람어를 가르치는 곳.
싼 안쪽.
hoihan 사냥터. 사냥할 때 몰이꾼이 둘러
hoihalambi 겨울에 몰이사냥을 하다.
hoho 귀.
다하다.
hiyoošuntumbi 효경을 다하다. 효를
hiyoošungga urun 효부.
hiyoošungga sargan jui 효녀.
hiyoošungga nomun 효경(孝經).
hiyoošungga jui 효자. 효순하는 사람.
hiyoošungga 효도하는(사람). 효자.
hiyoošun 효도. 효순.
hiyoošulambi 효도하다. 효행하다.
hiyatari 책문. 울타리.
hiyang seme 이놈아(책망하는 말).
hiyangchi 장기.

holdon 봉화. 낭연(狼烟). 잣나무.
holbon 배필. 결연. 연결.
holbombi 한곳에 연결하다. 배필로 하다.
holbohon 배우자가 있는.
하다. 다른 사람의 죄에 말려들다.
holbobumbi 연결시키다. 관계를 가지게
hoksombi 울분하다. 비분강개하다.
동맹하다. 공동으로 거래하다.
hokilambi 당이나 회를 맺다. 결당하다.
류.
hoki duwali 같은 패로서의 우익. 동
hoki 한패. 동아리. 일미. 일당.
hojo ilha 우미인 꽃.
hojo 용모가 아름답다. 우아하다. 예쁘다.
hojiko 딸의 별명.
hojihosi 사위들.
hojihon 사위. 서랑.

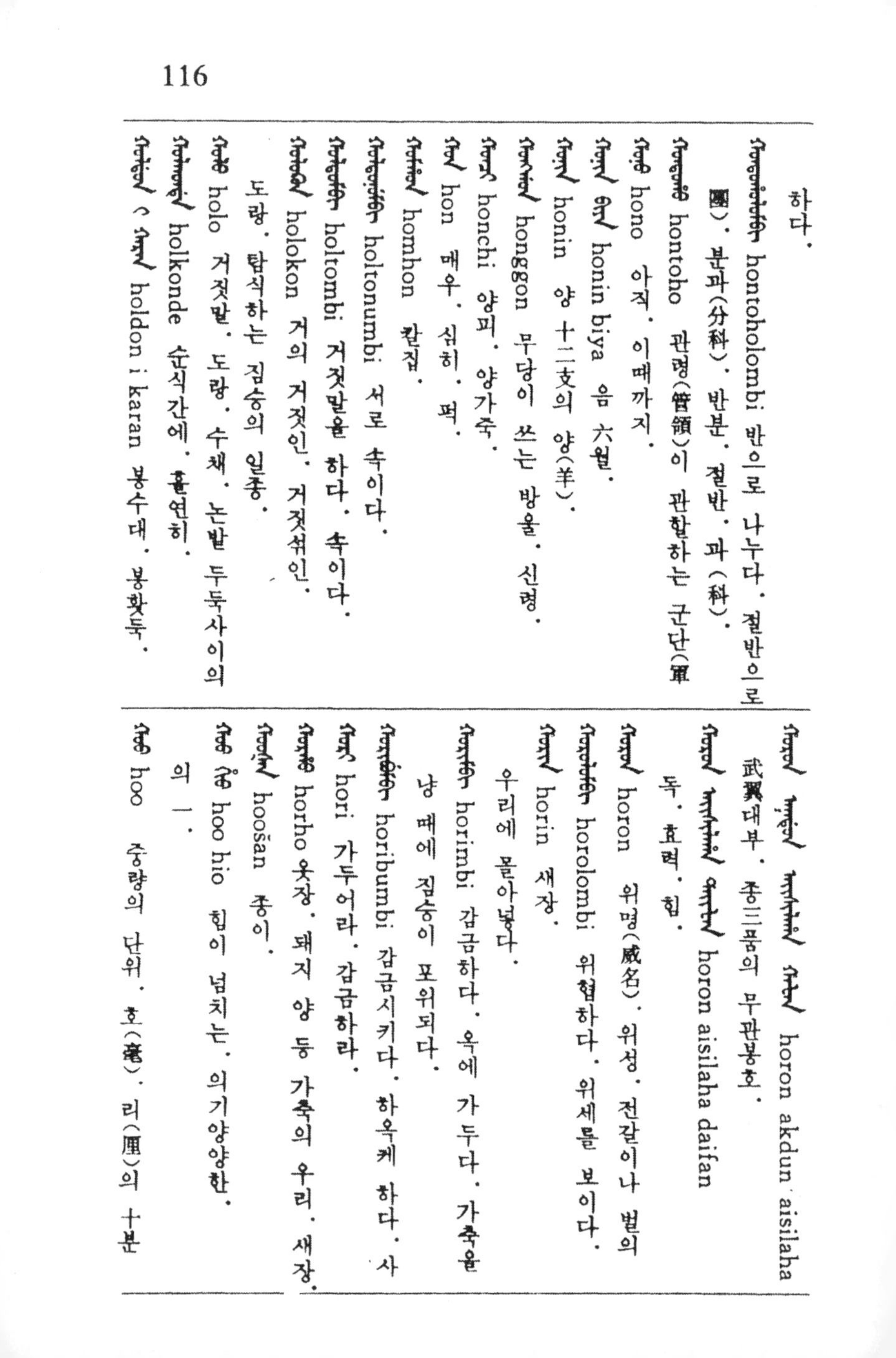

하다.

hontoholombi 반으로 나누다. 절반으로

團). 분파(分科). 반분. 절반. 파(科).

hontoho 관령(管領)이 관할하는 군단(軍

hono 아직. 이때까지.

honin biya 음 六월.

honin 양 十二支의 양(羊).

honggon 무당이 쓰는 방울. 신령.

honchi 양피. 양가죽.

hon 매우. 심히. 퍽.

homhon 칼집.

holtonumbi 서로 속이다.

holtombi 거짓말을 하다. 속이다.

holokon 거의 거짓인. 거짓섞인.

도랑. 탐식하는 짐승의 일종.

holo 거짓말. 도랑. 수채. 논밭 두둑사이의

holkonde 순식간에. 홀연히.

holdon i karan 봉수대. 봉화둑.

horon akdun aisilaha

武翼대부. 종三품의 무관봉호.

horon aisilaha daifan

독. 효력. 힘.

horon 위명(威名). 위성. 전갈이나 벌의

horolombi 위협하다. 위세를 보이다.

horin 새장.

우리에 몰아넣다.

horimbi 감금하다. 옥에 가두다. 가축을

냥 때에 짐승이 포위되다.

horibumbi 감금시키다. 하옥케 하다. 사

hori 가두어라. 감금하라.

horho 옷장. 돼지 양 등 가축의 우리. 새장.

hoošan 종이.

hoo hio 힘이 넘치는. 의기양양한.

의 一.

hoo 중량의 단위. 호(毫). 리(厘)의 十분

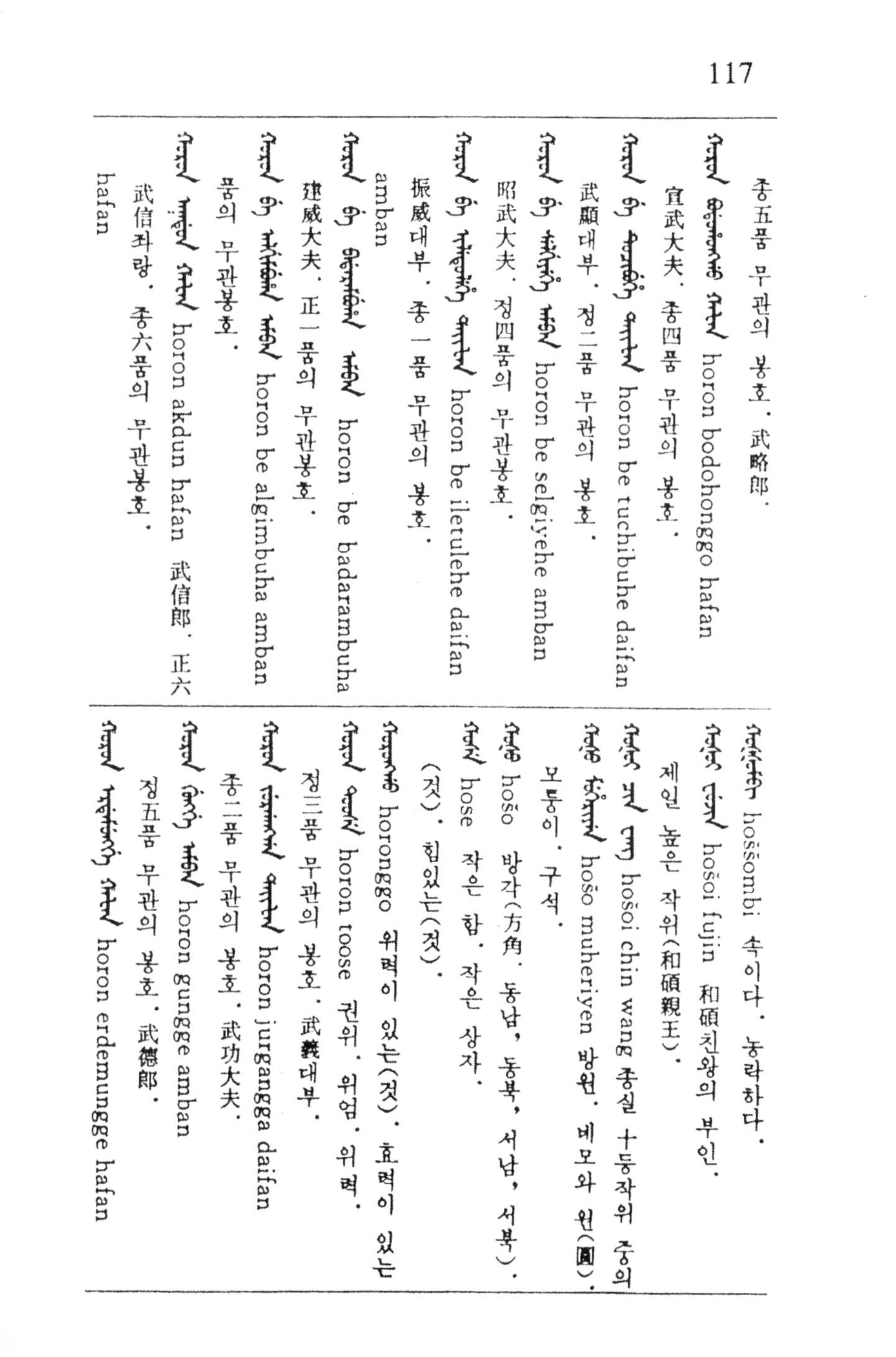

종五품 무관의 봉호. 武略郎.

horon bodohonggo hafan
宣武大夫. 종四품 무관의 봉호.

horon be tuchibuhe daifan
武顯대부. 정二품 무관의 봉호.

horon be selgiyehe amban
昭武大夫. 정四품의 무관봉호.

horon be iletulehe daifan
振威대부. 종一품 무관의 봉호.
amban

horon be badarambuha
建威大夫. 正一품의 무관봉호.

horon be algimbuha amban
품의 무관봉호.

horon akdun hafan 武信郎. 正六
武信좌랑. 종六품의 무관봉호.
hafan

hoššombi 속이다. 농락하다.

hošoi fujin 和碩친왕의 부인.
제일 높은 작위(和碩親王).

hošoi chin wang 종실 十등작위 중의

hošo muheriyen 방원. 네모와 원(圓).
모퉁이. 구석.

hošo 방각(方角. 동남, 동북, 서남, 서북).

hose 작은 함. 작은 상자.
(것). 힘있는(것).

horonggo 위엄이 있는(것). 효력이 있는

horon toose 권위. 위엄. 위력.
정三품 무관의 봉호. 武義대부.

horon jurgangga daifan
종二품 무관의 봉호. 武功大夫.

horon gungge amban
정五품 무관의 봉호. 武德郎.

horon erdemungge hafan

huhun simimbi 젖꼭지를 물리다.
huhun jembi 젖을 빨다. 젖을 먹다.
huhun i tumiha 젖꼭지.
huhun eniye 유모.
huhun 젖. 유방.
青海에서 몽고인으로 편성된 青海三十旗.
huhu noor i gūsin gūsa
huhu noor 青海지방. 淸의 서북부 지방.
huhu i suwaliyan 곡자의 원료.
huhu hoton 歸化城. 내몽고 중부에 위치
huhu 술을 빚는 누룩. 곡자.
hubtu 솜을 넣은 긴 웃옷(綿袍).
hoton 성. 성곽.
hotochi 야자.
골. 대머리. 호로(葫蘆).
hoto 갑옷의 어깨 뒤에 붙인 철편(鐵片). 두
hošonggo 사각의. 네모난.

huru 등성이. 고대 거북의 등. 손등. 새의 등.
hurku 유황.
hurhen
hunio 물통. 한 무리. 기구의 한벌.
물을 부어 놓다. 밀초방울을 흘리다.
hungkerembi 주형에 부어 놓다. 구멍에
貝爾).
hulun boir 흑룡강省 서북의 지명 (呼倫
hule 섬(石. 十小斗를 一石으로 침).
오르다.
합.
hukšembi (머리에)이다. 얹다. 몹시 부어
hujureku 연자매. 맷돌.
hujumbi 풀무질을 하다. 엎드리다.
hujuku 풀무. 풍구.
huhuri 젖먹이 아이.
돌았다.
huhun sindakabi 젖이 내렸다. 젖이

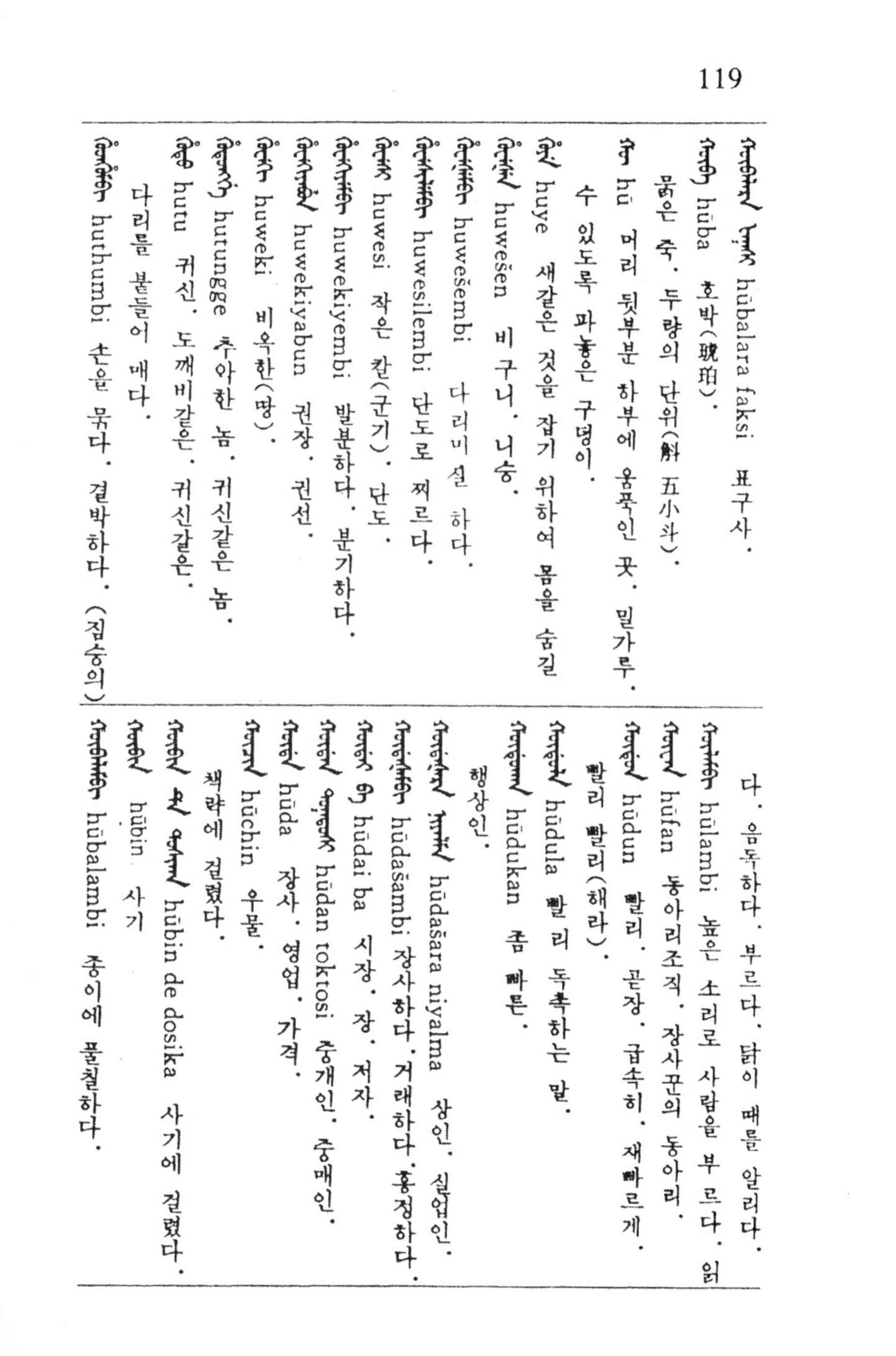

다. 음독하다. 부르다. 닭이 때를 알리다.

hūlambi 높은 소리로 사람을 부르다. 읽

hūfan 동아리조직. 장사꾼의 동아리.

hūdun 빨리. 곧장. 급속히. 재빠르게.

빨리 빨리(해라).

hūdula 빨리 독촉하는 말.

hūdukan 좀 빠른.

행상인.

hūdašara niyalma 상인. 실업인.

hūdašambi 장사하다. 거래하다. 흥정하다.

hūdai ba 시장. 장. 저자.

hūdan toktosi 중개인. 중매인.

hūda 장사. 영업. 가격.

hūchin 우물.

책략에 걸렸다.

hūbin de dosika 사기에 걸렸다.

hūbin 사기

hūbalambi 종이에 풀칠하다.

hūbalara faksi 표구사.

hūba 호박(琥珀).

묽은 죽. 두량의 단위(斛 五小斗).

hū 머리 뒷부분 하부에 움푹인 곳. 밀가루.

수 있도록 파놓은 구멍이.

huye 새같은 것을 잡기 위하여 몸을 숨길

huwešen 비구니. 니승.

huwešembi 다리미질 하다.

huwesilembi 단도로 찌르다.

huwesi 작은 칼(군기). 단도.

huwekiyembi 발분하다. 분기하다.

huwekiyabun 권장. 권선.

huweki 비옥한(땅).

hutungge 추아한 놈. 귀신같은 놈.

hutu 귀신. 도깨비같은. 귀신같은.

다리를 붙들어 매다.

huthumbi 손을 묶다. 결박하다. (짐승의)

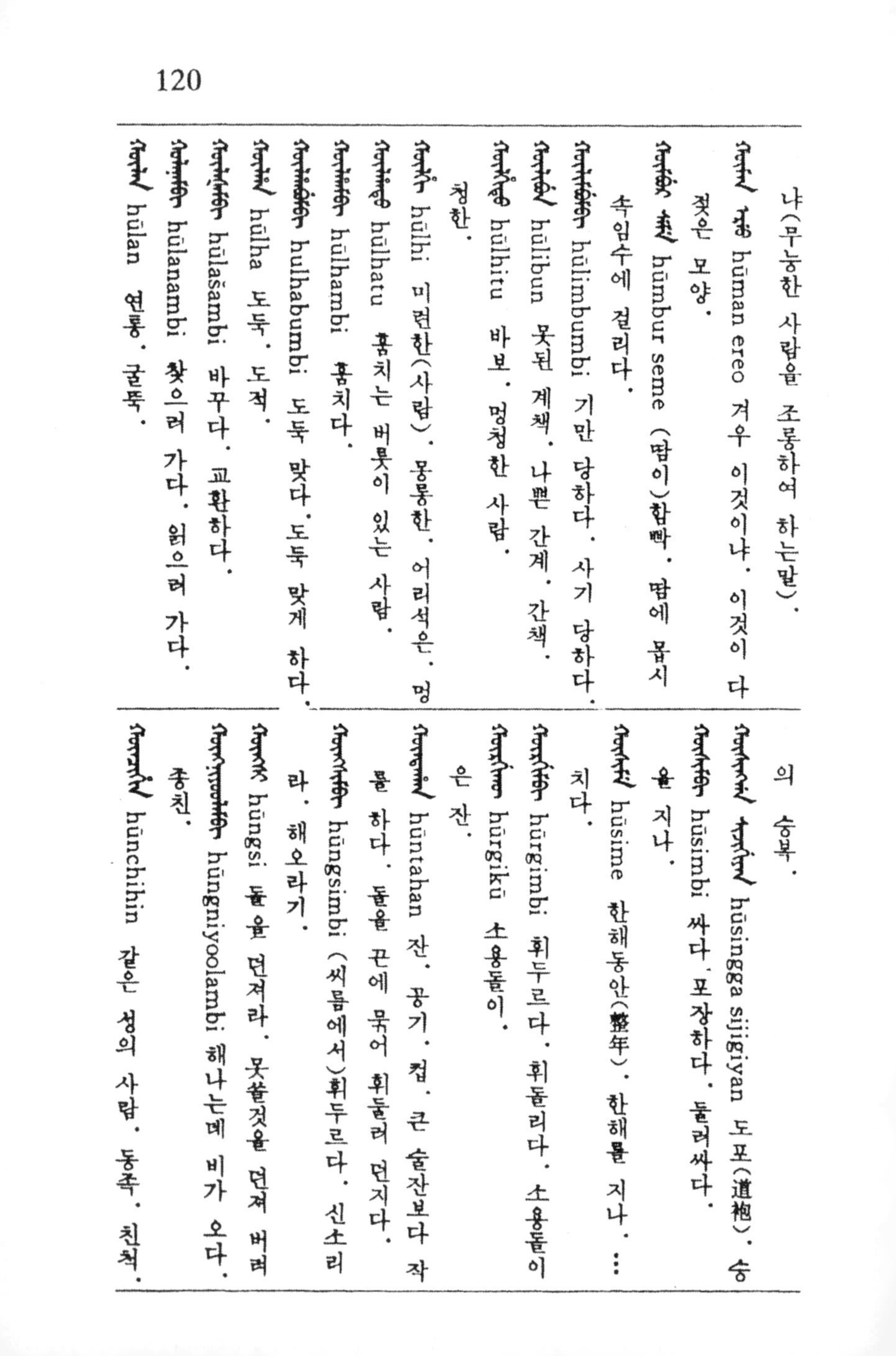

나(무능한 사람을 조롱하여 하는말).

hūman ereo 겨우 이것이냐. 이것이 다 젓은 모양.

hūmbur seme (땀이)함빡. 땀에 몹시 속임수에 걸리다.

hūlimbumbi 기만 당하다. 사기 당하다.

hūlibun 못된 계책. 나쁜 간계. 간책.

hūlhitu 바보. 멍청한 사람.

hūlhi 미련한(사람). 몽롱한. 어리석은. 멍청한.

hūlhatu 훔치는 버릇이 있는 사람.

hūlhambi 훔치다.

hulhabumbi 도둑 맞다. 도둑 맞게 하다.

hūlha 도둑. 도적.

hūlašambi 바꾸다. 교환하다.

hūlanambi 찾으러 가다. 읽으러 가다.

hūlan 연통. 굴뚝.

hūsingga sijigiyan 도포(道袍). 승의 승복.

hūsimbi 싸다. 포장하다. 둘러싸다. 을 지나.

hūsime 한해동안(整年). 한해를 지나. … 치다.

hūrgimbi 휘두르다. 휘돌리다. 소용돌이치다.

hūrgikū 소용돌이. 은 잔.

hūntahan 잔. 공기. 컵. 큰 술잔보다 작은 잔. 를 하다. 돌을 끈에 묶어 휘둘러 던지다.

hūngsimbi (씨름에서)휘두르다. 신소리 라. 해오라기.

hūngsi 돌을 던져라. 못쓸것을 던져 버려라.

hūngniyoolambi 해나는데 비가 오다. 종친.

hūnchihin 같은 성의 사람. 동족. 친척.

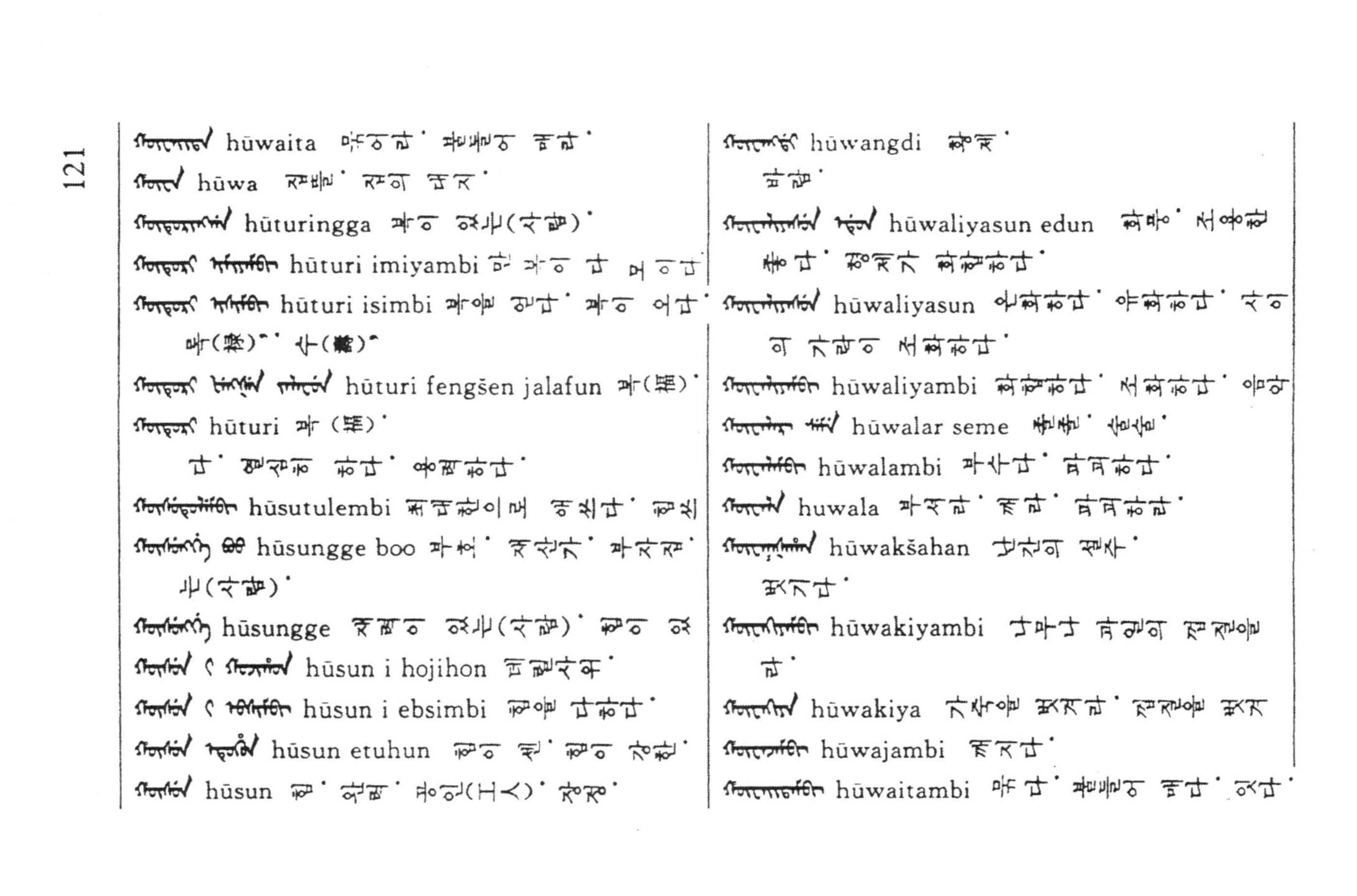

hūsun 힘. 완력. 공인(工人). 장정.
hūsun etuhun 힘이 센. 힘이 강한.
hūsun i ebsimbi 힘을 다하다.
hūsun i hojihon 데릴사위.
hūsungge 재력이 있는(사람). 힘이 있는(사람).
hūsungge boo 부호. 재산가. 부자집.
hūsutulembi 최대한으로 애쓰다. 힘쓰다. 열심히 하다. 용력하다.
hūturi 복(福).
hūturi fengšen jalafun 복(福). 록(祿)· 수(壽).
hūturi isimbi 복을 얻다. 복이 오다.
hūturi imiyambi 만 복이 다 모이다.
hūturingga 복이 있는(사람).
hūwa 집뜰. 집의 대지.
hūwaita 묶어라. 붙들어 매라.

hūwaitambi 묶다. 붙들어 매다. 잇다.
hūwajambi 깨지다.
hūwakiya 가죽을 벗겨라. 껍질을 벗겨라.
hūwakiyambi 나무나 과일의 껍질을 벗기다.
hūwakšahan 난간의 설주.
huwala 부서라. 깨라. 파괴하라.
hūwalambi 부수다. 파괴하다.
hūwalar seme 콸콸. 술술.
hūwaliyambi 화합하다. 조화하다. 음악의 가락이 조화하다.
hūwaliyasun 온화하다. 유화하다. 사이좋다. 형제가 화합하다.
hūwaliyasun edun 화풍. 조용한 바람.
hūwangdi 황제.

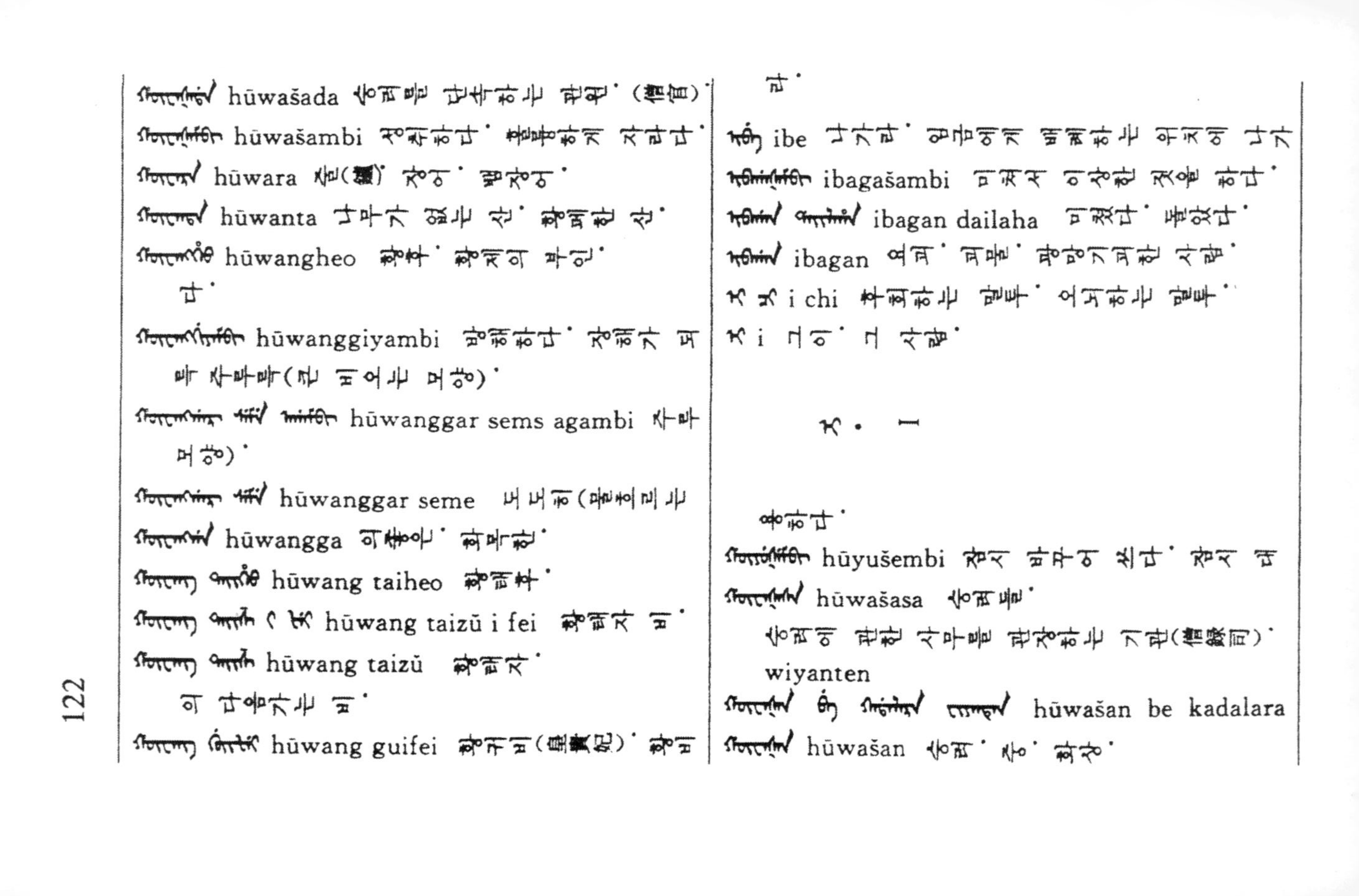

hūwašada 승려를 단속하는 관원.(僧官).

hūwašambi 성취하다. 훌륭하게 자라다.

hūwara 삼([illegible]) 장어. 뱀장어.

hūwanta 나무가 없는 산. 황폐한 산.

hūwangheo 황후. 황제의 부인.
다.

hūwanggiyambi 방해하다. 장해가 되
룩 주루룩(큰 비오는 모양).

hūwanggar sems agambi 주루
모양).

hūwanggar seme 도도히(물흐르는

hūwangga 의좋은. 화목한.

hūwang taiheo 황태후.

hūwang taizū i fei 황태자 비.

hūwang taizū 황태자.
의 다음가는 비.

hūwang guifei 황귀비(皇貴妃). 황비

라.

ibe 나가라. 임금에게 배례하는 위치에 나가

ibagašambi 미쳐서 이상한 짓을 하다.

ibagan dailaha 미쳤다. 놀았다.

ibagan 요괴. 괴물. 광망기괴한 사람.

i chi 후회하는 말투. 오뇌하는 말투.

i 그이. 그 사람.

ㅊ. I

용하다.

hūyušembi 잠시 바꾸어 쓰다. 잠시 대

hūwašasa 승려들.
승려에 관한 사무를 관장하는 기관(僧錄司).
wiyanten

hūwašan be kadalara

hūwašan 승려. 중. 화상.

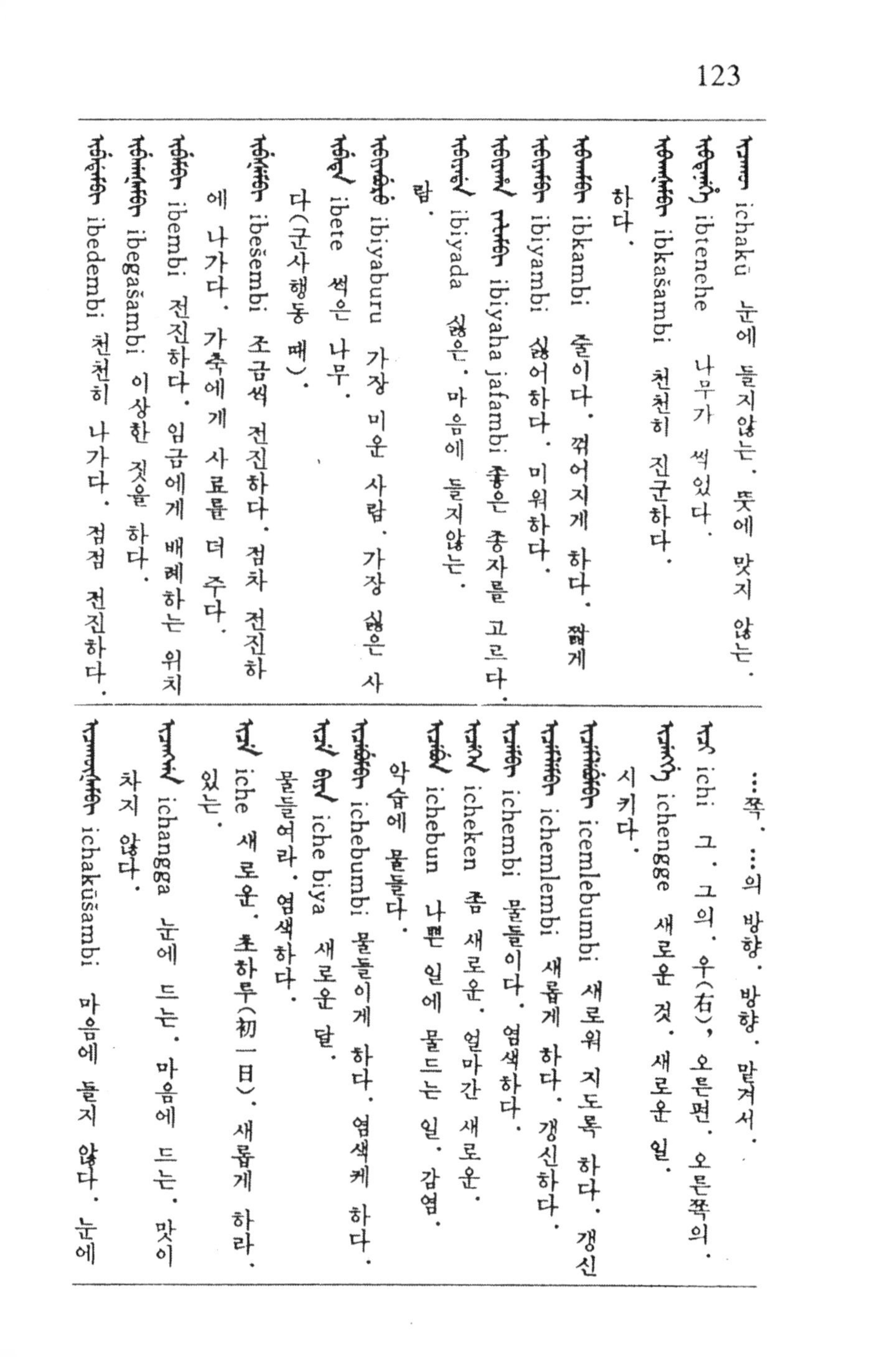

ichakū 눈에 들지않는. 뜻에 맞지 않는.

ibtenehe 나무가 썩었다.

ibkašambi 천천히 진군하다.
하다.

ibkambi 줄이다. 꺾어지게 하다. 짧게

ibiyambi 싫어하다. 미워하다.

ibiyaha jafambi 좋은 종자를 고르다.

ibiyada 싫은. 마음에 들지않는.
람.

ibiyaburu 가장 미운 사람. 가장 싫은 사

ibete 썩은 나무.
다(군사행동 때).

ibešembi 조금씩 전진하다. 점차 전진하
에 나가다. 가축에게 사료를 더 주다.

ibembi 전진하다. 임금에게 배례하는 위치

ibegašambi 이상한 짓을 하다.

ibedembi 천천히 나가다. 점점 전진하다.

…쪽. …의 방향. 방향. 맡겨서.

ichi 그. 그의. 우(右), 오른편. 오른쪽의.

ichengge 새로운 것. 새로운 일.
시키다.

icemlebumbi 새로워 지도록 하다. 갱신

ichemlembi 새롭게 하다. 갱신하다.

ichembi 물들이다. 염색하다.

icheken 좀 새로운. 얼마간 새로운.

ichebun 나쁜 일에 물드는 일. 감염.
악습에 물들다.

ichebumbi 물들이게 하다. 염색케 하다.

iche biya 새로운 달.
물들여라. 염색하다.

iche 새로운. 초하루(初一日). 새롭게 하라.
있는.

ichangga 눈에 드는. 마음에 드는. 맛이
차지 않다.

ichakūšambi 마음에 들지 않다. 눈에

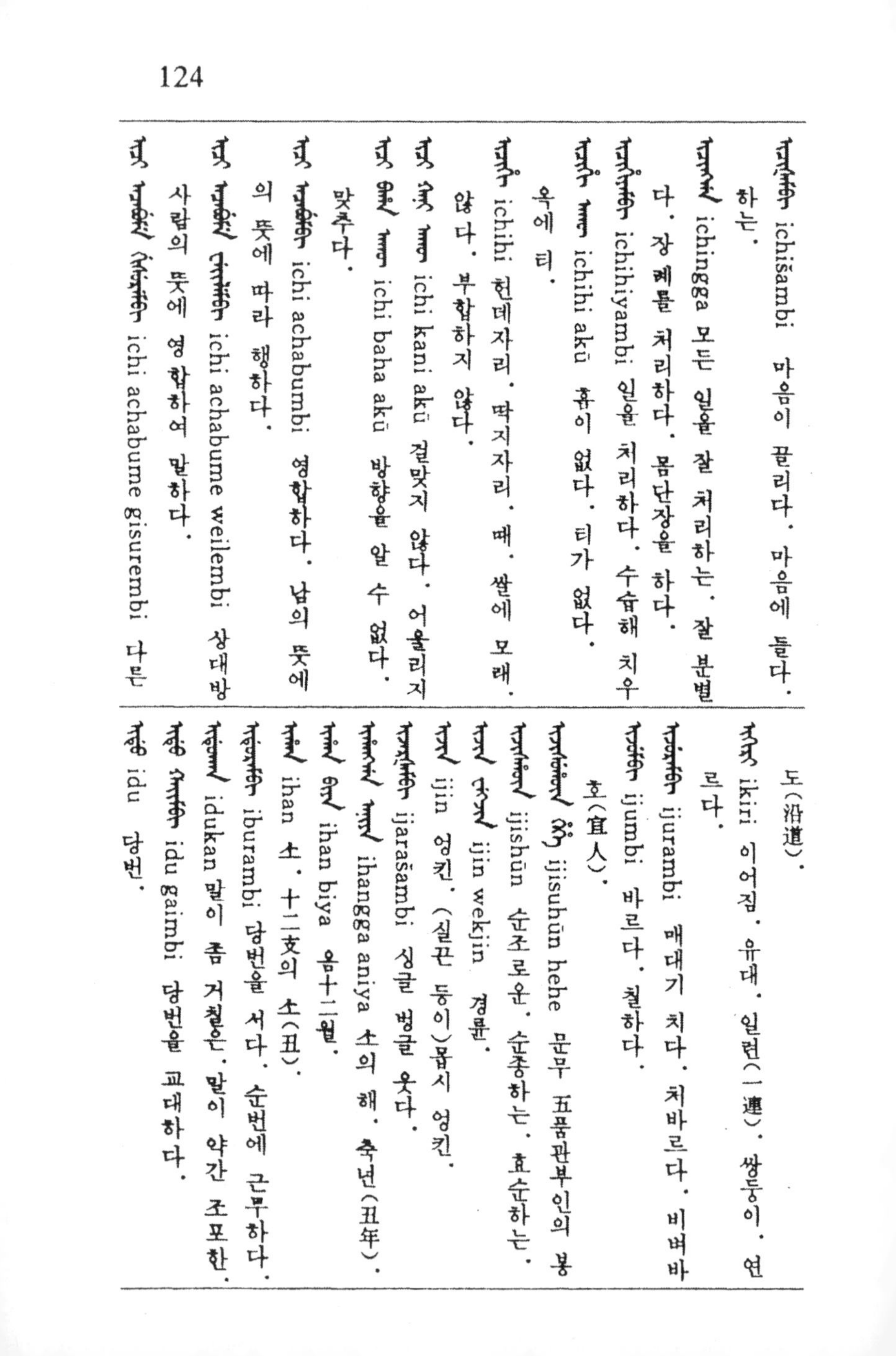

ichišambi 마음이 끌리다. 마음에 들다.
하는.
ichingga 모든 일을 잘 처리하는. 잘 분별
다. 장례를 처리하다. 몸단장을 하다.
ichihiyambi 일을 처리하다. 수습해 치우
ichihi akū 흠이 없다. 티가 없다.
옥에 티.
ichihi 헌데자리. 딱지자리. 때. 쌀에 모래.
않다. 부합하지 않다.
ichi kani akū 걸맞지 않다. 어울리지
ichi baha akū 방향을 알 수 없다.
맞추다.
ichi achabumbi 영합하다. 남의 뜻에
의 뜻에 따라 행하다.
ichi achabume weilembi 상대방
사람의 뜻에 영합하여 말하다.
ichi achabume gisurembi 다른

노(沿道).
ikiri 이어짐. 유대. 일련(一連). 쌍둥이. 연
르다.
ijurambi 매대기 치다. 처바르다. 비벼바
ijumbi 바르다. 칠하다.
호(宜人).
ijisuhūn hehe 문무 五품관부인의 봉
ijishūn 순조로운. 순종하는. 효순하는.
ijin wekjin 경륜.
ijin 엉킨. (실끈 등이)몹시 엉킨.
ijarašambi 싱글 벙글 웃다.
ihangga aniya 소의 해. 축년(丑年).
ihan biya 음十二월.
ihan 소. 十二支의 소(丑).
iburambi 당번을 서다. 순번에 근무하다.
idukan 말이 좀 거칠은. 말이 약간 조포한.
idu gaimbi 당번을 교대하다.
idu 당번.

iktambi 용무가 쌓이다. 물건이 쌓이다.
ikūmbi 줄어 들다. 오그라지다. 주름이 지다.
ilachi 세번째. 제三번의.
ilambi 꽃이 피다.
ilan 수사(數詞) 셋.
ilan biya 三월.
ilan bodon 삼략(三略).
ilan erdemu 삼재(天, 地, 人 三才).
ilan fafun i yamun 刑部, 都察院, 大理寺의 三아문.
ilan hala 삼성(三姓). 지금 흑룡강성의 依蘭縣.
ilan hešen 삼강(三綱).
ilan niyakūn 세번 궤배하는 절.
ilan šanyan 三복더위. 三복 날. 복.
ilan tachihiyan 유. 불. 선(儒佛仙) 三教.
ilanggeri 三차.
ilarsu 三층.
ilata 각三. 셋씩.
ilbambi 벽을 바르다. 흙을 바르다. 흙손질을 하다.
ildamu 말이 분명하고 행동이 재빠른. 똘똘한. 영리한. 민첩한.
ildumbi 서로 숙친하다.
ildun 편리. 편의.
ildušambi 남의 기회를 편승하다. 남의 재략을 역이용하다.
ilenggu 혀. 혀같은 물건. 소나 약대의 코뚜레.
iletu 분명한. 숨길 수 없는. 나타난. 앙연한. 수줍어하지 않는.
iletuleme wesimbure bithe 하표(賀表). 임금에게 올리는 축하의 글.

서다·잠깐 서다·늦어지다.

ilinjambi 아기가 겨우 서다·지금 겨우

ilimeliyan 선 것 처럼·선 것같이.

ilimbi 서다·멈추다·쉬다.
건립하다·음악을 정지하다.

ilibumbi 세우다·서게하다·멈추게 하다.

ilhi hefeliyenembi 설사하다.

ilhi 차례·순서·다음의·버금의·제二위의·
이 뿌유스름하다.

ilhanambi 꽃이 피다·오래 쳐다보아 눈
금·예모에 다는 금부치꽃.

ilha 꽃·홍색·잡색·꽃모양·저울의 눈

ilgin 유피·다룬가죽.

ilgambi 구별하다·분별하다.

ilga 구별하라·판별하라·분별하라.
(匾額)·

iletulehen 궁전이나 묘나 관아등의 편액

ineku aniya 금년·올해.

ineku 처음의·원래의.
다·휴식을 취하다.

indembi 묵을 데를 정하다·도중에서 쉬

indahūngga aniya 술년(戌年).

indahūn biya 九월·(戌)月.

indahūn 개·十二支의 개(戌).
비하여·그에 비하여.

inchi 그 사람보다도·그보다도·그 사람에

ina 생질.

in 음(陰)·음양의 음·陰의 전음.

imiyesun 허리띠· 과 같다.
묻다.

imiyambi 모이다·참집하다·만복이 모여

imiyaha 벌레· 와 같다.

imbe 그를·그 사람을.

imata 모두·다·전부.

로 그것이다.

inu 그렇다. 옳다. …도 그렇다. 이것이…바

injembi 웃다.

injeku arambi 웃기는 일을 하다.

injebumbi 웃기다. 웃기우다.

injekušambi 우스운 말을 하다.

injeku 우스운 인. 우스운. 가소로운.

iningge 그의 것. 그의 일.

ini chisui 자연히. 저절로.

ini 그의.

inggiri niyalma 영국사람.

inggiri 영국.

inggari 버들개지.

ing 영(營. 大隊), 진영. 병영. 관모의 끈.

inenggishūn 정오 가까이. 정오 전후.

inenggi tome 날마다. 매일.

inenggi dulin 정오. 한낮.

inenggi 날. 일(日). 낮. 낙지. 문어류.

isa 모여라. 집합하라.

irumbi 물에 가라앉다. 물에 빠지다.

irkimbi 사람을 격노케하다.

iri 남새밭. 채전.

irgen i usin 백성의 땅. 민간의 땅.
어 못살게 구는것(民害).

irgen i nungneku 백성을 흔들어 대
구조사 銀量조사 등을 하는 관아(民科).

irgen i kunggeri 户部에 속하여 인
생계.

irgen i banjin 민생(民生), 백성의

irgen 백성. 인민. 국민.

irgebun i nomun 시경(詩經).

irgebun 시. 시부(詩賦).

irgebumbi 시를 짓다. 부(賦)를 쓰다.

iolere faksi 칠장이.

iolembi 기름을 바르다. 기름을 치다.

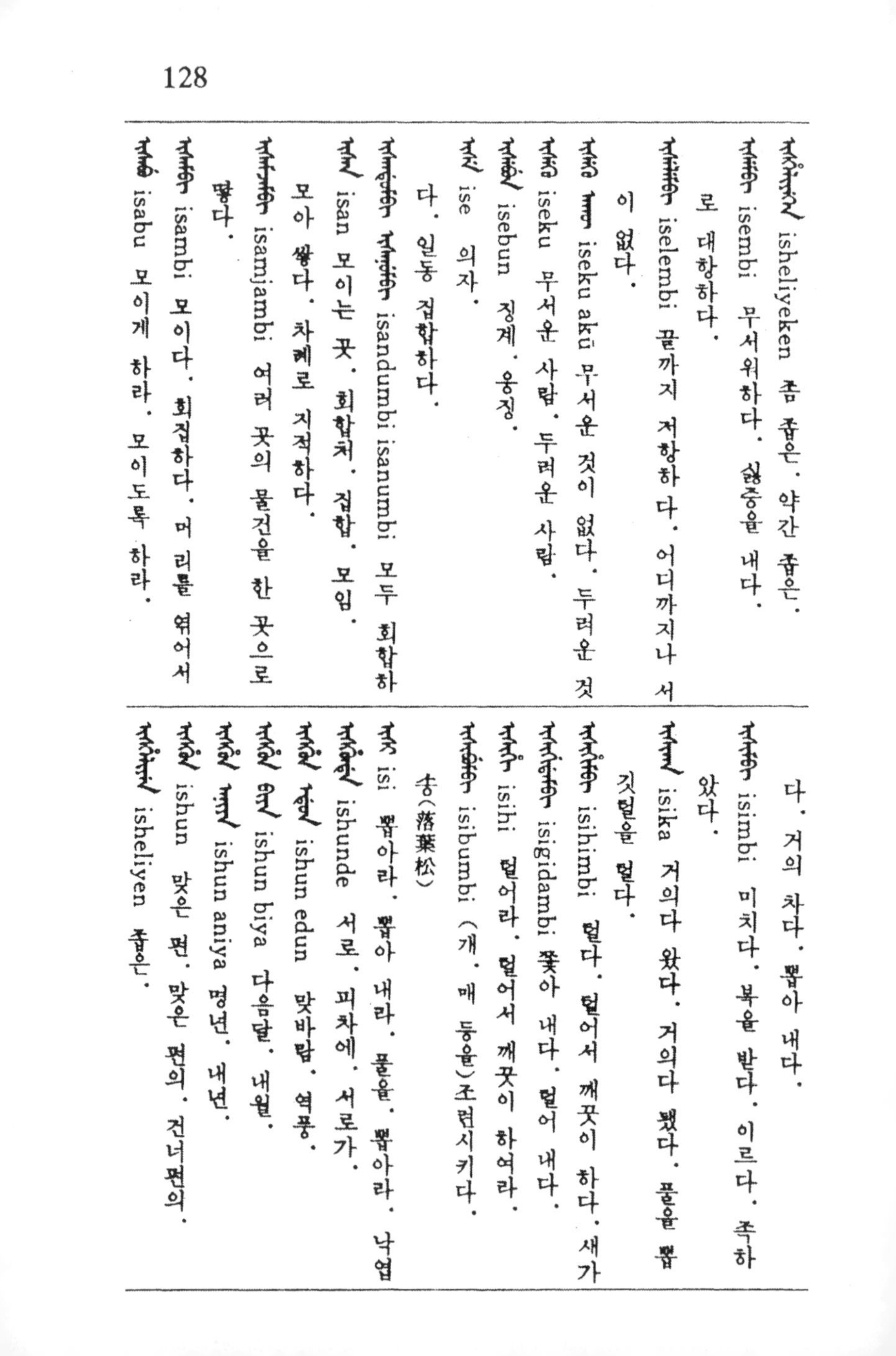

isheliyeken 좀 좁은. 약간 좁은.
isembi 무서워하다. 싫증을 내다.
로 대항하다.
iselembi 끝까지 저항하다. 어디까지나 서
이 없다.
iseku akū 무서운 것이 없다. 두려운 것
iseku 무서운 사람. 두려운 사람.
isebun 징계. 응징.
ise 의자.
다. 일동 집합하다.
isandumbi isanumbi 모두 회합하
isan 모이는 곳. 회합처. 집합. 모임.
모아 쌓다. 차례로 지적하다.
isamjambi 여러 곳의 물건을 한 곳으로
쌓다.
isambi 모이다. 회집하다. 머리를 엮어서
isabu 모이게 하라. 모이도록 하라.

다. 거의 차다. 뽑아 내다.
isimbi 미치다. 복을 받다. 이르다. 족하
았다.
isika 거의다 왔다. 거의다 됐다. 풀을 뽑
깃털을 털다.
isihimbi 털다. 털어서 깨끗이 하다. 새가
isigidambi 쫓아 내다. 털어 내다.
isihi 털어라. 털어서 깨끗이 하여라.
isibumbi (개. 매 등을)조련시키다.
송(落葉松)
isi 뽑아라. 뽑아 내라. 풀을. 뽑아라. 낙엽
ishunde 서로. 피차에. 서로가.
ishun edun 맞바람. 역풍.
ishun biya 다음달. 내월.
ishun aniya 명년. 내년.
ishun 맞은 편. 맞은 편의. 건너편의.
isheliyen 좁은.

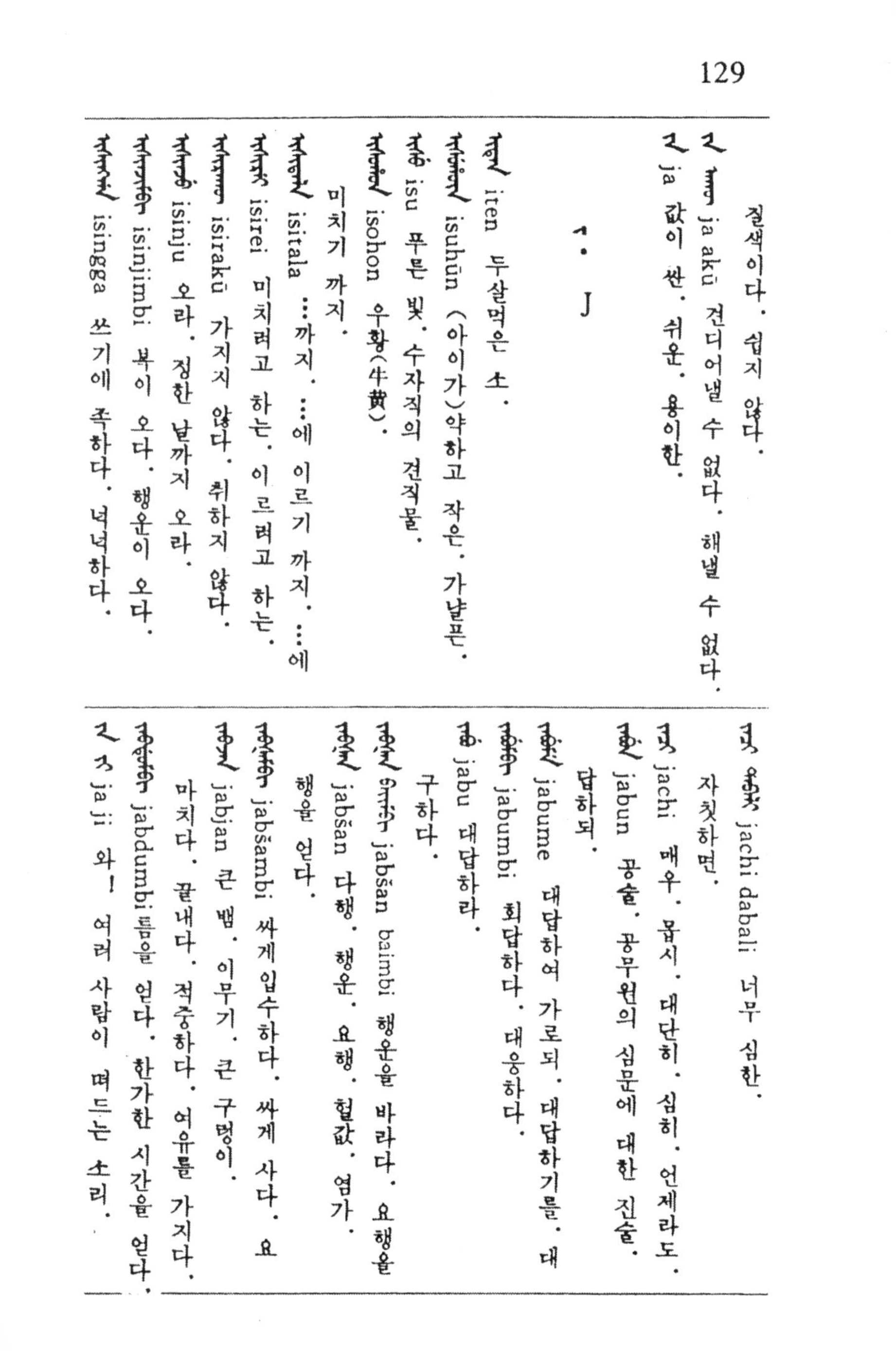

ja akū 견디어낼 수 없다. 해낼 수 없다. 질색이다. 싫지 않다.

ja 값이 싼. 쉬운. 용이한.

J

iten 두살먹은 소.

isuhūn (아이가)약하고 작은. 가냘픈.

isu 푸른 빛. 수자직의 견직물.

isohon 우황(牛黃).

isitala ...까지. ...에 이르기 까지. ...에 미치기 까지.

isirei 미치려고 하는. 이르려고 하는.

isirakū 가지지 않다. 취하지 않다.

isinju 오라. 정한 날까지 오라.

isinjimbi 복이 오다. 행운이 오다.

isingga 쓰기에 족하다. 넉넉하다.

jachi dabali 너무 심한.

jachi 매우. 몹시. 대단히. 심히. 언제라도. 자칫하면.

jabun 공술. 공무원의 심문에 대한 진술.

jabume 대답하여 가로되. 대답하기를. 대답하되.

jabumbi 회답하다. 대응하다.

jabu 대답하라.

jabšan baimbi 행운을 바라다. 요행을 구하다.

jabšan 다행. 행운. 요행. 헐값. 염가.

jabšambi 싸게 입수하다. 싸게 사다. 요행을 얻다.

jabjan 큰 뱀. 이무기. 큰 구렁이.

jabdumbi 틈을 얻다. 한가한 시간을 얻다. 마치다. 끝내다. 적중하다. 여유를 가지다.

ja ji 와ㅡ 여러 사람이 떠드는 소리.

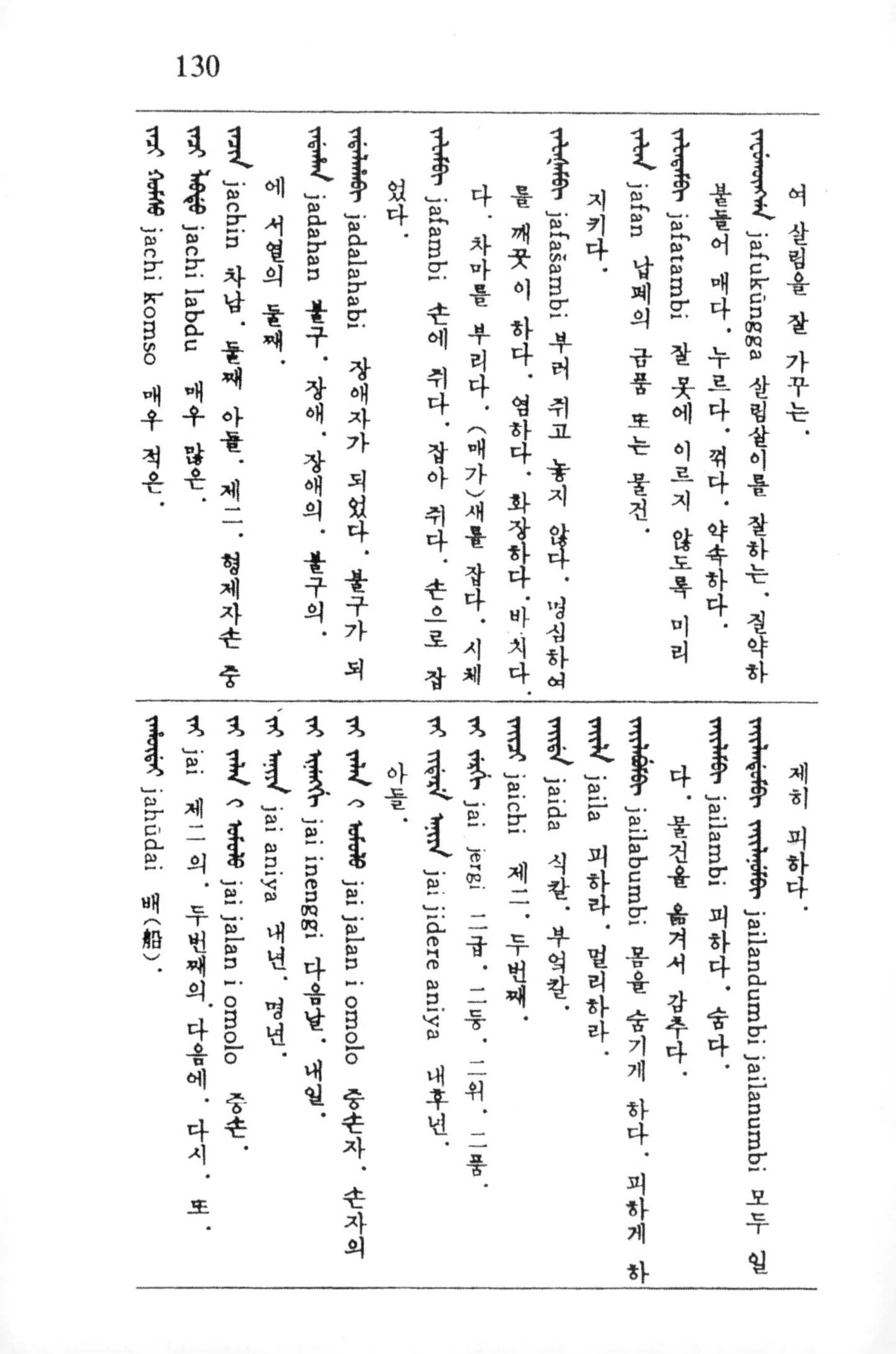

어 살림을 잘 가꾸는.

jafukūngga 살림살이를 잘하는. 절약하

붙붙어 매다. 누르다. 꺾다. 약속하다.

jafatambi 잘 못에 이르지 않도록 미리

jafan 납폐의 금품 또는 물건.

지키다.

jafašambi 부려 쥐고 놓지 않다. 명심하여

를 깨끗이 하다. 염하다. 화장하다. 바치다.

다. 차마를 부리다. (매가)새를 잡다. 시체

jafambi 손에 쥐다. 잡아 쥐다. 손이로 잡

았다.

jadalahabi 장애자가 되었다. 불구가 되

jadahan 불구. 장애. 장애의. 불구의.

에 서열의 둘째.

jachin 차남. 둘째 아들. 제二. 형제자손 중

jachi labdu 매우 많은.

jachi komso 매우 적은.

제히 피하다.

jailandumbi jailanumbi 모두 일

jailambi 피하다. 숨다.

다. 물건을 옮겨서 감추다.

jailabumbi 몸을 숨기게 하다. 피하게 하

jaila 피하라. 멀리하라.

jaida 식칼. 부엌칼.

jaichi 제二. 두번째.

jai jergi 二급. 二등. 二위. 二품.

jai jidere aniya 내후년.

아들.

jai jalan i omolo 증손자. 손자의

jai inenggi 다음날. 내일.

jai aniya 내년. 명년.

jai jalan i omolo 증손.

jai 제二의. 두번째의. 다음에. 다시. 또.

jahūdai 배(船).

따라서.

jakarame …을 따라. …을 인하여. …을

친구간에 사이가 나빠지다.

jakarambi 찢어지다. 틈이 생기다. 친척

조성시키다.

jakanabumbi 양자를 이간시키다. 불화를

우…하여. 간신히…하여.

jakan …하고 얼마아니되어. 바로 전에. 겨

jakade …까닭에. …때문에. …으로 말미암아.

jakachi 있는데서부터. 있는 곳으로부터.

jaka šolo 틈새. 간격.

jaka baimbi 틈새를 찾다.

뿐. 가려고 한. 오려고 한.

jaka 물건. 물품. 틈. 술기. 궤맨자리. …

jajuri 밀림. 총림. 수목이 밀생한 곳.

jajambi 아이를 업다. 사람을 업다.

jaja 업어라. 아이를 업어라.

jakunjute 八十마다. 매八十.

jakūnjūchi 제八十, 여든번째.

jakūnju 八十.

jakūnggeri 八회. 여덟번.

石絲竹匏土草木).

jakūn mudan 여덟가지 소리(八音, 金

편찬하는 곳의이름.

ejetun bithe kuren 八旗通志館. 八기의 역사를

jakūn gusai uheri

jakūn gūsa 팔기(八旗).

jakūn biya 八월.

jakūchi 여덟번째. 제八, 八번째.

jakūn 여덟

jaksun 전나무.

jaksan 안개. 아침안개. 저녁안개.

jakdan i šugi 송진. 송지.

jakdan 소나무.

jalan si 대오. 대. 행오.
jalangga hehe 절부(節婦).
…대(代)의. …세(世)의.
jalangga 절조있는. 절개있는. 절개있는.
jalan sirara hafan 세습의 벼슬.
절에. 절절이.
jalan jalan i 대대로. 세세토록. 한절한
단위 쟈라(甲喇). 초목의 매듭.
jalan 대(代). 세(世). 시대. 세대. 군대의
jalahi jui 조카. 생질.
제.
jalahi ahūn deo 종형제. 사촌형
사람.
jalafungga 장수하는 사람. 수복이 있는
jalafun 장수. 수(壽).
jala 결혼의 중매인. 담장. 담. 울다리.
jakūta 여덟마다. 매 여덟(每八).

족하다.
jalumbi 그릇에 차다. 넘다. 도수(度數)에
jalukiyambi 수를 채우다. 수를 갖추다.
jaluka (물건이)찼다. (기한이)찼다.
jalu 찬. 넘친. 그득 찬.
간지에 뛰어난 남자.
jalingga kiyangkiyan 간웅(奸雄).
진.
jalingga 간악한. 사악한. 마음이 비뚤어
jalin 때문에. 으로 인하여. …을 위하여.
속이다.
jalidambi 간계를 쓰다. 계략을 써서 남을
쓰는 사람.
jali 간계. 나쁜 계략. 간인. 간물. 간계를
것을 보충하다.
jalgiyambi 융통하다. 많은 것으로 적은
jalgiyanjambi 변통하다. 평균하다.
jalgan 수명. 목숨.

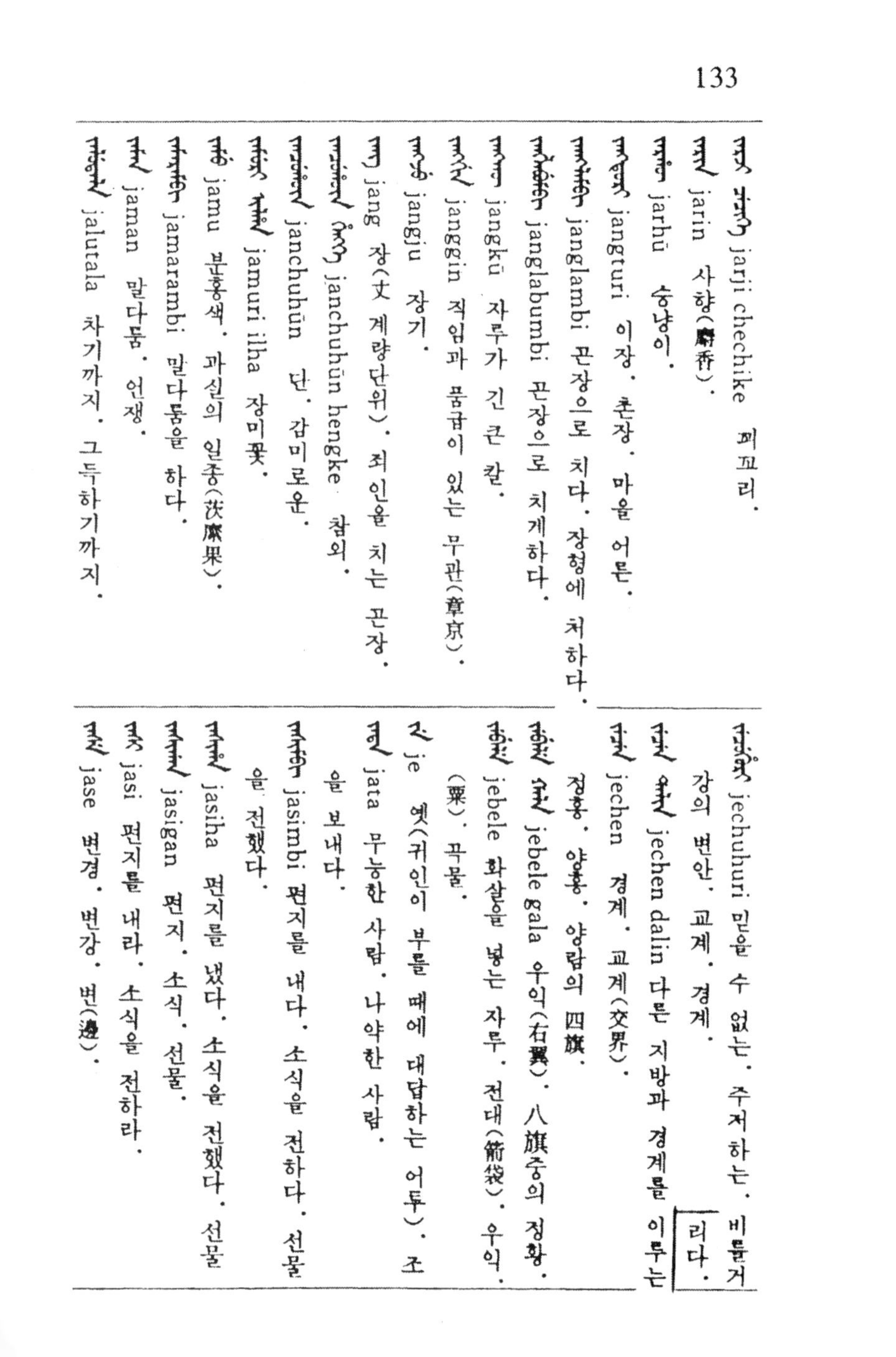

jarji chechike 찌끄리.

jarin 사향(麝香).

jarhū 승냥이.

jangturi 이장. 촌장. 마을 어른.

janglambi 곤장으로 치다. 장형에 처하다.

janglabumbi 곤장으로 치게하다.

jangkū 자루가 긴 큰 칼.

janggin 직임과 품급이 있는 무관(章京).

jangju 장기.

jang 장(丈 계량단위). 죄인을 치는 곤장.

janchuhūn hengke 참외.

janchuhūn 단. 감미로운.

jamuri ilha 장미꽃.

jamu 분홍색. 과실의 일종(茨藤果).

jamarambi 말다툼을 하다.

jaman 말다툼. 언쟁.

jalutala 차기까지. 그득하기까지.

jechuhuri 믿을 수 없는. 주저하는. 비틀거
리다.
강의 변안. 교계. 경계.

jechen dalin 다른 지방과 경계를 이루는

jechen 경계. 교계(交界).
정홍. 양홍. 양람의 四旗.

jebele gala 우익(右翼). 八旗중의 정황.

jebele 화살을 넣는 자루. 전대(箭袋). 우익.
(粟). 곡물.

je 예(귀인이 부를 때에 대답하는 어투). 조

jata 무능한 사람. 나약한 사람.
을 보내다.

jasimbi 편지를 내다. 소식을 전하다. 선물
을 전했다.

jasiha 편지를 냈다. 소식을 전했다. 선물

jasigan 편지. 소식. 선물.

jasi 편지를 내라. 소식을 전하라.

jase 변경. 변강. 변(邊).

jemden 폐해. 폐단.

jemdelembi 폐해를 낳다. 폐가 되다.

jembi 먹다.

jelu 송어.

jelen 갈피를 잡지 못한. 의심하여 정하지 못 한.

는 二十一일).

jeku faha 곡우(절기. 양력四월二十일 또

jeku 미곡. 곡물. 양식.

jeksimbi 주저하다. 싫어하다. 증오하다.

jeki 먹고 싶다.

jekene 먹으러 가라.

jeke 먹었다.

jekdungge 굳은. 정숙한.

jekdun sargan jui 정녀(貞女).

jekdun 정숙한.

jeje 아버지. 부친.

jefu 먹어라.

jergi ilhi 관등의 순서. 상하의 차서.

하다.

jergi eberembumbi 죄인의 죄를 감

jergi 계급. 품급. 등급. 몇번째의 차례.

同).

jeo i uhechi 知州의 다음가는 관원(州

을 관장하는 관원(學正).

jeo i tachibukū hafan 주학(州學)

을 통괄하는 지방 장관.

jeo i sarachi 지주(知州). 한州의 행정

주역(周易).

jeo gurun i jijungge nomun

jeo 주(州).

jendu 소곤소곤. 남에게 들리지 않게. 내밀히.

jempin 전병(煎餅).

jempi 마음으로 참으면서 무슨 일을 행하다.

jemengge 식물. 먹는것.

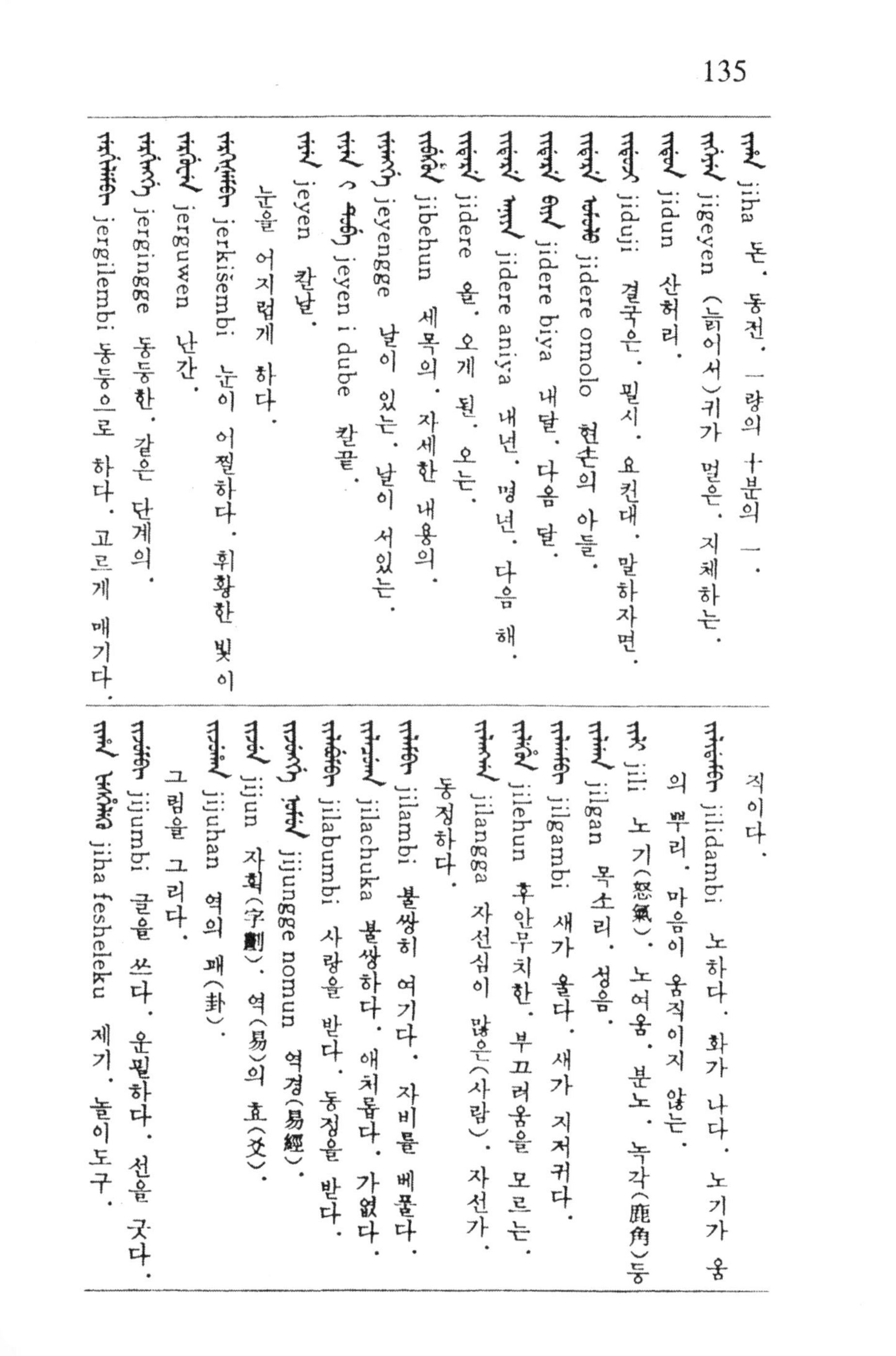

jiha 돈. 동전. 一량의 十분의 一.
jigeyen (늙어서)귀가 먹은. 지체하는.
jidun 산허리.
jiduji 결국은. 필시. 요컨대. 말하자면.
jidere omolo 현손의 아들.
jidere biya 내달. 다음 달.
jidere aniya 내년. 명년. 다음 해.
jidere 올. 오게 된. 오는.
jibehun 세목의. 자세한 내용의.
jeyengge 날이 있는. 날이 서있는.
jeyen i dube 칼끝.
jeyen 칼날.
　눈을 어지럽게 하다.
jerkišembi 눈이 어찔하다. 휘황한 빛이
jerguwen 난간.
jergingge 동등한. 같은 단계의.
jergilembi 동등이로 하다. 고르게 매기다.

　직이다.
jilidambi 노하다. 화가 나다. 노기가 움
　의 뿌리. 마음이 움직이지 않는.
jili 노기(怒氣). 노여움. 분노. 녹각(鹿角)등
jilgan 목소리. 성음.
jilgambi 새가 울다. 새가 지저귀다.
jilehun 후안무치한. 부끄러움을 모르는.
jilangga 자선심이 많은(사람). 자선가.
　동정하다.
jilambi 불쌍히 여기다. 자비를 베풀다.
jilachuka 불쌍하다. 애처롭다. 가엾다.
jilabumbi 사랑을 받다. 동정을 받다.
jijungge nomun 역경(易經).
jijun 자획(字劃). 역(易)의 효(爻).
jijuhan 역의 괘(卦).
　그림을 그리다.
jijumbi 글을 쓰다. 운필하다. 선을 긋다.
jiha fesheleku 제기. 놀이도구.

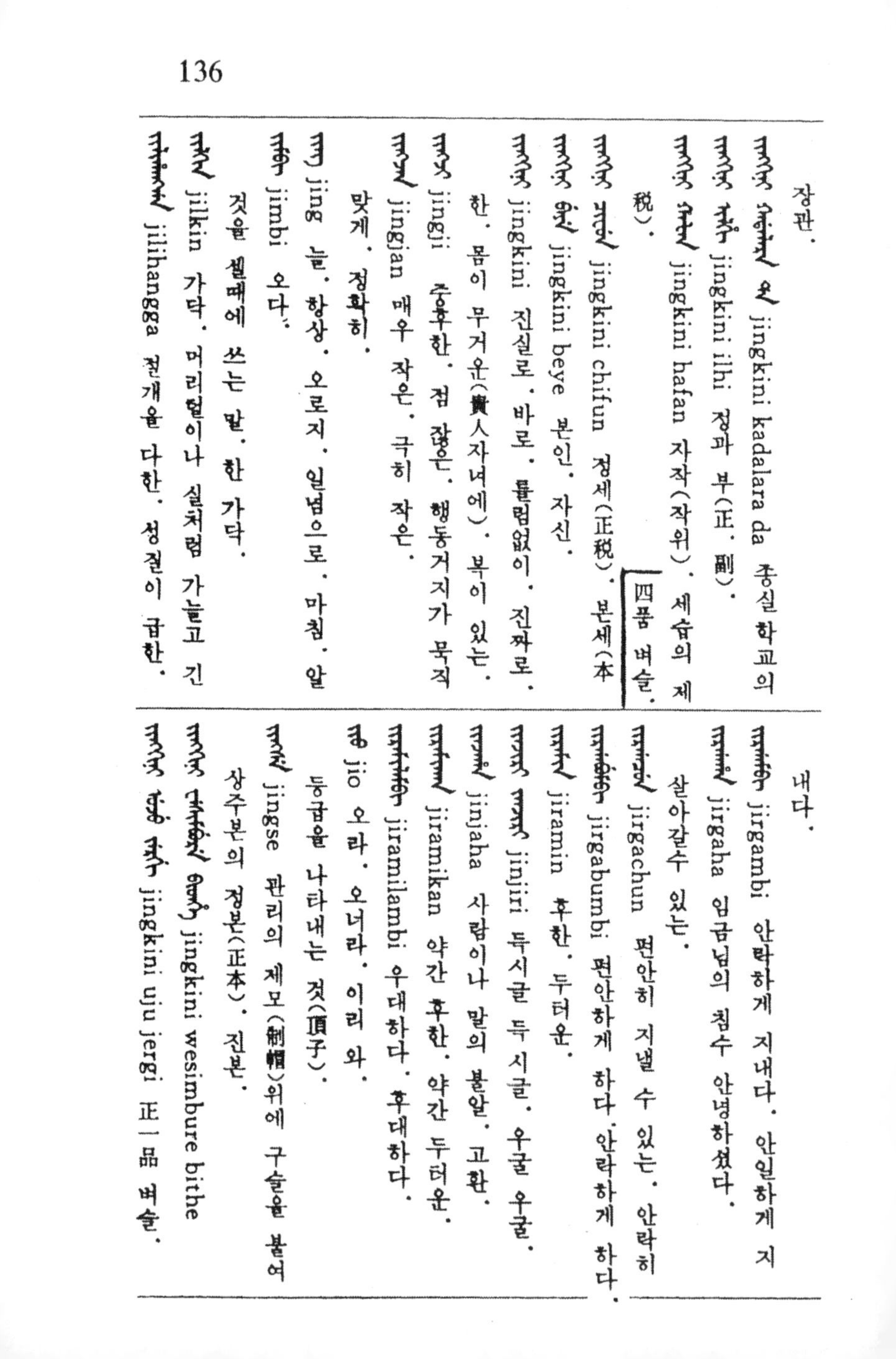

장관.

jingkini kadalara da 종실학교의

jingkini ilhi 정과 부(正·副).

jingkini hafan 자작(작위). 세습의 제 四품 벼슬.

jingkini chifun 정세(正稅). 본세(本稅).

jingkini beye 본인. 자신.

jingkini 진실로. 바로. 틀림없이. 진짜로.
한. 몸이 무거운(貴人자녀에). 복이 있는.

jingji 중후한. 점잖은. 행동거지가 묵직

jingjan 매우 작은. 극히 작은.
맞게. 정확히.

jing 늘. 항상. 오로지. 일념으로. 마침. 알

jimbi 오다.
것을 셀때에 쓰는 말. 한 가닥.

jilkin 가닥. 머리털이나 실처럼 가늘고 긴

jilihangga 전개를 다한. 성질이 급한.

내다.

jirgambi 안락하게 지내다. 안일하게 지

jirgaha 임금님의 침수 안녕하셨다.
살아갈수 있는.

jirgachun 편안히 지낼 수 있는. 안락히

jirgabumbi 편안하게 하다. 안락하게 하다.

jiramin 후한. 두터운.

jinjiri 두시글 두시글. 우굴 우굴.

jinjaha 사람이나 말의 불알. 고환.

jiramikan 약간 후한. 약간 두터운.

jiramilambi 우대하다. 후대하다.

jio 오라. 오너라. 이리 와.
등급을 나타내는 것(頂子).

jingse 관리의 제모(制帽)위에 구슬을 붙여
상주본의 정본(正本). 진본.

jingkini wesimbure bithe

jingkini uju jergi 正1品 벼슬.

거정하다. 고민하다.

jobošombi (마음이 편치않아)근심하다. 우수. 걱정.

joboshūn 어려워서 근심하는 일. 고뇌. 괴롭이 어렵다.

jobombi 근심하다. 고민하다. 고생하다. 살

jobolon 우환. 재난. 재화. 상사(喪事).

jobochun 근심. 걱정. 괴로움. 우민.

jobochuka 걱정되는. 근심스러운.

을 당했다. 해를 입었다.

jobobumbi 고생시키다. 괴롭히다. 괴로움

jo 두량의 단위. 작(勺). 홉의 十분의 一.

單의 음사임).

jiyanggiyūn 군을 지휘하는 고급무관(將

초를 잡다.

jiselembi 초고를 만들다. 초안을 만들다.

jise 초고. 초 잡은 글. 초안.

jirgeku 소화기. 펌푸식 소화기.

jofohoto 레몬(Lemon).

jofohon 유자(柚子).

jofohochi 탱자씨.

를 잡는 작살.

jofoho 상자같은 기물의 첨각(尖角). 고기

jodorgan usiha 직녀성(織女星).

짠 발이 가늘은 비단.

jodongga cheche 갈사(葛紗). 덩굴로

jodon 갈포(葛布).

주단 나사 등의 직조사무를 관리하는 아문.

jodoro arara yamun 궁정에서 쓰는

짜다. 천을 짜다.

jodombi 불시에 왕래하다. 자주 왕래하다.

궁이 심하다.

jochimbi 가산을 탕진하다. 파산하다. 빈

다. 재액을 입히다.

jochibumbi 파산시키다. 어려움을 당하

자주 생각이 나면 말하다.

jonombi 지나간 일을 자주 끄집어 내다. 지난 일을 말하다.

jondombi 지난 일을 자주 말하다. 매사에

jompi 지난 일을 말하다. 태아가 움직이다. 하다.

jombumbi 주의하다. 생각나게 하다. 제언

jombu 주의하라. 정신 차려라. 생각해라.

jolo 추한 귀신. 귀신같이 추한 사람. 암사슴. 물려받다. 노를 젓다.

jolimbi 저당잡힌 것을 찾아내다. 전당품을

jojin 말자갈. 공작의 별명.

jokjambi 몸시 때리다. 되게 책망하고 치다. 졌다.

joholikabi 디룩디룩 살쪘다. 뚱뚱하게 살 물다.

johimbi 종기가 아몰다. 부스럼 구멍이 아

jorgon 十二.

jorgochen 납향제사. 年終祭(蠟祭). 럽게 울다.

jorgimbi 새의 무리나, 벌레의 무리가 시끄

joran 말이 질주하는 것. 발빠른 것. 제히 우는 소리.

jor jar 여럿이 다투는 소리. 새무리가 일 럽게 우는 소리.

jor 와자지껄 떠드는 소리. 개 닭 등이 시끄

joolimbi 노를 젓다.

다. 손을 묶다. 뒷짐을 지다.

joolambi 두 손을 합하다(拱手). 팔짱을 끼 시키다.

joolabumbi 당번을 교대하다. 당번을 교대

joo bai 그만하면 된 것이다. 충분할 것이다. 書).

joo 충분하다. 이제 됐다. 흡족하다. 조서(詔

에 따라 보초를 서다. 길에 엎드려 망을 보다.

juchelembi 보초소에 사람을 세우다. 순번는 곳. 초소. 망대.

juche 맑고 수심이 깊은 소. 마수병을 세우

jubesi 고서나 고사를 말하는 사람. 야담사.

jotombi 자주 왕래하다.

jortai 고의로. 거짓으로. 모르는 척 하고.

jorire simhun 집게 손가락. 식지.

joringga i tuchibun 출제한 글귀.

joringga 관리 시험문제의 제목. 간단한 주석의 글.

jorin i gisun 공문서의 모두에 쓰는

jorin 뜻이 향하는 곳. 화살의 표적. 당기어 표적을 겨누다.

jorimbi 지시하다. 가르키다. 시키다. 활을 (臘八).

jorgon inenggi 음력 十二월 八일

jorgon biya 十二월.

때에 휴대하는 통행증명서(路引이라고 하였음).

jugūn i yarun 문무 관원이 먼길을 갈

jugūn i unduri 길을 따라. 연도에. fihašame goidambi 중도에서 두류하다.

jugūn i andala jugūn i andala 途). 도중.

jugūn i andala 중도(中途). 반도(半무에 종사하는 관원(街道官).

kadalara tinggin i hafan 도로를 관리하는 사

jugūn giyai be 관청(街道廳).

tinggin 경성 내외의 도로사무를 관리하는

jugūn giyai be kadalara

jugūn 길. 도로.

judun 산등성이.

juda 길이의 단위 丈 장(丈).

부르다.

juchulembi 연극을 하다. 구극의 노래를

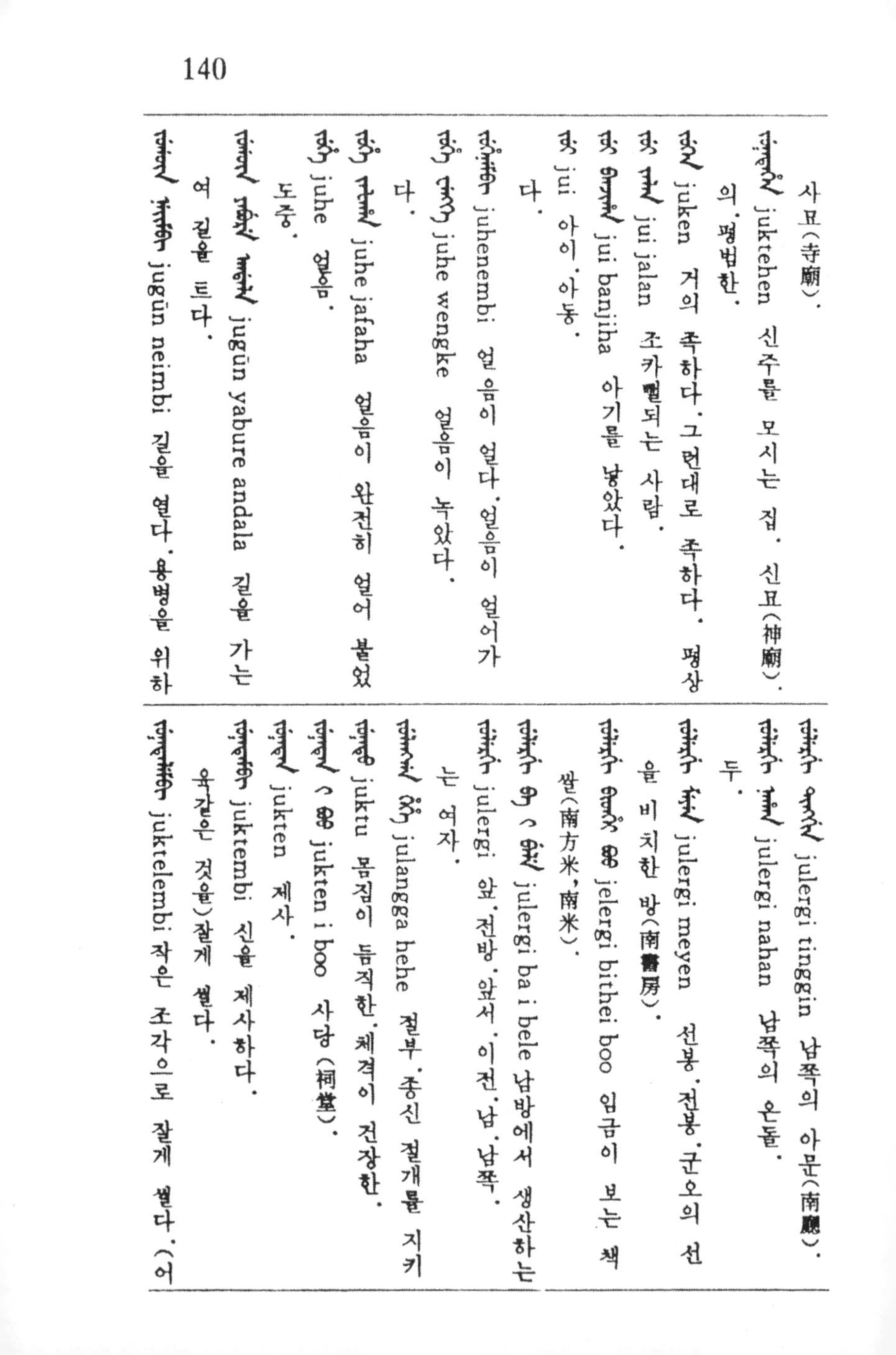

사묘(寺廟).
juktehen 신주를 모시는 집. 신묘(神廟).
의 평범한.
juken 거의 족하다. 그런대로 족하다. 평상
jui jalan 조카뻘되는 사람.
jui banjiha 아기를 낳았다.
jui 아이. 아놈.
다.
juhenembi 얼음이 얼다. 얼음이 얼어가
juhe wengke 얼음이 녹았다.
다.
juhe jafaha 얼음이 완전히 얼어 붙었
juhe 얼음.
도중.
jugūn yabure andala 길을 가는
여 길을 트다.
jugūn neimbi 길을 열다. 용병을 위하

julergi tinggin 남쪽의 아문(南廳).
julergi nahan 남쪽의 온돌.
두.
julergi meyen 선봉. 전봉. 군오의 선
을 비치한 방(南書房).
jelergi bithei boo 임금이 보는 책
쌀(南方米. 南米).
julergi ba i bele 남방에서 생산하는
julergi 앞. 전방. 앞서. 이전. 남. 남쪽.
는 여자.
julangga hehe 절부. 종신 절개를 지키
juktu 몸집이 듬직한. 체격이 건장한.
jukten i boo 사당(祠堂).
jukten 제사.
juktembi 신을 제사하다.
우같은 것을) 잘게 썰다.
juktelembi 작은 조각으로 잘게 썰다. (어

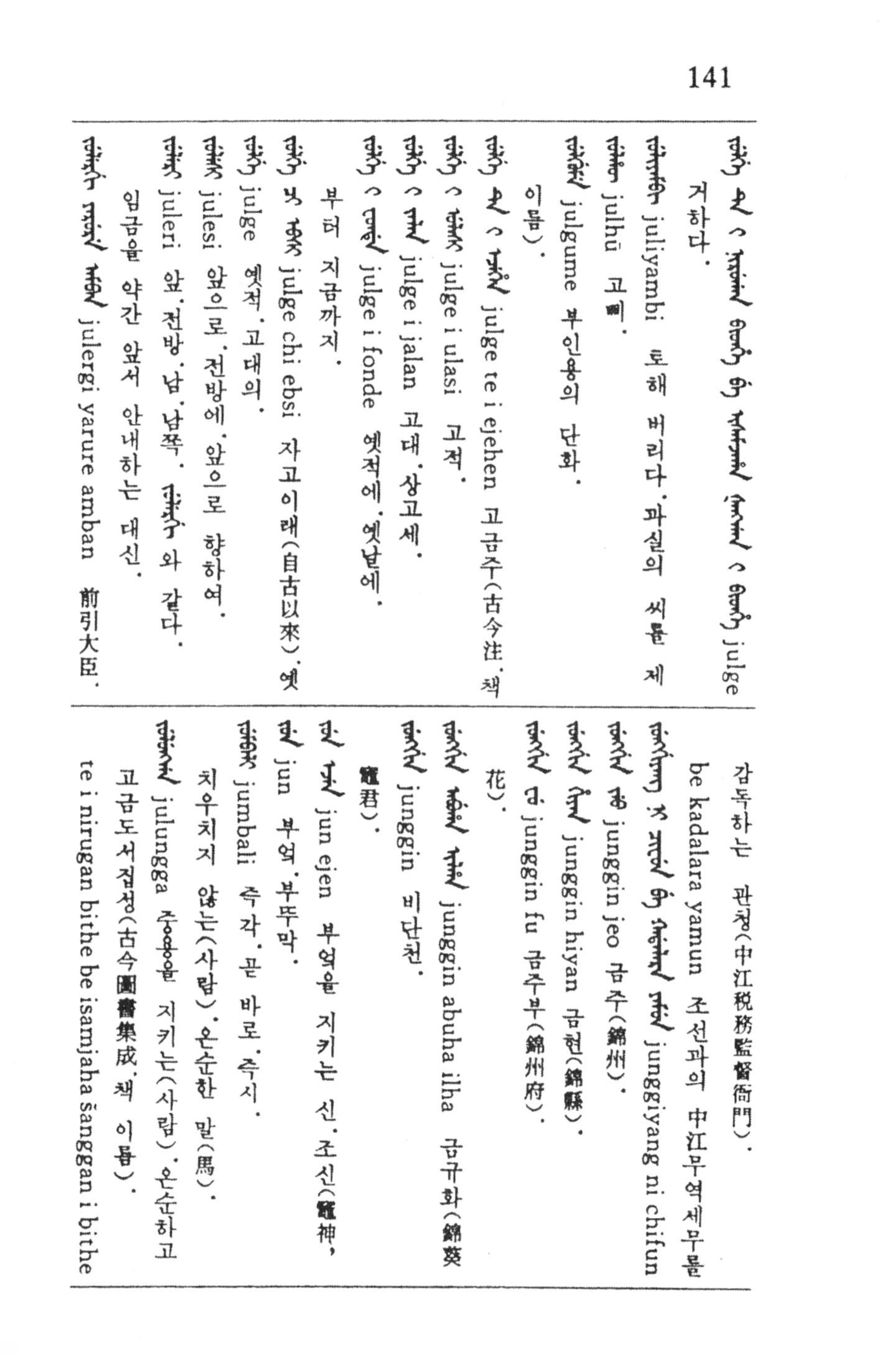

julge
거하다.
juliyambi 토해 버리다. 과실의 씨를 제
julhū 고삐.
julgume 부인용의 단화.
이름).
julge te i ejehen 고금주(古今注. 책
julge i ulasi 고적.
julge i jalan 고대. 상고세.
julge i fonde 옛적에. 옛날에.
부터 지금까지.
julge chi ebsi 자고이래(自古以來). 옛
julge 옛적. 고대의.
julesi 앞으로. 전방에. 앞으로 향하여.
juleri 앞. 전방. 남. 남쪽. … 와 같다.
임금을 약간 앞서 안내하는 대신.
julergi yarure amban 前引大臣.

감독하는 관청(中江稅務監督衙門).
be kadalara yamun 조선과의 中江무역세무를
junggiyang ni chifun
junggin jeo 금주(錦州).
junggin hiyan 금현(錦縣).
junggin fu 금주부(錦州府).
花).
junggin abuha ilha 금규화(錦葵
junggin 비단천.
竈君).
jun ejen 부엌을 지키는 신. 조신(竈神,
jun 부엌. 부뚜막.
jumbali 속각. 곧 바로. 즉시.
치우치지 않는(사람). 온순한 말(馬).
julungga 중용을 지키는(사람). 온순하고
고금도서집성(古今圖書集成. 책 이름).
te i nirugan bithe be isamjaha šanggan i bithe

jursu oho 입신됐다. 애기뱄다.
jursu 이층의. 이중의. 겹친.
jurjun 쌍륙(雙六).
jurhun 길이의 단위 촌(寸).
jurgangga saisa 의사(義士).
jurgangga jeo 의주(義州. 요서지방).
는(사람).
jurgangga 절의가 있는(사람). 의리가 있
jurgan jurgan 한줄 한줄. 한조목 한조목
는 부원. 의(義).
jurgan 줄. 금의 줄. 줄기. 중앙의 일을 관장하
jucherakū 어긋나지 않다.
jurchen 위배. 위반. 어기는 일.
jurchembi 위배하다. 어그러지다. 벗어나다.
juran 출발시점. 길을 떠난 곳.
jurambi 출발하다. 떠나다.
jungken 종. 조종(釣鐘). 아기의 일종.

juwan chikten 십간(十干).
juwanchi 제十.
十호의 장.
juwan booi da 반장. 마을 안에 있는
juwan biya 十월.
juwan 열(十).
juwambi 입을 열다. 입을 벌리다.
juwabumbi 입을 벌리게 하다.
jušuru 자. 척(尺). 길이의 단위.
jušuhun 신. 시큼한.
jušen 만주족의 신복. 만주족의 노복.
jurulambi 짝이로 하다. 쌍으로 하다.
juruken 짝이로 된. 한쌍이 된.
juruchilen 四六文. 四六변려문.
juru niyalma 부모. 양친.
juru gisun 대구(對句). 대언(對言).
juru 쌍. 짝. 한벌.

juwen gaimbi 돈을 빌리다.

juwen bumbi 빌려주다.

juwere jekui chuwan 양곡을 나르는 배.

juwembi 운송하다. 운반하다. 나르다.

juwechi 두번째. 제二.

juwe nofi 두사람.

juwe muru 역에 나오는 음(陰)과 양(陽).

juwe 둘(二).

juwari ten 하지(夏至).

juwari dosimbi 입하(立夏).

juwari 여름.

juwan tumen 十만.

juwanta 열마다. 각十. 매十.

juwan juwe gargan 십이지(十二支).

juwanggeri 열번. 十회.

juwangga 열의 연인.

래 수배 체포하다. 황폐.

jūhiyan jafabumbi 현지사의 책임아 처리하다.

jūhiyan ichihiyambi 현지사가 일을

jūhiyan 지현(知縣. 현지사).

jūfu 지부(知府. 府의 행정장관).

jūjeo 지주(知州. 州의 행정 장관).

jū chuwang 치질.

Jū

총괄하는 벼슬(漕運總督).

juwere hafan 미곡을 운송하는 일을

juwete 둘씩. 둘마다. 각二.

juwen sindambi 돈을 빌려주다.

juwenggeri 두번. 二차. 二회.

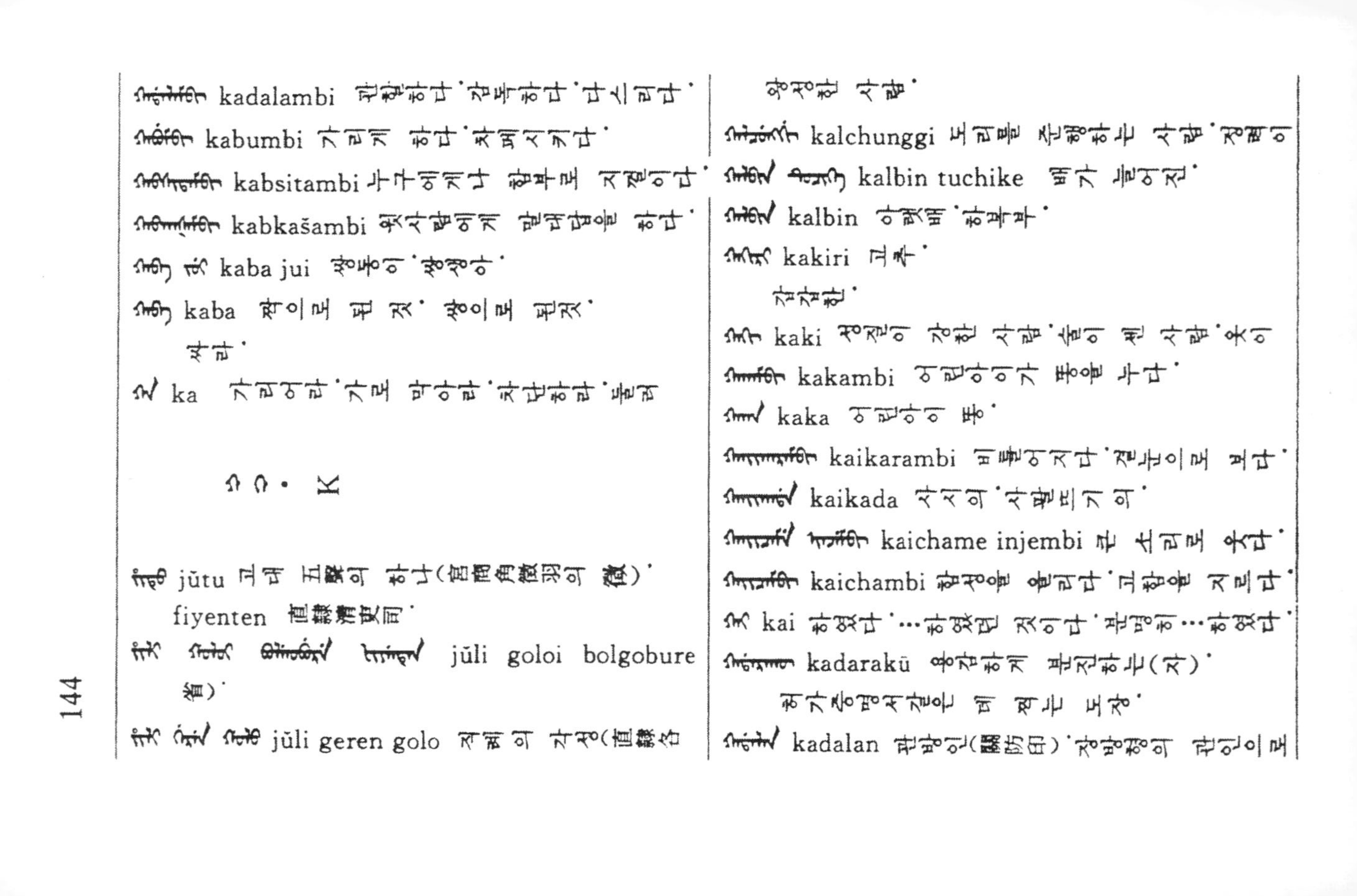

jūli geren golo 직례의 각성(直隸各省).

jūli goloi bolgobure fiyenten 直隸清吏司.

jūtu 고대 五聲의 하나(宮商角徵羽의 徵).

ㅋ · K

ka 가리어라·가로 막아라·차단하라·둘러 싸라.

kaba 짝으로 된 것·쌍으로 된것.

kaba jui 쌍동이·쌍생아.

kabkašambi 윗사람에게 말대답을 하다.

kabsitambi 누구에게나 함부로 지껄이다.

kabumbi 가리게 하다·차폐시키다.

kadalambi 관할하다·감독하다·다스리다.

kadalan 관방인(關防印)·장방형의 관인으로 허가증명서같은 데 찍는 도장.

kadarakū 용감하게 분진하는(자).

kai 하였다·…하였던 것이다·분명히…하였다.

kaichambi 함성을 올리다·고함을 지르다.

kaichame injembi 큰 소리로 웃다.

kaikada 사시의·사팔뜨기의.

kaikarambi 비틀어지다·곁눈으로 보다.

kaka 어린아이 똥.

kakambi 어린아이가 똥을 누다.

kaki 성질이 강한 사람·술이 센 사람·옷이 갑갑한.

kakiri 고추.

kalbin 아랫배·하복부.

kalbin tuchike 배가 늘어진.

kalchunggi 도리를 준행하는 사람·정력이 왕성한 사람.

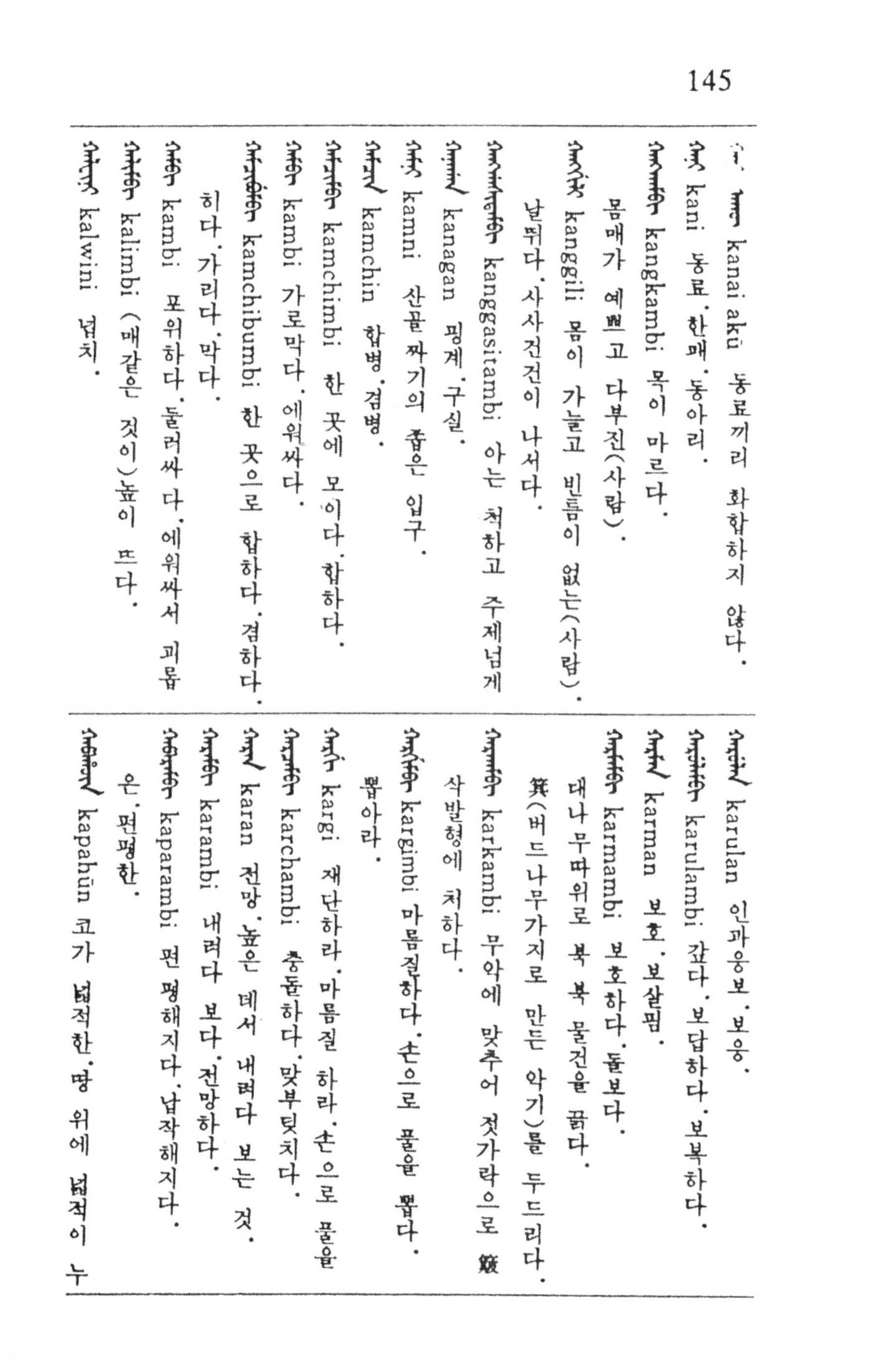

kanai akū 동료끼리 화합하지 않다.

kani 동료. 한패. 동아리.

kangkambi 목이 마르다.

몸매가 예쁘고 다부진(사람).

kanggili 몸이 가늘고 빈틈이 없는(사람).

날뛰다. 사사건건이 나서다.

kanggasitambi 아는 체하고 주제넘게

kanagan 핑계. 구실.

kamni 산골 짜기의 좁은 입구.

kamchin 합병. 겸병.

kamchimbi 한 곳에 모이다. 합하다.

kambi 가로막다. 에워싸다.

kamchibumbi 한 곳으로 합하다. 겸하다.

히다. 가리다. 막다.

kambi 포위하다. 둘러싸 다. 에워싸서 괴롭

kalimbi (매같은 것이)높이 뜨다.

kalwini 넓치.

---

karulan 인과응보. 보응.

karulambi 갚다. 보답하다. 보복하다.

karman 보호. 보살핌.

karmambi 보호하다. 돌보다.

대나무따위로 북 북 물건을 긁다.

箕(버드나무가지로 만든 악기)를 두드리다.

karkambi 무악에 맞추어 젓가락으로 籈

삭발형에 처하다.

kargimbi 마름질하다. 손으로 풀을 뽑다.

뽑아라.

kargi 재단하라. 마름질 하라. 손으로 풀을

karchambi 충돌하다. 맞부딪치다.

karan 전망. 높은 데서 내려다 보는 것.

karambi 내려다 보다. 전망하다.

kaparambi 편 평해지다. 납작해지다.

은. 편평한.

kapahūn 코가 넓적한. 땅 위에 넓적이 누

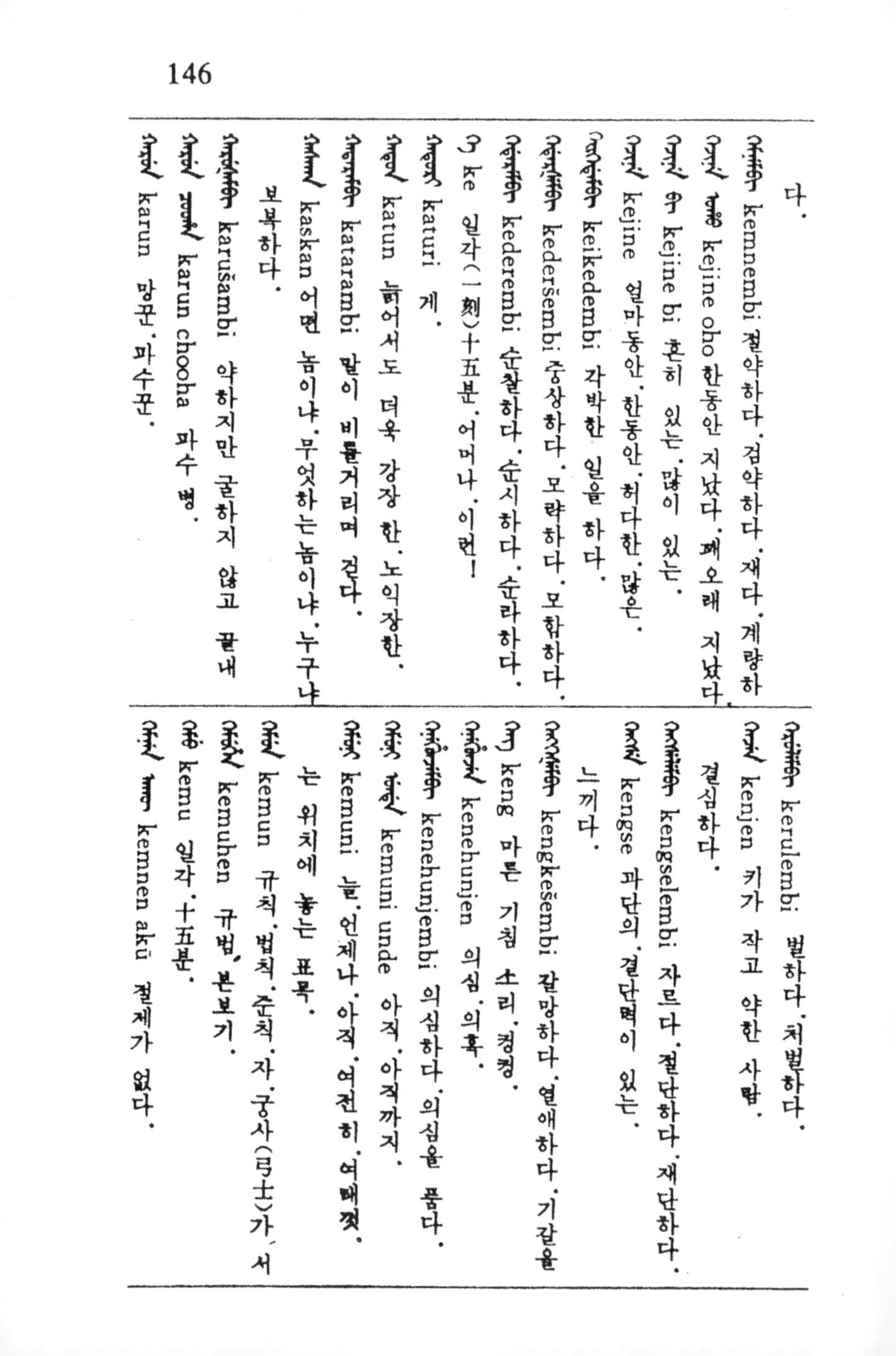

karun 망꾼. 파수꾼.

karun chooha 파수 병.

karušambi 야하지만 굴하지 않고 끝내 보복하다.

kaskan 어떤 놈이냐. 무엇하는 놈이냐. 누구냐

katarambi 말이 비틀거리며 걷다.

katun 늙어서도 더욱 강장한. 노익장한.

katuri 게.

ke 각자(1刻)十五분. 어머나. 이런!

kederembi 순찰하다. 순시하다. 순라하다.

kederšembi 중상하다. 모략하다. 모함하다.

keikedembi 각박한 일을 하다.

kejine 얼마 동안. 한동안. 허다한. 많은.

kejine bi 흔히 있는. 많이 있는.

kejine oho 한동안 지났다. 꽤 오래 지났다.

kemnembi 절약하다. 검약하다. 재다. 계량하다.

kemnen akū 절제가 없다.

kemu 각자. 十五분.

kemuhen 규범. 본보기.

kemun 규칙. 법칙. 준칙. 자. 궁사(弓士)가 서는 위치에 놓는 표목.

kemuni 늘. 언제나. 아직. 여전히. 여태껏.

kemuni unde 아직. 아직까지.

kenehunjembi 의심하다. 의심을 품다.

kenehunjen 의심. 의혹.

keng 마른 기침 소리. 켕켕.

kengkešembi 갈망하다. 열애하다. 기갈을 느끼다.

kengse 과단의. 결단력이 있는.

kengselembi 자르다. 절단하다. 재단하다. 결심하다.

kenjen 키가 작고 약한 사람.

kerulembi 벌하다. 처벌하다.

를 품다.

kimulembi 원한을 품다. 원수로 알다. 적의

kimchin 고찰. 고구. 상찰.

잘 고찰하다.

kimchimbi 자세히 하다. 상세히 조사하다.

kimchibumbi 상세히 조사토록 하다.

kilin 기린.

kijimi 해삼. 죽어버려라. (악동을 욕하는 말)

kidumbi 사모하다. 생각이 나서 잊지 않다.

kichen 노력. 근면. 공부.

kichembi 힘쓰다. 노력하다. 힘써 공부하다.

kichebe 근면한. 부지런히 힘쓰는.

kesiri masiri 멀된. 쓸모 없는. 더러운.

kesike 고양이.

에 고두례를 한다.

kesi de hengkilembi 황제의 은혜

은명.

kesi 하늘이 내리는 복. 천자의 은혜. 천자의

kirusi 기병(旗兵). 기를 든 군사.

kiru 작은 깃발. 군사의 등에 꽂는 작은 깃발.

고 몸을 엎드리다.

kirimbi 인내하다. 참다. 짐승이 사람을 보

잔인한 사람.

kiriba 잘 참는 사람. 인내심이 강한 사람.

kiri 참아라. 인내하라.

kinumbi 마음에 원한을 품다.

kingken 옥이나 돌로 만든 타악기(磬). 경쇠.

kina ilha 봉선화.

kin 거문고의 유(琴).

사람.

kimungge 원한을 품은 사람. 원수로 아는

kimun falimbi 원수를 맺다.

kimun gaimbi 원수를 갚다.

kimun baita 한스러운 일. 한사(恨事).

kimun 원수. 구적.

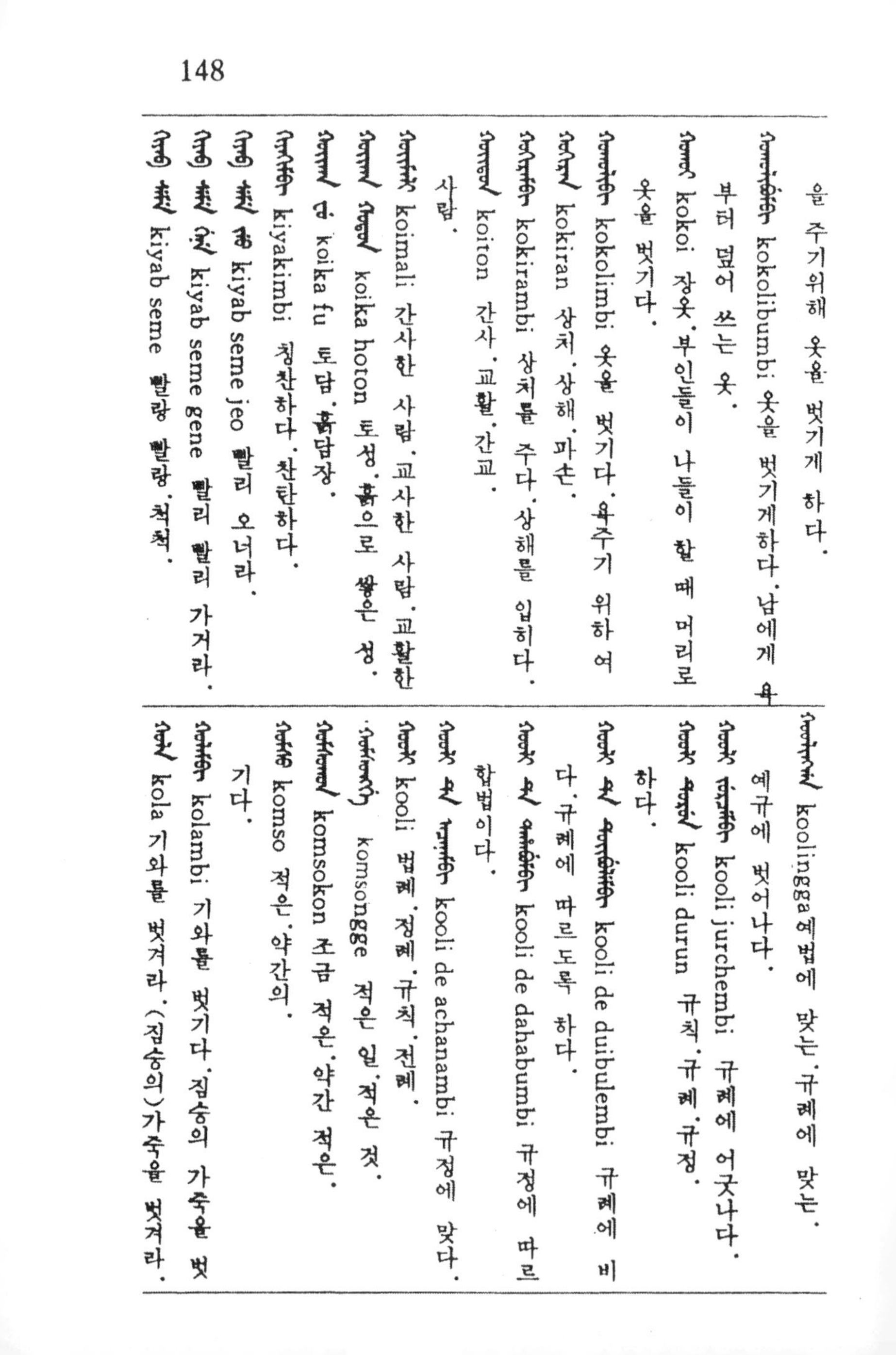

을 주기위해 옷을 벗기게 하다.

kokolibumbi 옷을 벗기게하다. 남에게 욕
부터 덮어 쓰는 옷.

kokoi 장옷. 부인들이 나들이 할 때 머리로
옷을 벗기다.

kokolimbi 옷을 벗기다. 욕주기 위하여

kokiran 상처. 상해. 마손.

kokirambi 상처를 주다. 상해를 입히다.

koiton 간사. 교활. 간교.
사람.

koimali 간사한 사람. 교사한 사람. 교활한

koika hoton 토성. 흙으로 쌓은 성.

koika fu 토담. 흙담장.

kiyakimbi 칭찬하다. 찬탄하다.

kiyab seme jeo 빨리 오너라.

kiyab seme gene 빨리 빨리 가거라.

kiyab seme 빨랑 빨랑. 척척.

koolingga 예법에 맞는. 규례에 맞는.
예규에 벗어나다.

kooli jurchembi 규례에 어긋나다.

kooli durun 규칙. 규례. 규정.
하다.

kooli de duibulembi 규례에 비
다. 규례에 따르도록 하다.

kooli de dahabumbi 규정에 따르
합법이다.

kooli de achanambi 규정에 맞다.

kooli 법례. 정례. 규칙. 전례.

komsongge 적은 일. 적은 것.

komsokon 조금 적은. 약간 적은.

komso 적은. 약간의.
기다.

kolambi 기와를 벗기다. 짐승의 가죽을 벗

kola 기와를 벗겨라. (짐승의)가죽을 벗겨라.

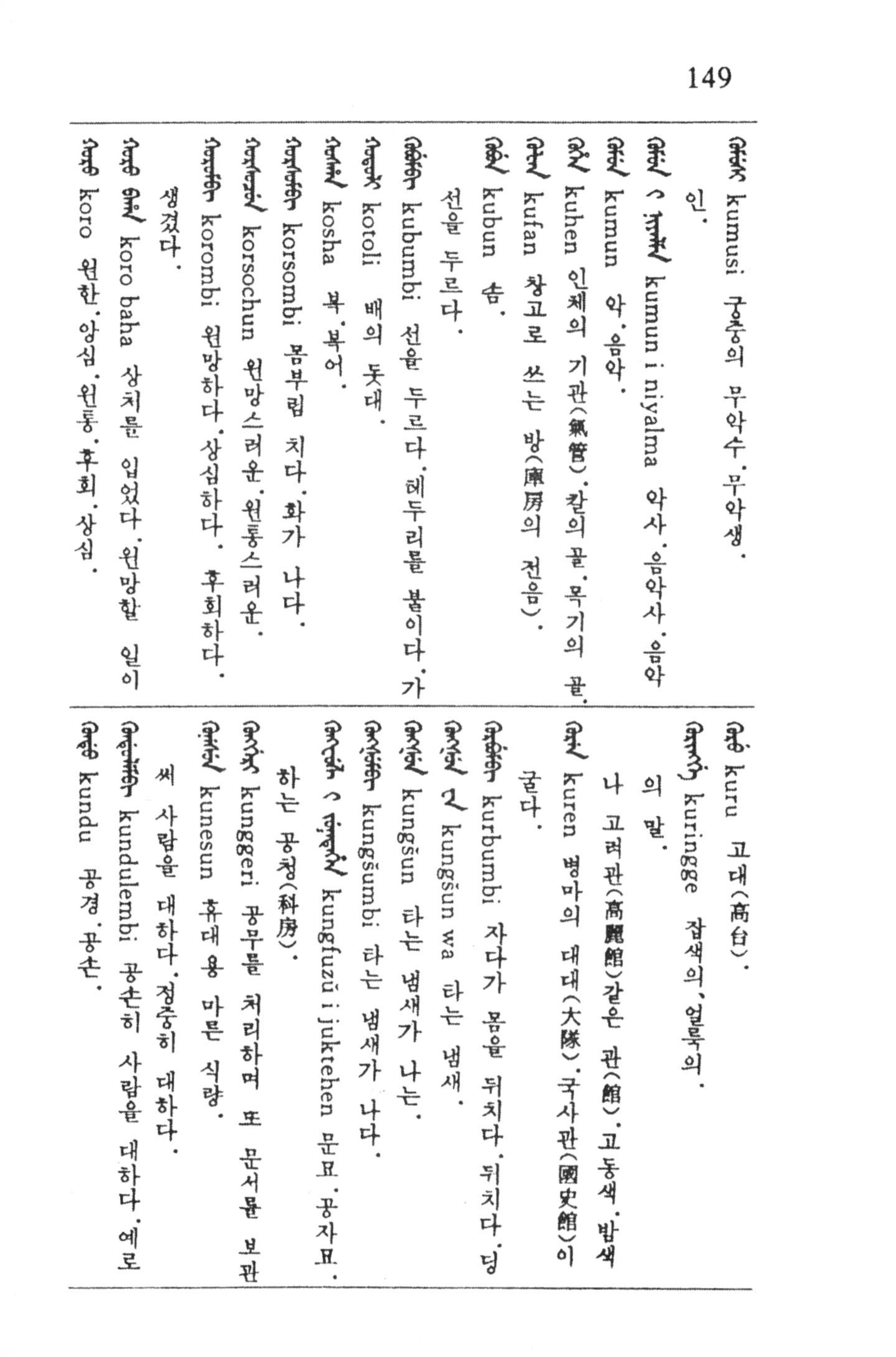

kumusi 궁중의 무악수·무악생·
인·
kumun i niyalma 악사·음악사·음악
kumun 악·음악·
kuhen 인체의 기관(氣管)·칼의 끝·목기의 끝·
kufan 창고로 쓰는 방(庫房의 전음)·
kubun 솜·
선을 두르다·
kubumbi 선을 두르다·테두리를 붙이다·가
kotoli 배의 돛대·
kosha 북·복어·
korsombi 몸부림 치다·화가 나다·
korsochun 원망스러운·원통스러운·
korombi 원망하다·상심하다· 후회하다·
생겼다·
koro baha 상처를 입었다·원망할 일이
koro 원한·앙심·원통·후회·상심·

kuru 고대(高台)·
kuringge 잡색의·얼룩의·
의 말·
나 고려관(高麗館)같은 관(館)·고동색·밥색
kuren 병마의 대대(大隊)·국사관(國史館)이
굽다·
kurbumbi 자다가 몸을 뒤치다·뒤치다·딩
kungšun wa 타는 냄새·
kungšun 타는 냄새가 나는·
kungšumbi 타는 냄새가 나다·
kungfuzū i juktehen 문묘·공자묘·
하는 공청(科房)·
kunggeri 공무를 처리하며 또 문서를 보관
kunesun 휴대용 마른 식량·
써 사람을 대하다·정중히 대하다·
kundulembi 공손히 사람을 대하다·예로
kundu 공경·공손·

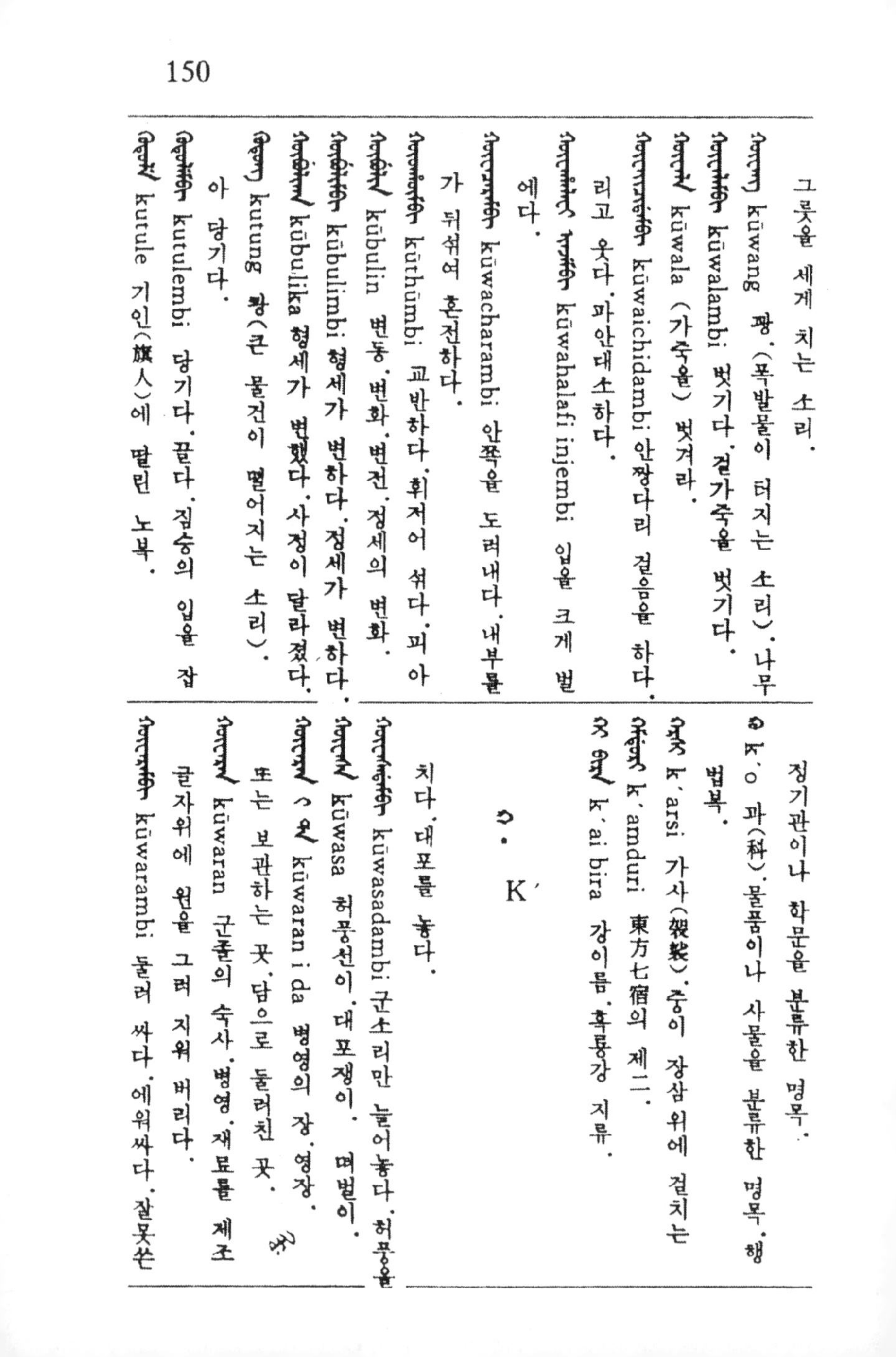

그릇을 세게 치는 소리.
kūwang 꽝.(폭발물이 터지는 소리).나무
kūwalambi 벗기다.겉가죽을 벗기다.
kūwala (가죽을) 벗겨라.
kūwaichidambi 안짱다리 걸음을 하다.
리고 웃다.파안대소하다.
kūwahalafi injembi 입을 크게 벌
에다.
kūwacharambi 안쪽을 도려내다.내부를
가 뒤섞여 혼전하다.
kūthūmbi 교반하다.휘저어 섞다.피아
kūbulin 변동.변화.변전.정세의 변화.
kūbulimbi 형세가 변하다.정세가 변하다.
kūbulika 형세가 변했다.사정이 달라졌다.
kutung 쾅(큰 물건이 떨어지는 소리).
아 당기다.
kutulembi 당기다.끌다.짐승의 입을 잡
kutule 기인(旗人)에 딸린 노복.

징기관이나 학문을 분류한 명목.
k'o 과(科).물품이나 사물을 분류한 명목.행
법복.
k'arsi 가사(袈裟).중이 장삼위에 걸치는
k'amduri 東方七宿의 제二.
k'ai bira 강이름.흑룡강 지류.

K'

치다.대포를 놓다.
kūwasadambi 군소리만 늘어놓다.허풍을
kūwasa 허풍선이.대포쟁이. 떠벌이.
kūwaran i da 병영의 장.영장.
또는 보관하는 곳.담으로 둘러친 곳.
kūwaran 군졸의 숙사.병영.재료를 제조
글자위에 원을 그려 지워 버리다.
kūwarambi 둘러 싸다.에워싸다.잘못쓴

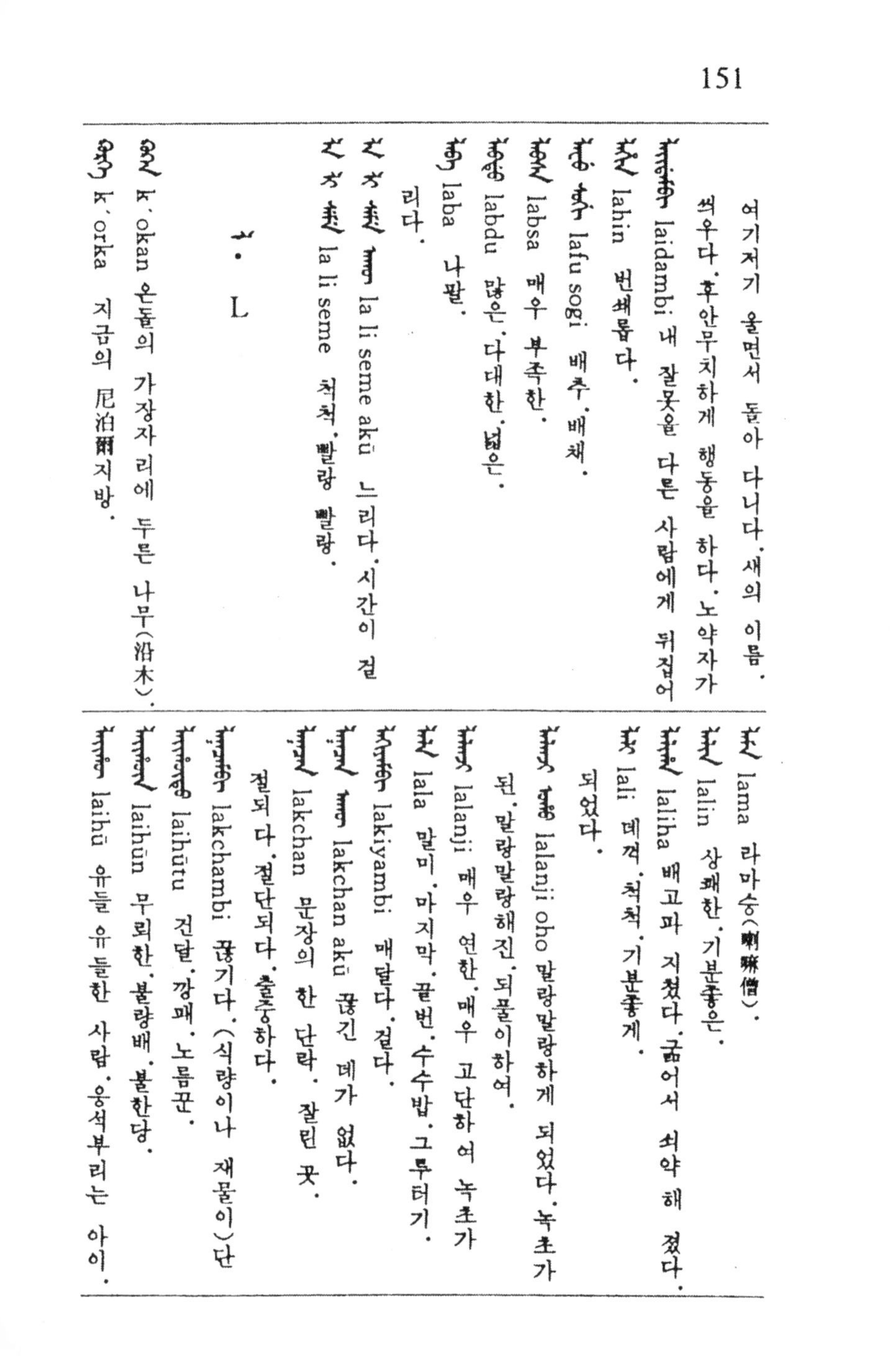

어기저기 울면서 돌아 다니다. 새의 이름.

싸우다. 후안무치하게 행동을 하다. 노약자가

laidambi 내 잘못을 다른 사람에게 뒤집어

lahin 번쇄롭다.

lafu sogi 배추. 배채.

labsa 매우 부족한.

labdu 많은. 다대한. 넓은.

laba 나팔.

리다.

la li seme akū 느리다. 시간이 걸

la li seme 척척. 빨랑 빨랑.

L

k'okan 온돌의 가장자리에 두른 나무(沿木).

k'orka 지금의 尼泊爾지방.

lama 라마승(喇嘛僧).

lalin 상쾌한. 기분좋은.

laliha 배고파 지쳤다. 굶어서 쇠약해 졌다.

lali 데꺽. 척척. 기분좋게.

되었다.

lalanji oho 말랑말랑하게 되었다. 녹초가

된. 말랑말랑해진. 되풀이하여.

lalanji 매우 연한. 매우 고단하여 녹초가

lala 말미. 마지막. 끝번. 수수밥. 그루터기.

lakiyambi 매달다. 걸다.

lakchan akū 끊긴 데가 없다.

lakchan 문장의 한 단락. 잘린 곳.

절되다. 절단되다. 출중하다.

lakchambi 끊기다. (식량이나 재물이)단

laihūtu 건달. 깡패. 노름꾼.

laihūn 무뢰한. 불량배. 불한당.

laihū 유들유들한 사람. 웅석부리는 아이.

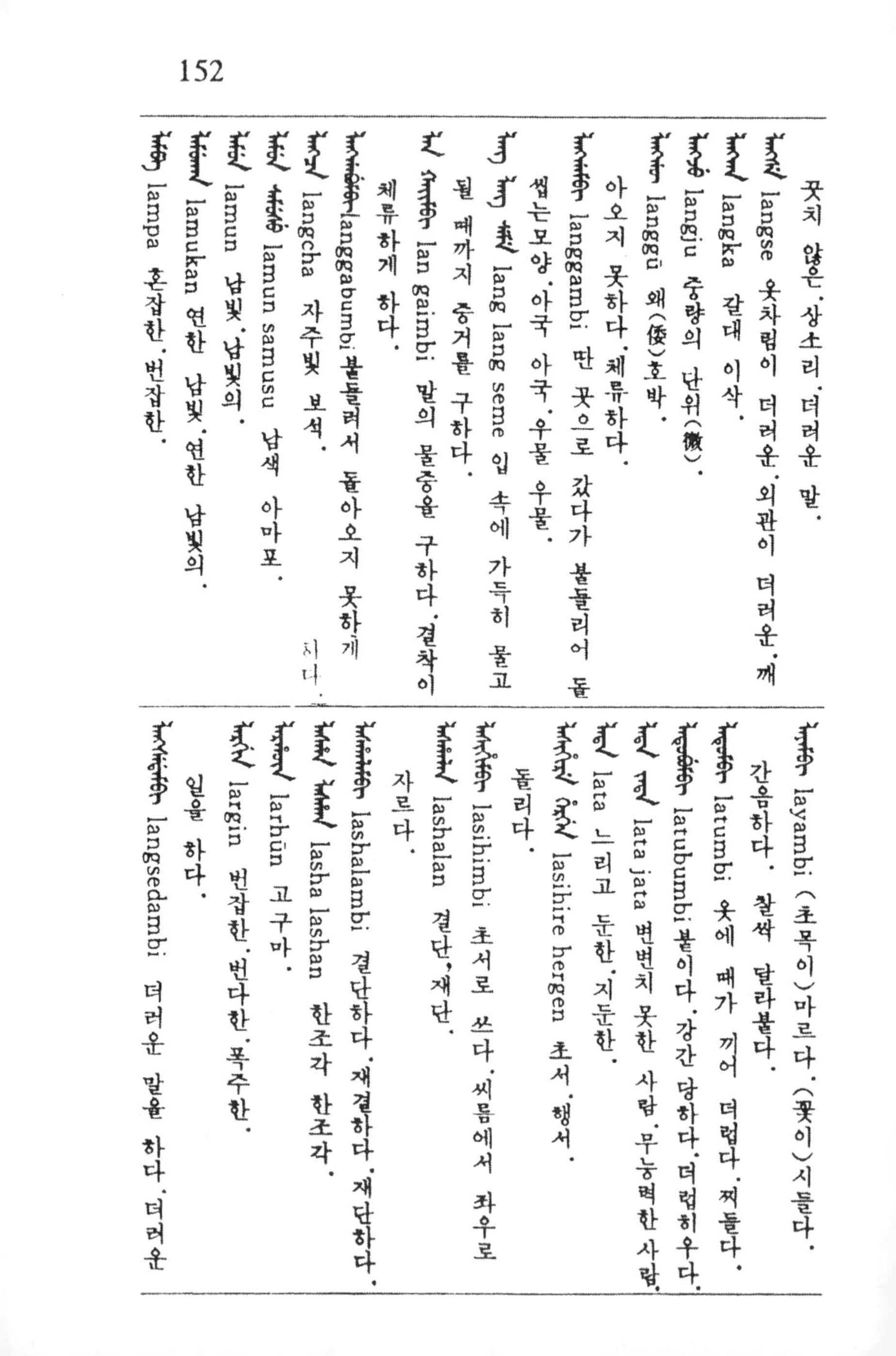

꿋치 않은 상소리 더러운 말.

langse 옷차림이 더러운 외관이 더러운 깨

langka 갈대 이삭.

langju 중량의 단위(微).

langgū 왜(倭)호박.

아오지 못하다 체류하다.

langgambi 딴 곳으로 갔다가 붙들리어 돌

쉽는모양 아국 아국 우물 우물.

lang lang seme 입 속에 가득히 물고

될 때까지 증거를 구하다.

lan gaimbi 말의 물증을 구하다 결착이

체류하게 하다.

langgabumbi 붙들려서 돌아오지 못하게 치다.

langcha 자주빛 보석.

lamun samusu 남색 아마포.

lamun 남빛 남빛의.

lamukan 연한 남빛 연한 남빛의.

lampa 혼잡한 번잡한.

layambi (초목이)마르다 (꽃이)시들다.

간음하다. 찰싹 달라붙다.

latumbi 옷에 때가 끼어 더럽다 찌들다.

latubumbi 붙이다 강간 당하다 더럽히우다.

lata jata 변변치 못한 사람 무능력한 사람.

lata 느리고 둔한 지둔한.

lasihire hergen 초서 행서.

돌리다.

lasihimbi 초서로 쓰다 씨름에서 좌우로

lashalan 결단 재단.

자르다.

lashalambi 결단하다 재결하다 재단하다.

lasha lashan 한조각 한조각.

larhūn 고구마.

largin 번잡한 번다한 폭주한.

같을 하다.

langsedambi 더러운 말을 하다 더러운

lebderekebi 아련해졌다·멍해졌다.

lefu 곰.

lehele 사생아.

lehembi 재결에 불복하여 상소하다·다시 상고하다·다시 다투어 청구하다·후회하다.

lekderekebi 봉두난발의.

li 수량의 단위·厘(毫厘의 厘).

leke 숫돌.

lekembi 칼을 갈다·칼을 숫돌에 갈다.

leolembi 의논하다·담론하다.

leolen 논문·담론·의논.

leose 다락·누각·성루.

lifa (적진 속에)깊이 들어 가서·화살이 깊이 들어 맞아·깊이 쳐들어 갔다.

lifahan 진창·수렁.

lifambi 수렁에 빠지다.

lioi 율려(律呂)·음악의 가락·음률.

loho 허리에 차는 칼·허리에 차고 호신 전투용으로 쓰는 칼.

lomi 묵은 쌀(老米).

lomikte 보석이름(碟子).

long long seme 닥치는 대로 짖거리는

longkon 징(鑼).

longsimbi 함부로 말하다·망언하다·망담하다.

loo 감옥·형무소.

loo be tuwakiyara niyalma 옥졸·간수.

lorin 노새. 라고도 함.

lohobumbi 크게 괴로워 하다·몹시 쪼들리다.

luku 털이 짙은·털이 많은·초목이 빽빽한·모충(毛虫).

lulu 범용한 자·녹녹한 자·담이 작고 평범한 자.

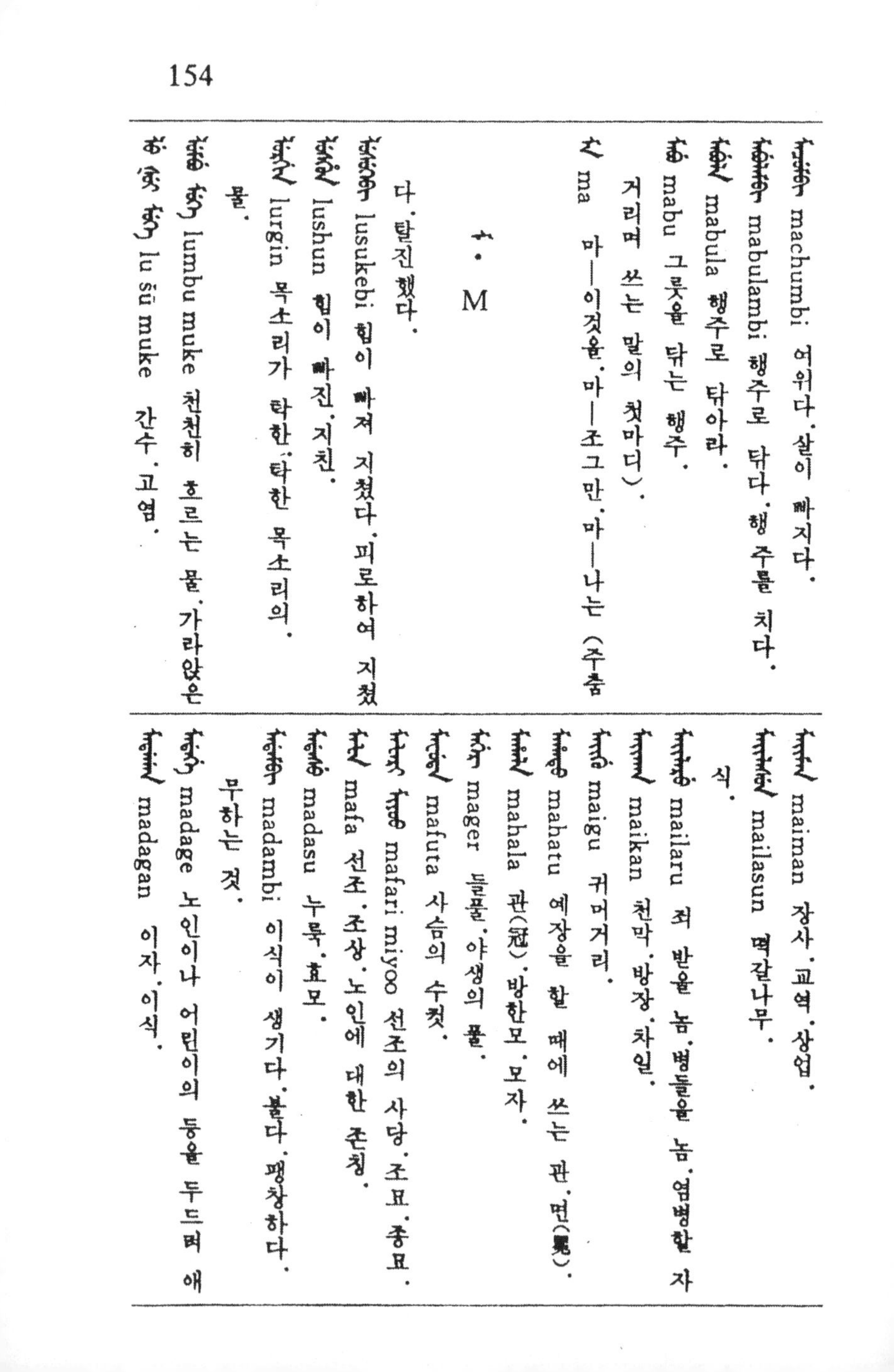

lu sū muke 간수·고염·

lumbu muke 천천히 흐르는 물·가라앉은 물·

lurgin 목소리가 타한·타한 목소리의·

lushun 힘이 빠진·지친·

lusukebi 힘이 빠져 지쳤다·피로하여 지쳤다·탈진했다·

M

ma 마—이것을·마—조그만·마—나는 (주춤거리며 쓰는 말의 첫마디)·

mabu 그릇을 닦는 행주·

mabula 행주로 닦아라·

mabulambi 행주로 닦다·행 주를 치다·

machumbi 여위다·살이 빠지다·

madagan 이자·이식·

madage 노인이나 어린이의 등을 두드며 애무하는 것·

madambi 이식이 생기다·붇다·팽창하다·

madasu 누룩·효모·

mafa 선조·조상·노인에 대한 존칭·

mafari miyoo 선조의 사당·조묘·종묘·

mafuta 사슴의 수컷·

mager 들물·야생의 풀·

mahala 관(冠)·방한모·모자·

mahatu 예장을 할 때에 쓰는 관·면(冕)·

maigu 귀머거리·

maikan 천막·방장·차일·

mailaru 죄 받을 놈·병들을 놈·염병할 자식·

mailasun 측갈나무·

maiman 장사·교역·상업·

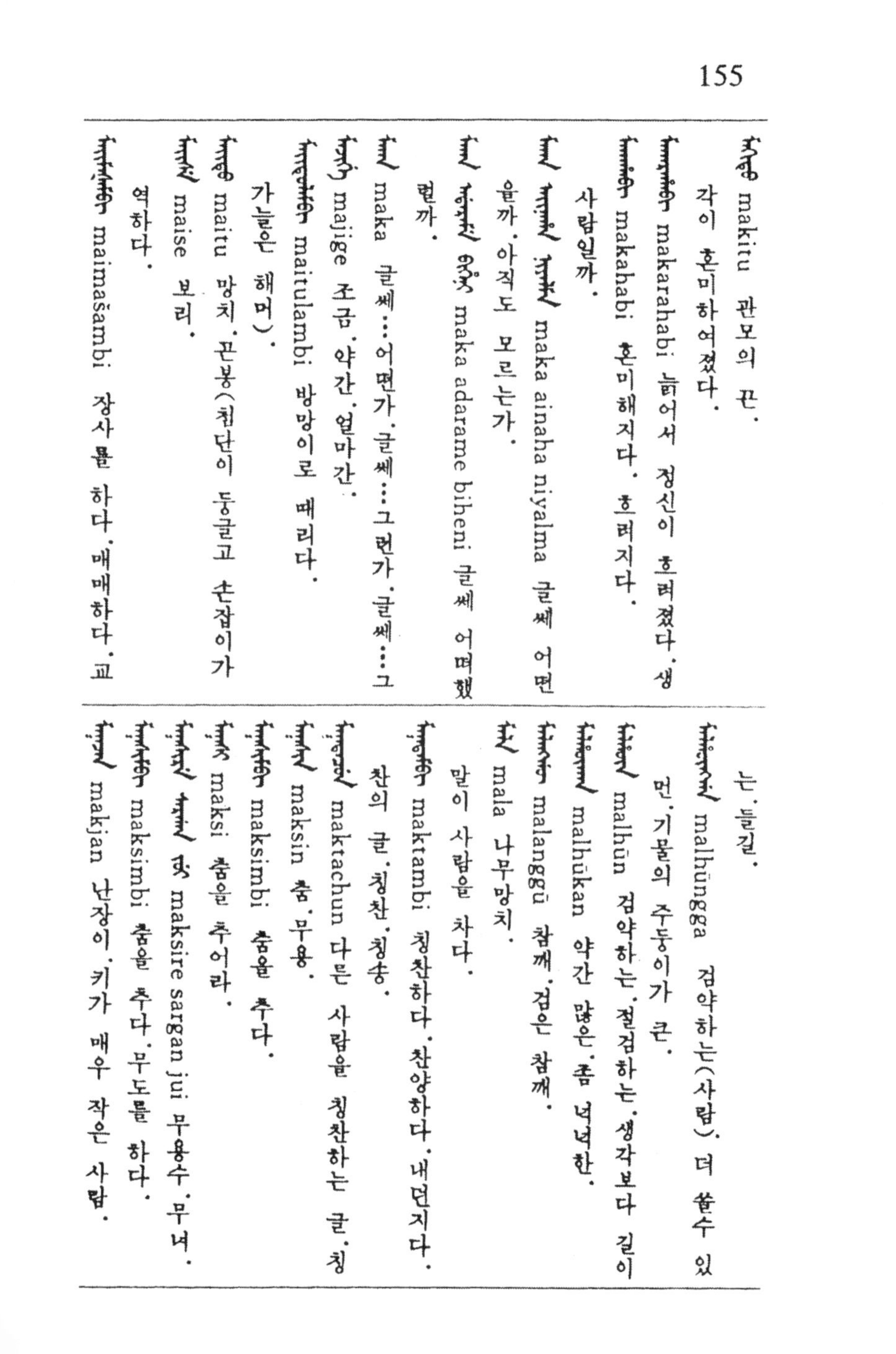

makitu 관모의 끈.
각이 혼미하여졌다.

makarahabi 늙어서 정신이 흐려졌다. 생

makahabi 혼미해지다. 흐려지다.
사람일까.

maka ainaha niyalma 글쎄 어떤
을까. 아직도 모르는가.

maka adarame biheni 글쎄 어떠했
련까.

maka 글쎄…어떤가. 글쎄…그런가. 글쎄…그

majige 조금. 약간. 얼마간.

maitulambi 방망이로 때리다.
가늘어 해머).

maitu 망치. 곤봉(취단이 둥글고 손잡이가

maise 보리.
여하다.

maimašambi 장사를 하다. 매매하다. 교

는. 들길.

malhūngga 검약하는(사람). 더 쓸수 있

먼. 기물의 주둥이가 큰.

malhūn 검약하는. 절검하는. 생각보다 길이

malhūkan 약간 많은. 좀 넉넉한.

malanggū 참깨. 검은 참깨.

mala 나무망치.
말이 사람을 차다.

maktambi 칭찬하다. 찬양하다. 내던지다.
찬의 글. 칭찬. 칭송.

maktachun 다른 사람을 칭찬하는 글. 칭

maksin 춤. 무용.

maksimbi 춤을 추다.

maksi 춤을 추어라.

maksire sargan jui 무용수. 무녀.

maksimbi 춤을 추다. 무도를 하다.

makjan 난장이. 키가 매우 작은 사람.

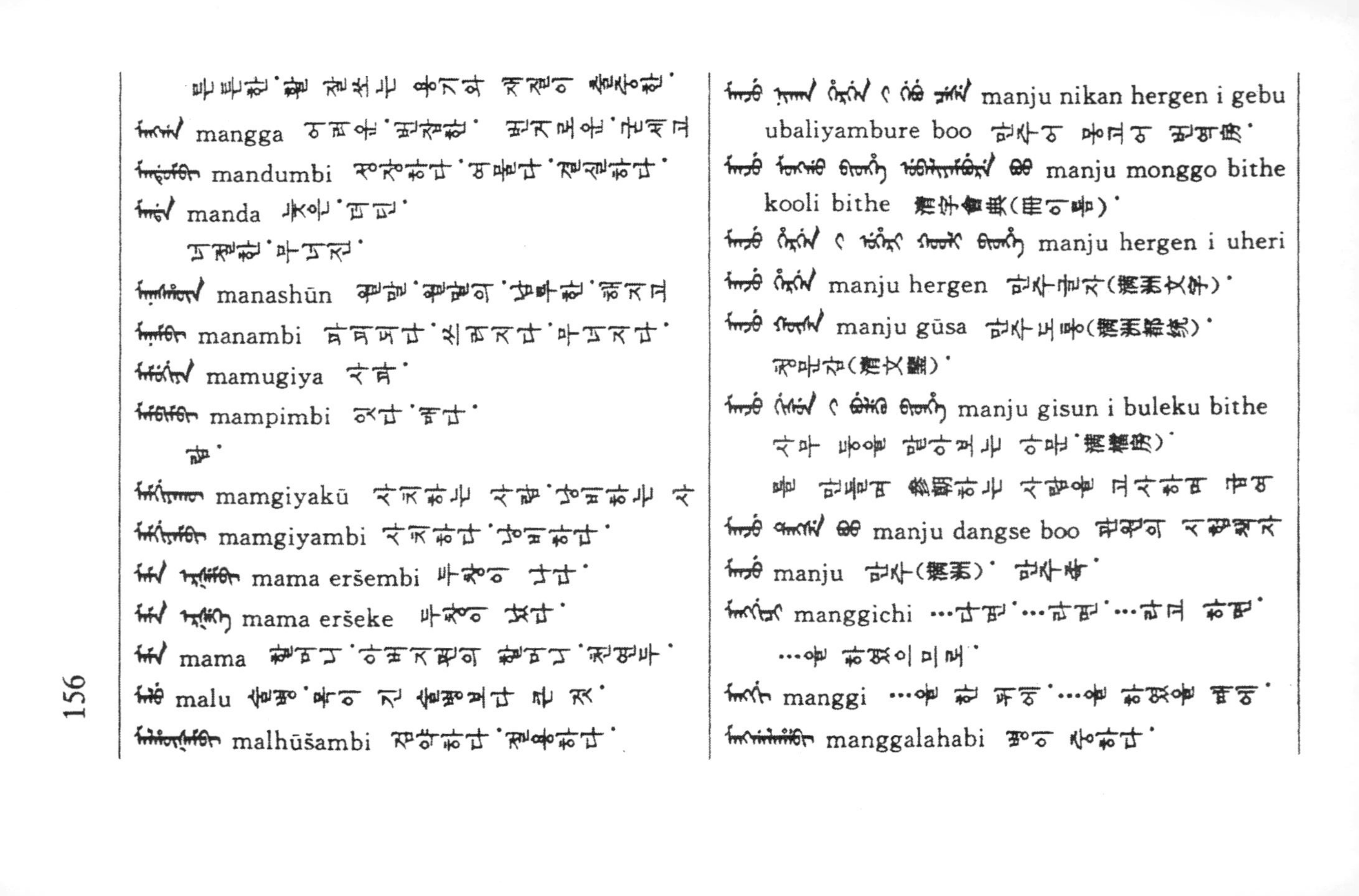

malhūšambi 검약하다·절용하다.

malu 술병·목이 긴 술병보다 큰 것.

mama 할머니·아버지편의 할머니·천연두.

mama eršeke 두창이 났다.

mama eršembi 두창이 나다.

mamgiyambi 사치하다·낭비하다.

mamgiyakū 사치하는 사람·낭비하는 사람.

mampimbi 잇다·매다.

mamugiya 사파.

manambi 파피되다·쓰러지다·무너지다.

manashūn 월말·월말의·남루한·해지고 너절한·무너진.

manda 늙은·더딘.

mandumbi 성장하다·여물다·결실하다.

mangga 어려운·번잡한· 번거로운·굳세고 튼튼한·활 잘쏘는 용기와 재질이 출중한.

manggalahabi 병이 중하다.

manggi …을 한 뒤에·…을 하였을 때에. …을 하였으므로.

manggichi …다면·…라면·…라고 하면.

manju 만주(滿洲)·만주족.

manju dangse boo 만주당안의 시험책자를 만들며 參朝하는 사람을 고사하며 급여 사무 등을 맡아보는 아문·滿檔房.

manju gisun i buleku bithe 청문감(清文鑑).

manju gūsa 만주도통(滿洲都統).

manju hergen 만주글자(滿洲文字).

manju hergen i uheri kooli bithe 清字會典(책이름).

manju monggo bithe ubaliyambure boo 만주어 몽고어 번역房.

manju nikan hergen i gebu

masilame 콱·힘껏·

mase usiha 호도·

mase 마마 자국·두흔·

maru 어군·물고기의 떼·

marin 되돌아오는 것·복귀·회귀·

딱지가 생기기 시작하다·

marimbi 되돌아가다·되돌아오다·마마의

maribumbi 돌아오게 하다·

mari 회(回)·번·되돌아가(와)· 돌아가(와)·

maratambi 약간 사양하다·좀 거부하다·

marambi 사양하다·거부하다·

배우다·

manjurambi 만주어를 말하다·만주어를

lere kuren 만주씨족通譜館·

-jusai mukūn hala be uheri ejehe bithe wei-

man

chese 滿漢名冊·

완전한 것이로 만들다·

meijebumbi 바수다·부수다·깨뜨려서 불

어지다·어깨에 메다·

meiherembi 스스로 떠맡다·담임하다·짊

meihengge aniya 뱀의 해(巳年)·

meihe biya 음력 四月·巳月·

meihe 뱀·十二支의 뱀(巳)·

meifen 목·모가지·

meifehe 산비탈·고개·

medesi 소식을 전하는 사람·

물 따라·

mederi jakarame 해안을 따라·바닷가

縣)·

mederi hoton hiyan 해성현(海城

mederi 바다·해양·

medege 소식·편지·

me 맥(脈)·

mayambi 일이 없어지다·재앙이 소멸하다·

meihetu 칠성장어. 장어.

meihetu hengke 수세미외.

meijembi 부서지다. 깨뜨려지다. 불완전하게 되다.

meilembi (죽인 짐승의 뼈를 산산이) 토막내다. 쪼개다. 빠개다.

meimeni 각자. 각각. 제각기.

meiren 몰이사냥의 중심의 큰 깃발. 좌우에 서는 깃발의 위치. 사람의 어깨. 염주의 모주의 부옥(副玉).

meiren i janggin 부도통(副都统).

meite 재단하라. 절단하라.

meitembi 베어서 따도려내다. 절단하다. 갈라서 갖추다.

mejige 소식을 전하는 사람. 소식. 편지.

mejige gaimbi 소식을 듣다. 소식을 구하다.

mejigele 소식을 들어라. 형편을 더듬어 보아라. 소식을 구하라.

mejigelembi 소식을 듣다. 소식을 구하다. 형편을 더듬다.

mekele 헛되이. 덧없이. 허무하게. 멍청하게.

mekeni 하모니카. 입으로 부는 작은 악기.

mektembi 승부를 겨루다. 금품을 걸다. 금품을 걸고 내기를 하다.

melebumbi 가축에게 물을 먹이게 하다. 실수하다. 떨구다. 유루하다.

melembi 짐승이 아랫쪽으로 기는 듯이 가다. 가축에게 물을 먹이다.

melerjembi 무서워 피하다.

meme eniye 유모.

memeniye 유모. 고귀한 아이의 유모.

memerembi 구애(拘礙)하다. 어메이다. 탐하다.

memeršembi 암중모색하다.

menchi 우리보다. 우리들로부터. 우리들에 비하여.

mende 우리들에. 우리들에게.

mene 과연. 역시 생각한 바와 같이.

menerembi 멍청해지다. 감각이 무디다. 마비되다.

meng zü bithe 맹자(孟子). 책이름.

menggun 은.

menggun guilehe 은행.

menggun i namun 여러 관청의 은전을 저장하는 창고.

menggun i guise 은을 넣어 두는 궤.

mengse 제사 때에 옷걸이로 쓰는 휘장. 온돌방을 막는데 쓰는 간막이.

meni 우리들의. 저희들의.

meni meni 각자 각자. 나름대로.

meningge 우리들의것. 저희들의것.

menji 순무. 무청.

mentehe 이빨이 빠진.

mentu 만두.

mentuhudembi 미련한 행동을 하다. 우매한 짓을 하다.

mentuhun 미련한. 우매한.

mentuhurembi 미련한 말을 하다.

mere 메밀.

mergen 수렵의 달인. 지자(智者). 현인.

mergen hehe 正從三품관의 부인. 淑夫人.

meye 매부. 아랫동서.

meyen 군졸의 대오. 一대. 문장의 절. 一절. 한 매거리. 행려자의 무리.

meyen meyen 일대 일대로. 일단 일단이로. 일대 일대의. 일절 일절로.

michihiyan 물이 얕다. 마음이 얕다. 마음이 좁다.

miningge 나의 것. 내 것.
mini 나의.
minggatu 무관의 이름. 천총(千總).
minggata 천 마다. 천번마다. 매千.
minggachi 천번째. 제千. 千부터. 千에서.
minggan tumen 천만(千万).
minggan 천(千). (수사).
minde 나에게. 나의 곳에.
minchi 나로부터. 나보나. 나에 비하여.
mimimbi 입을 다물다. 함구하다.
mimbe 나를. 나로 하여금.
　나다. 멀찌막이 열다.
milarambi 멀찌가니 피하다. 멀찌감치 떠
mikchan 사향노루.
mihan 새끼 돼지. 어린 돼지.
michumbi 기다. 배를 대고 앞으로 가다.

　에 장식하는 용품.
miyamjgan 귀걸이 목걸이 등 부인의 두부
miyalin 부피.
　(부피) 측량하다.
miyalimbi 달다(중량). 재다(높이). 되다
miyalikū 뇌관(雷管).
miyahū 사향노루.
misuru 된장빛. 적갈색.
misun 된장.
mishambi 몸을 피하다. 비키다.
mishalambi 먹줄을 치다.
　도. 이단.
miosihon tachin 사술(邪術). 사교. 사
miosihon 바르지 못한. 부정한. 사악한.
　한 행동을 하다.
miosihodombi 사악한 것을 하다. 간사

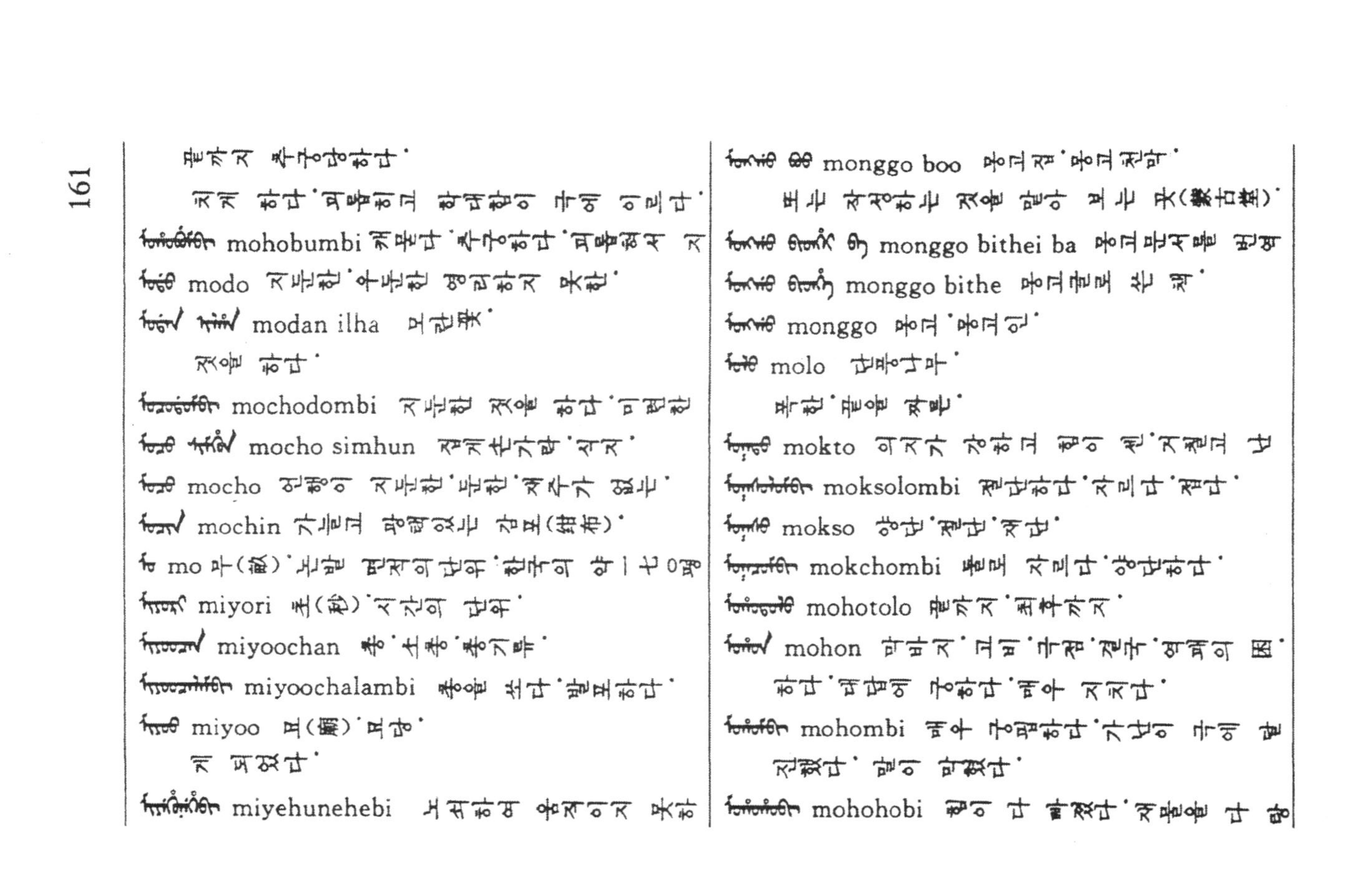

miyehunehebi 노쇠하여 움직이지 못하게 되었다.

miyoo 묘(廟). 묘당.

miyoochalambi 총을 쏘다. 발포하다.

miyoochan 총. 소총. 총기류.

miyori 초(秒). 시간의 단위.

mo 무(畝). 논밭 면적의 단위. 한국의 약 一七0평

mochin 가늘고 광택있는 감포(紺布).

mocho 언행이 지둔한. 둔한. 재주가 없는.

mocho simhun 집게손가락. 식지.

mochodombi 지둔한 짓을 하다. 미련한 짓을 하다.

modan ilha 모란꽃.

modo 지둔한. 우둔한. 영리하지 못한.

mohobumbi 캐묻다. 추궁하다. 괴롭혀서 지치게 하다. 괴롭히고 학대함이 극에 이르다. 끝까지 추궁당하다.

mohohobi 힘이 다 빠졌다. 재물을 다 탕진했다. 말이 막혔다.

mohombi 매우 궁핍하다. 가난이 극에 달하다. 대답에 궁하다. 매우 지치다.

mohon 막바지. 고비. 극점. 결국. 역패의 困.

mohotolo 끝까지. 최후까지.

mokchombi 둘로 자르다. 양단하다.

mokso 양단. 절단. 재단.

moksolombi 절단하다. 자르다. 접다.

mokto 의지가 강하고 힘이 센. 거칠고 난폭한. 끝을 짜른.

molo 단풍나무.

monggo 몽고. 몽고인.

monggo bithe 몽고글로 쓴 책.

monggo bithei ba 몽고문서를 번역 또는 작성하는 것을 맡아 보는 곳(蒙古堂).

monggo boo 몽고집. 몽고천막.

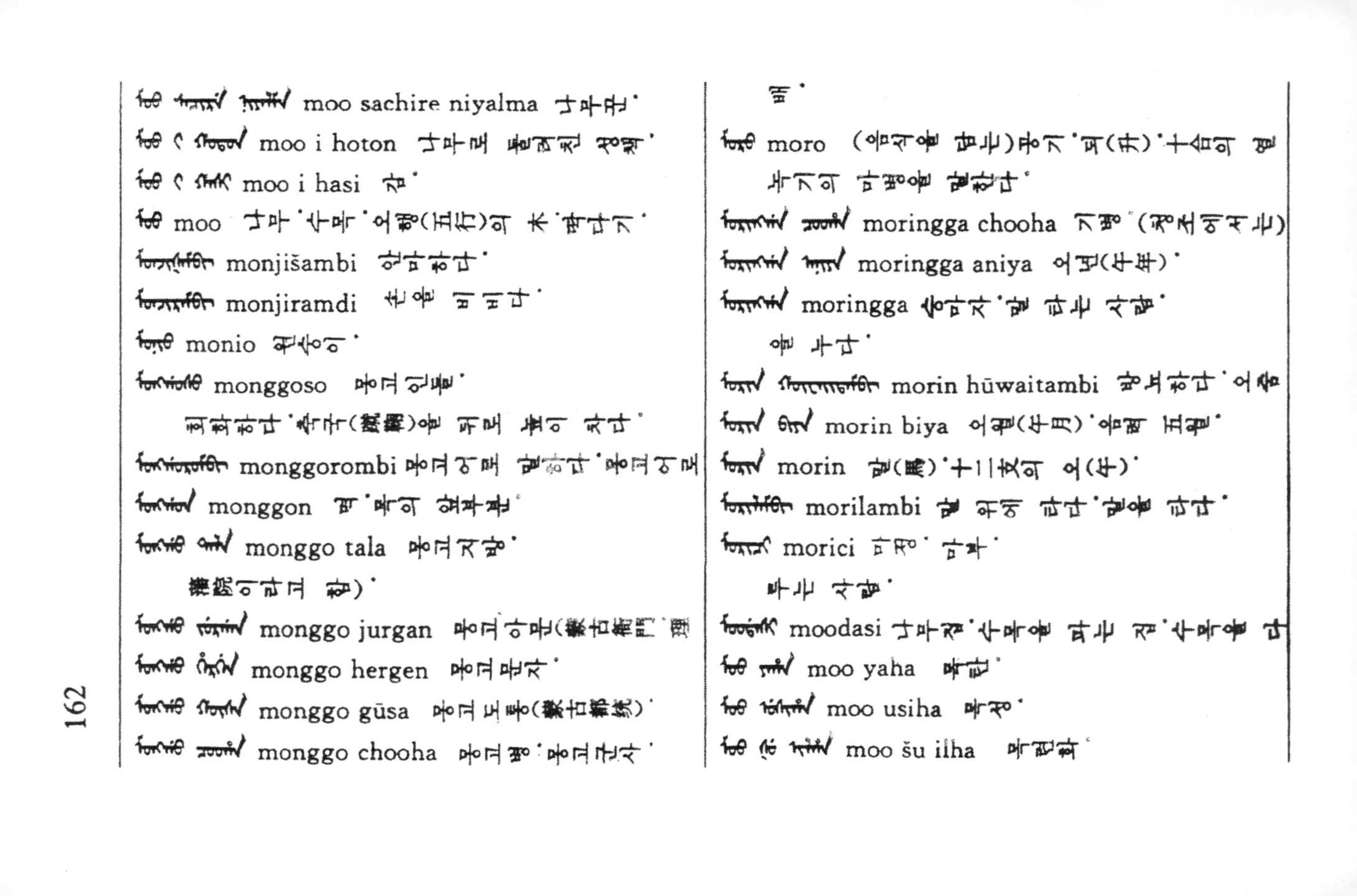

moo sachire niyalma 나무꾼.
moo i hoton 나무로 둘러친 성책.
moo i hasi 감.
moo 나무. 수목. 오행(五行)의 木. 딱다기.
monjišambi 안마하다.
monjiramdi 손을 비비다.
monio 원숭이.
monggoso 몽고인들.
　회화하다. 축국(蹴鞠)을 뒤로 높이 차다.
monggorombi 몽고어로 말하다. 몽고어로
monggon 뻐. 목의 앞부분.
monggo tala 몽고지방.
　藩院이라고 함).
monggo jurgan 몽고아문(蒙古衙門. 理
monggo hergen 몽고문자.
monggo gūsa 몽고도통(蒙古都統).
monggo chooha 몽고병. 몽고군사.

　배.
moro (음식을 담는)공기. 되(升). 十合의 열
　누기의 마뻥을 말한다.
moringga chooha 기병. (청조에서는)
moringga aniya 오년(午年).
moringga 승마자. 말 타는 사람.
　을 누다.
morin hūwaitambi 방뇨하다. 오줌
morin biya 오월(午月). 음력 五월.
morin 말(馬). 十二支의 오(午).
morilambi 말 위에 타다. 말을 타다.
morici 마정. 마부.
　부는 사람.
moodasi 나무집. 수목을 파는 집. 수목을 다
moo yaha 목탄.
moo usiha 목성.
moo šu ilha 목련화.

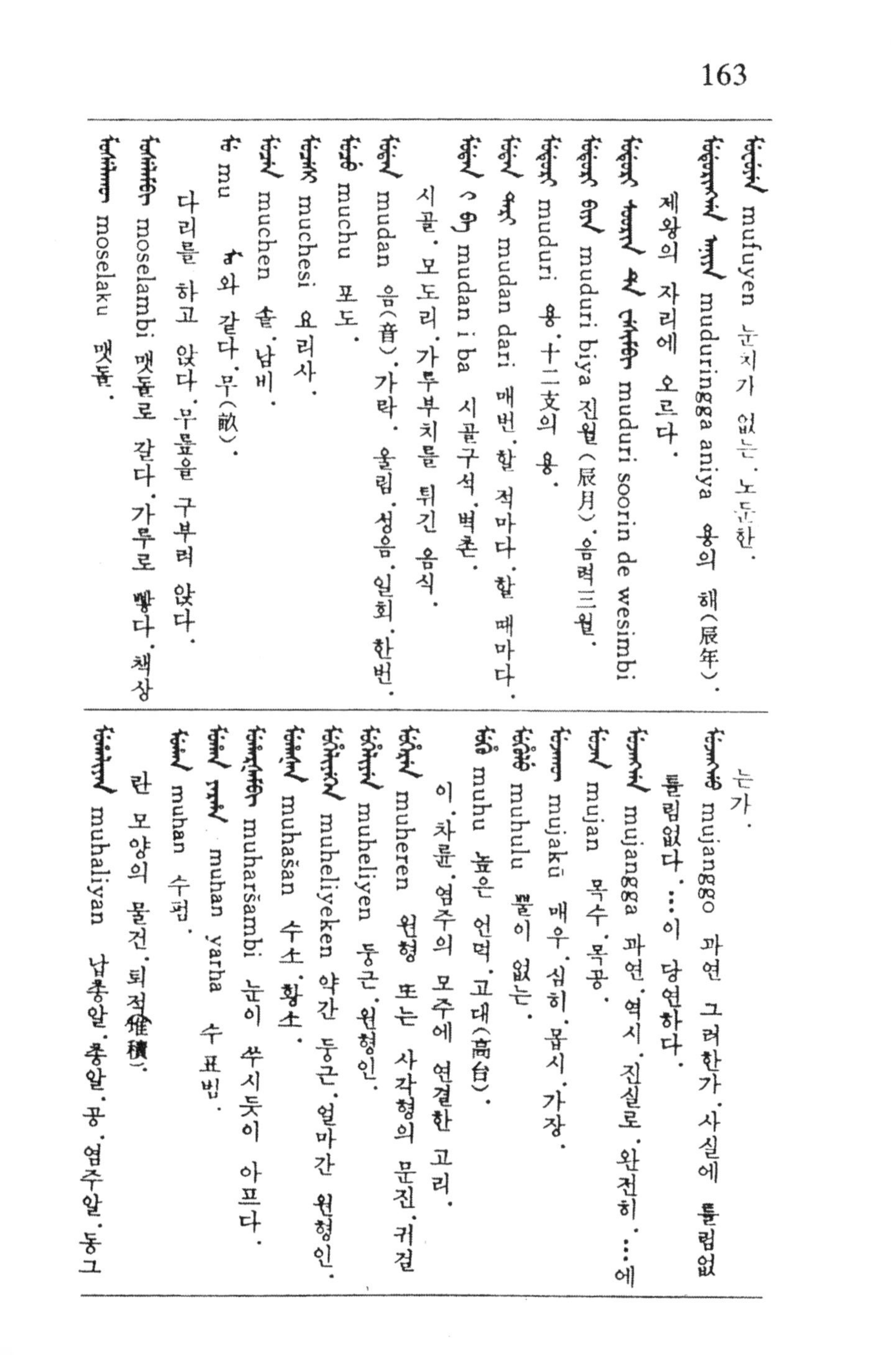

mufuyen 눈치가 없는·노둔한·

muduringga aniya 용의 해(辰年)·
제왕의 자리에 오르다·

muduri soorin de wesimbi

muduri biya 진월(辰月)·음력三월·

muduri 용·十二支의 용·

mudan dari 매번·할 적마다·할 때마다·

mudan i ba 시골구석·벽촌·
시골·모도리·가루부치를 튀긴 음식·

mudan 음(音)·가락·울림·성음·일회·한번·

muchu 포도·

muchesi 요리사·

muchen 솥·남비·

mu 와 같다·무(畝)·
다리를 하고 앉다·무릎을 구부려 앉다·

moselambi 맷돌로 갈다·가루로 빻다·책상

moselaku 맷돌·

는가·

mujanggo 과연 그러한가·사실에 틀림없
틀림없다·…이 당연하다·

mujangga 과연·역시·진실로·완전히·…에

mujan 목수·목공·

mujakū 매우·심히·몹시·가장·

muhulu 뿔이 없는·

muhu 높은 언덕·고대(高台)·
이·차륜·염주의 모주에 연결한 고리·

muheren 원형 또는 사각형의 문진·귀걸

muheliyen 둥근·원형인·

muheliyeken 약간 둥근·얼마간 원형인·

muhašan 수소·황소·

muharšambi 눈이 쑤시듯이 아프다·

muhan yarha 수표범·

muhan 수컷·
란 모양의 물건·퇴적(堆積)·

muhaliyan 납총알·총알·공·염주알·둥그

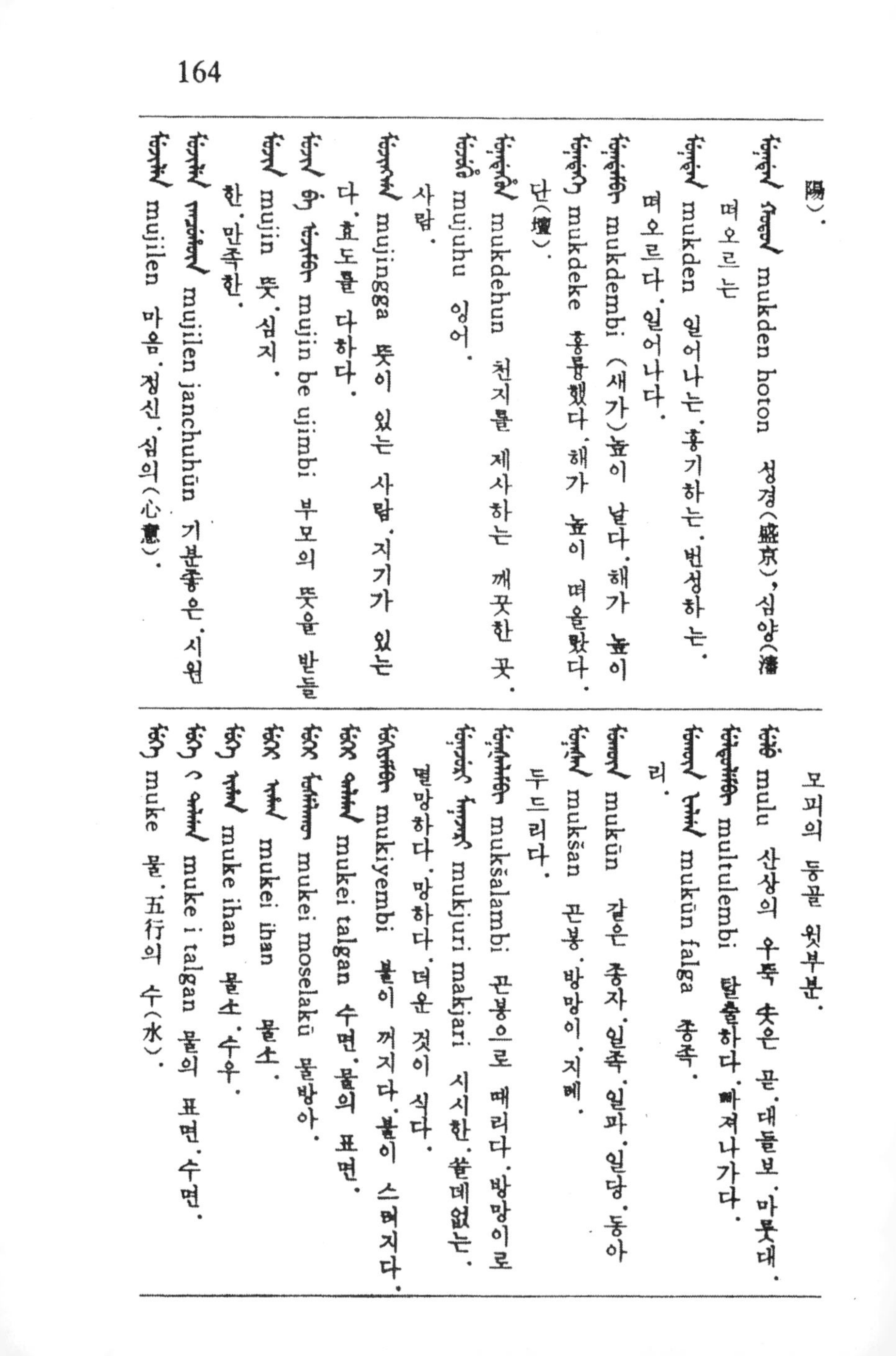

陽)·
mukden hoton 성경(盛京)·심양(瀋
떠오르는
mukden 일어나는·흥기하는·번성하는·
떠오르다·일어나다·
mukdembi (새가)높이 날다·해가 높이
mukdeke 흥륭했다·해가 높이 떠올랐다·
단(壇)·
mukdehun 천지를 제사하는 깨끗한 곳·
mujuhu 잉어·
사람·
mujingga 뜻이 있는 사람·지기가 있는
다·효도를 다하다·
mujin be ujimbi 부모의 뜻을 받들
mujin 뜻·심지·
한·만족한·
mujilen janchuhūn 기분좋은·시원
mujilen 마음·정신·심의(心意)·

모피의 등골 윗부분·
mulu 산상의 우뚝 솟은 곳·대들보·마룻대·
multulembi 탈출하다·빠져나가다·
mukūn falga 종족·
리·
mukūn 같은 종자·일족·일파·일당·동아
mukšan 곤봉·방망이·지레·
두드리다·
mukšalambi 곤봉이로 때리다·방망이로
mukjuri makjari 시시한·쓸데없는·
멸망하다·망하다·더운 것이 식다·
mukiyembi 불이 꺼지다·불이 스러지다·
mukei talgan 수면·물의 표면·
mukei moselakū 물방아·
mukei ihan 물소·
muke ihan 물소·수우·
muke i talgan 물의 표면·수면·
muke 물·五行의 수(水)·

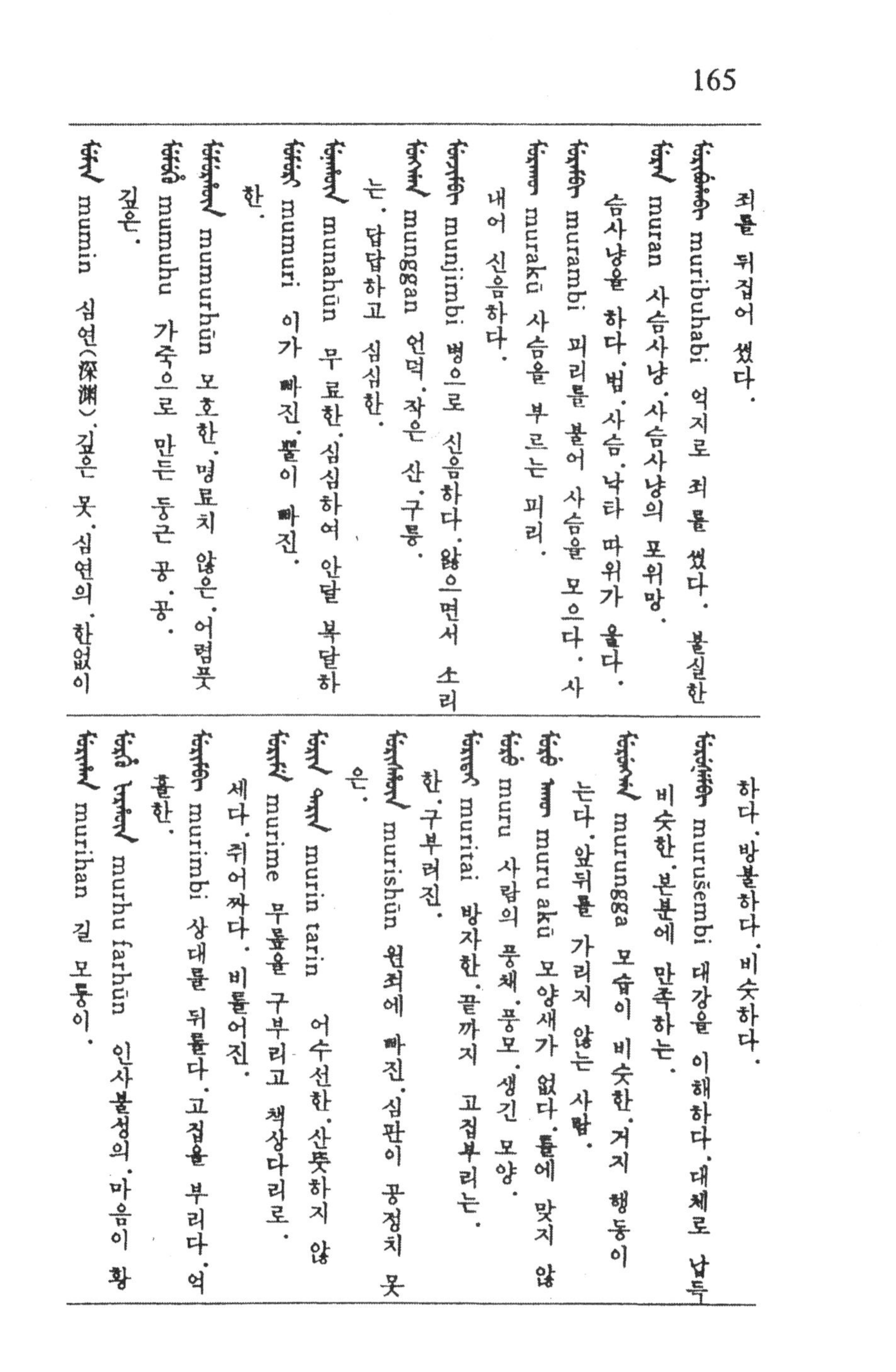

죄를 뒤집어 썼다.

muribuhabi 억지로 죄를 썼다. 불실한

muran 사슴사냥. 사슴사냥의 포위망.
　사슴사냥을 하다. 범. 사슴. 낙타 따위가 울다.

murambi 피리를 불어 사슴을 모으다. 사

murakū 사슴을 부르는 피리.
　내어 신음하다.

munjimbi 병으로 신음하다. 앓으면서 소리

munggan 언덕. 작은 산. 구릉.
　는. 답답하고 심심한.

munahūn 무료한. 심심하여 안달 복달하

numuri 이가 빠진. 뿔이 빠진.
　한.

mumurhūn 모호한. 명료치 않은. 어렴풋

mumuhu 가죽으로 만든 둥근 공. 공.
　깊은.

mumin 심연(深淵). 깊은 못. 심연의. 한없이

하다. 방불하다. 비슷하다.

murušembi 대강을 이해하다. 대체로 납득
　비슷한. 본분에 만족하는.

murungga 모습이 비슷한. 거지 행동이
　는다. 앞뒤를 가리지 않는 사람.

muru akū 모양새가 없다. 틀에 맞지 않

muru 사람의 풍채. 풍모. 생긴 모양.

muritai 방자한. 끝까지 고집부리는.
　한. 구부러진.

murishūn 원죄에 빠진. 심판이 공정치 못
　은.

murin tarin 어수선한. 산뜻하지 않

murime 무릎을 구부리고 책상다리로.
　세다. 쥐어짜다. 비틀어진.

murimbi 상대를 뒤틀다. 고집을 부리다. 억
　흍한.

murhu farhūn 인사불성의. 마음이 황

murihan 길 모퉁이.

ᠮᡠᠰᡝ muse 우리·우리들.

ᠮᡠᠰᡝᠨ musen 묘혈·무덤.

ᠮᡠᠰᡝᠩᡤᡝ musengge 우리의 것·우리들의 것·ᠮᡠᠰᡝᡳᠩᡤᡝ와 같다.

ᠮᡠᠰᡳ ᠸᡝᡥᡝ musi wehe 대리석.

ᠮᡠᡧᡠᡵᡳ mušuri 조선에서 생산하는 모시(高麗夏布).

ᠮᡠᡨᡝᠪᡠᠮᠪᡳ mutebumbi 일을 이루게 하다·잘 되게 하다.

ᠮᡠᡨᡝᠮᠪᡳ mutembi 일을 하다·잘하다·할수 있다.

ᠮᡠᡨᡝᠨ muten 예능·재주·능력·六예의 하나.

ᠮᡠᡨᡝᠨ ᠠᡴᡡ muten akū 재주가 없다·무능하다.

ᠮᡠᡨᡝᠨ ᠠᡵᠠᠮᠪᡳ muten arambi 재주 있는 척 하다.

ᠮᡠᡨᡝᡵᡝᡳ muterei 힘껏·힘을 다하여.

ᠮᡠᡨᡠᠮᠪᡳ mutumbi 자라다·성장하다·크게 자라다.

ᠮᡠᠸᠠ muwa 조잡하게 큰·조야한·변변치 않은.

ᠮᡠᠸᠠ ᠪᠣᠰᠣ muwa boso 발이 굵은 천.

ᠮᡠᠸᠠ ᡝᡩᡠᠨ ᡨᡠᠸᠠᠮᠪᡳ muwa edun tuwambi 대변을 보다·배변하다.

ᠮᡠᠸᠠᡴᠠᠨ muwakan 약간 엉성하다·약간 조잡하다.

ᠮᡠᠸᠠᡧᠠᠮᠪᡳ muwašambi 대충 만들어 내다·대충 끝내다·조야한 행동을 하다.

ᠮᡠᠶᠠ muya 짚.

ᠮᡠᠶᠠ ᠰᡠᠰᡝ muya suse 잘게 썬 짚.

ᠮᡠᠶᠠᡥᡡᠨ muyahūn 완전한·흠이 없는.

ᠮᡠᠶᠠᡥᡡᠨ ᠠᡴᡡ muyahūn akū 불완전하다·갖추지 못하다·흠이 있다.

ᠮᡠᠶᠠᠮᠪᡳ muyambi 화가 나서 말없이 거친 행동을 하다.

ᠮᡠᠶᠠᡵᡳ muyari 용안(龍眼)·과일의 일종·열매는 구형으로 껍질에 혹모양의 돌기가 있음.

ᠮᡡᠩᡤᡠ mūnggu 연소(燕巢)·제비집·연와(식용으로 한다).

nacha 처형. 아내의 언니.
한.
na usihin 땅에 물기가 있는. 땅이 축축
undu durunga tetun 경도위도를 표시한 지구의.
na i oilo hetu i
durungga tetun 위도를 표시한 지구의.
na i oilo hetu i
na i giyan 지리(地理).
모신 사당(皇祗室).
na i enduri dobon 지신(地神)을
na derbehun 땅이 질퍽퍽한.
다. 과음했다.
na bešekebi 빗물이 땅을 많이 적시었
na 땅. 토지.

N

naihū 북두칠성. ᠨᠠᡩᠠᠨ ᡠᠰᡳᡥᠠ와 같다.
nahan 온돌. 구들.
nadata 일곱씩. 각 七.
nadanju 七十.
nadanggeri 일곱번. 七회.
nadanchi 일곱번째. 제七.
nadan waliyaha 제사를 지냈다.
바쳐 제사하다.
nadan waliyambi 죽은 자에게 공물을
nadan usiha 북두칠성.
nadan biya 七월.
무덤 위에 만장을 태우는 행사.
nadan 칠(七). 재(財). 재화. 보물. 죽은 자의
nachihiyambi 위로하다. 위안하다. 달래다.
위시키다.
nachihiyabumbi 위로해 주도록 하다. 안

nanggin 부도.
nandambi 요구하다. 요청하다. 청구하다.
namusi 창고인부.
namun 재화를 보관하는 창고.
namu hūlha 해적. 바다도적.
namu angga 항구. 해항. 상추.
namu 바다. 해양. 야채의 이름.
namašan 뒤따라. 끝 뒷쫓아.
naman (의료용) 침.
namalambi 침을 놓다. 침 치료를 하다.
nakchu 외삼촌.
nakambi 관직을 물러나다. 그만두다. 쉬다.
nakabumbi 내어 쫓다. 파직되다.
nakabu 정지시켜라. 그만 두게 하라.
부드러운(사람).
nairahūn 온유한(사람). 온후한(사람).
naihūmbi 한쪽으로 기울어서 쓰러지다.

구다.
nargambi 땅을 갈다. 쇠시랑으로 땅을 일
narga 농사쟁기. 쇠시랑.
naranggi 필경. 결국은.
지 않다. 연모하다.
narambi 그리워하다. 사랑에 집착하다. 버리
대하여).
narakabi 맑고 핼쑥해졌다(귀인의 얼굴에
narachun 그리운. 생각이 나는.
narachuka 아쉽다. 가석하다.
nanturambi 더럽게 되다. 불결케 되다.
하다. 오염시키다.
nantuhūrabumbi 더럽게 하다. 불결케
nantuhūn 무정한. 더러운. 탐오한.
nanggitu choko 칠면조의 별명.
긋하게 행동하다. 어여쁨을 팔다.
nanggišambi 유화하게 동작하다. 나긋나

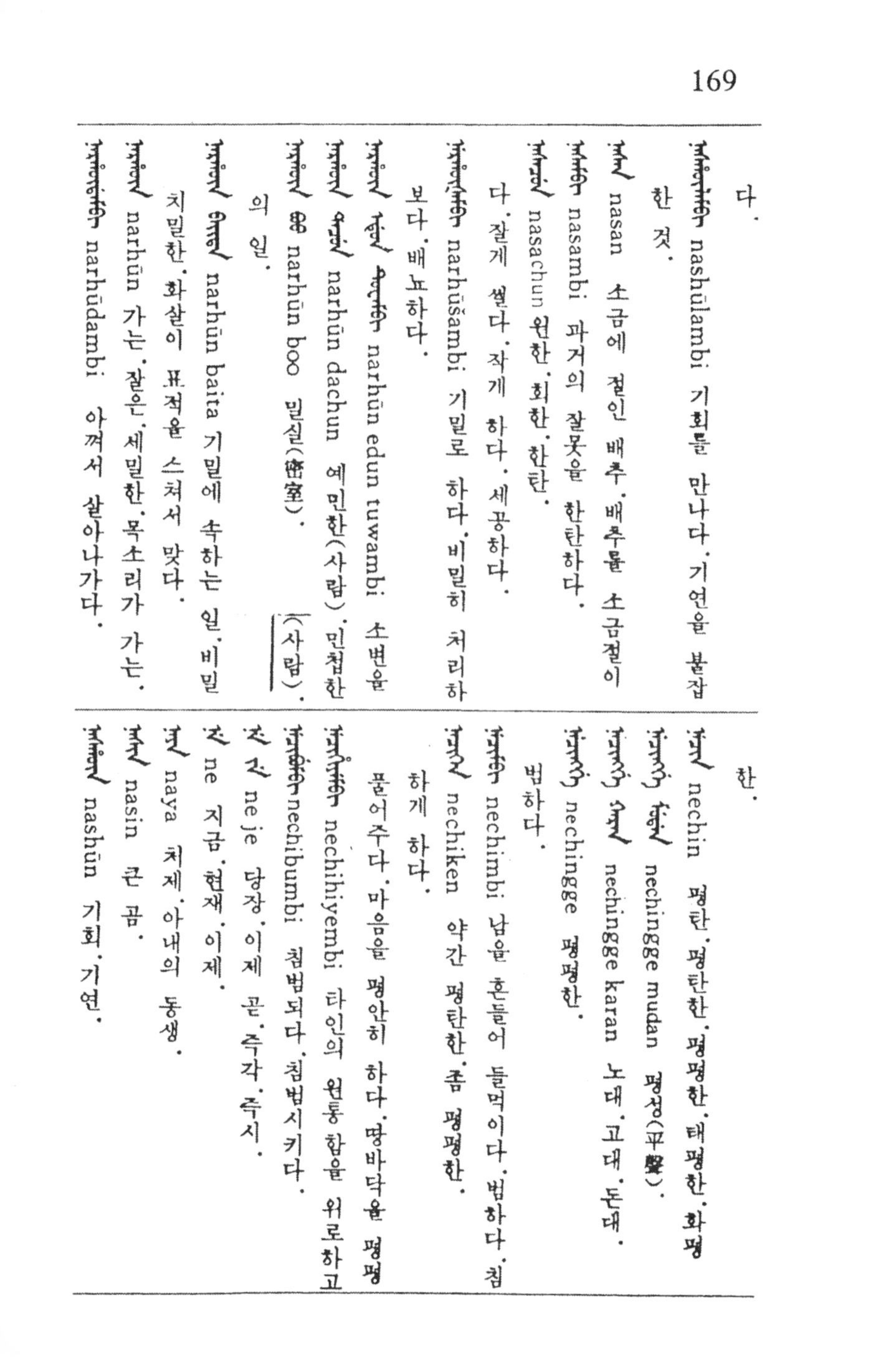

다.

nashūlambi 기회를 만나다. 기연을 붙잡

한 것.

nasan 소금에 절인 배추. 배추를 소금절이

nasambi 과거의 잘못을 한탄하다.

nasachun 원한. 회한. 한탄.

다. 잘게 썰다. 작게 하다. 세공하다.

narhūšambi 기밀로 하다. 비밀히 처리하

보다. 배뇨하다.

narhūn edun tuwambi 소변을

narhūn dachun 예민한(사람). 민첩한

narhūn boo 밀실(密室). (사람).

의 일.

narhūn baita 기밀에 속하는 일. 비밀

치밀한. 화살이 표적을 스쳐서 맞다.

narhūn 가는. 잘은. 세밀한. 목소리가 가는.

narhūdambi 아껴서 살아나가다.

한.

nechin 평탄. 평탄한. 평평한. 태평한. 화평

nechingge mudan 평성(平聲).

nechingge karan 노대. 고대. 돈대.

nechingge 평평한.

범하다.

nechimbi 남을 흔들어 들먹이다. 범하다. 침

nechiken 약간 평탄한. 좀 평평한.

하게 하다.

풀어주다. 마음을 평안히 하다. 땅바닥을 평평

nechihiyembi 타인의 원통함을 위로하고

nechibumbi 침범되다. 침범시키다.

ne je 당장. 이제 곧. 즉각. 즉시.

ne 지금. 현재. 이제.

naya 처제. 아내의 동생.

nasin 큰 곰.

nashūn 기회. 기연.

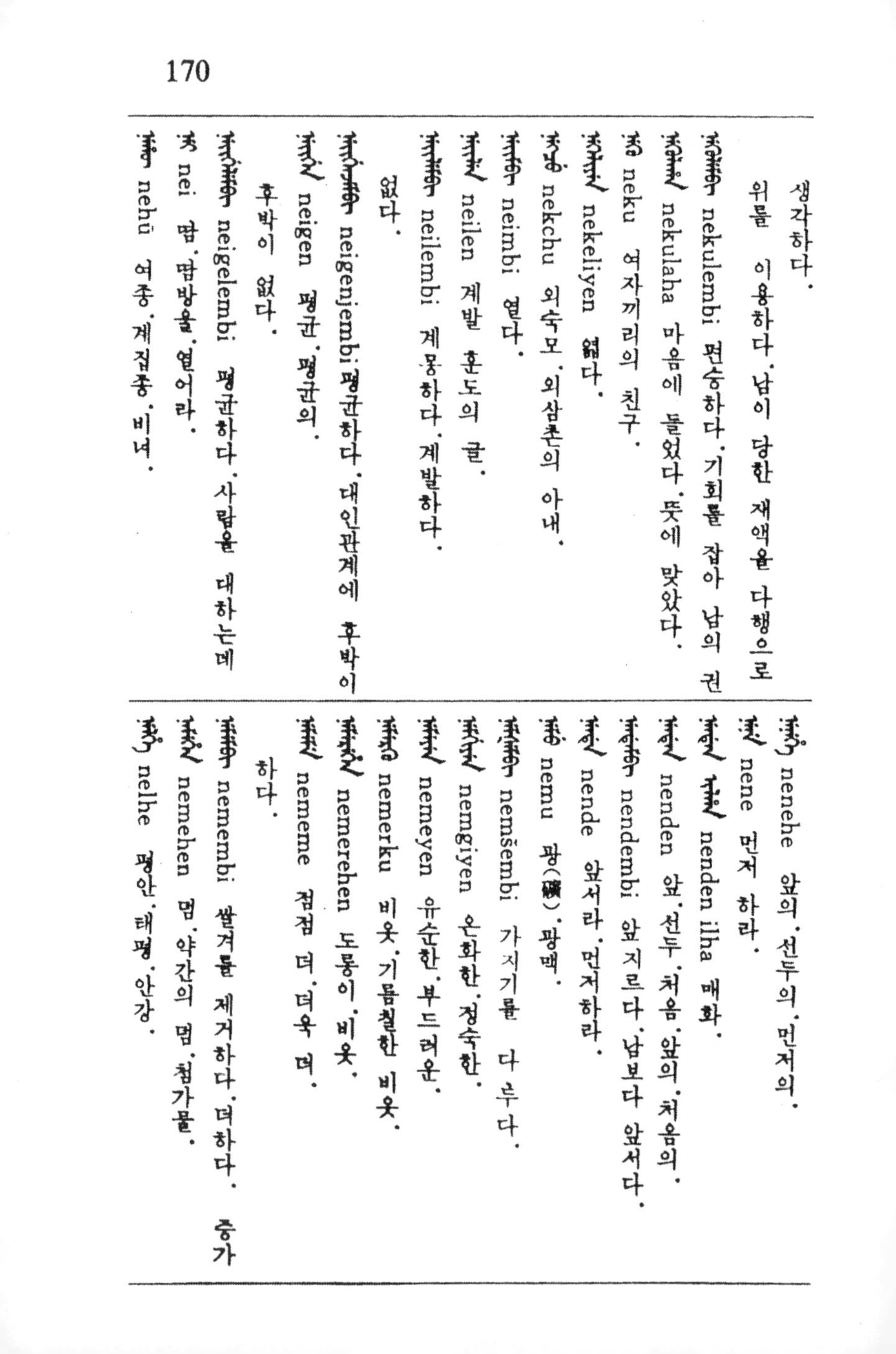

nehū 여종. 계집종. 비녀.

nei 땀. 땀방울. 열어라.

neigelembi 평균하다. 사람을 대하는데 후박이 없다.

neigen 평균. 평균의.

neigenjembi 평균하다. 대인관계에 후박이 없다.

neilembi 계몽하다. 계발하다.

neilen 계발 훈도의 글.

neimbi 열다.

nekchu 외숙모. 외삼촌의 아내.

nekeliyen 엷다.

neku 여자끼리의 친구.

nekulaha 마음에 들었다. 뜻에 맞았다.

nekulembi 편승하다. 기회를 잡아 남의 권위를 이용하다. 남이 당한 재액을 다행으로 생각하다.

nelhe 평안. 태평. 안강.

nemehen 덤. 약간의 덤. 첨가물.

nemembi 쌀겨를 제거하다. 더하다. 증가하다.

nememe 점점 더. 더욱 더.

nemerehen 도롱이. 비옷.

nemerku 비옷. 기름칠한 비옷.

nemeyen 유순한. 부드러운.

nemgiyen 온화한. 정숙한.

nemšembi 가지기를 다투다.

nemu 광(鑛). 광맥.

nende 앞서라. 먼저하라.

nendembi 앞지르다. 남보다 앞서다.

nenden 앞. 선두. 처음. 앞의. 처음의.

nenden ilha 매화.

nene 먼저 하라.

nenehe 앞의. 선두의. 먼저의.

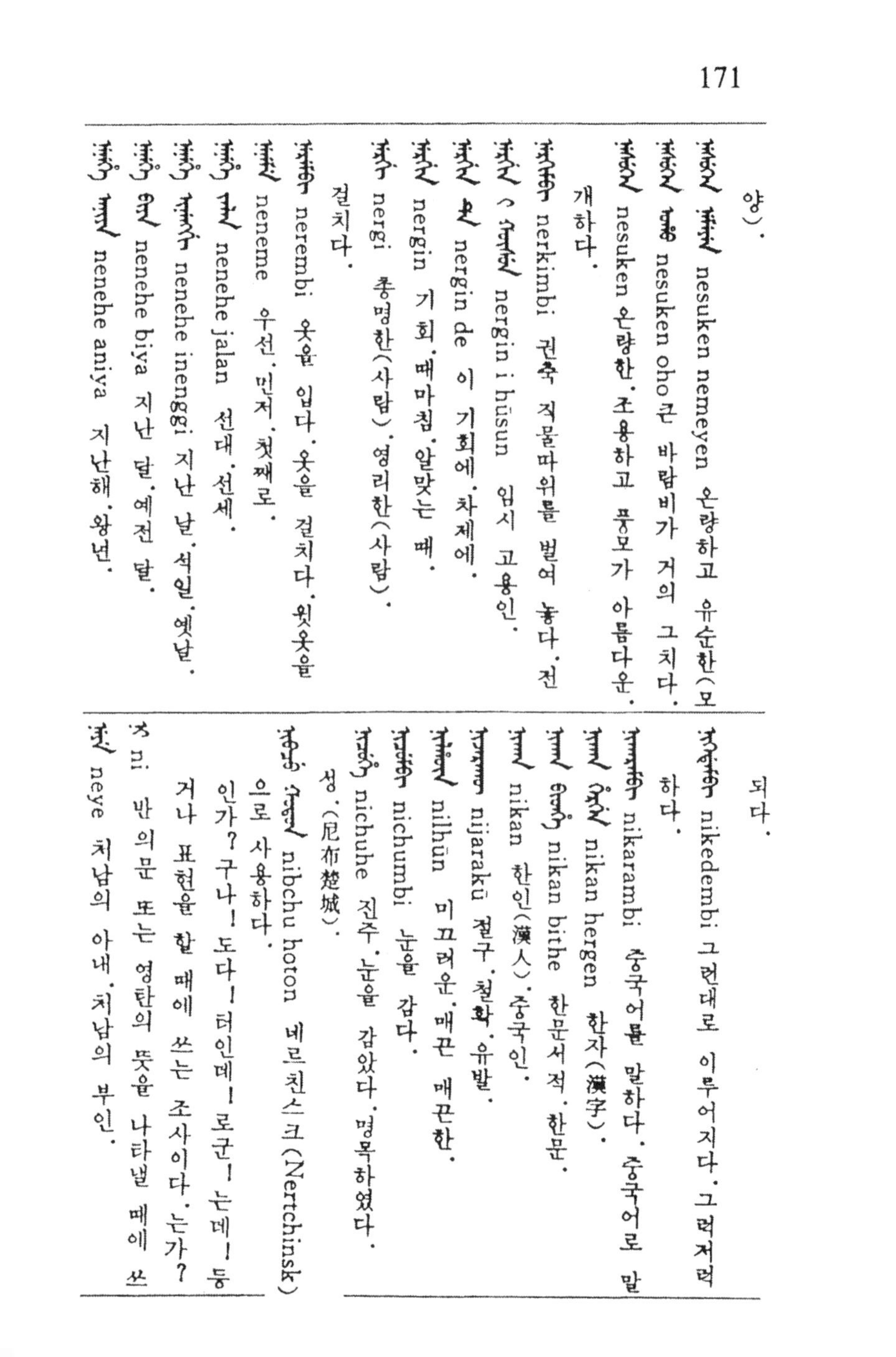

양).

nesuken nemeyen 온량하고 유순한(모양).

nesuken oho 큰 바람비가 거의 그치다.

nesuken 온량한. 조용하고 풍모가 아름다운. 개하다.

nerkimbi 권축 작물따위를 벌여 놓다. 전개하다.

nergin i hūsun 임시 고용인.

nergin de 이 기회에. 차제에.

nergin 기회. 때마침. 알맞는 때.

nergi 총명한(사람). 영리한(사람).

걸치다.

nerembi 옷을 입다. 옷을 걸치다. 윗옷을 걸치다.

neneme 우선. 먼저. 첫째로.

nenehe jalan 선대. 선세.

nenehe inenggi 지난 날. 석일. 옛날.

nenehe biya 지난 달. 예전 달.

nenehe aniya 지난해. 왕년.

되다.

nikedembi 그런대로 이루어지다. 그럭저럭 되다.

하다.

nikarambi 중국어를 말하다. 중국어로 말하다.

nikan hergen 한자(漢字).

nikan bithe 한문서적. 한문.

nikan 한인(漢人). 중국인.

nijarakū 절구. 철화. 유발.

nilhūn 미끄러운. 매끈 매끈한.

nichumbi 눈을 감다.

nichuhe 진주. 눈을 감았다. 명목하였다.

성.(尼布楚城).

nibchu hoton 네르친스크(Nertchinsk) 성.(尼布楚城).

으로 사용하다.

인가? 구나! 도다! 터인데! 로군! 는데! 등으로 사용하다.

거나 표현을 할 때에 쓰는 조사이다. 는가?

ni 반의문 또는 영탄의 뜻을 나타낼 때에 쓰거나 표현을 할 때에 쓰는 조사이다. 는가? 인가? 구나! 도다! 터인데! 로군! 는데! 등으로 사용하다.

neye 처남의 아내. 처남의 부인.

nikeku 의지하는 곳.

nikeku mulan 의자.

nikembi 의지하다.매달리다.기대다.

nilukan 말씨가 부드러운.말에 윤기가 있는.물건에 광택이 있고 표면이 매끄러운.

nimachi 염소가죽.산양피.

nimada 모기.

nimaha 물고기.생선.

nimaha butara niyalma 어부.고기잡이.

nimahašambi 고기를 잡다.

niman 산양.

nimanggi 눈(雪).

nimanggi wengke 눈이 녹았다.

nimarambi 눈이 오다.

nimechuke 흉독한.무서운.심한.

nimechuke horonggo, poo 대포의 인중.

nimeku 미련.근심.걱정.허물.파실.병.질환.

nimekulembi 병에 걸리다.병이 나다.

nimekulehebi 병에 걸렸다.발병했다.

nimekungge 환자.병자.

nimembi 병을 앓다.몸이 아프다.병이 나다.

nimenggi 고기의 흰부분.굳기름.

nimenggi noho 불순물이 섞이지 않은 기름.순수한 기름.

nimenggilehe 착취했다.기름을 짰다.

nimetembi 모두 다 앓다.모두 다 병나다.

ningge …의 것.…라는 것.…의 일.…라는 일.

ninggu 위.위쪽.윗부분.

ningguchi 여섯번째.제六.

ninggute 위에.윗쪽에.상방에.

ninggun 六(수사).

niolochuka 기름진˙기름기가 많은˙

색˙정월 十六일.

niolhun 진한 녹색˙푸른 빛에 가까운 녹

niohun teišun 청동(青銅).

niohon abka 청천˙창공.

niohon 연한 초록 빛˙연한 녹색.

niohe 늑대.

nio …는가˙…는지˙…였지˙(반의문의 말투).

ninjuta 六十마다˙매六十번.

ninju 六十(수사).

ninggute 여섯마다˙매六.

ningguta hoton 영고탑(寧古塔)城.

ninggun soorin 역괘의 六효.

ninggun muten 六예(禮樂射御書数).

육도삼략(六韜三略…兵書).

ninggun dobton ilan bodon

ninggun biya 六월.

모두 다 합쳐서.

nisihai 하나로 합하여˙하나로 연결하여.

nisiha 작은 고기˙강물에 사는 작은 물고기.

nirumbi 그림을 그리다.

nirugan 그림˙도화.

niru i temun 그림의 두루마리.

niru janggin 무관명. 좌령.

는 곳(備箭處).

niru belhere ba 임금의 화살을 만드

niru faksi 화살을 만드는 장인.

성한 군대의 단위명˙그림을 그려라.

niru 화살˙큰 화살˙사냥용 화살˙百명으로 편

nirga 털이 적은.

례省 한족군영의 이름.

niowanggiyan turun 녹기(绿旗)˙직

niowanggiyan gu 벽옥(碧玉).

갑(甲).

niowanggiyan 녹색˙녹색의˙十干의 하나.

nisumbi 얼음을 지치다. 미끄러지다.
niša 착실한. 분명한. 빈틈없는.
niša achita 만재한 짐바리.
niša gaimbi 충분히 취하다.
niyahan 강아지. 개의 새끼.
niyakūrambi 무릎을 꿇다. 꿇어 앉다.
niyalma 사람. 인간. 윗입술과 코사이의
인중.
niyalma nimaha 인어(人魚).
niyalma tatara boo 가게. 점포.
niyalma tome hetu yasai
tuwambi 사람마다 곁눈질하다. 사람마다 외
면하다.
niyalma unchara hūdachi 인신매
매를 주선하는 곳.
niyalma usiha 은하에 가까운 五星.
niyalmaingge 남의 것. 다른 사람의 것.

niyaman 어버이. 부모. 심장. 나무의 심.
niyaman be ujimbi 부모를 치다.
양친하다.
niyaman hūnchihin 친척.
niyaman jafambi 혼인을 맺다. 친척
이 되다.
niyambi 썩다. 물크러지다.
niyambulu 나약한 사람. 연약한 사람.
niyamniyambi 말을 타고 달리면서 활
을 쏘다. 마상에서 짐승을 쏘다.
niyamniyan 말을 타고 화살을 쏘는 것.
말을 달리면서 살을 쏘아 과녁을 맞히는 무
예(騎射).
niyanchambi 세탁하여 풀을 먹이다.
niyanchiha 푸릇 푸릇한 청초. 푸른 풀.
niyanggūmbi 씹다. 뒤에서 사람을 비방
하다. 뒤에서 남을 씹다.

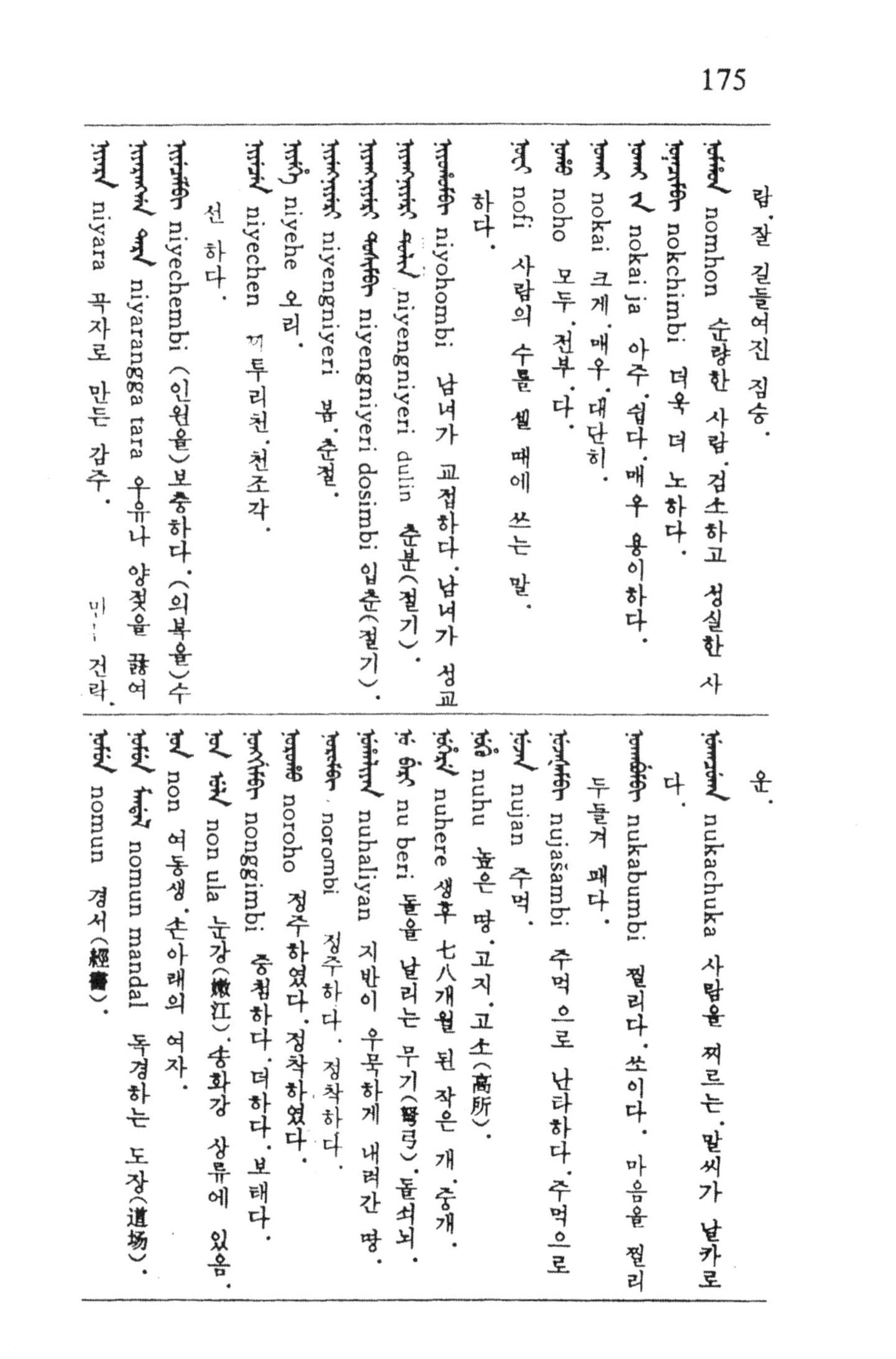

niyara 곡자로 만든 감주.

niyarangga tara 우유나 양젖을 끓여 만든 건락.

niyechembi (인연을)보충하다·(의복을)수선하다.

niyechen 자투리천·천조각.

niyehe 오리.

niyengniyeri 봄·춘절.

niyengniyeri dosimbi 입춘(절기).

niyengniyeri dulin 춘분(절기).

niyohombi 남녀가 교접하다·남녀가 성교하다.

nofi 사람의 수를 셀 때에 쓰는 말.

noho 모두·전부·다.

nokai 크게·매우·대단히.

nokai ja 아주·쉽다·매우 용이하다.

nokchimbi 더욱 더 노하다.

nomhon 순량한 사람·겸소하고 성실한 사람·잘 길들여진 짐승.

nomun 경서(經書).

nomun mandal 독경하는 도장(道場).

non 여동생·손아래의 여자.

non ula 눈강(嫩江)·송화강 상류에 있음.

nonggimbi 증첨하다·더하다·보태다.

noroho 정주하였다·정착하였다.

norombi 정주하다·정착하다.

nuhaliyan 지반이 우묵하게 내려간 땅.

nu beri 돌을 날리는 무기(弩弓)·돌쇠뇌.

nuhere 생후 七八개월 된 작은 개·중개.

nuhu 높은 땅·고지·고소(高所).

nujan 주먹.

nujašambi 주먹으로 난타하다·주먹으로 두들겨 패다.

nukabumbi 찔리다·쏘이다·마음을 찔리다.

nukachuka 사람을 찌르는·말씨가 날카로운.

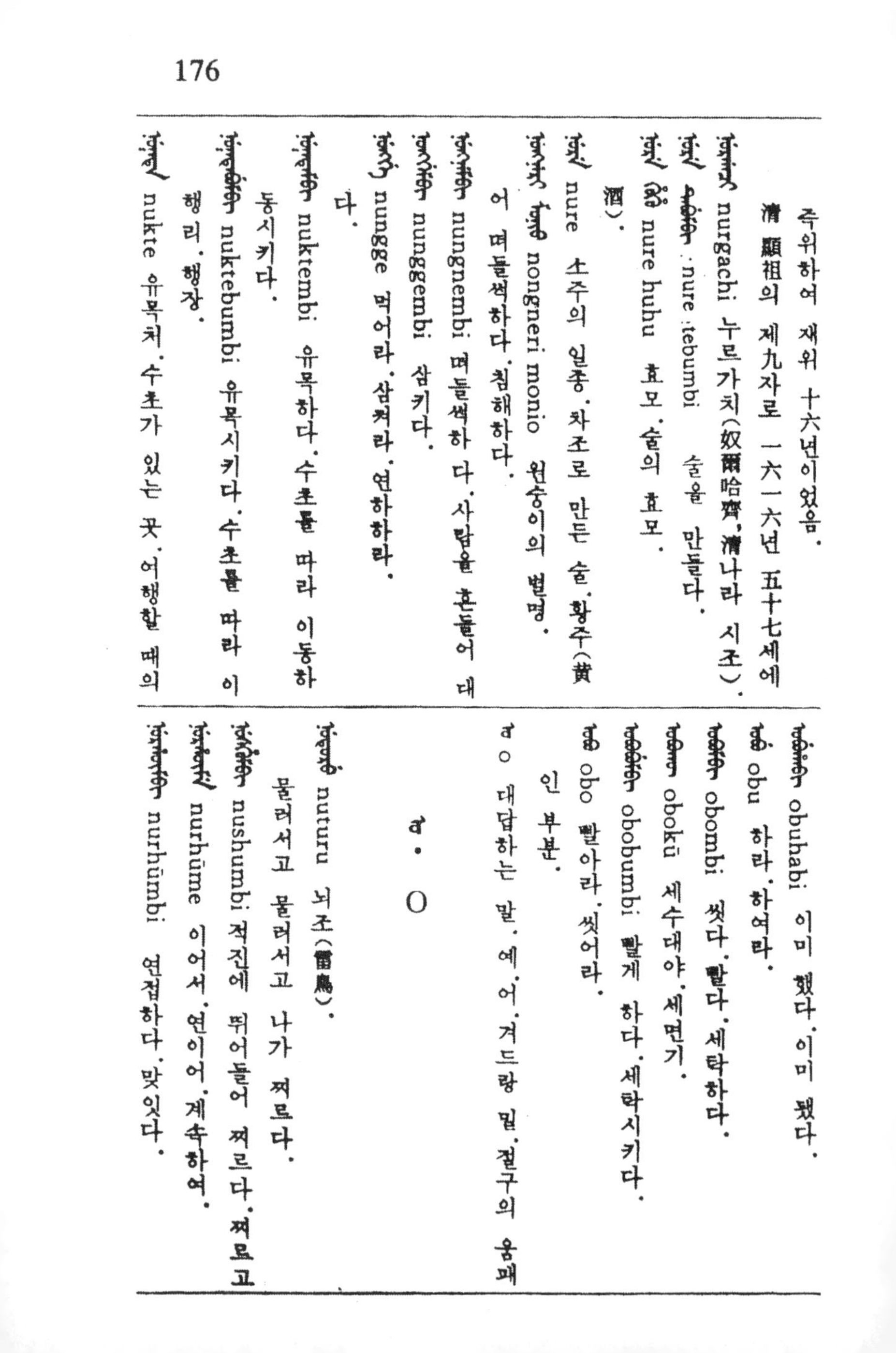

즉위하여 재위 十六년이었음.

淸顯祖의 제九자로 一六一六년 五十七세에

nurgachi 누르가치(奴爾哈齊, 淸나라 시조).

nure tebumbi 술을 만들다.

nure huhu 효모. 술의 효모.

酒).

nure 소주의 일종. 차조로 만든 술. 황주(黃

nongneri monio 원숭이의 별명.

어 떠들썩하다. 침해하다.

nungnembi 떠들썩하 다. 사람을 흔들어 대

nunggembi 삼키다.

nungge 먹어라. 삼켜라. 연하하라.

다.

nuktembi 유목하다. 수초를 따라 이동하

동시키다.

nuktebumbi 유목시키다. 수초를 따라 이

행리. 행장.

nukte 유목처. 수초가 있는 곳. 어행할 때의

obuhabi 이미 했다. 이미 됐다.

obu 하라. 하여라.

obombi 씻다. 빨다. 세탁하다.

obokū 세수대야. 세면기.

obobumbi 빨게 하다. 세탁시키다.

obo 빨아라. 씻어라.

인 부분.

o 대답하는 말. 예. 어. 겨드랑 밑. 절구의 움패

ᠣ · O

nuturu 뇌조(雷鳥).

물러서고 물러서고 나가 찌르다.

nushumbi 적진에 뛰어들어 찌르다. 찌르고

nurhūme 이어서. 연이어. 계속하여.

nurhūmbi 연접하다. 맞잇다.

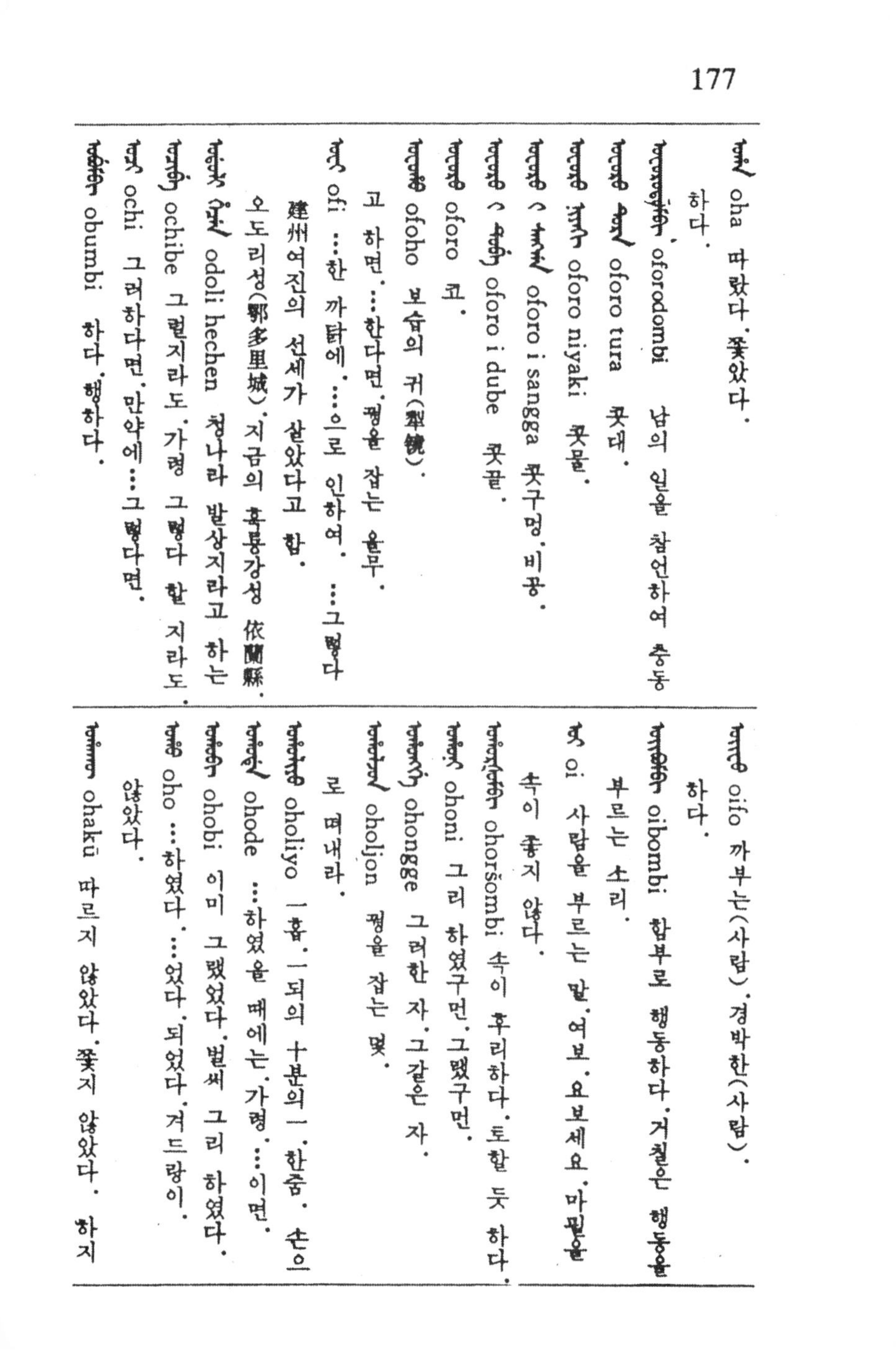

oha 따랐다. 좇았다.
하다.
oforodombi 남의 일을 참언하여 충동
oforo tura 콧대.
oforo niyaki 콧물.
oforo i sangga 콧구멍. 비공.
oforo i dube 콧끝.
oforo 코.
ofoho 보습의 귀(犁鏡).
고 하면. …한다면. 꿩을 잡는 올무.
ofi …한 까닭에. …으로 인하여. …그렇다
建州여진의 선세가 살았다고 함.
오도리성(鄂多里城). 지금의 흑룡강성 依蘭縣.
odoli hechen 청나라 발상지라고 하는
ochibe 그렇지라도. 가령 그렇다 할 지라도.
ochi 그러하다면. 만약에…그렇다면.
obumbi 하다. 행하다.

oifo 까부는(사람). 경박한(사람).
하다.
oibombi 함부로 행동하다. 거칠은 행동을
부르는 소리.
oi 사람을 부르는 말. 여보. 요보세요. 마필을
속이 좋지 않다.
ohoršombi 속이 후리하다. 토할 듯 하다.
ohoni 그리 하였구먼. 그랬구먼.
ohongge 그러한 자. 그같은 자.
oholjon 꿩을 잡는 덫.
로 떠내라.
oholiyo 一홉. 一되의 十분의一. 한줌. 손으
ohode …하였을 때에는. 가령. …이면.
ohobi 이미 그랬었다. 벌써 그리 하였다.
oho …하였다. …었다. 되었다. 겨드랑이.
않았다.
ohakū 따르지 않았다. 좇지 않았다. 하지

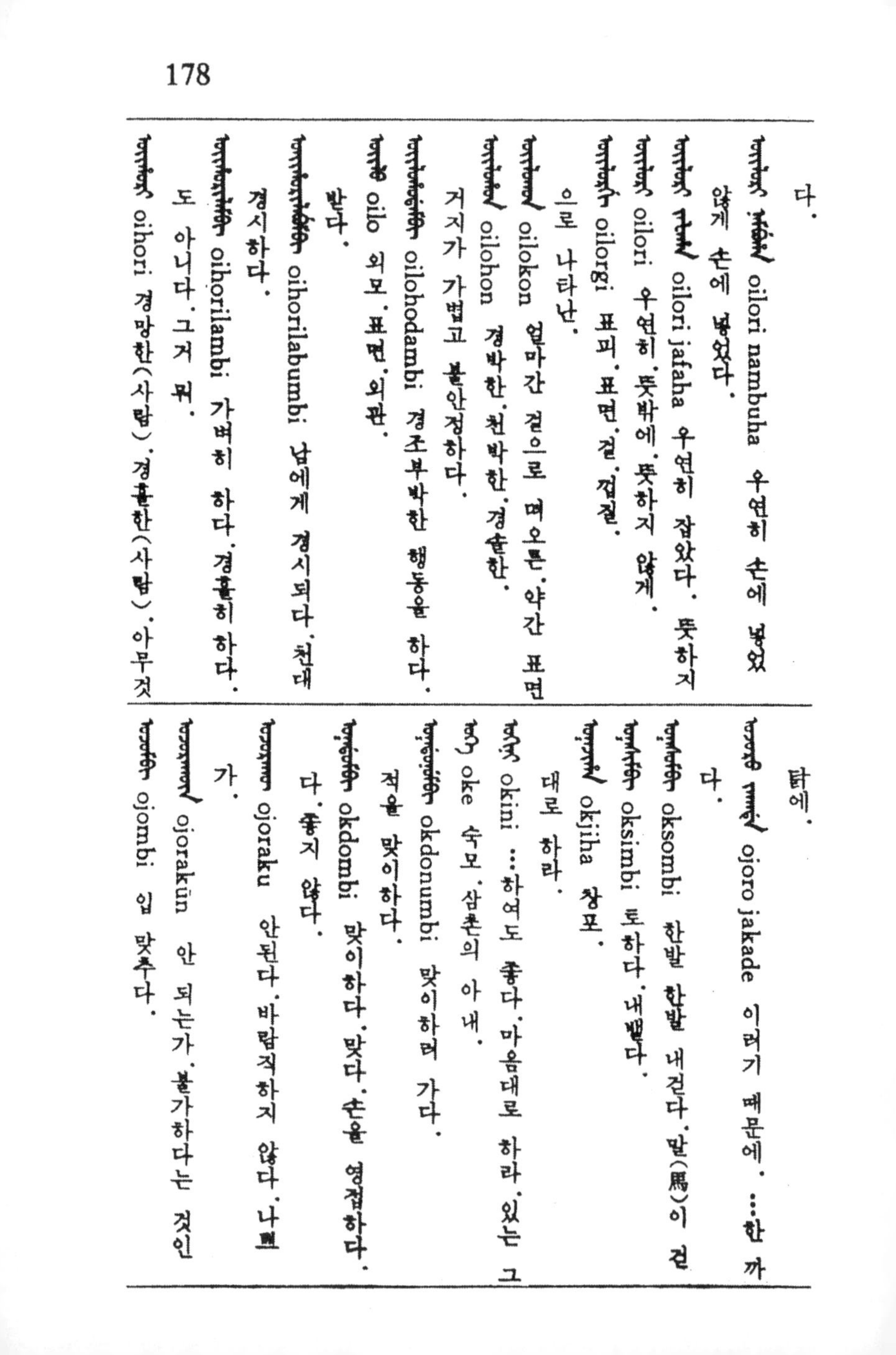

oihori 경망한(사람). 경솔한(사람). 아무것
도 아니다. 그저 뭐.

oihorilambi 가벼이 하다. 경솔히 하다.
경시하다.

oihorilabumbi 남에게 경시되다. 천대
받다.

oilo 외모. 표면. 외관.

oilohodambi 경조부박한 행동을 하다.
거지가 가볍고 불안정하다.

oilohon 경박한. 천박한. 경솔한.

oilokon 얼마간 겉으로 떠오른. 약간 표면
이로 나타난.

oilorgi 표피. 표면. 겉. 껍질.

oilori 우연히. 뜻밖에. 뜻하지 않게.

oilori jafaha 우연히 잡았다. 뜻하지
않게 손에 넣었다.

oilori nambuha 우연히 손에 넣었
다.

ojombi 입 맞추다.

ojorakūn 안 되는가. 불가하다는 것인
가.

ojoraku 안된다. 바람직하지 않다. 나쁘
다. 좋지 않다.

okdombi 맞이하다. 맞다. 손을 영접하다.
적을 맞이하다.

okdonumbi 맞이하러 가다.

oke 숙모. 삼촌의 아내.

okini …하여도 좋다. 마음대로 하라. 있는 그
대로 하라.

okjiha 창포.

oksimbi 토하다. 내뱉다.

oksombi 한발 한발 내걷다. 말(馬)이 걷
다.

ojoro jakade 이러기 때문에. …한 까
닭에.

ojorolame 곧 있으려고 하는.

ojorongge 옳은 자. 가한 자. 괜찮은 자.

okson 발걸음. 보조. 보통속도의 걸음.

oksonjombi 어린애가 아장 아장 걷다.

okto 약. 의약품. 화약.

okto fushubumbi 화약으로 폭파시키다. 성을 폭파하다.

oktosi 의사.

oktosilambi 치료하다. 병을 고치다.

olbo 한인(漢人)으로 편성된 군대의 이름. 웃옷의 일종. 마고자(馬褂兒).

olhoba 주의깊은. 조심하는. 삼가는.

olhochuka 두려운. 겁나는.

olhombi 말리다. 건조하다. 두려워하다. 무서워하다. 겁내다.

olhon 말리운. 건조한. 물의. 육지의.

olhon jufeliyen 말린 밥. 말린 떡. 건조한 양식.

olhon monggon 인후. 목구멍. 목.

olhošombi 삼가 존경하다. 경외하다. 근신하다. 주의하다.

oliha 겁장이. 간이 작은 사람. 겁많은 말(馬).

olihadambi 조심하여 근신하다. 겁내다.

olji 포로. 사로잡힌 사람.

oljilabumbi 포로가 되다. 포로로 잡히다.

oljilambi 포로로 잡는다. 사로 잡는다.

olo 강을 건너라. 물을 건너라. 삼실(麻絲).

olon 말의 복대.

olombi 물을 건너다. 강을 건너다.

ombi 할 수 있다. 이룰 수 있다. 하다. 이루다.

ombihe 되었다. 할 수 있었다.

ombini 할 수 있는가. 될 수 있는가.

ome …이고. …하고.

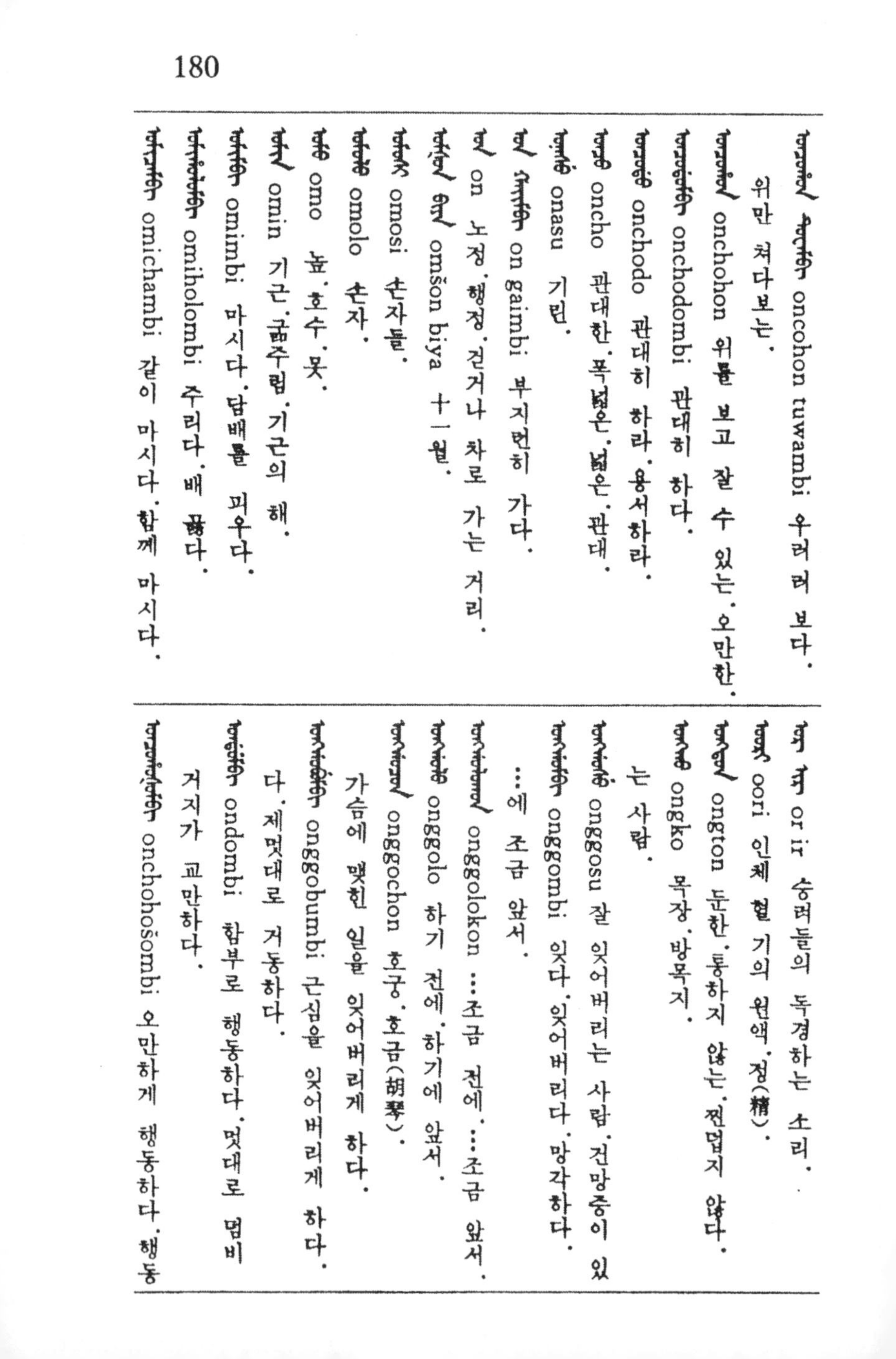

oncohon tuwambi 우러러 보다.
위만 쳐다보는.
onchohon 위를 보고 잘 수 있는. 오만한.
onchodombi 관대히 하다.
onchodo 관대히 하라. 용서하라.
oncho 관대한. 폭넓은. 넓은. 관대.
onasu 기린.
on gaimbi 부지런히 가다.
on 노정. 행정. 걷거나 차로 가는 거리.
omšon biya 十一월.
omosi 손자들.
omolo 손자.
omo 늪. 호수. 못.
omin 기근. 굶주림. 기근의 해.
omimbi 마시다. 담배를 피우다.
omiholombi 주리다. 배 굶다.
omichambi 같이 마시다. 함께 마시다.

or ir 승려들의 독경하는 소리.
oori 인체 혈기의 원액. 정(精).
ongton 둔한. 통하지 않는. 찐덥지 않다.
ongko 목장. 방목지.
는 사람.
onggosu 잘 잊어버리는 사람. 건망증이 있
onggombi 잊다. 잊어버리다. 망각하다.
…에 조금 앞서.
onggolokon …조금 전에. …조금 앞서.
onggolo 하기 전에. 하기에 앞서.
onggochon 호궁. 호금(胡琴).
가슴에 맺힌 일을 잊어버리게 하다.
onggobumbi 근심을 잊어버리게 하다.
다. 제멋대로 거동하다.
ondombi 함부로 행동하다. 멋대로 멈비
거지가 교만하다.
onchohošombi 오만하게 행동하다. 행동

ordo 四각형의 정자식 궁전건물.

orho 풀.

orhoda 고려인삼. 조선인삼.

orhoda ichihiyara kūwaran 인삼채취 허가증(蔘票)의 발급과 인삼의 수납사무를 맡아보는 관청.

orin 二十(수사).

orinchi 二十번째. 제二十.

orinta 매二十. 二十마다.

orolombi 결원된 자리에 보임하다.

oron 결원된 자리. 사람의 넋(魄). 사슴의 일종. 日月이 합숙한 곳(辰).

oron akū 부족함이 없다. 빠진 것이 없다.

oros 아라사. 러시아.

oros bithei kuren 러시아어학당.

oros kuren 러시아 관(館).

oros tachikū 러시아 학(学).

oshodombi 학대하다. 폭압하다. 악행을 하다.

oshon 포학한. 잔학한.

oso 하라. …토록 하라.

osohon 작은.

ošoho 새의 발톱. 짐승의 발톱.

ošoholombi 발톱으로 붙잡다. 발톱으로 쥐다. 발톱을 쓰다.

otolo …까지. …에 이르기까지. …에 미치기까지.

oyo 지붕. 구더기. 구부려라.

oyoki 어느사이에 이르렀다. 모르는 사이에 끝냈다.

oyombi 구부리다.

oyomburakū 아직 끝나지 않았다. 우물주물하고 있다.

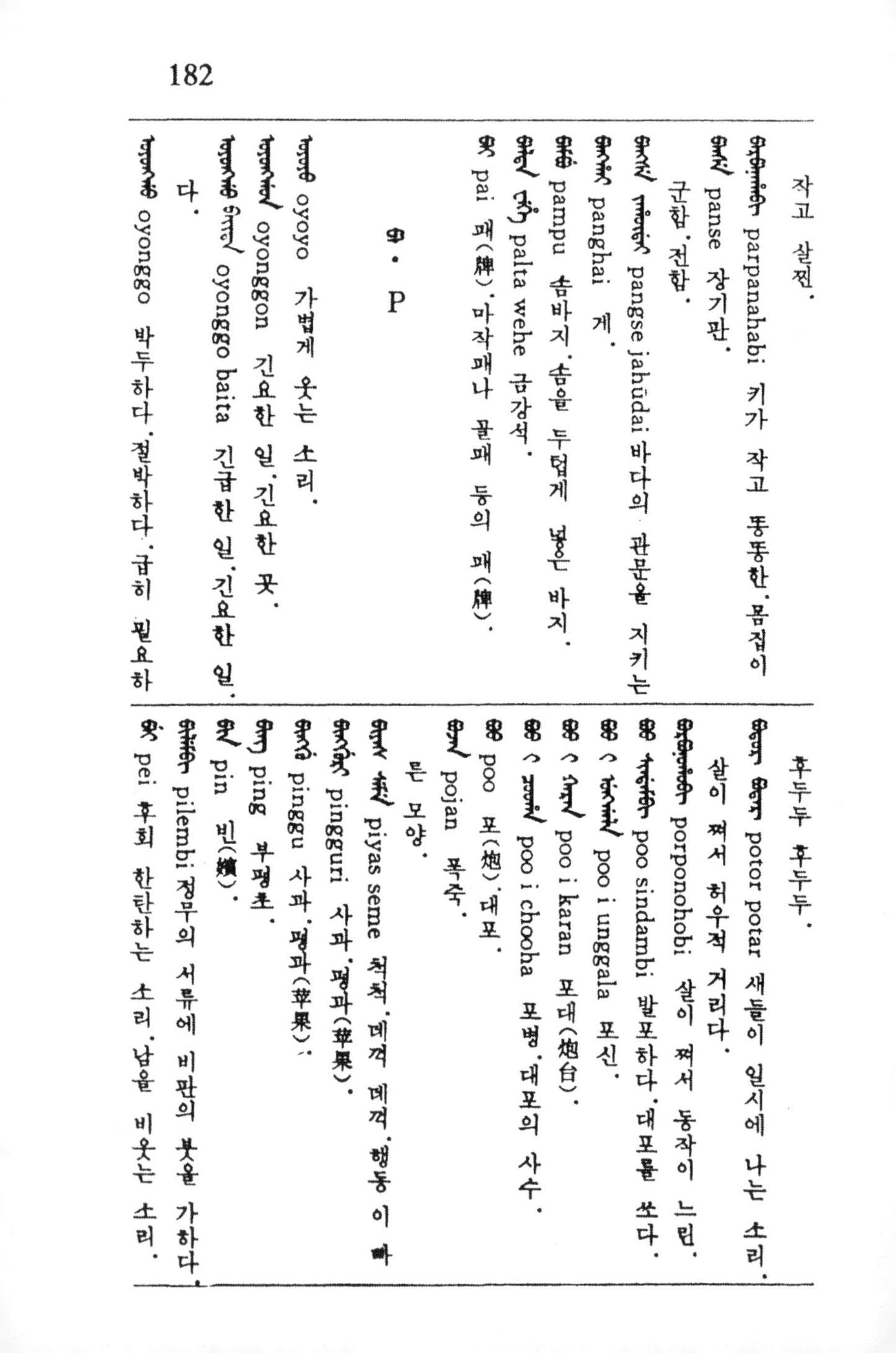

oyonggo 박두하다. 절박하다. 급히 필요하
다.

oyonggo baita 긴급한 일. 긴요한 일.

oyonggon 긴요한 일. 긴요한 곳.

oyoyo 가볍게 웃는 소리.

P

pai 패(牌). 마작패나 골패 등의 패(牌).

palta wehe 금강석.

pampu 솜바지. 솜을 두텁게 넣은 바지.

panghai 게.

pangse jahūdai 바다의 관문을 지키는
군함. 전함.

panse 장기판.

parpanahabi 키가 작고 똥똥한. 몸집이
작고 살찐.

pei 후회 한탄하는 소리. 남을 비웃는 소리.

pilembi 정무의 서류에 비판의 붓을 가하다.

pin 빈(嬪).

ping 부평초.

pinggu 사과. 평과(苹果).

pingguri 사과. 평과(苹果).

piyas seme 척척. 떼꺽 떼꺽. 행동이 빠
른 모양.

pojan 폭죽.

poo 포(炮). 대포.

poo i chooha 포병. 대포의 사수.

poo i karan 포대(炮台).

poo i unggala 포신.

poo sindambi 발포하다. 대포를 쏘다.

porponohobi 살이 쪄서 동작이 느린.

potor potar 새들이 일시에 나는 소리.
살이 쪄서 허우적 거리다.
후두두 후두두.

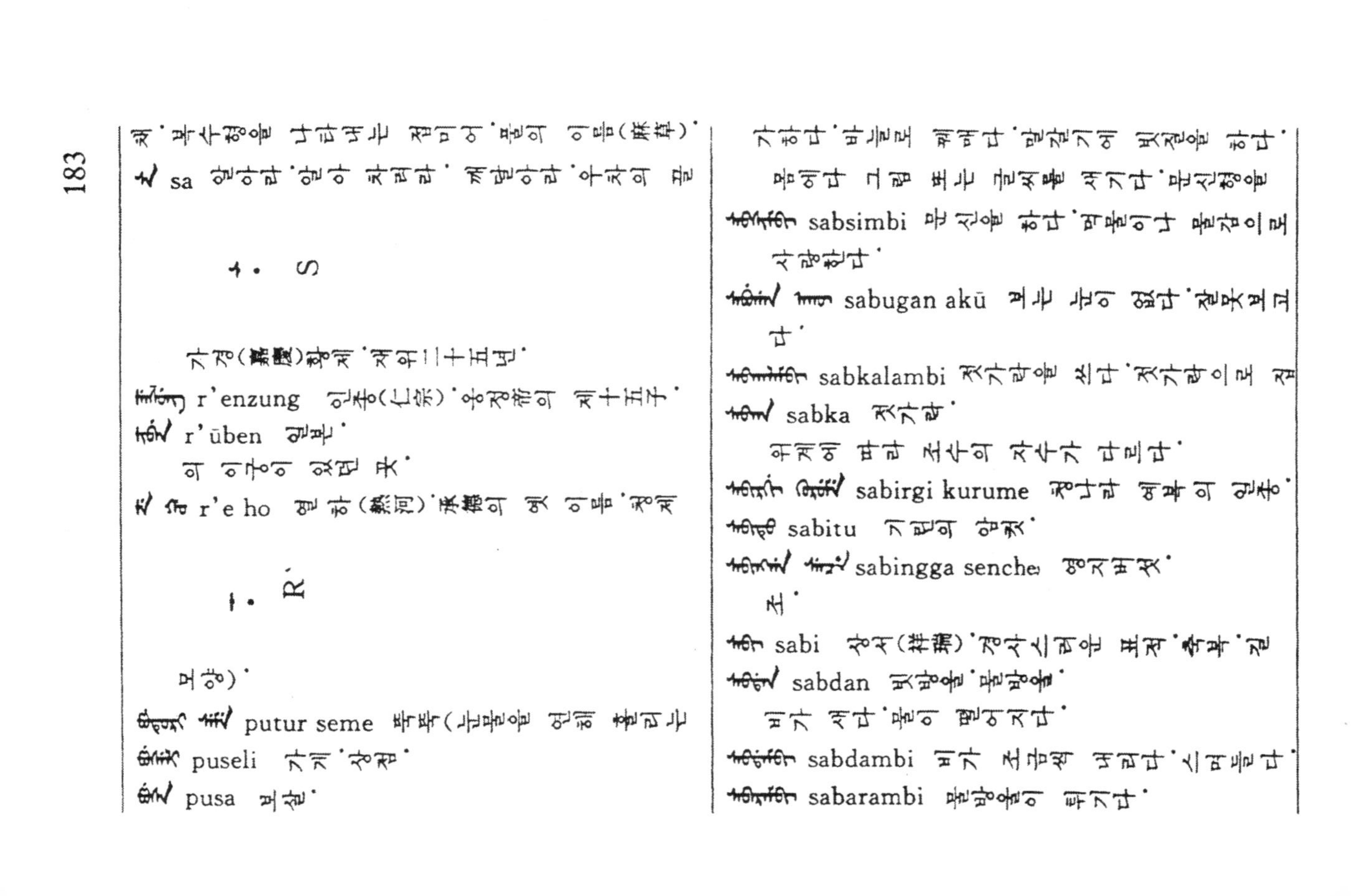

채. 복수형을 나타내는 접미어. 풀의 이름(麻草).

sa 알아라. 알아 차려라. 깨달아라. 우차의 끝

S

가경(嘉慶)황제. 재위二十五년.

r'enzung 인종(仁宗). 옹정帝의 제十五子.

r'ūben 일본.

의 이궁이 있던 곳.

r'e ho 열하(熱河). 承德의 옛 이름. 청제

R

모양).

putur seme 뚝뚝(눈물을 연해 흘리는

puseli 가게. 상점.

pusa 보살.

가하다. 바늘로 꿰매다. 말갈기에 빗질을 하다.

몸에다 그림 또는 글씨를 새기다. 문신형을

sabsimbi 문신을 하다. 먹물이나 물감으로

사랑한다.

sabugan akū 보는 눈이 없다. 잘못보고

다.

sabkalambi 젓가락을 쓰다. 젓가락으로 집

sabka 젓가락.

위계에 따라 조수의 자수가 다르다.

sabirgi kurume 청나라 예복의 인종.

sabitu 기린의 암컷.

sabingga senche 영지버섯.

조.

sabi 상서(祥瑞). 경사스러운 표적. 축복. 길

sabdan 빗방울. 물방울.

비가 새다. 물이 떨어지다.

sabdambi 비가 조금씩 내리다. 스며들다.

sabarambi 물방울이 튀기다.

sadusa 친척놀·

되다·

sadulambi 서로 친척관계를 맺다·친척이

sada 소나무 잎·송엽·솔잎·

sachurambi 메밀가루를 내다·

sachime wambi 베어 죽이다·참살한다·

김매다·김매어 풀을 뽑다·

sachimbi 자르다·끊다·잘라 태우다·밭을

sachima 참깨로 만든 사탕 과자의 일종·

다면·

sachi 잘라라·끊어라·알고 있으면·만약에 안

sachalambi 투구를 쓰다·

sacha i temgetu 소속의 군기·

sacha 투구·

sabunambi 보러가다·

sabumbi 보다·깨닫다·

sabu 신·신발·

saifi 숟가락·물었다·(咬)·

saiburu 잔 달음질·종종걸음·만보·

saibumbi 물리다·물게하다·

saharaka 검게 변색했다·

干의 임(壬)·

sahambi 쌓다·쌓아올리다·접어서 쌓다·十

sahaltu 검은 얼굴·

sahaliyan ula 흑룡강·

sahaliyan ujungga 서민·인민·

sahaliyan turi 검은 콩·

sahaliyan 검은 색·검은·흑색의·

약간 검은·

sahaliyakan 엷은 흑색의·담흑색의·

(癸)·

sahahūn 거무스름한·담흑색·十干의 계

saha 사냥·수렵·알았다·쌓아올려라·

sadun 아내의 친정·남편의 처가·

saihūwa 가시나무. 장미.

saihūwada 매. 태형(笞刑).

saikan 아름다운. 예쁜. 고운. 좋은. 탐탁한. 마음에 드는 흡족한.

saikū 술안주.

saimbi 물다. 달려들어 물다.

sain 좋은. 상서로운. 현능한. 아름다운.

sain guchu 좋은 친구. 사이좋은 친구.

sain hafan 진실하고 착한 관원.

sain inenggi 길일. 천기가 좋은 날. 좋은 일이 있는 날.

sain irgen 평민.

sain sabi 길조. 좋은 일이 있을 조짐.

saisa 현자(賢者). 현인(賢人).

saisaha 콩피투리 모양의 작은 바구니.

saisha chechike 참새. 작은 접새.

saišabukū 아첨하는자. 남의 환심을 사서 자기를 돋보이려는 자.

saišachuka 가상할만한. 칭찬할만한.

saišambi 사람을 칭찬하다.

saiyūn 좋은가. 편안한가.

saja 조(兆). 수사(數詞).

saka …과 같은. 육회(肉膾). …적. …적이로.

sakda 늙은. 늙은 사람. 나이든 어미 멧돼지.

sakda asihan 노약. 노소.

sakda usisi 노병. 노쇠하여 생기는 병.

sakdaka 늙었다.

sakdambi 늙다. 나이를 먹다.

sakdandambi 노경에 이르려고 한다.

sakdatala 늙을 때까지.

sakdanumbi 늙은 이로 공경하다.

sakdasa 노인들. 늙은이들.

saksaha 까치.

salambi 분배하다. 진휼하다.

samadi hūwa 선승이 거주하는 절.
samadi boo 중이 정양하는 방(禪室).
salu 입 아래의 수염.
saliyan 겨우 겨우. 그런대로.
는 사람.
salingga 제멋대로 하는 사람. 힘을 남용하
하다. 인수하다. 값어치가 있다.
salimbi 스스로 전단하다. 뜻대로 하다. 관장
다.
saligan akū 주장이 없다. 의지가 없
saligan 조금. 약간.
數)를 줄이다.
인수하게 하다. 뜻에 맡기도록 하다. 태수(
salibumbi 팔값을 정하게 하다. 값을 깎다.
: salgabu.ha babi 인연이 있는.
salgabun 천품. 천성. 품성.
salanambi 분배하러 가다.

sanggatanambi 구멍이 생기다.
sangga 동굴. 암굴.
sancha 목이버섯(木耳).
samsu 푸른 아마포(亞麻布).
samsimbi 흩어지다. 흩어져 사라지다.
samsiha 매했다. 매매했다.
sampa 새우.
sambi 알다. 이해하다. 전개하다. 넓히다.
samarambi 차를 끓이다. 차를 덥이다.
saman 무당. 만신. 무축.
굿을 하는 사람. 무당.
samanggan niyalma 길흉을 점치고
하는 방(禪堂).
samadi tere boo 승려들이 강경 정좌
samadi tembi 좌선하다.
매경에 이르다.
samadi de toktombi 참선하여 삼

sangnabi 벌은 소원한 떨어진.

sangkabi 멀리 떨어졌다.

saniyambi 날자를 연장하다.

sara 우산. 양산. 알 것이다. 전통이나 활주머니 위에 붙인 철편장식.

sarambi 열다. 타개하다. 날개를 펴다. 채로 셈을 치다.

sarasu 지식. 아는 일.

sarašan 낙. 놀이. 유흥. 유락.

sarba 망사을 짜는데 쓰는 베틀의 북.

sargan 아내.

sargan jui 여아. 처녀. 여자.

sargan juse 의 복수형.

sargašambi 놀다. 유락하다. 놀며 즐기다.
와 같다.

sarhiya 안쪽 허벅지.

sarhū alin 사르후산(明과 后金의 대회전지 薩爾滸山) 지금의 遼寧省 撫順縣에 있음.

sarilambi 연석을 베풀다. 주연을 펴다.

sarin 연석. 주연. 말 나귀 노새 등의 다리 가랑이 가죽을 무두질한 것.

sarkiyambi 정서하다. 청서하다. 벗기다. 뜯다. 떼다. 묘목을 나누어 주다.

sarkiyan 정서. 청서.

sarkū 모르다.

sartabumbi 남의 근심을 덜다. 남의 걱정을 풀다.

sartambi 당혹하다. 늦어서 어찌할 바를 모르다. 빈둥 빈둥 소일하다. 일없이 도일하다.

sasa 일제히. 다같이. 함께. 한꺼번에.

sasuri 마작패.

sati 큰 수곰.

saya 작은 남비. 작은 솥.

se 나이. 연세. 생사(生糸). 인삼의 매듭.

se de oho 나이를 먹었다. 노년이 되었다.

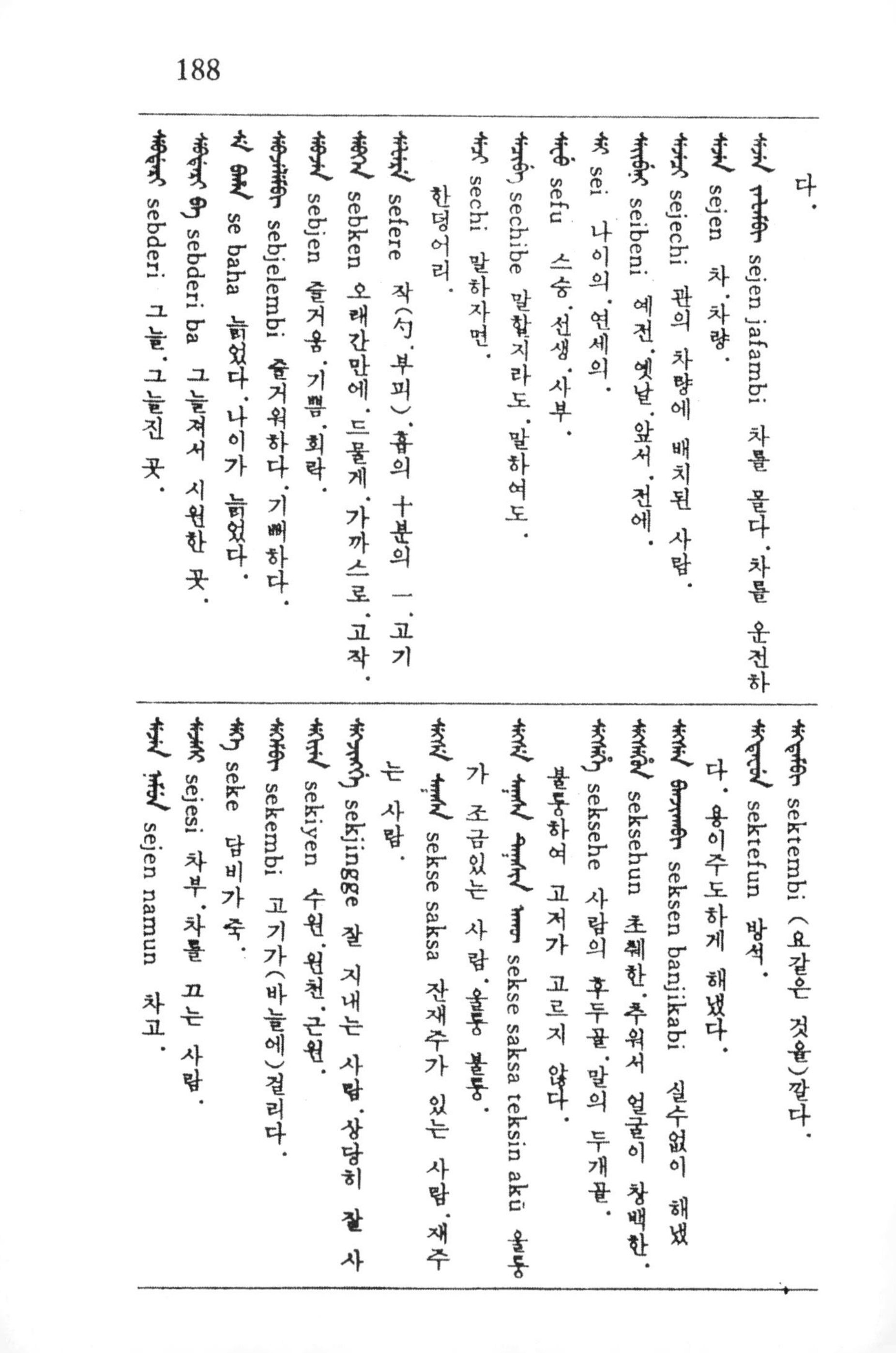

다.

sejen jafambi 차를 몰다. 차를 운전하

sejen 차. 차량.

sejechi 관의 차량에 배치된 사람.

seibeni 예전. 옛날. 앞서. 전에.

sei 나이의. 연세의.

sefu 스승. 선생. 사부.

sechibe 말할지라도. 말하여도.

sechi 말하자면.

한뎡어리.

sefere 작(식. 부피). 흡의 十분의 一. 고기

sebken 오래간만에. 드물게. 가까스로. 고작.

sebjen 즐거움. 기쁨. 희락.

sebjelembi 즐거워하다. 기뻐하다.

se baha 늙었다. 나이가 늙었다.

sebderi ba 그늘져서 시원한 곳.

sebderi 그늘. 그늘진 곳.

sektembi (요같은 것을)깔다.

sektefun 방석.

다. 용이주도하게 해냈다.

seksen banjikabi 실수없이 해냈

seksehun 초췌한. 주워서 얼굴이 창백한.

seksehe 사람의 후두골. 말의 두개골.

불퉁하여 고저가 고르지 않다.

sekse saksa teksin akū 울퉁

가 조금있는 사람. 울퉁 불퉁.

sekse saksa 잔재주가 있는 사람. 재주

는 사람.

sekjingge 잘 지내는 사람. 상당히 잘 사

sekiyen 수원. 원천. 근원.

sekembi 고기가(바늘에)걸리다.

seke 담비가죽.

sejesi 차부. 차를 끄는 사람.

sejen namun 차고.

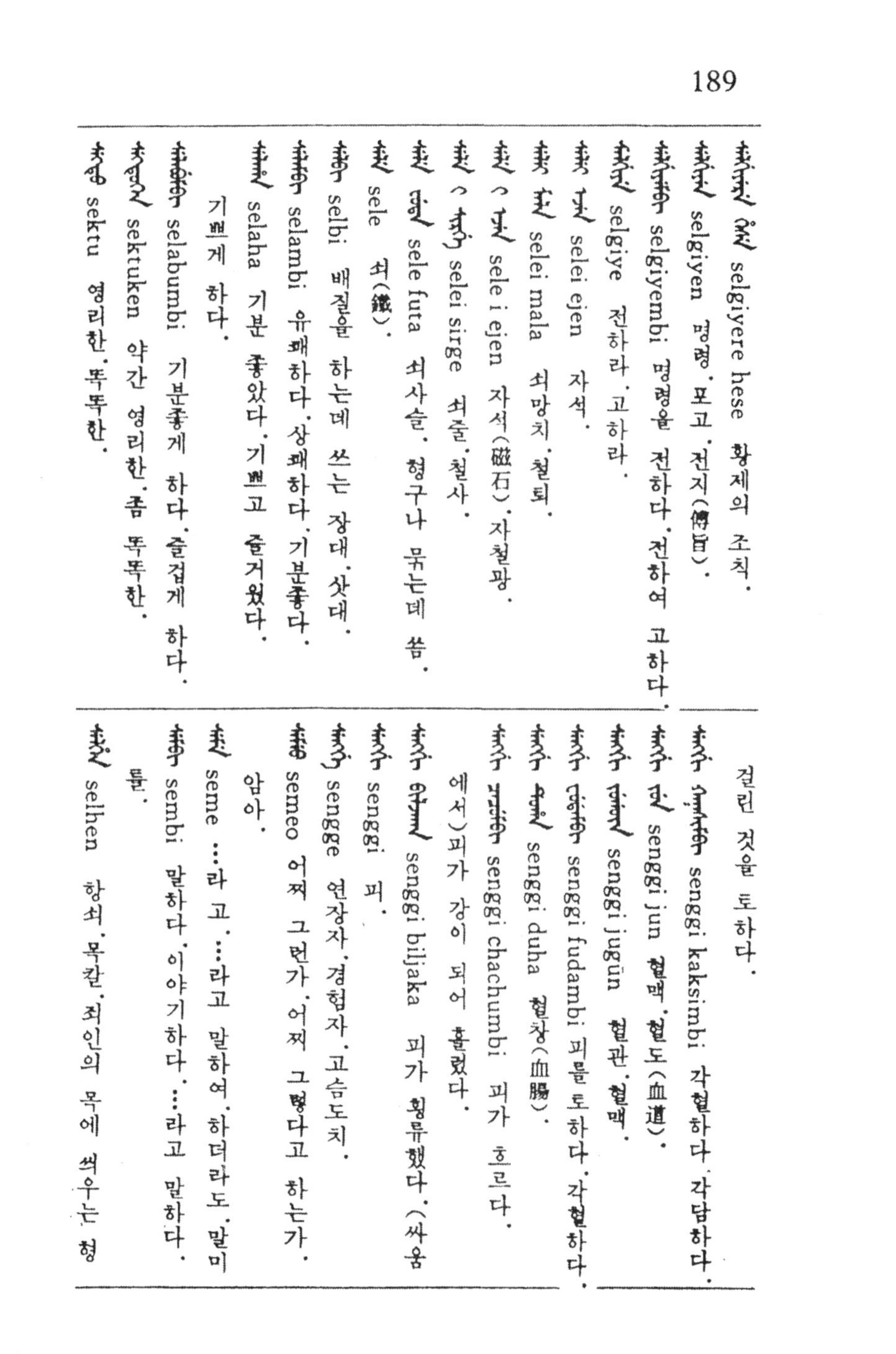

selgiyere hese 황제의 조칙.

selgiyen 명령. 포고. 전지(傳旨).

selgiyembi 명령을 전하다. 전하여 고하다.

selgiye 전하라. 고하라.

selei ejen 자석.

selei mala 쇠망치. 철퇴.

sele i ejen 자석(磁石). 자철광.

selei sirge 쇠줄. 철사.

sele futa 쇠사슬. 형구나 묶는데 씀.

sele 쇠(鐵).

selbi 배질을 하는데 쓰는 장대. 삿대.

selambi 유쾌하다. 상쾌하다. 기분좋다.

selaha 기분 좋았다. 기쁘고 즐거웠다.
기쁘게 하다.

selabumbi 기분좋게 하다. 즐겁게 하다.

sektuken 약간 영리한. 좀 똑똑한.

sektu 영리한. 똑똑한.

걸린 것을 토하다.

senggi kaksimbi 각혈하다. 각담하다.

senggi jun 혈맥. 혈도(血道).

senggi jugūn 혈관. 혈맥.

senggi fudambi 피를 토하다. 각혈하다.

senggi duha 혈창(血腸).

senggi chachumbi 피가 흐르다.
에서)피가 강이 되어 흘렀다.

senggi biljaka 피가 횡류했다.(싸움

senggi 피.

sengge 연장자. 경험자. 고숙도치.

semeo 어찌 그런가. 어찌 그렇다고 하는가.
암아.

seme …라 고. …라고 말하여. 하더라도. 말미

sembi 말하다. 이야기하다. …라고 말하다.
틀.

selhen 항쇠. 목칼. 죄인의 목에 씌우는 형

serguwen 선선한. 시원한.
곳의 것.
serengge …라고 말하는 것. …라고 말하는
seremšembi 막다. 방호하다.
serembi 알다. 깨닫다. 분명히 이해하다.
말하는. 구더기.
sere …라고 하는. …라고 칭하는. …라고
ser sere 세소하게. 극히 작게. 구구하게.
seolembi 사려하다. 잘 생각하다.
senihun 반숙의. 반쯤 익은.
seoleku 담이 작은. 소심한. 뱃심이 없는.
sengse 게으른 여자.
sengkule 부추.
내다.
sengguwembi 두려워하다. 겁내다. 실증
이가 되어 싸우다.
senggileme afambi 혈전하다. 미투성

두가 원한을 품다. 모두가 일제히 원한을 품다.
seyendumbi seyenumbi 여럿의 모
seyembi 원망하다. 원한을 품다.
sesulambi 놀라다. 놀라고 의심하다.
sesulabumbi 놀라게 하다.
seshun 싫은 사람. 꺼릴 사람.
seseme 조금만의. 약간의. 좀. 약간.
나 조서 등의 문서.
serkin 역을 통하여 체송되는 임금의 상유
다. 승전을 달려가서 보고케 하다.
serki feksibumbi 승리를 보고케하
는 사람.
serki 군의 정보같은 것을 달려가서 보고하
다. 통풍이 잘 되도록 하다.
serguwešembi 납량하다. 서늘함을 맛보
바람.
serguwen edun 선선한 바람. 시원한

아[illegible]다.

sibimbi 손가락으로 잡아 뽑다.손이로 잡기 쉬운 사람.

siberi daha? 오랫동안 사용하여 부리

siberi 손발에 나는 땀.

sibe 시버(錫伯)족.속새.
부간에 부르는 말).

si tuwa 여보 당신.여보.이것좀 봐요(부
사이를 두고 가다.구대 간에 사이를 두고 가다.

si sindame yabumbi 대(隊)와 대
ojorakū 너는 나를 대신할 수 없다.

si mini funde dangnachi
분간치 못하다.너와 나를 구별하지 않는다.

si bi seme ilgarakū 너와 나를

si akū 막힌 데가 없다.막히지 않다.
오(隊伍)간의 거리.

si 당신.그대.귀하.자네.너.막아라.닫아라.대

다.

siden de baitalambi 공용으로 쓰

siden 중간.중앙.중인.간증.

sidehulembi 문을 걸다.문을 잠그다.
퍼지다.

sidarambi 느긋하게 펴다.편다.넓어지다.

sichaka 금이 간.균열이 생긴.
막히다.덮이다.

sibumbi 막게하다.덮게하다.밀어넣게 하다.
것의.

sibša 물가가 몹시 떨어진.낙후한.곧 끝낼
궁하다.

sibkimbi 궁구하다.연구하다.추구하다.추

sibki 추궁하라.추구하라.
쳐놓다.

sibkelembi 두사람이 맞놓다.두사람이

sibiyalambi 제비를 뽑다.추첨하다.

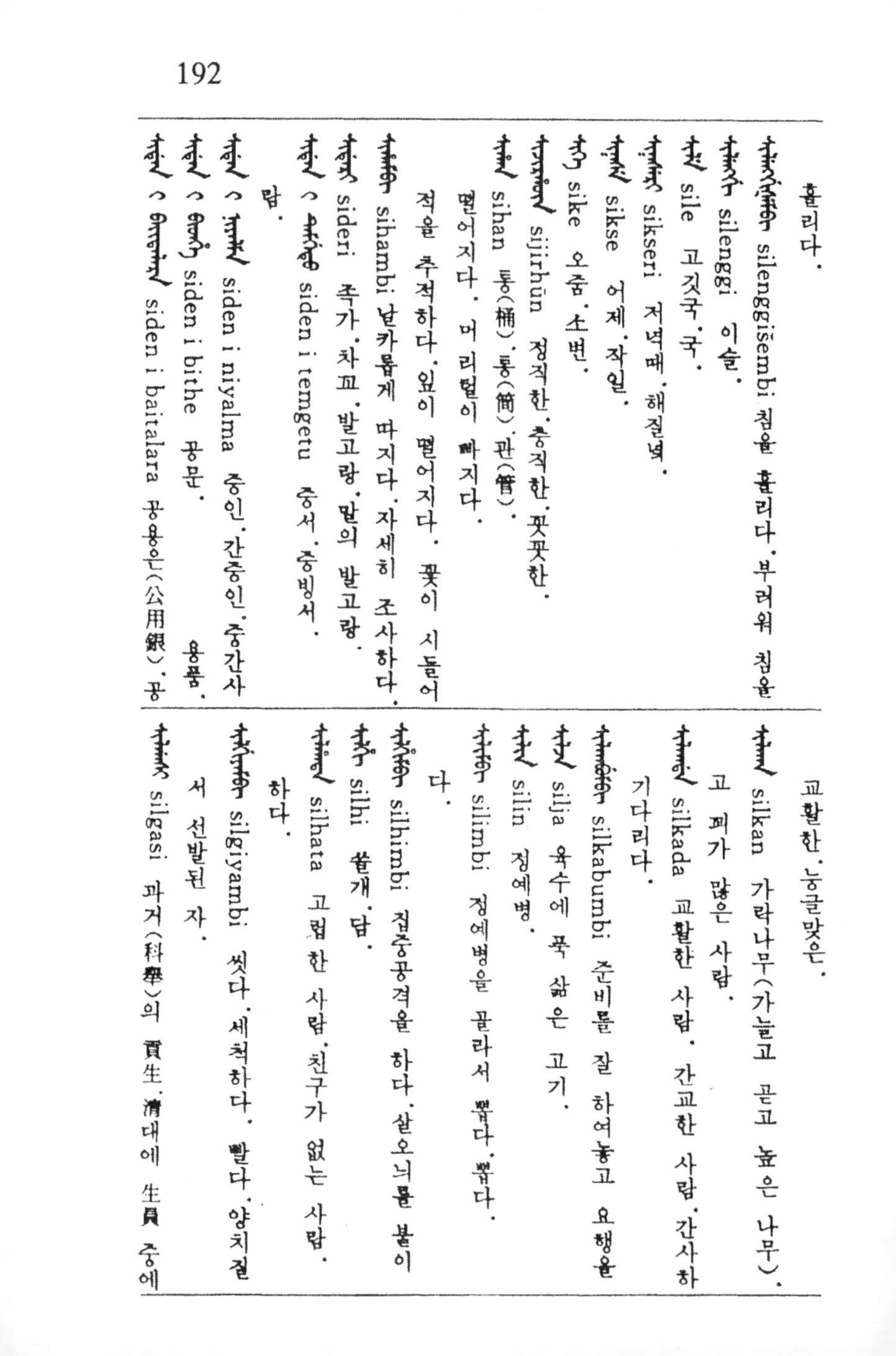

siden i baitalara 공용은(公用銀). 공용품.

siden i bithe 공문.

siden i niyalma 중인. 간중인. 중간사람.

siden i temgetu 증서. 증빙서.

sideri 족가. 차꼬. 발고랑. 말의 발고랑.

sihambi 날카롭게 따지다. 자세히 조사하다. 적을 추적하다. 잎이 떨어지다. 꽃이 시들어 떨어지다. 머리털이 빠지다.

sihan 통(桶). 통(筒). 관(管).

sijirhūn 정직한. 충직한. 꼿꼿한.

sike 오줌. 소변.

sikse 어제. 작일.

sikseri 저녁때. 해질녘.

sile 고깃국. 국.

silenggi 이슬.

silenggišembi 침을 흘리다. 부러워 침을 흘리다.

silgasi 과거(科擧)의 貢生. 淸대에 生員 중에서 선발된 자.

silgiyambi 씻다. 세척하다. 빨다. 양치질하다.

silhata 고렵한 사람. 친구가 없는 사람.

silhi 쓸개. 담.

silhimbi 집중공격을 하다. 살오니를 붙이다.

silimbi 정예병을 골라서 뽑다. 뽑다.

silin 정예병.

silja 육수에 푹 삶은 고기.

silkabumbi 준비를 잘 하여놓고 요행을 기다리다.

silkada 교활한 사람. 간교한 사람. 간사하고 재가 많은 사람.

silkan 가라나무(가늘고 곧고 높은 나무). 교활한. 능글맞은.

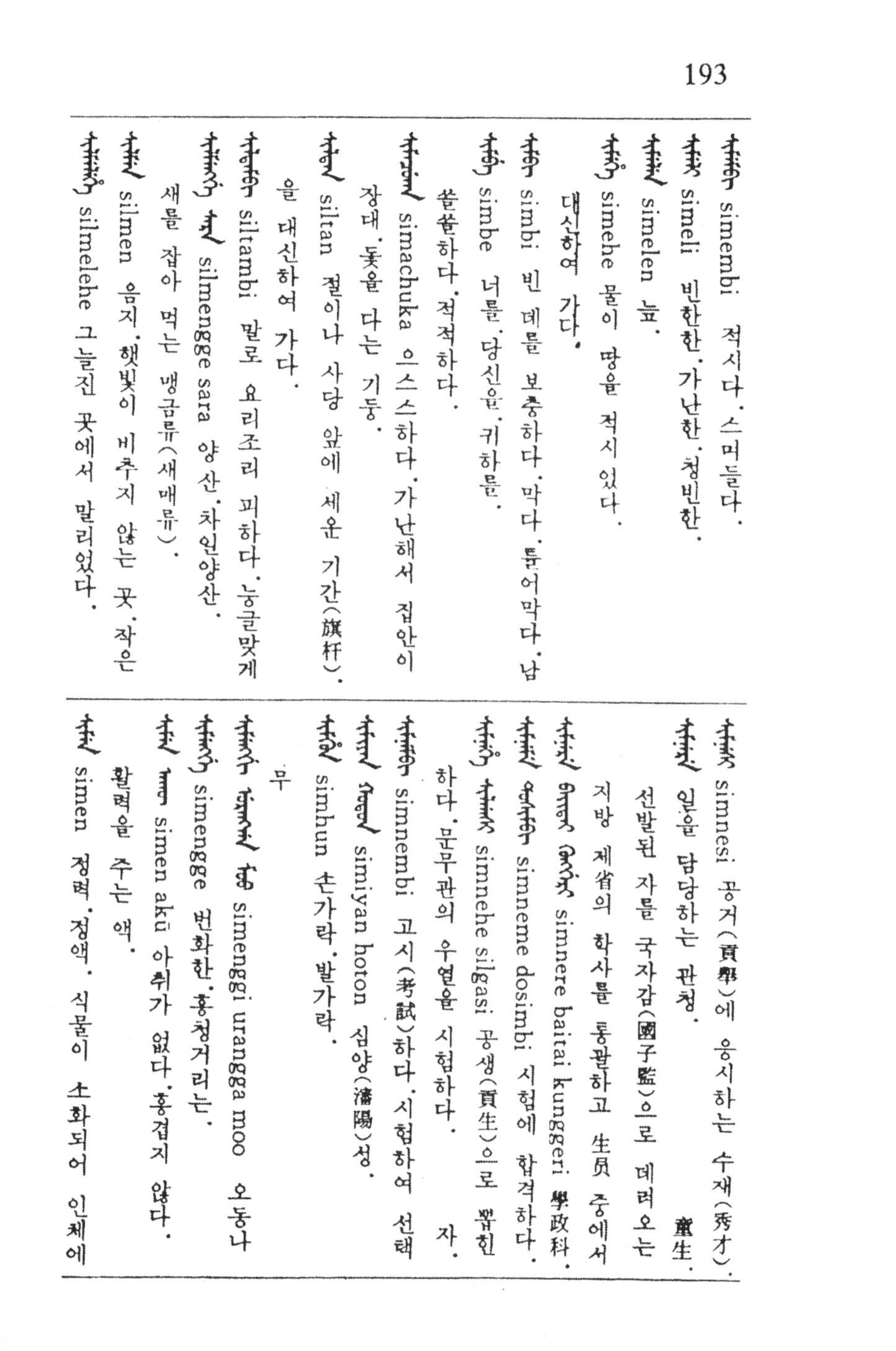

simembi 적시다. 스며들다.
simeli 빈한한. 가난한. 청빈한.
simelen 늪.
simehe 물이 땅을 적시 었다.
　대신하여 가다.
simbi 빈 데를 보충하다. 막다. 틀어막다. 납
simbe 너를. 당신을. 귀하를.
　쓸쓸하다. 적적하다.
simachuka 으스스하다. 가난해서 집안이
　장대. 놓을 다는 기둥.
siltan 절이나 사당 앞에 세운 기간(旗杆).
　을 대신하여 가다.
siltambi 말로 요리조리 피하다. 능글맞게
silmengge sara 양산. 차일양산.
　새를 잡아 먹는 맹금류(새매류).
silmen 음지. 햇빛이 비추지 않는 곳. 작은
silmelehe 그늘진 곳에서 말리었다.

simnesi 공거(貢擧)에 응시하는 수재(秀才).
　일을 담당하는 관청. 童生.
　선발된 자를 국자감(國子監)으로 데려오는
　지방 제省의 학사를 통괄하고 生員 중에서
simnere baitai kunggeri 學政科.
simneme dosimbi 시험에 합격하다.
simnehe silgasi 공생(貢生)으로 뽑힌
　하다. 문무관의 우열을 시험하다. 자.
simnembi 고시(考試)하다. 시험하여 선택
simiyan hoton 심양(瀋陽)성.
simhun 손가락. 발가락.
　무
simenggi urangga moo 오동나
simengge 번화한. 흥청거리는.
simen akū 아취가 없다. 흥겹지 않다.
　활력을 주는 액.
simen 정력. 정액. 식물이 소화되어 인체에

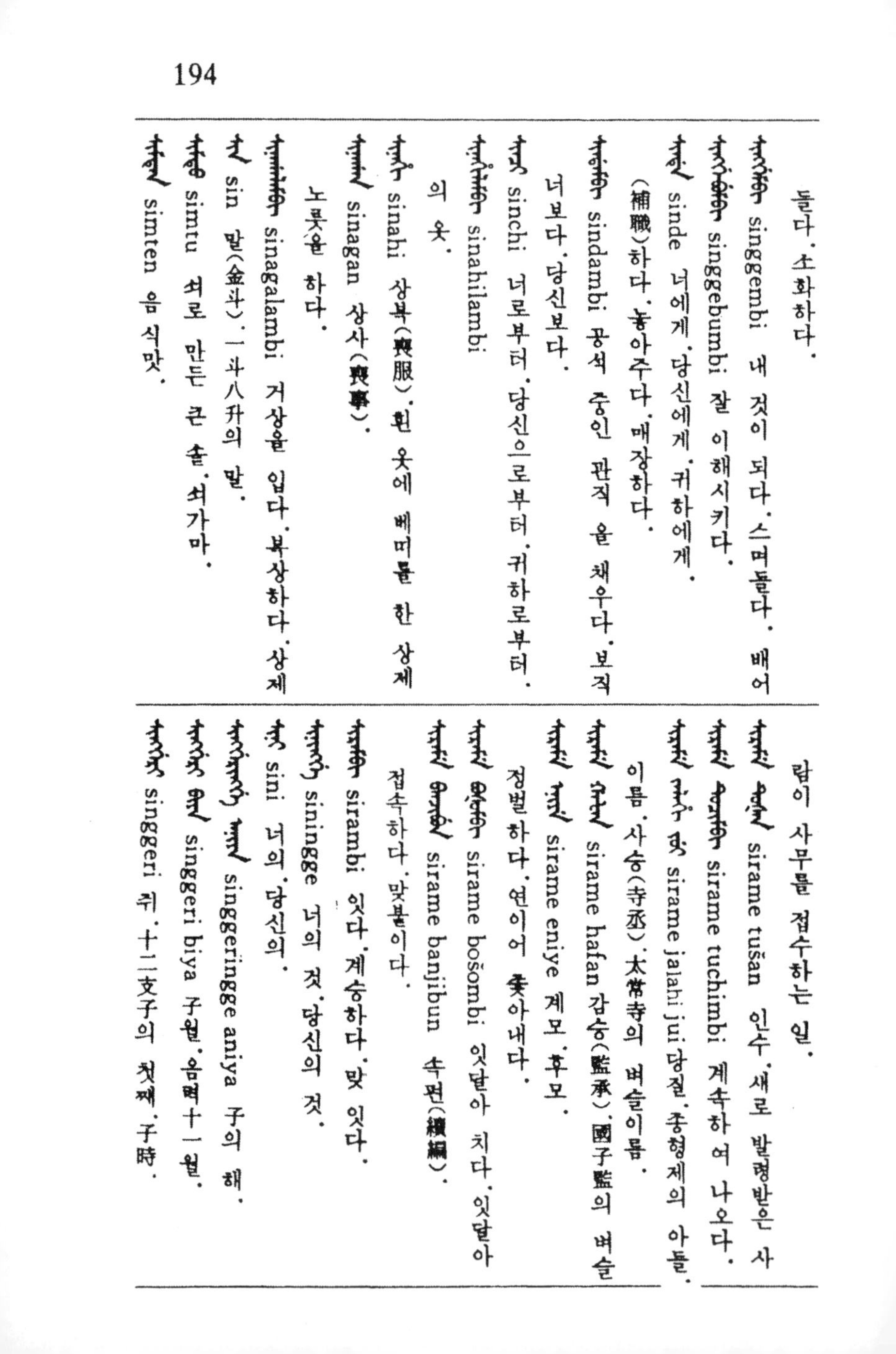

simten 음식맛.

simtu 쇠로 만든 큰 솥·쇠가마.

sin 말(金斗)·一斗八升의 말.

sinagalambi 거상을 입다·복상하다·상제 노릇을 하다.

sinagan 상사(喪事).

sinahi 상복(喪服)·흰 옷에 베미를 한 상제 의 옷.

sinahilambi

sinchi 너로부터·당신으로부터·귀하로부터. 너보다·당신보다.

sindambi 공석 중인 관직 을 채우다·보직 (補職)하다·놓아주다·매장하다.

sinde 너에게·당신에게·귀하에게.

singgebumbi 잘 이해시키다.

singgembi 내 것이 되다·스며들다·배어 놀다·소화하다.

---

singgeri 쥐·十二支子의 첫째·子時.

singgeri biya 子월·음력十一월.

singgeringge aniya 子의 해.

sini 너의·당신의.

siningge 너의 것·당신의 것.

sirambi 잇다·계승하다·맞 잇다. 접속하다·맞붙이다.

sirame banjibun 속편(續編).

sirame bošombi 잇달아 치다·잇달아 정벌하다·연이어 쫓아내다.

sirame eniye 계모·후모.

sirame hafan 감승(監丞)·國子監의 벼슬 이름·사승(寺丞)·太常寺의 벼슬이름.

sirame jalahi jui 당질·종형제의 아들.

sirame tuchimbi 계속하여 나오다.

sirame tušan 인수·새로 발령받은 사 람이 사무를 접수하는 일.

sishe 깔개. 요.

sirgeri 명주. 비단.

듣다.

sisetembi 대충 일을 처리하다. 초고를 만

絲). 고기의 탄탄한 살치.

sirge 악기의 현(絃). 고치에서 뽑아낸 실(生

siresi 주선하는 사람. 중개인.

소리가 울리다.

sirenembi 자꾸만 소리가 들리다. 빈번히

siren sudala 계선. 선맥. 줄.

siren 참외. 오이 등 박과식물의 덩굴.

sirembi 실을 뽑다. 삼을 길쌈질하다.

촉을 갖춘 화살.

sirdan 전장에서 쓰는 화살. 예리한 두 날의

sirara hafan 세습관.

siranduhai 연달아. 잇달아.

siran siran i 계속하여. 잇달아.

sofin 사나운 말(馬). 난폭한 말.

한 징후가 있는.

so joriha 불길한 징조가 있는. 상서롭지 못

so 뿌려 버려라. 해피한.

siyoo 초석. 질산 칼륨(Kalium).

siyanchee 비단으로 짠 베. 견포.

siyan 가는. 발이 가는.

situmbi (아이가)점점 자라다. 성장하다.

을 두려히 하다.

sithūmbi 전심하다. 마음을 집중하다. 뜻

sithen 문갑. 서신이나 물건을 넣어두는 문

sitembi 오줌을 누다. 방뇨하다. 갑.

site 오줌을 누어라. 방뇨하라.

sitambi 늦어지다. 지각하다.

sita 일. 사무. 업무.

가리개.

sisingga huwejehen 병풍. 간막이.

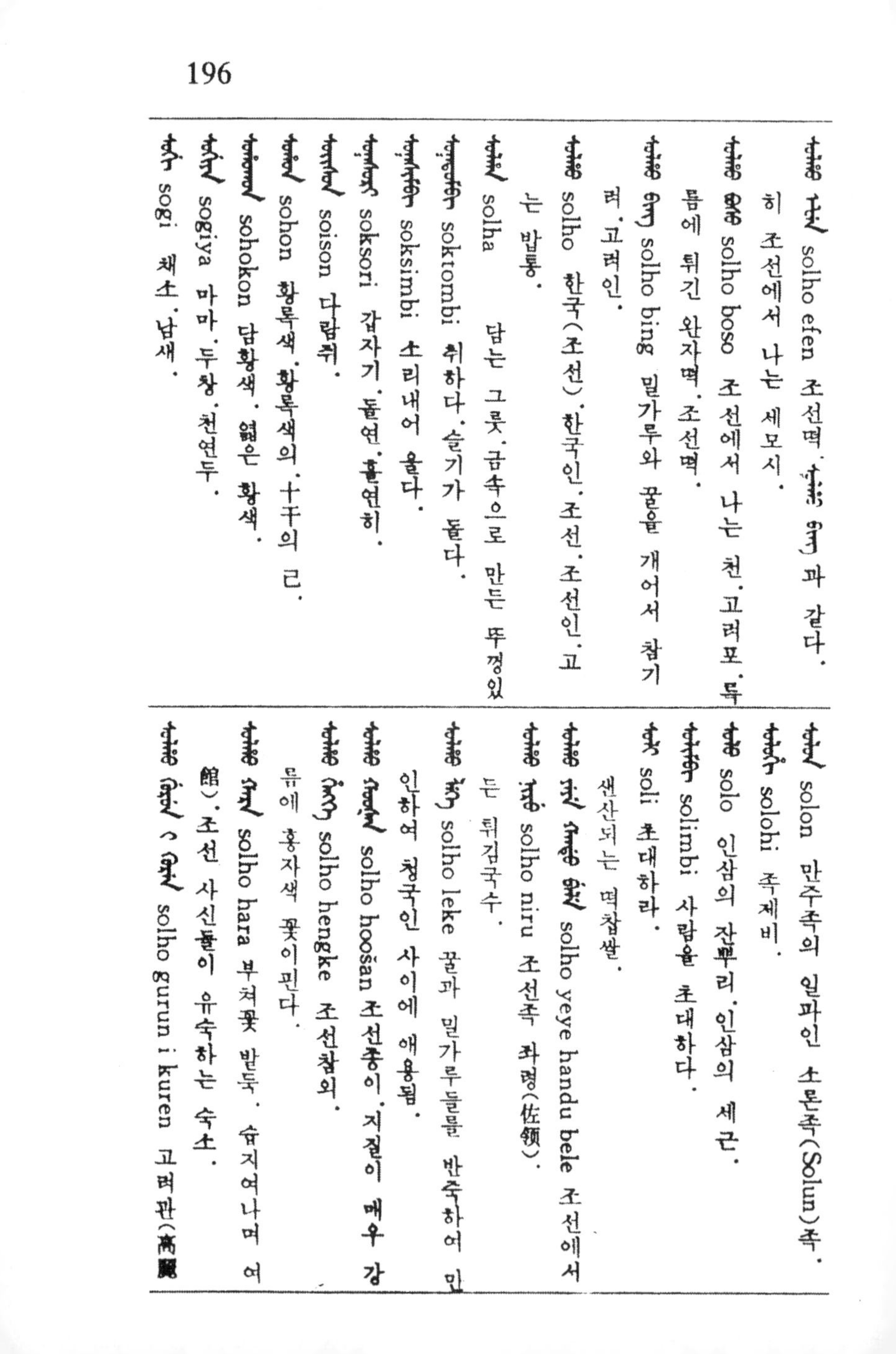

sogi 채소. 남새.

sogiya 마마. 두창. 천연두.

sohokon 담황색. 엷은 황색.

sohon 황록색. 황록색의. 十干의 己.

soison 다람쥐.

soksori 갑자기. 돌연. 홀연히.

soksimbi 소리내어 울다.

soktombi 취하다. 슬기가 돌다.

solha 담는 그릇. 금속으로 만든 뚜껑있는 밥통.

solho 한국(조선). 한국인. 조선. 조선인. 고려. 고려인.

solho bing 밀가루와 꿀을 개어서 참기름에 튀긴 완자떡. 조선떡.

solho boso 조선에서 나는 천. 고려포. 특히 조선에서 나는 세모시.

solho efen 조선떡. 과 같다.

solho gurun i kuren 고려관(高麗館). 조선 사신들이 유숙하는 숙소.

solho hara 부처꽃 밭둑. 습지에 나며 여름에 홍자색 꽃이 핀다.

solho hengke 조선참외.

solho hoošan 조선종이. 지질이 매우 강인하여 청국인 사이에 애용됨.

solho leke 꿀과 밀가루를 반죽하여 만든 튀김국수.

solho niru 조선족 좌령(佐領).

solho yeye handu bele 조선에서 생산되는 떡찹쌀.

soli 초대하라.

solimbi 사람을 초대하다.

solo 인삼의 잔뿌리. 인삼의 세근.

solohi 족제비.

solon 만주족의 일파인 소론족(Solun)족.

songgome 실컷 울다.

songgombi 울다. 곡하다. 새가 울다.

son son i 뿔뿔이. 산산이.
을 땋다.

sonchoho isambi 변발을 엮다. 변발 결발했다. 머리를 얹었다.

sonchoho hūwalame holboho (여자가 출가하기전).

sonchoho hūwalambi 머리를 풀다 七. 九. 十一의 달.

sonchoho biya 홀수의 달. 一. 三. 五.

sonchoho 오늬. 남자의 변발.

son 서까래. 지레.

somimbi 숨기다. 감추다. 매장하다.

somiha saisa 오사(隱士). 은자.

somi 감추어라.

sombi 뿌리다.

래지다. 얼굴이 누래지다.

sorombi 꺼리다. 꺼리어 싫어하다. 잎이 누

soroki 꺼려야 할. 기휘할. 싫어할.

soro 대추.

soorin 제왕의 자리. 보좌. 용위.

사(進士).

sonjosi 아직 전시(殿試)를 거치지 않은 진

가려뽑다.

sonjombi 시험을 쳐서 가려내다. 시험으로

진기한 물건.

soningga 새로운 이야기. 진기한 이야기.

본받아 따르다.

songkolombi ...을 좇아서 본받다. ...을

서. ...에 비추어.

songkoi 의거하여. ...을 본받아. ...을 따라

국. 자취.

songko 비슷한. 같은 모양의 발자취. 바퀴

songgotu 울기 잘하는 아이. 울보.

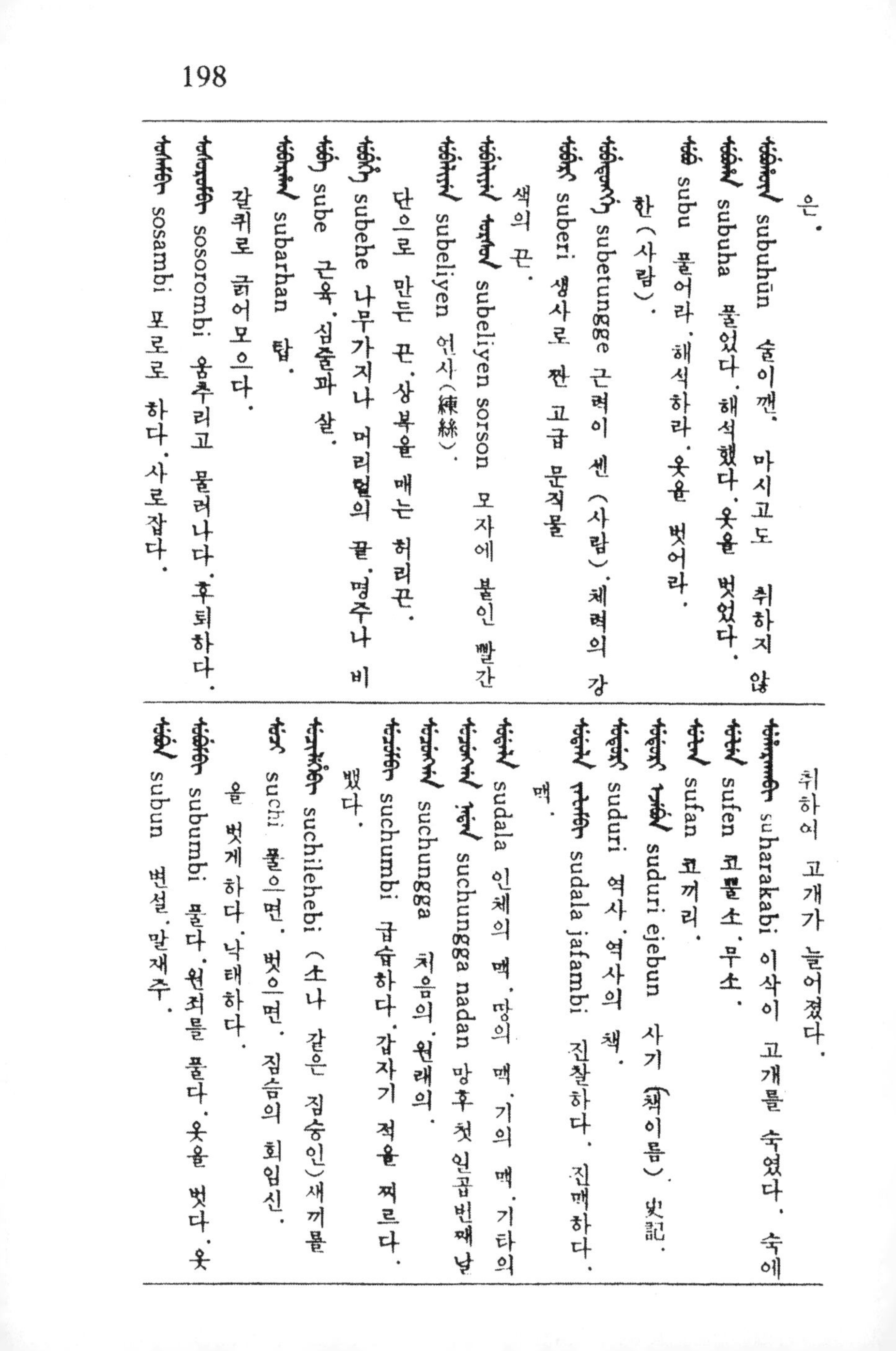

은·

subuhūn 술이 깬· 마시고도 취하지 않은·

subuha 풀었다·해석했다·옷을 벗었다·

subu 풀어라·해석하라·옷을 벗어라·

subetungge 근력이 센 (사람)·체력이 강한(사람)·

suberi 생사로 짠 고급 문직물

sube liyen sorson 모자에 붙인 빨간 색의 끈·

subeliyen 연사(練絲)·

subehe 나무가지나 머리털의 끝·명주나 비단이로 만든 끈·상복을 매는 허리끈·

sube 근육·심줄파 살·

subarhan 탑·

sosorombi 움추리고 물러나다·후퇴하다·갈퀴로 긁어모으다·

sosambi 포로로 하다·사로잡다·

suharakabi 이삭이 고개를 숙였다·숙에 취하여 고개가 늘어졌다·

sufen 코뿔소·무소·

sufan 코끼리·

suduri ejebun 사기 (책이름) 史記·

suduri 역사·역사의 책·

sudala jafambi 진찰하다·진맥하다·

sudala 인체의 맥·당의 맥·기의 맥·기타의 맥·

suchungga nadan 망후 첫 인곱번째 날

suchungga 처음의·원래의·

suchumbi 급습하다·갑자기 적을 찌르다·쌨다·

suchilehebi (소나 같은 짐승인)새끼를 밴다·

suchi 풀이면·벗이면·짐승의 회입신·

subumbi 풀다·원죄를 풀다·옷을 벗다·옷을 벗게 하다·나태하다·

subun 변설·말재주·

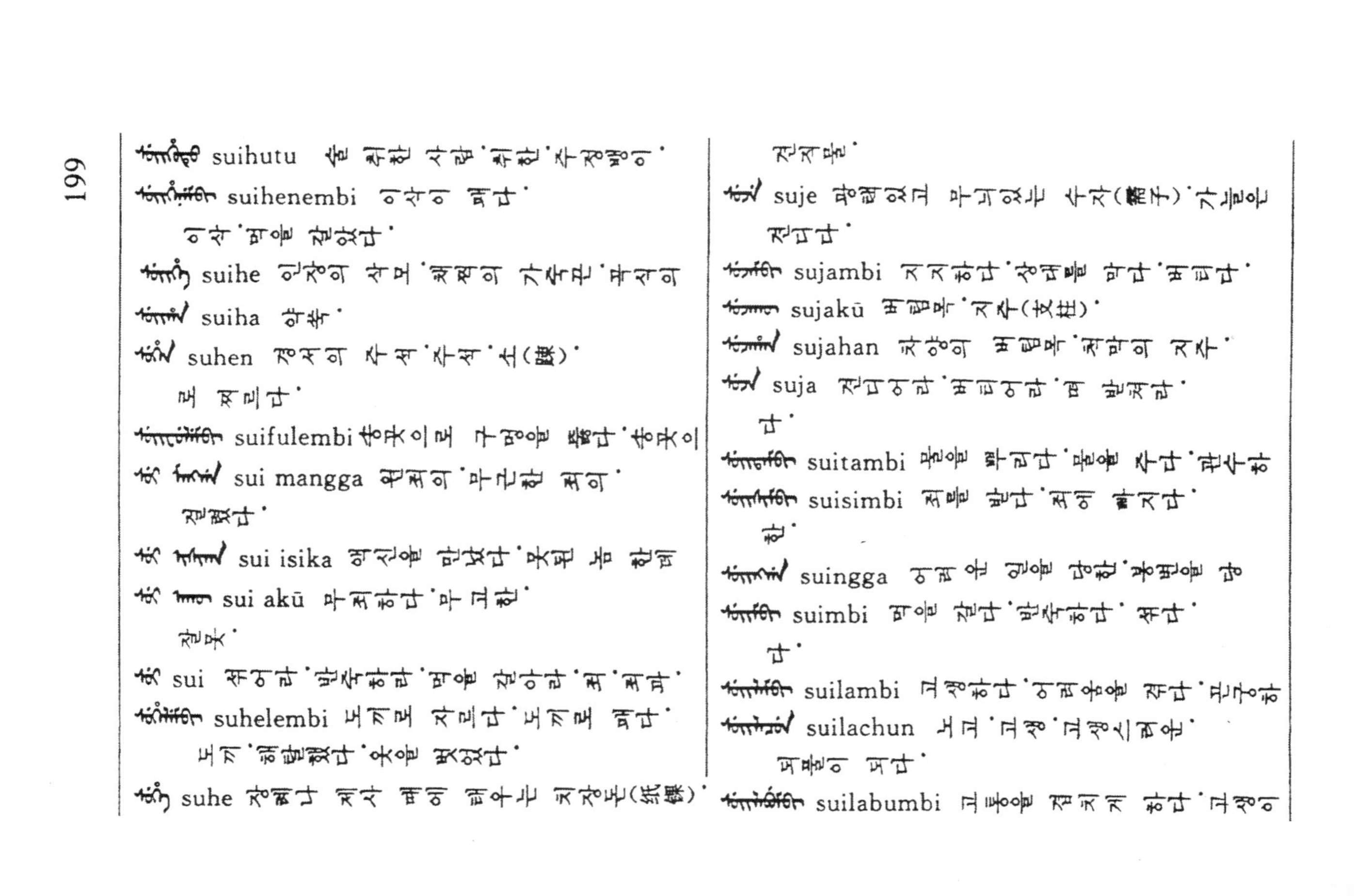

suhe 장례나 제사 때에 태우는 지장돈(紙錁). 도끼. 해탈했다. 옷을 벗었다.

suhelembi 도끼로 자르다. 도끼로 패다.

sui 쉬어라. 반죽하라. 먹을 갈아라. 죄. 죄과. 잘못.

sui akū 무죄하다. 무고한.

sui isika 액신을 만났다. 못된 놈 한데 걸렸다.

sui mangga 원죄의. 무근한 죄의.

suifulembi 송곳으로 구멍을 뚫다. 송곳이로 찌르다.

suhen 경서의 주석. 주석. 소(疏).

suiha 약쑥.

suihe 인장의 삭모. 채찍의 가죽끈. 곡식의 이삭. 먹을 갈았다.

suihenembi 이삭이 패다.

suihutu 술 취한 사람. 취한. 주정뱅이.

suilabumbi 고통을 겪치게 하다. 고생이 되풀이 되다.

suilachun 노고. 고생. 고생스러운.

suilambi 고생하다. 어려움을 겪다. 곤궁하다.

suimbi 먹을 갈다. 반죽하다. 섞다.

suingga 어려운 일을 당한. 봉변을 당한.

suisimbi 죄를 받다. 죄에 빠지다.

suitambi 물을 뿌리다. 물을 주다. 관수하다.

suja 견디어라. 버티어라. 며 받쳐라.

sujahan 차양의 버팀목. 척막의 지주.

sujakū 버팀목. 지주(支柱).

sujambi 지지하다. 상대를 막다. 버티다. 견디다.

suje 광택있고 무늬있는 수자(繻子). 가늘은 견직물.

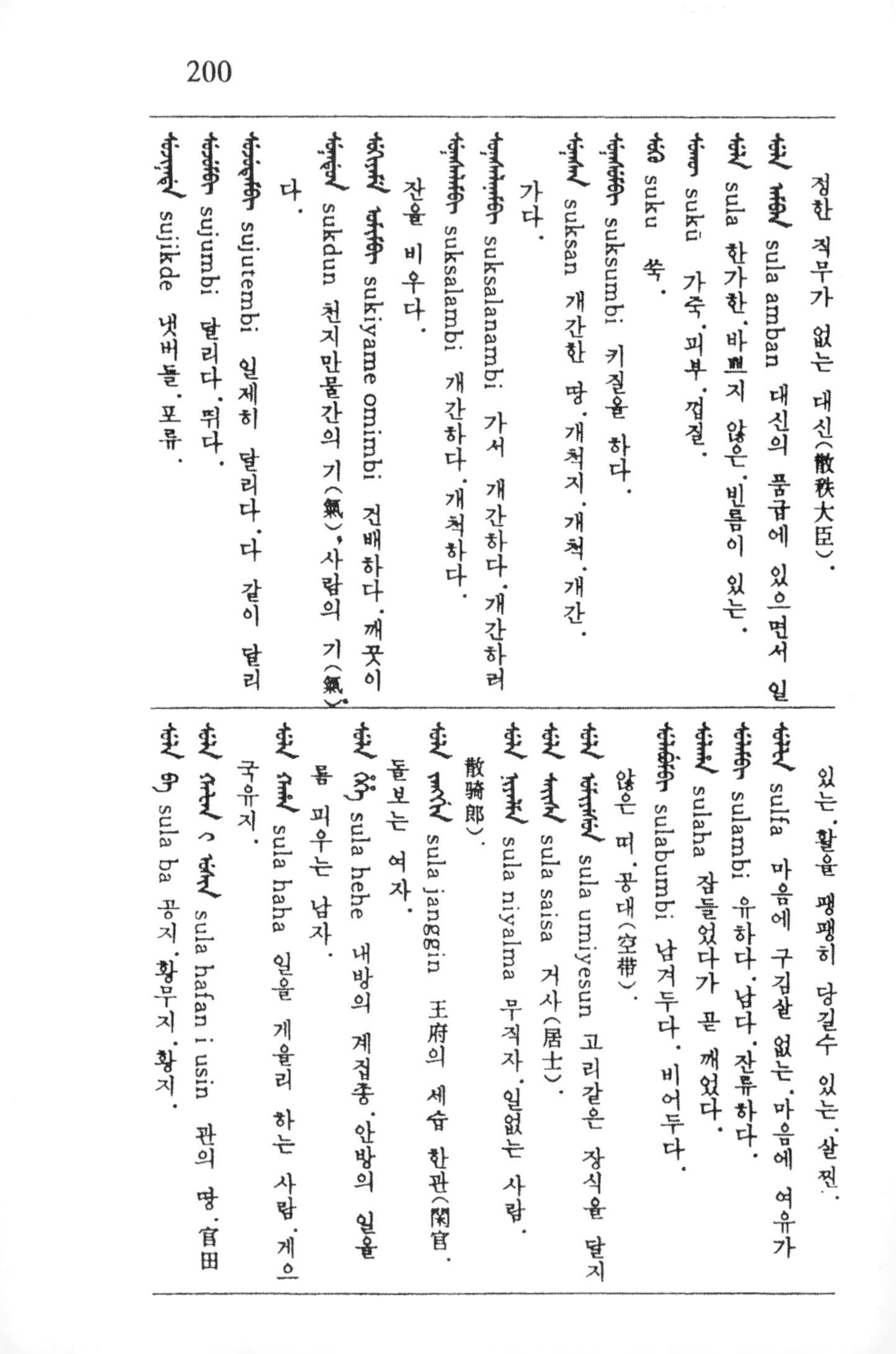

정한 직무가 없는 대신(散秩大臣).

sula amban 대신의 품급에 있으면서 일

sula 한가한, 바쁘지 않은, 빈틈이 있는.

sukū 가죽, 피부, 껍질.

suku 쑥.

suksumbi 키질을 하다.

suksan 개간한 땅, 개척지, 개척, 개간.

가다.

suksalanambi 가서 개간하다, 개간하러

suksalambi 개간하다, 개척하다.

잔을 비우다.

sukiyame omimbi 건배하다, 깨끗이

sukdun 천지만물간의 기(氣), 사람의 기(氣)

다.

sujutembi 일제히 달리다, 다 같이 달리

sujumbi 달리다, 뛰다.

sujikde 냇버들, 포류.

있는, 활을 팽팽히 당길수 있는, 살찐.

sulfa 마음에 구김살 없는, 마음에 여유가

sulambi 유하다, 남다, 잔류하다.

sulaha 잠들었다가 곧 깨었다.

sulabumbi 남겨두다, 비어두다.

않은 띠, 공대(空帶).

sula umiyesun 고리같은 장식을 달지

sula saisa 거사(居士).

sula niyalma 무직자, 일없는 사람.

散騎郎).

sula janggin 王府의 세습 한관(閑官,

돌보는 여자.

sula hehe 내방의 계집종, 안방의 일을

름 피우는 남자.

sula haha 일을 게을리 하는 사람, 게으

국유지.

sula hafan i usin 관의 땅, 官田

sula ba 공지, 황무지, 황지.

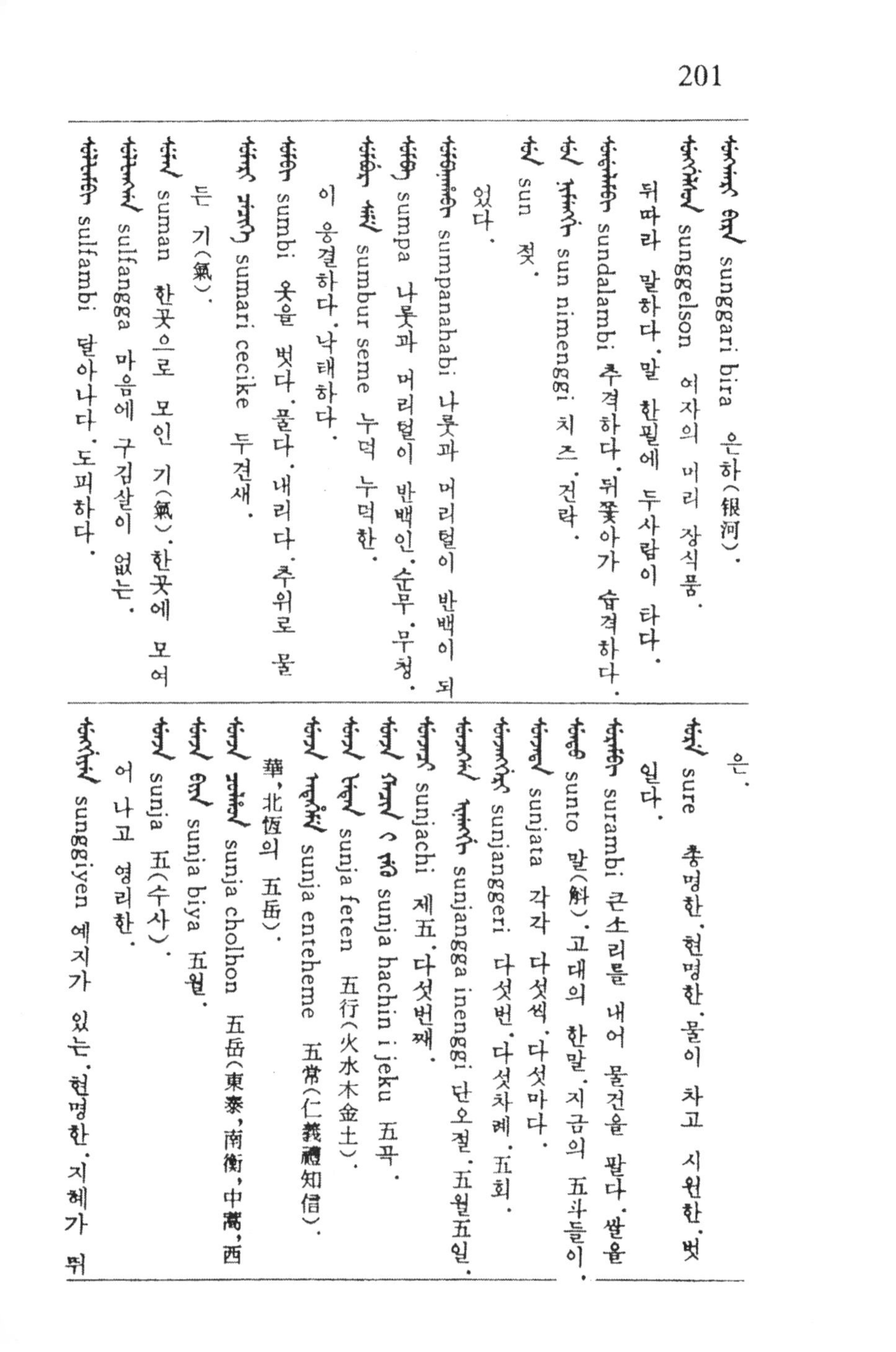

sunggari bira 은하(银河).
sunggelson 여자의 머리 장식품. 뒤따라 말하다. 말 한필에 두사람이 타다.
sundalambi 추격하다. 뒤쫓아가 습격하다.
sun nimenggi 치즈. 건락.
sun 젖. 었다.
sumpanahabi 나룻과 머리털이 반백이 되
sumpa 나룻과 머리털이 반백인. 순무. 무청.
sumbur seme 누덕 누덕한. 이 웅결하다. 나태하다.
sumbi 옷을 벗다. 풀다. 내리다. 추위로 물
sumari cecike 두견새. 든 기(氣).
suman 한곳으로 모인 기(氣). 한곳에 모여
sulfangga 마음에 구김살이 없는.
sulfambi 달아나다. 도피하다.

은.
sure 총명한. 현명한. 물이 차고 시원한. 벗 입다.
surambi 큰소리를 내어 물건을 팔다. 쌀을
sunto 말(斛). 고대의 한말. 지금의 五斗들이.
sunjata 각각 다섯씩. 다섯마다.
sunjanggeri 다섯번. 다섯차례. 五회.
sunjangga inenggi 단오절. 五월五일.
sunjachi 제五. 다섯번째.
sunja hachin i jeku 五곡.
sunja feten 五行(火水木金土).
sunja enteheme 五常(仁義禮知信). 華. 北恆의 五岳).
sunja cholhon 五岳(東泰, 南衡, 中嵩, 西
sunja biya 五월.
sunja 五(수사). 어나고 영리한.
sunggiyen 예지가 있는. 현명한. 지혜가 뛰

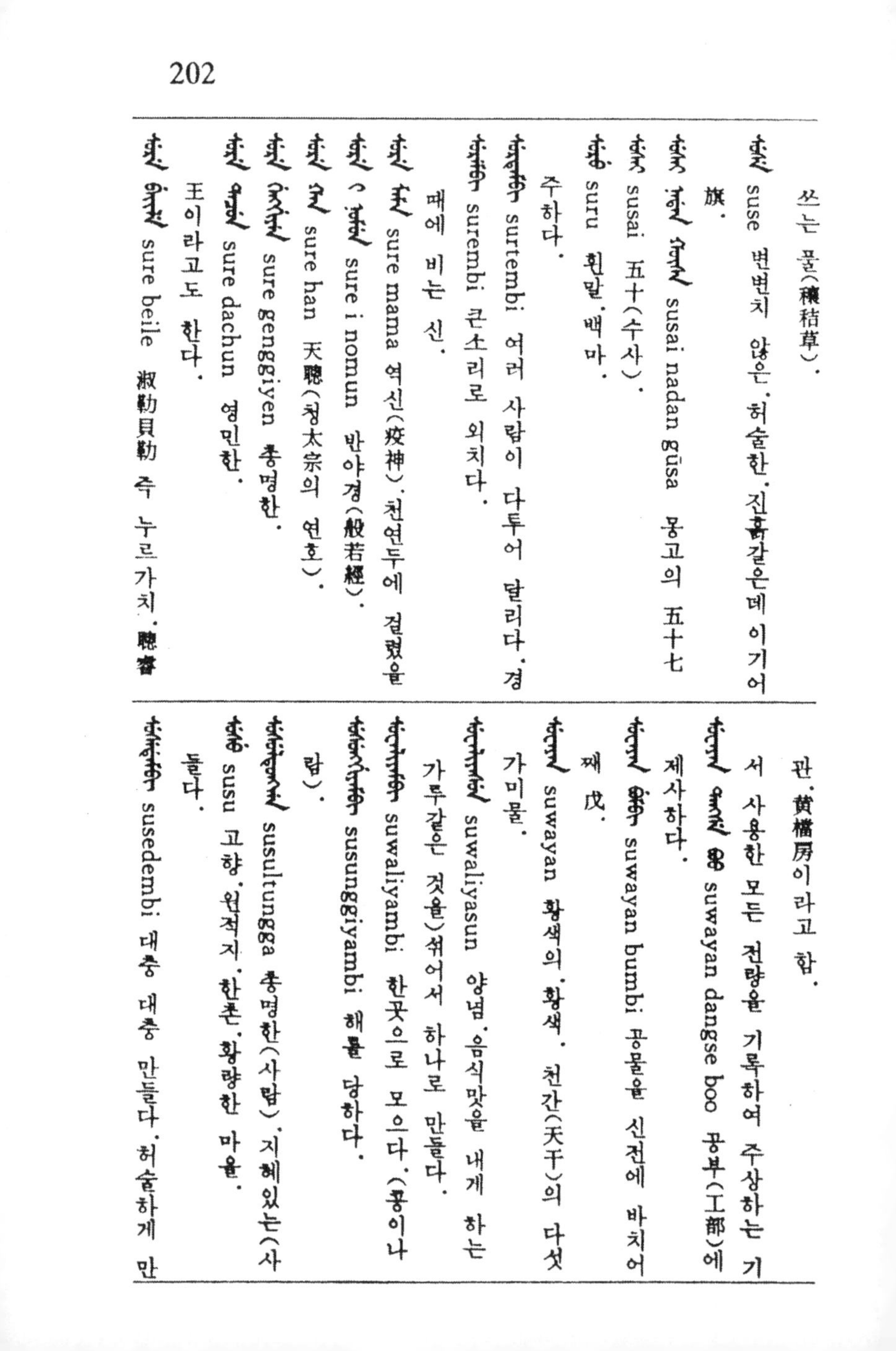

sure beile 淑勒貝勒 즉 누르가치. 聰睿
王이라고도 한다.
sure dachun 영민한.
sure genggiyen 총명한.
sure han 天聰(청太宗의 연호).
sure i nomun 반야경(般若經).
sure mama 여신(疫神). 천연두에 걸렸을
때에 비는 신.
surembi 큰소리로 외치다.
surtembi 여러 사람이 다투어 달리다. 경
주하다.
suru 흰말. 백마.
susai 五十(수사).
susai nadan gūsa 몽고의 五十七
旗.
suse 변변치 않은. 허술한. 진흙같은데 이기어
쓰는 풀(穰秸草).

susedembi 대충 대충 만들다. 허술하게 만
들다.
susu 고향. 원적지. 한촌. 황량한 마을.
susultungga 총명한(사람). 지혜있는(사
람).
susunggiyambi 해를 당하다.
suwaliyambi 한곳으로 모이다.(콩이나
가루같은 것을)섞어서 하나로 만들다.
suwaliyasun 양념. 음식맛을 내게 하는
가미물.
suwayan 황색의. 황색. 천간(天干)의 다섯
째 戊.
suwayan bumbi 공물을 신전에 바치어
제사하다.
suwayan dangse boo 공부(工部)에
서 사용한 모든 전량을 기록하여 주상하는 기
관. 黃檔房이라고 함.

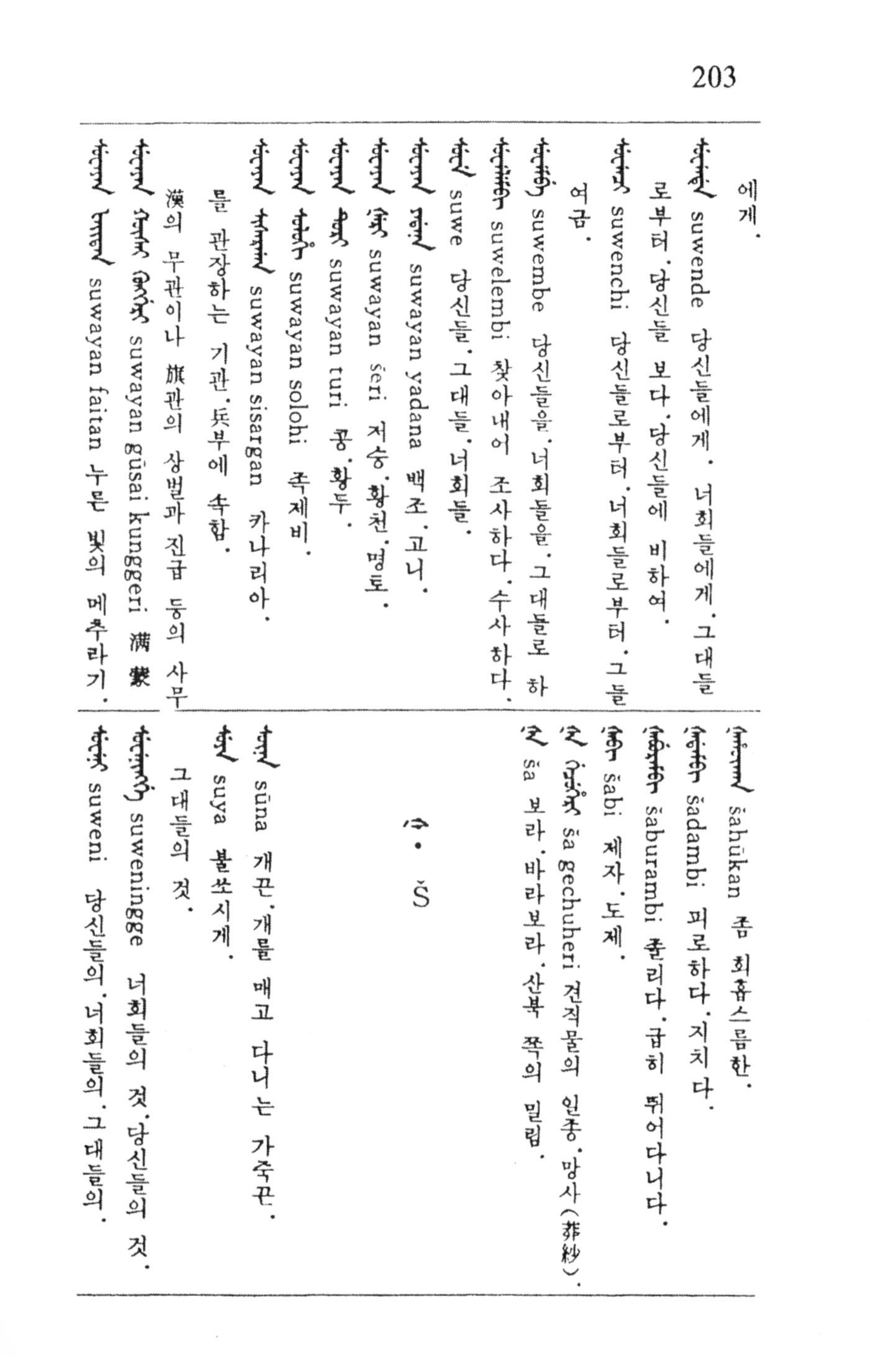

에게.

suwende 당신들에게. 너희들에게. 그대들

로부터. 당신들 보다. 당신들에 비하여.

suwenchi 당신들로부터. 너희들로부터. 그들

여금.

suwembe 당신들을. 너희들을. 그대들로 하

suwelembi 찾아내어 조사하다. 수사하다.

suwe 당신들. 그대들. 너희들.

suwayan yadana 백조. 고니.

suwayan šeri 저승. 황천. 명토.

suwayan turi 콩. 황두.

suwayan solohi 족제비.

suwayan sisargan 카나리아.

를 관장하는 기관. 兵부에 속함.

漢의 무관이나 旗관의 상벌과 진급 등의 사무

suwayan gūsai kunggeri 滿蒙

suwayan faitan 누른 빛의 메추라기.

šahūkan 좀 희읍스름한.

šadambi 피로하다. 지치다.

šaburambi 졸리다. 급히 뛰어다니다.

šabi 제자. 도제.

ša gechuheri 견직물의 일종. 망사(蟒紗).

ša 보라. 바라보라. 산북 쪽의 밀립.

Š

sūna 개끈. 개를 매고 다니는 가죽끈.

suya 불쏘시개.

그대들의 것.

suweningge 너희들의 것. 당신들의 것.

suweni 당신들의. 너희들의. 그대들의.

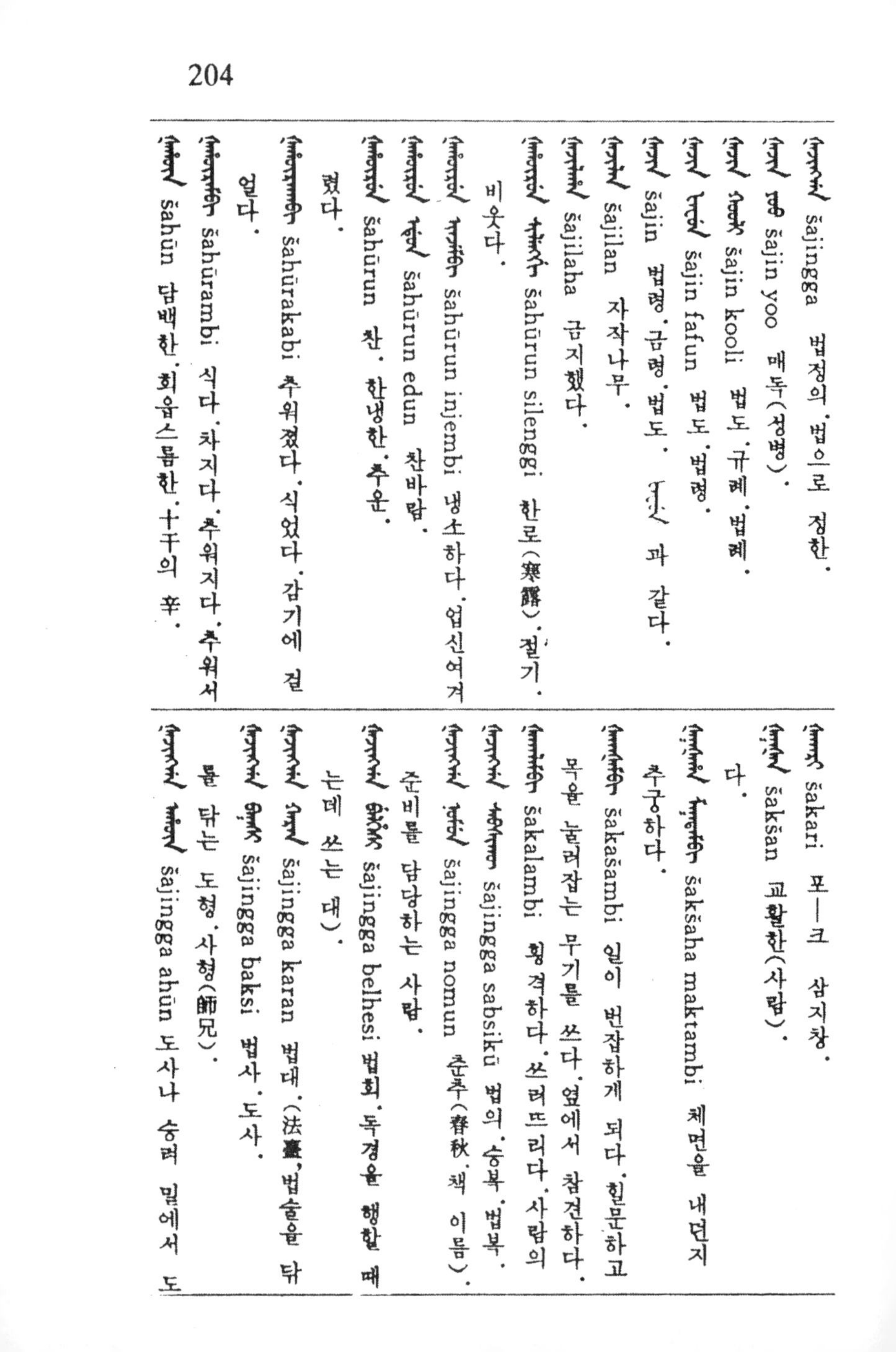

šajingga 법정의·법으로 정한·

šajin yoo 매독(성병)·

šajin kooli 법도·규례·법례·

šajin fafun 법도·법령·

šajin 법령·금령·법도· 과 같다·

šajilan 자작나무·

šajilaha 금지했다·

šahūrun silenggi 한로(寒露)·절기·
비웃다·

šahūrun injembi 냉소하다·업신여겨

šahūrun edun 찬바람·

šahūrun 찬·한냉한·추운·
켰다·

šahūrakabi 추워졌다·식었다·감기에 걸
었다·

šahūrambi 식다·차지다·추워지다·추워서

šahūn 담백한·회읍스름한·十干의 辛·

šakari 포—크 삼지창·

šakšan 교활한(사람)·
다·

šakšaha maktambi 체면을 내던지
추궁하다·

šakašambi 일이 번잡하게 되다·힐문하고
목을 눌러잡는 무기를 쓰다·옆에서 참견하다·

šakalambi 횡격하다·쓰러뜨리다·사람의

šajingga sabsikū 법의·승복·법복·

šajingga nomun 춘추(春秋·책 이름)·
준비를 담당하는 사람·

šajingga belhesi 법회·독경을 행할 때
는데 쓰는 대)·

šajingga karan 법대·(法臺·법술을 닦

šajingga baksi 법사·도사·
를 닦는 도형·사형(師兄)·

šajingga ahūn 도사나 승려 밑에서 도

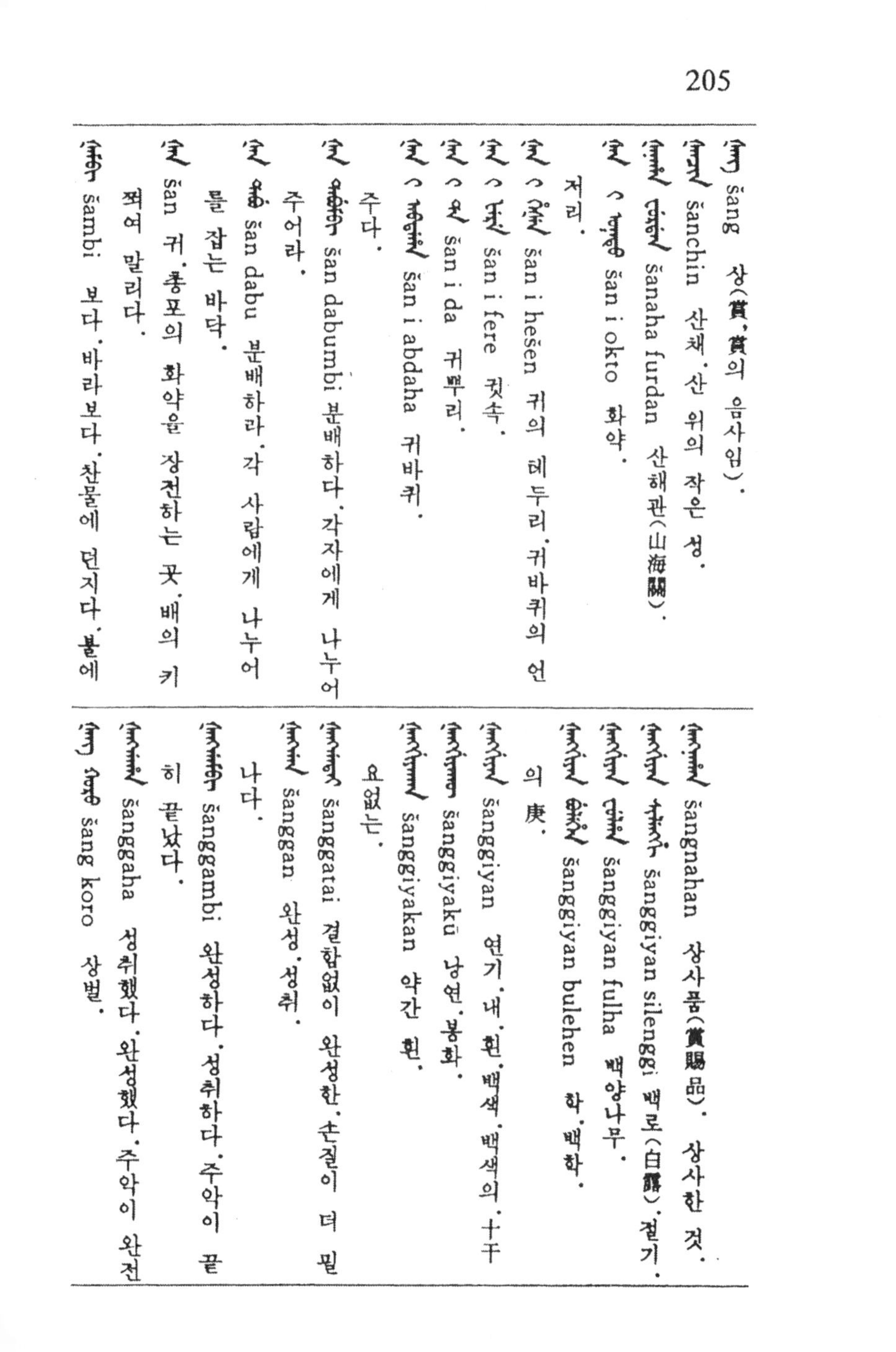

šambi 보다·바라보다·찬물에 던지다·불에 쬐어 말리다.

šan 귀·총포의 화약을 장전하는 곳·배의 키를 잡는 바닥.

šan dabu 분배하라·각 사람에게 나누어 주어라.

šan dabumbi 분배하다·각자에게 나누어 주다.

šan i abdaha 귀바퀴.

šan i da 귀뿌리.

šan i fere 귓속.

šan i hešen 귀의 테두리·귀바퀴의 언저리.

šan i okto 화약.

šanaha furdan 산해관(山海關).

šanchin 산채·산 위의 작은 성.

šang 상(賞·賞의 음사임).

šang koro 상벌.

šanggaha 성취했다·완성했다·주악이 완전히 끝났다.

šanggambi 완성하다·성취하다·주악이 끝나다.

šanggan 완성·성취.

šanggatai 결함없이 완성한·손질이 더 필요없는.

šanggiyakan 약간 흰.

šanggiyakū 낭연·봉화.

šanggiyan 연기·내·흰·백색·백색의·十干의 庚.

šanggiyan bulehen 학·백학.

šanggiyan fulha 백양나무.

šanggiyan silenggi 백로(白露)·절기.

šangnahan 상사품(賞賜品)·상사한 것.

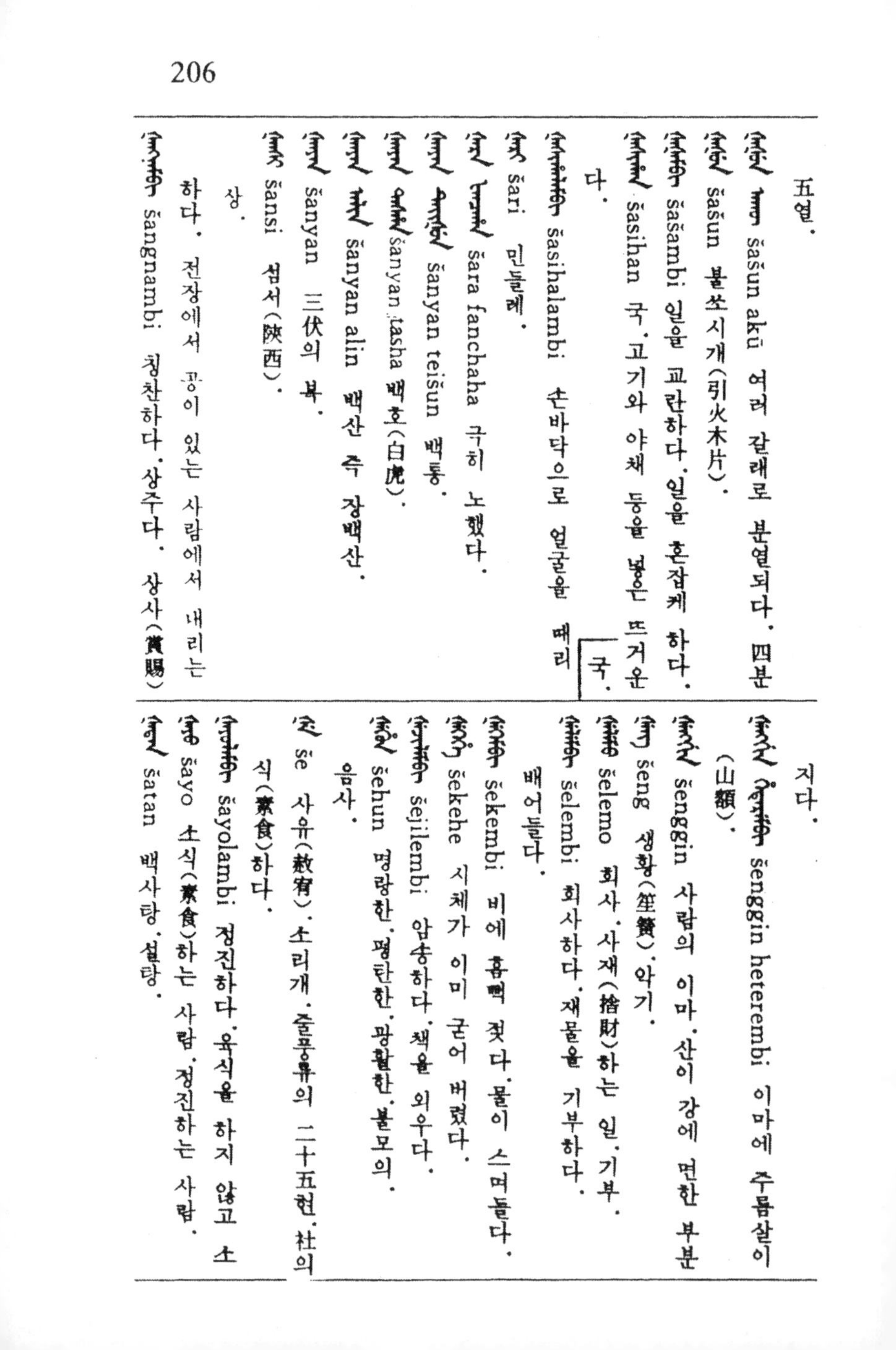

五엽.

šašun akū 여러 갈래로 분열되다. 四분五엽.

šašun 불쏘시개(引火木片).

šašambi 일을 교란하다. 일을 혼잡케 하다.

šasihan 국. 고기와 야채 등을 넣은 뜨거운 국.

šasihalambi 손바닥으로 얼굴을 때리다.

šari 민들레.

šara fanchaha 극히 노했다.

šanyan teišun 백통.

šanyan tasha 백호(白虎).

šanyan alin 백산 즉 장백산.

šanyan 三伏의 복.

šansi 섬서(陝西).

šangnambi 칭찬하다. 상주다. 상사(賞賜)하다. 전장에서 공이 있는 사람에서 내리는 상.

지다.

šenggin heterembi 이마에 주름살이 지다.

(山額).

šenggin 사람의 이마. 산이 강에 면한 부분(山額).

šeng 생황(笙簧). 악기.

šelemo 희사. 사재(捨財)하는 일. 기부.

šelembi 희사하다. 재물을 기부하다.

배어들다.

šekembi 비에 흠뻑 젖다. 물이 스며들다.

šekehe 시체가 이미 굳어 버렸다.

šejilembi 암송하다. 책을 외우다.

šehun 명랑한. 평탄한. 광활한. 불모의. 음사.

še 사유(教宥). 소리개. 줄무늬의 二十五현. 社의 식(素食)하다.

šayolambi 정진하다. 육식을 하지 않고 소식(素食)하다.

šayo 소식(素食)하는 사람. 정진하는 사람.

šatan 백사탕. 설탕.

šolombi 고기를 굽다.

šolo 태워라. 불질러라. 틈. 짬.

šokū 대매.

šoforombi 잡다. 손끝으로 잡다. 붙잡다.

šofor 일없이 바쁜. 안정되지 않은.

šeyen gu 백옥(白玉).

šeyen 새하얀. 눈같이 흰.

šešeri umiyaha 지네.

šešembi (벌같은 것이) 쏘다. 물다.

šešebumbi 쏘이다.

šerinju 사기꾼.

šerimbi 속이다. 협박하다.

šeribumbi 속임을 당하다. 사기에 걸리다.

šeri 샘. 샘물.

šeolembi 자수(刺繡)하다. 수놓다.

šangsin i siren 산과 땅의 기맥.

šengsin 풍수(風水). 지맥을 보는 술법.

시 독촉하다.

šorgime gaimbi 조금되는 것을 몹
곳에 맞다. 구멍을 뚫다.

šorgimbi 세게 독촉하다. 화살마다 모두 한
축시키다. 구멍을 뚫게 하다.

šorgibumbi 수세로 파괴되다. 강하게 독

šorgibuha 수세(水勢)로 부수어졌다.

šorgi 독촉하여라. 재촉하라.
하게 내리다.

šor seme agambi 비가 조금씩 스산
벼슬.

šooši 벼슬이름(少師). 종一품관. 太保다음의

šoofu 벼슬이름(少傅). 종一품관.

šooboo 벼슬이름(少保). 종一품관.
초하루.

šongge inenggi 삭일. 음력으로 매달
아내다.

šombi 털을 깎다. 깎아내다. 돌출부분을 깎

šuchilembi 아는 척 하다.

šu ilha 연꽃.

šu i temgetu 도장·인장.

šu i belheku 문방구·지필연묵.

šu fiyelen 문장.

šu 글·문장·독서하는 문인. 초석(硝石).
아서 올린 것·매똥.

šošon 부인의 속발(束髮)·부인의 머리를 말
를 땋다·매가 똥을 누다.

šošombi 종합하다·총계하다·여자의 머리
등의 부(副).

šošohon 합계·총계·총수·총체·부본·부서
슷한 쥐.

šosiki 마음이 조급한 (사람)·족제비와 비

šoron 병이나 오리 등의 새끼.

šoro 광주리·바구니.

šorho 병아리.

šun dosika 해가 사라졌다·해가 졌다.

šun 해·태양.
과 얕음.

šumin michihiyan 심천(深淺)·깊음

šumin 깊이.

šumilambi 더 깊게 하다.

šulhu 고리·고리짝.

šulhe .배(梨).

šulembi 세금을 받아 들이다·세금을 거두다.
(錢糧).

šulehen 백성들로부터 거두어 들이는 전량

šufari 부인용의 두건.
다.

šufambi 물리다(모기·벼룩에)·긁어 모으

šudubuha 피부에 상처를 입었다·깎기었다.

šudu eriku 비(箒).

šudesi 관공서의 서기·서리·서사.

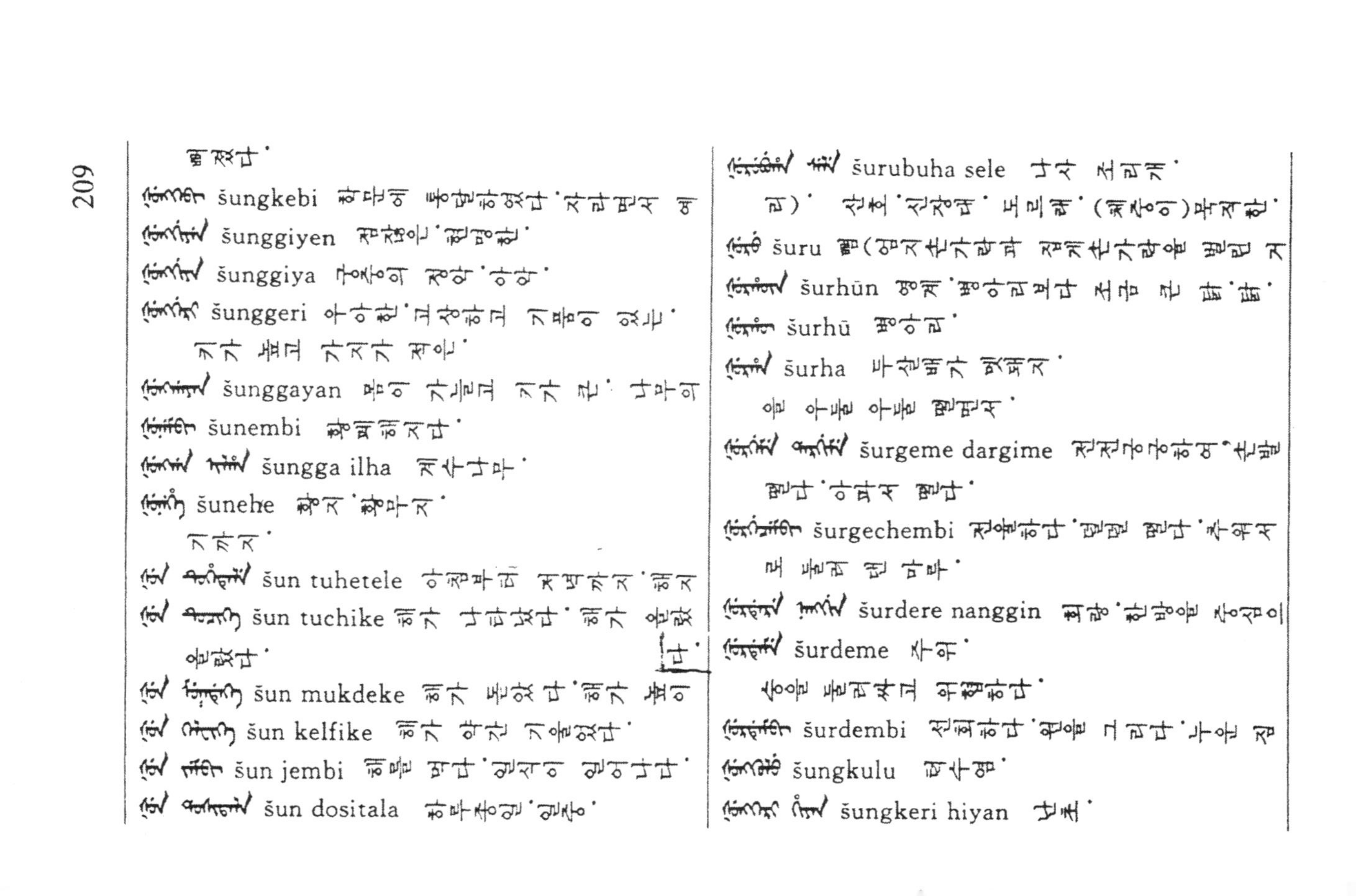

뼈졌다.

šungkebi 학문에 통달하였다. 자라면서 예

šunggiyen 점잖은. 현명한.

šunggiya 궁중의 정악. 아악.

šunggeri 우아한. 고상하고 기품이 있는.

키가 높고 가지가 적은.

šunggayan 몸이 가늘고 키가 큰. 나무의

šunembi 황폐해지다.

šungga ilha 계수나무.

šunehe 황지. 황무지.

기까지.

šun tuhetele 아침부터 저녁까지. 해지

šun tuchike 해가 나타났다. 해가 올랐 다.

올랐다.

šun mukdeke 해가 돋았다. 해가 높이

šun kelfike 해가 약간 기울었다.

šun jembi 해를 먹다. 일식이 일어나다.

šun dositala 하루종일. 일종.

šurubuha sele 나사 조리개.

리). 산호. 신장대. 도르래. (체중이)묵직한.

šuru 뼘(엄지손가락과 집게손가락을 벌린 거

šurhūn 영계. 병아리보다 조금 큰 닭. 닭.

šurhū 병아리.

šurha 두살배기 멧돼지.

을 우둘 우둘 떨면서.

šurgeme dargime 전전긍긍하여, 손발

떤다. 아파서 떤다.

šurgechembi 전율하다. 덜덜 떤다. 추워서

로 둘러 댄 마루.

šurdere nanggin 회랑. 한방을 중심으

šurdeme 주위.

승을 둘러싸고 위협하다.

šurdembi 선회하다. 원을 그리다. 누운 짐

šungkulu 터수염.

šungkeri hiyan 난초.

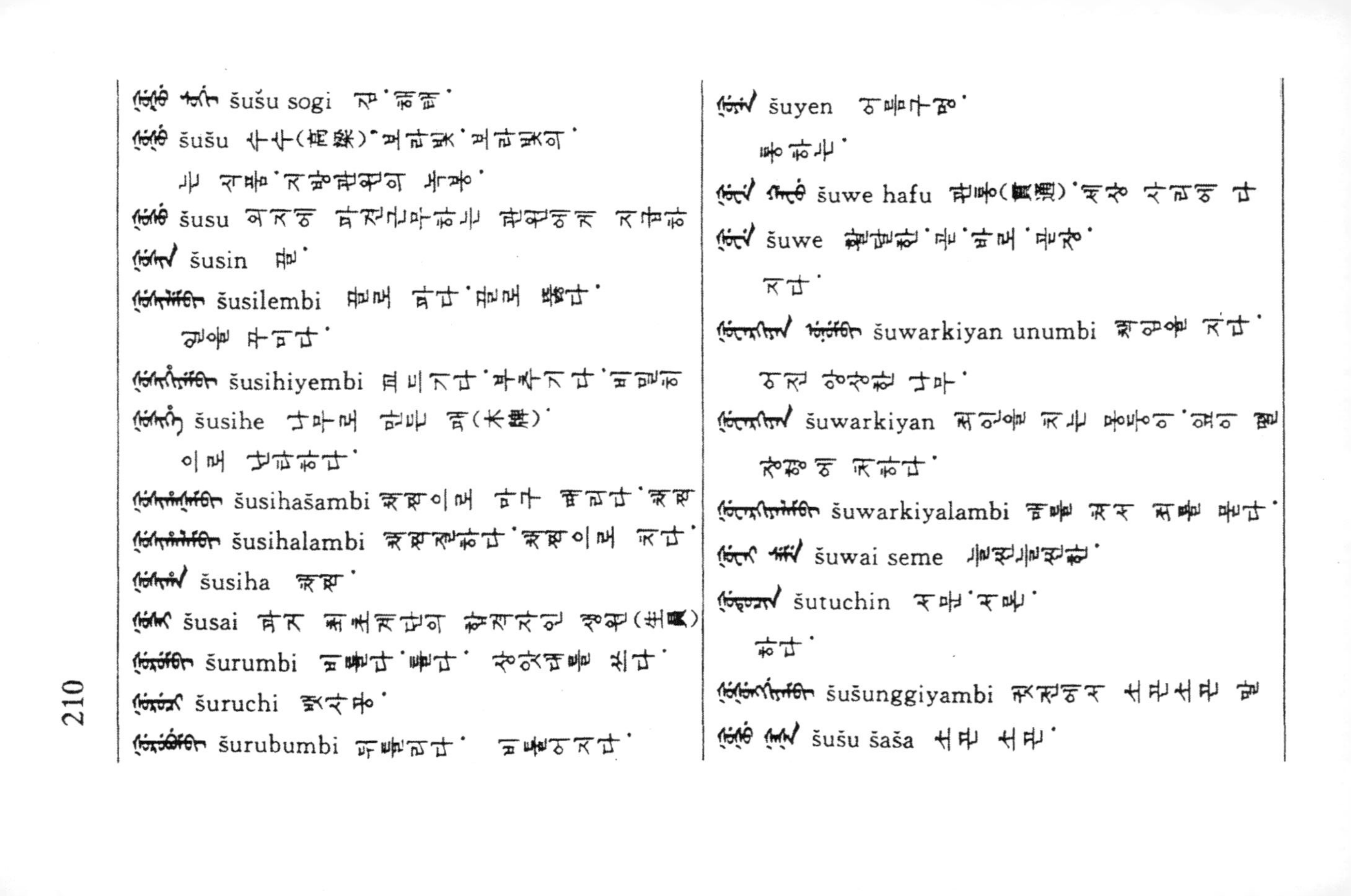

šušu sogi 김·해태.
šušu 수수(高粱)·보라빛·보라빛의.
는 식품·지방관원의 녹봉.
šusu 외지에 마견근무하는 관원에게 지급하
šusin 끌.
šusilembi 끌로 파다·끌로 뚫다.
입을 꾸미다.
šusihiyembi 꼬드기다·부추기다·비밀히
šusihe 나무로 만든 패(木牌).
이로 난타하다.
šusihašambi 채찍으로 마구 때리다·채찍
šusihalambi 채찍질하다·채찍으로 치다.
šusiha 채찍.
šusai 과거 최초계단의 합격자인 생원(生員)
šurumbi 비틀다·틀다. 상앗대를 쓰다.
šuruchi 뱃사공.
šurubumbi 뒤틀리다. 비틀어지다.

šuyen 어름구멍.
통하는.
šuwe hafu 관통(貫通)·세상 사리에 다
šuwe 활달한·곧·바로·곧장.
지다.
šuwarkiyan unumbi 책임을 지다.
어진 앙상한 나무.
šuwarkiyan 죄인을 치는 몽둥이·잎이 떨
장형에 처하다.
šuwarkiyalambi 매를 쳐서 죄를 묻다.
šuwai seme 늘씬늘씬한.
šutuchin 서문·서론.
하다.
šušunggiyambi 귓전에서 소곤소곤 말
šušu šaša 소곤 소곤.

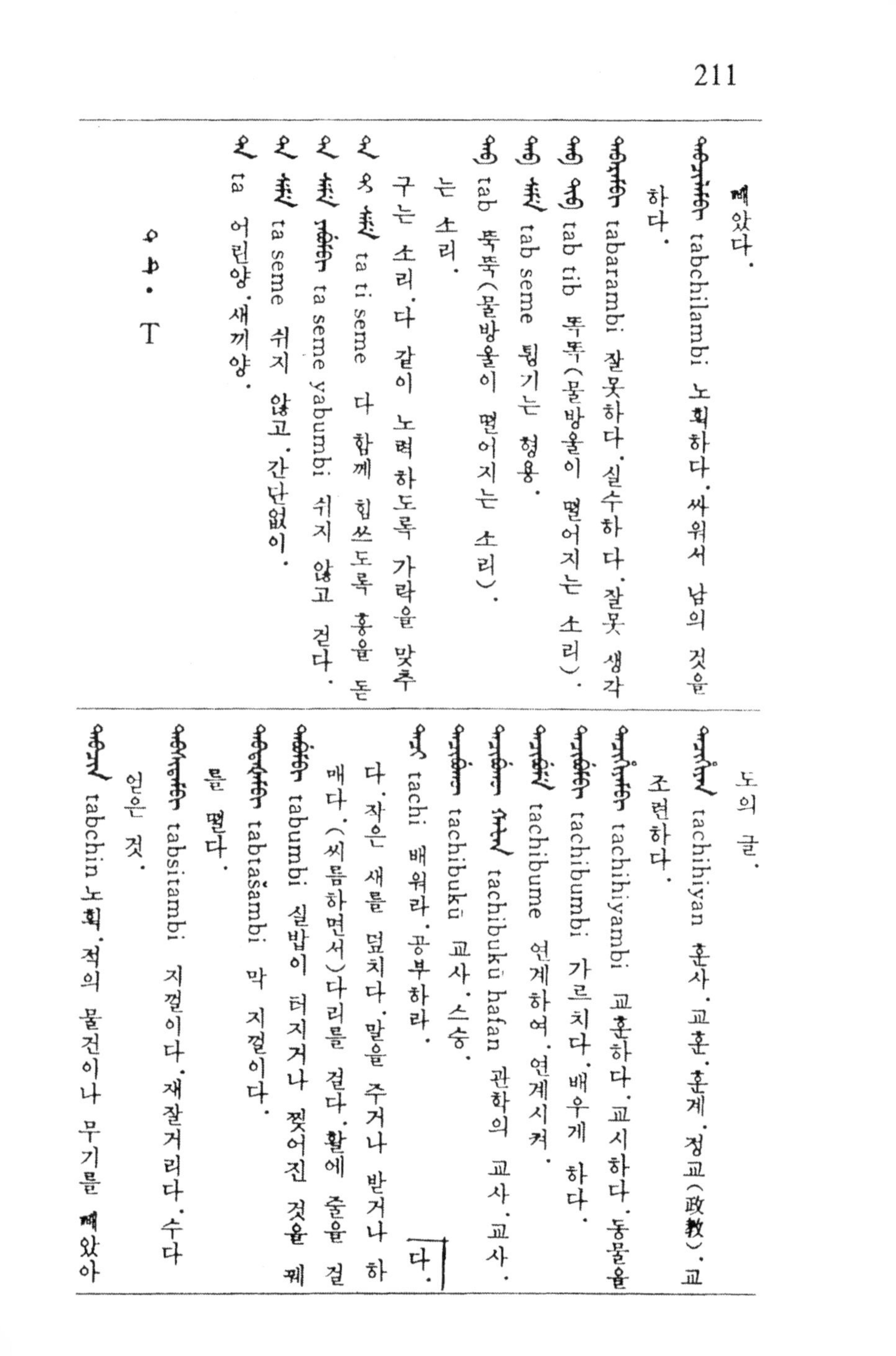

노의 글.

tachihiyan 훈사. 교훈. 훈계. 정교(政教). 교

조련하다.

tachihiyambi 교훈하다. 교시하다. 동물을

tachibumbi 가르치다. 배우게 하다.

tachibume 연계하여. 연계시켜.

tachibukū hafan 관하의 교사. 교사.

tachibukū 교사. 스승.

tachi 배워라. 공부하라. 다.

다. 작은 새를 덮치다. 말을 주거나 받거나 하

매다. (씨름하면서) 다리를 걸다. 활에 줄을 걸

tabumbi 실밥이 터지거나 찢어진 것을 꿰

tabtašambi 막 지껄이다.

를 편다.

tabsitambi 지껄이다. 재잘거리다. 수다

인은 것.

tabchin 노획. 적의 물건이나 무기를 폐았아

폐았다.

tabchilambi 노획하다. 싸워서 남의 것을

하다.

tabarambi 잘못하다. 실수하다. 잘못 생각

tab tib 똑똑(물방울이 떨어지는 소리).

tab seme 튕기는 형용.

tab 뚝뚝(물방울이 떨어지는 소리).

는 소리.

구는 소리. 다 같이 노력하도록 가락을 맞추

ta ti seme 다 함께 힘쓰도록 흥을 돋

ta seme yabumbi 쉬지 않고 걷다.

ta seme 쉬지 않고. 간단없이.

ta 어린양. 새끼양.

ㅇㅏ. T

tachihiyan i da 교주(敎主).

tachihiyan wen 교화.

tachikū 학교.

tachikū de enggelembi 황제가 국자감(國子監)에 나가서 강의하다.

tachikū boo 교사(校舍·學房).

tachikū i yamun 각省에서 향시(鄕試)를 행하는 곳.

tachikū juse 학생.

tachimbi 배우다·익히다.

tachimsi 국자감(國子監)의 학생(監生).

tachin 학문·학업·학습·관습.

tachinambi 배우러 가다·가서 배우다.

tachindumbi tachinumbi 다 같이 배우다.

tachinjimbi 배우러 오다·와서 배우다.

tachinun 풍습·기풍·풍기·국풍.

tachire urse 배우는 사람·연구하는 사람.

tadurambi 마주 붙잡고 싸우다.

tafambi 오르다.

tafanambi 올라가다.

tafukū 계단.

tafula 권하라·충고하라·간하라.

tafulambi 충고하다·권고하다·간하다.

tafulan 충고·간언.

tafumbi 오르다·올라가다.

taha 걸렸다.

tai 대(臺).

taibu 들보.

taifin 태평한·평안한·안락한·안녕한.

taigiyan 환관·太監.

taisui enduri 태세(太歲) 세신(歲神)의 위에 있어서 여러 신을 다스리는 신.

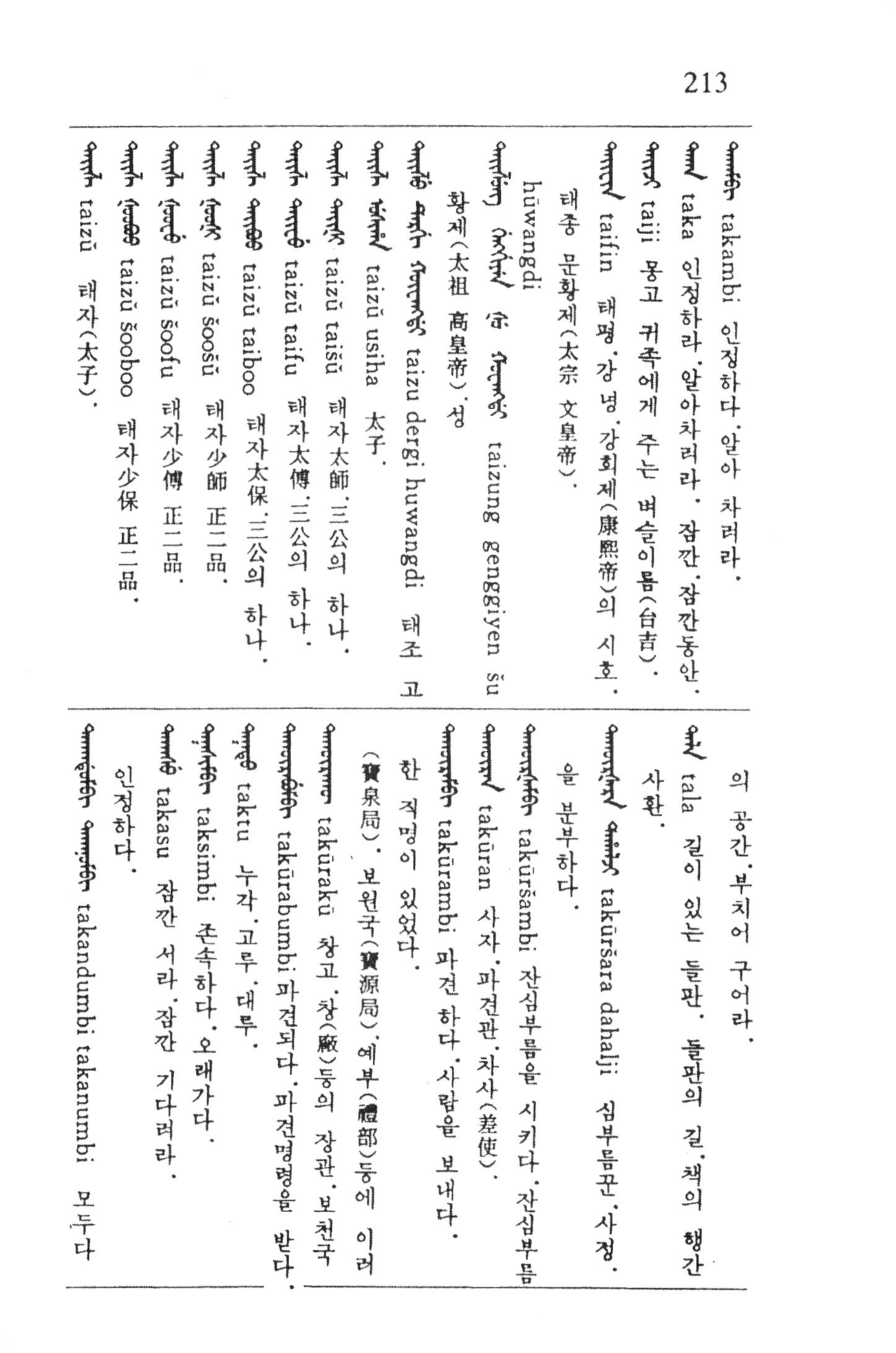

takambi 인정하다·알아 차려라·

taka 인정하라·알아차려라· 잠깐·잠깐동안·

taiji 몽고 귀족에게 주는 벼슬이름(台吉)·

taifin 태평·강녕·강희제(康熙帝)의 시호·

태종 문황제(太宗 文皇帝)·

hūwangdi

taizung genggiyen šu

황제(太祖 高皇帝)·성

taizu dergi huwangdi 태조 고

taizū usiha 太子·

taizū taišū 태자太師·三公의 하나·

taizū taifu 태자太傅·三公의 하나·

taizū taiboo 태자太保·三公의 하나·

taizū šoošū 태자少師 正二品·

taizū šoofu 태자少傅 正二品·

taizū šooboo 태자少保 正二品·

taizū 태자(太子)·

의 공간·부치어 구어라·

tala 길이 있는 들판· 들판의 길·책의 행간

사환·

takūršara dahalji 심부름꾼·사정·

을 분부하다·

takūršambi 잔심부름을 시키다·잔심부름

takūran 사자·파견관·차사(差使)·

takūrambi 파견 하다·사람을 보내다·

한 적명이 있었다·

(寶泉局)· 보원국(寶源局)·예부(禮部)등에 이러

takūrakū 창고·창(廠)등의 장관·보천국

takūrabumbi 파견되다·파견명령을 받다·

taktu 누각·고루·대루·

taksimbi 존속하다·오래가다·

takasu 잠깐 서라·잠깐 기다려라·

인정하다·

takandumbi takanumbi 모두다

들렸다.

talu de emgeri jihe 어쩌다 한번

talu 어쩌다. 드물게 우연히.

talman heteke 안개가 걷히다.

talman 안개.

talmambi 안개가 내리다.

talkiyan 번개.

talkiyambi 번개가 번쩍이다.

의.

talihūn 불확실한. 작정하지 않은. 미정

놀리다. 가 죽을 작도질하다.

talgimbi 우롱하다. 사람을 바보로 만들어

talame durimbi 백주에 약탈하다.

다. 평평하게 펴서 굽다. 넓적하게 펴다.

talambi 죄인의 가산을 적몰하다. 몰수하

다(家産籍沒). 가산이 몰수되다. 넓적하게 지지

talabumbi 사람을 보내어 재산을 몰수하

tanggū 백(百).

고관의 판공실.

tanggin 정부부원(部院)의 고관의 사무실.

하다.

tang seme gisurembi 유창히 말

tan 강의 여울.

이라고 씀.

tamun 백두산 천지를 말함. 한자로는 闥門

라고 함.

tampin 호(壺). 병. 차호. 술병. 술병은 흔히

tamišambi

tambi 얽히다. 휘감기다.

taman 거세된 수퇘지.

끌고 가다.

모으다. 모리꾼을 정돈 시키다. 큰 병력을 이

tamambi 그릇에 담다. 흩어진 물건을 한데

talu jugūn 샛길. 좁은 길. 지름길.

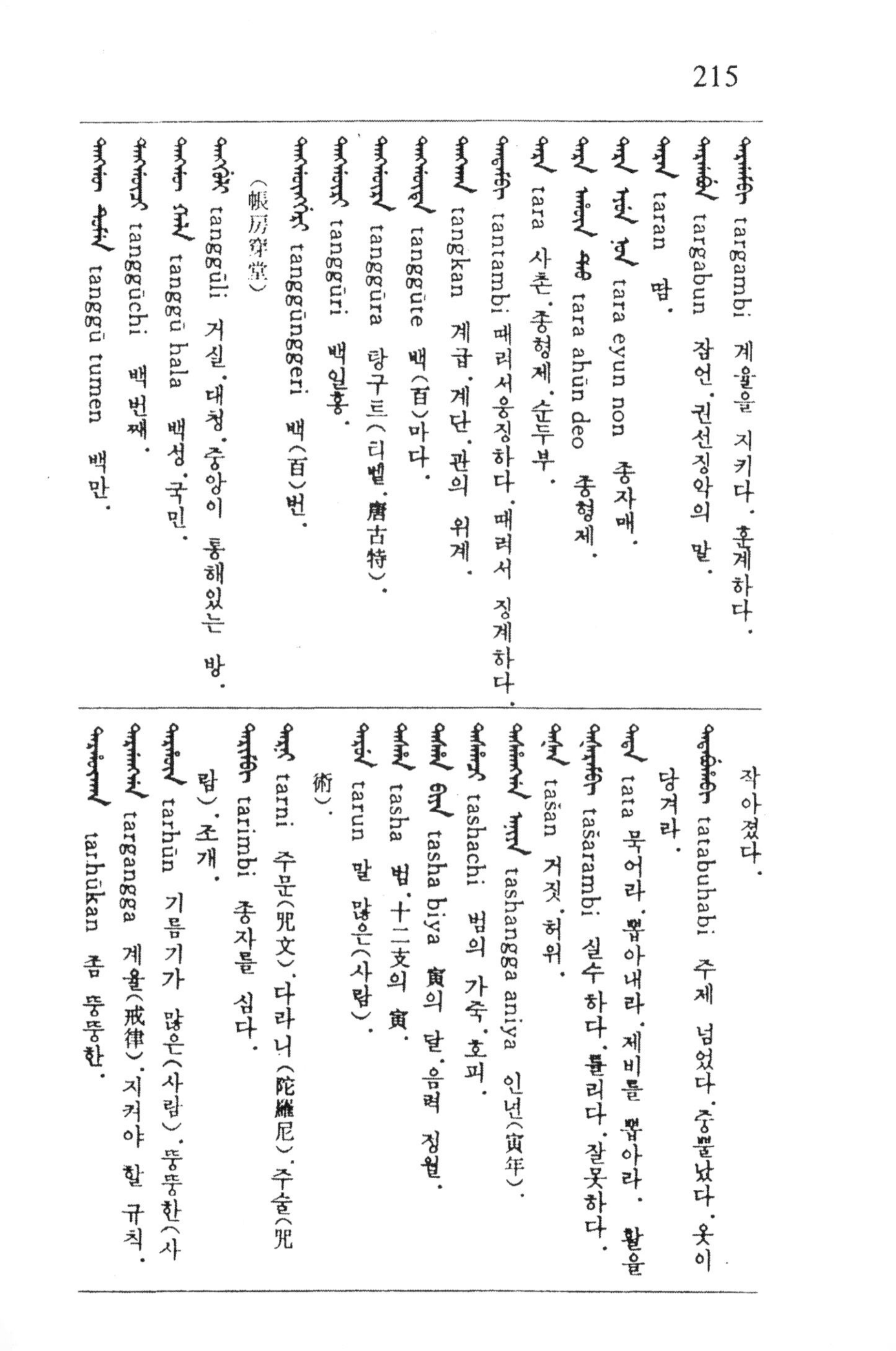

targambi 계율을 지키다. 훈계하다.
targabun 잠언. 권선징악의 말.
taran 땀.
tara eyun non 종자매.
tara ahūn deo 종형제.
tara 사촌. 종형제. 순두부.
tantambi 때려서응징하다. 때려서 징계하다.
tangkan 계급. 계단. 관의 위계.
tanggūte 백(百)마다.
tanggūra 탕구트(티벳. 唐古特).
tanggūri 백인홍.
tanggūnggeri 백(百)번.
(帳房穿堂)
tanggūli 거실. 대청. 중앙이 통해있는 방.
tanggū hala 백성. 국민.
tanggūchi 백 번째.
tanggū tumen 백만.

작아졌다.
tatabuhabi 주제 넘었다. 중뿔났다. 옷이
당겨라.
tata 묶어라. 뽑아내라. 제비를 뽑아라. 활을
tašarambi 실수하다. 틀리다. 잘못하다.
tašan 거짓. 허위.
tashangga aniya 인년(寅年).
tashachi 범의 가죽. 호피.
tasha biya 寅의 달. 음력 정월.
tasha 범. 十二支의 寅.
tarun 말 많은(사람).
術).
tarni 주문(呪文). 다라니(陀羅尼). 주술(呪
tarimbi 종자를 심다.
람). 조개.
tarhūn 기름기가 많은(사람). 뚱뚱한(사
targangga 계율(戒律). 지켜야 할 규칙.
tarhūkan 좀 뚱뚱한.

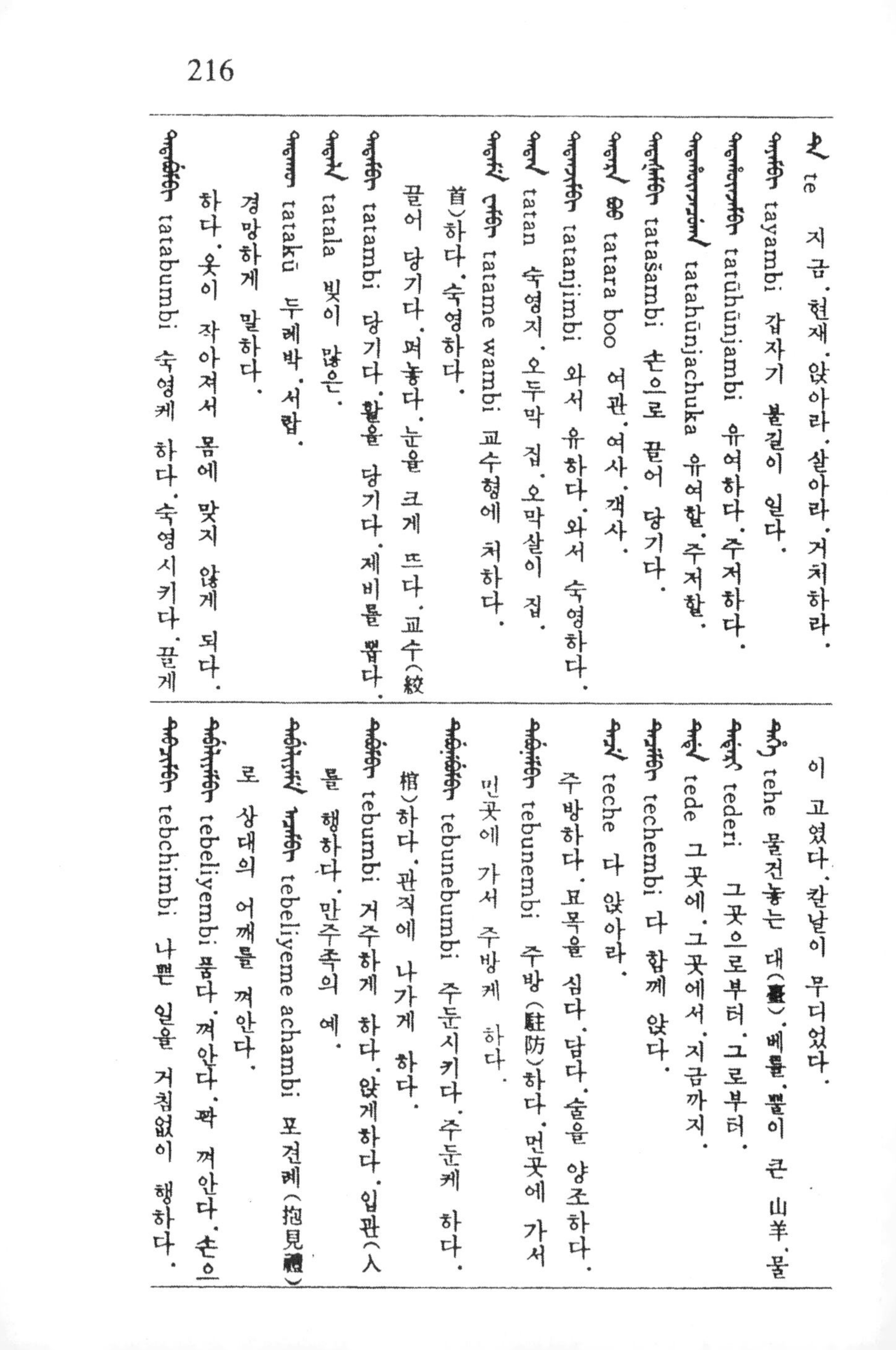

tatabumbi 숙영케 하다·숙영시키다·끌게 하다·옷이 작아져서 몸에 맞지 않게 되다·
경망하게 말하다.

tatakū 두레박·서랍.

tatala 빛이 많은.

tatambi 당기다·활을 당기다·제비를 뽑다·
끌어 당기다·떠놓다·눈을 크게 뜨다·교수(絞首)하다·숙영하다.

tatame wambi 교수형에 처하다.

tatan 숙영지·오두막 집·오막살이 집.

tatanjimbi 와서 유하다·와서 숙영하다.

tatara boo 여관·여사·객사.

tatašambi 손이로 끌어 당기다.

tatahūnjachuka 유여할·주저할.

tatūhūnjambi 유여하다·주저하다.

tayambi 갑자기 불길이 일다.

te 지금·현재·앉아라·살아라·거처하라.

tebchimbi 나쁜 일을 거침없이 행하다.

tebeliyembi 품다·껴안다·꽉 껴안다·손이
로 상대의 어깨를 껴안다.

tebeliyeme achambi 포견례(抱見禮)
를 행하다·만주족의 예.

tebumbi 거주하게 하다·앉게하다·입관(入
棺)하다·관직에 나가게 하다.

tebunebumbi 주둔시키다·주둔케 하다.
먼곳에 가서 주방케 하다.

tebunembi 주방(駐防)하다·먼곳에 가서
주방하다·묘목을 심다·담다·술을 양조하다.

teche 다 앉아라.

techembi 다 함께 앉다.

tede 그곳에·그곳에서·지금까지.

tederi 그곳이로부터·그로부터.

tehe 물건 놓는 대(臺)·베틀·뿔이 큰 山羊·물
이 고였다·칼날이 무디었다.

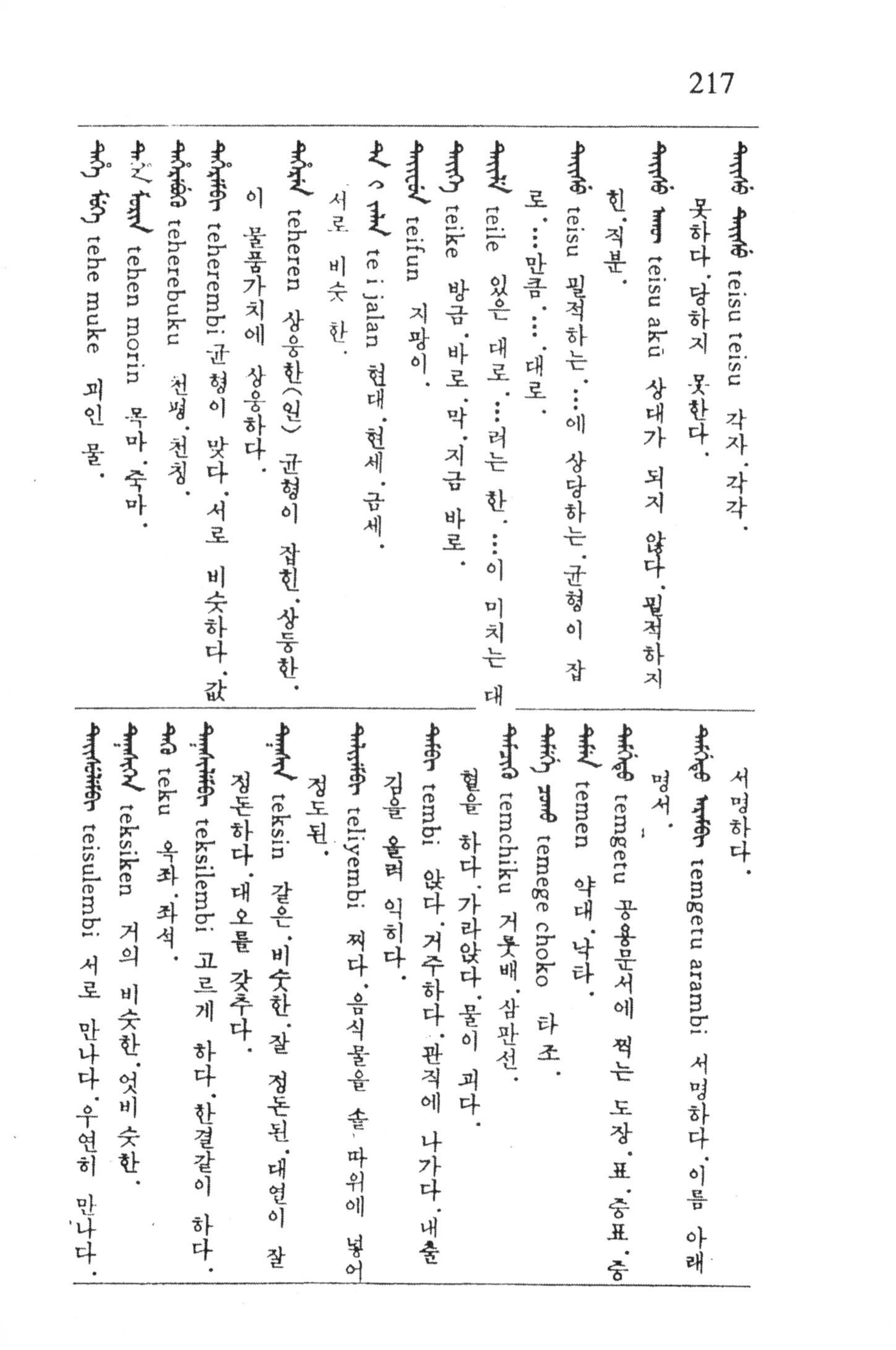

teisu teisu 각자·각각·
못하다·당하지 못한다·
teisu akū 상대가 되지 않다·필적하지
한·적분·
teisu 필적하는·…에 상당하는·균형이 잡
로·…만큼·…·대로·
teile 있은 대로·…려는 한·…이 미치는 대
teike 방금·바로·막·지금 바로·
teifun 지팡이·
te i jalan 현대·현세·금세·
서로 비슷 한·
teheren 상응한(원) 균형이 잡힌·상등한·
이 물품가치에 상응하다·
teherembi 균형이 맞다·서로 비슷하다·값
teherebuku 천평·천칭·
tehen morin 목마·죽마·
tehe muke 괴인 물·

서명하다·
temgetu arambi 서명하다·이름 아래
명서·
temgetu 공용문서에 찍는 도장·표·증표·증
temen 약대·낙타·
temege choko 타조·
temchiku 거룻배·삼판선·
혈을 하다·가라앉다·물이 괴다·
tembi 앉다·거주하다·관직에 나가다·내출
김을 올려 익히다·
teliyembi 찌다·음식물을 솥 따위에 넣어
정도된·
teksin 같은·비슷한·잘 정돈된·대연이 잘
정돈하다·대오를 갖추다·
teksilembi 고르게 하다·한결같이 하다·
teku 우좌·좌석·
teksiken 거의 비슷한·엇비슷한·
teisulembi 서로 만나다·우연히 만나다·

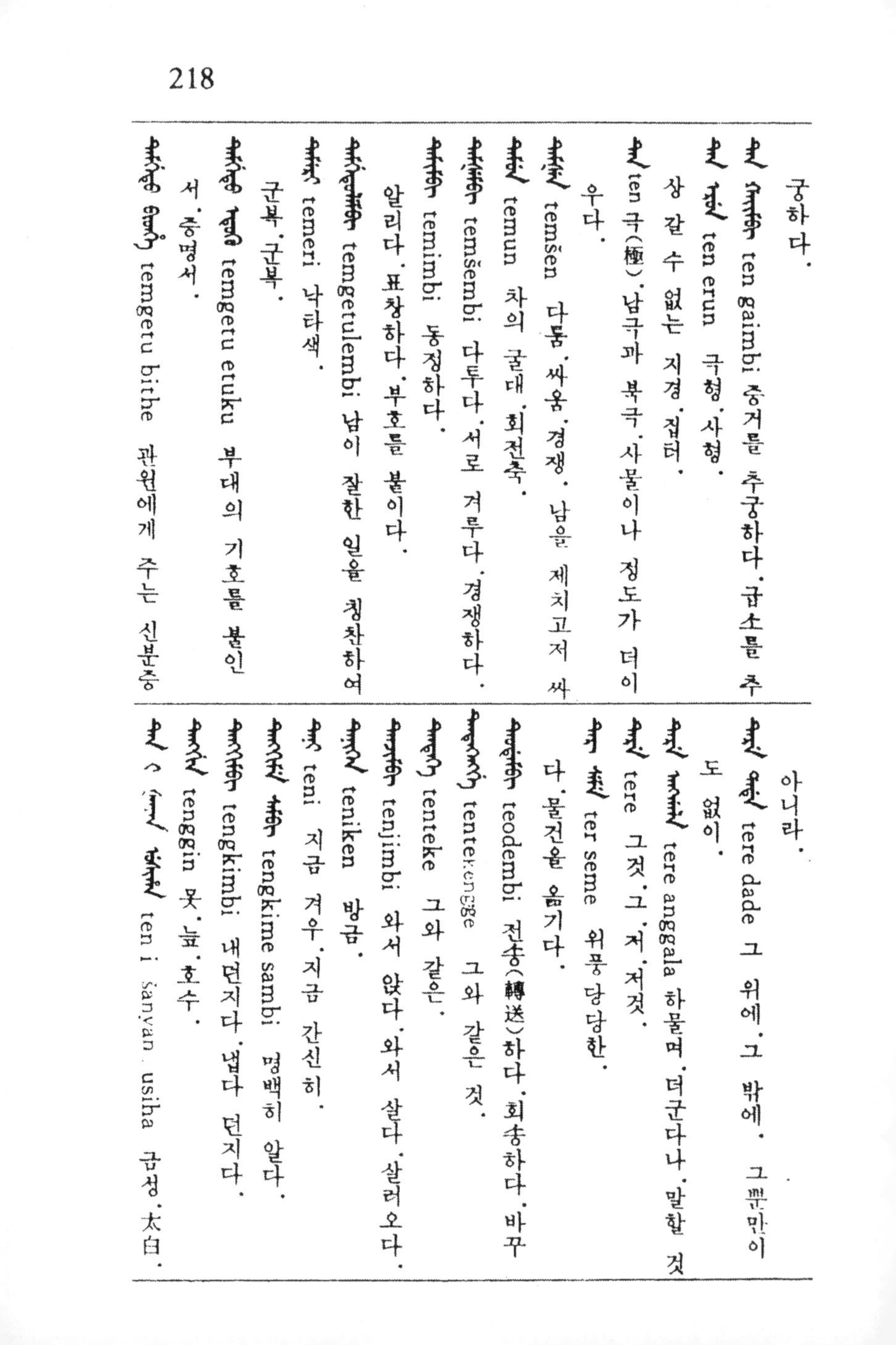

궁하다.

ten gaimbi 증거를 추궁하다. 급소를 추

ten erun 극형. 사형.

상 갈 수 없는 지경. 절정.

ten 극(極). 남극과 북극. 사물이나 정도가 더이

우다.

temšen 다툼. 싸움. 경쟁. 남을 제치고저 싸

temun 차의 굴대. 회전축.

temšembi 다투다. 서로 겨루다. 경쟁하다.

temimbi 동정하다.

알리다. 표창하다. 부호를 붙이다.

temgetulembi 남이 잘한 일을 칭찬하여

temeri 낙타색.

군복. 군복.

temgetu etuku 부대의 기호를 붙인

서. 증명서.

temgetu bithe 관원에게 주는 신분증

아니라.

tere dade 그 위에. 그 밖에. 그뿐만이

도 없이.

tere anggala 하물며. 더군다나. 말할 것

tere 그것. 그. 저. 저것.

ter seme 위풍 당당한.

다. 물건을 옮기다.

teodembi 전송(轉送)하다. 회송하다. 바꾸

tentekengge 그와 같은 것.

tenteke 그와 같은.

tenjimbi 와서 앉다. 와서 살다. 살러오다.

teniken 방금.

teni 지금 겨우. 지금 간신히.

tengkime sambi 명백히 알다.

tengkimbi 내던지다. 냅다 던지다.

tenggin 못. 늪. 호수.

ten i šanyan usiha 금성. 太白.

tere onggolo 그 전에, 그에 앞서.

terechi 그로부터, 저로부터.

terei amala 그후, 그뒤.

terei baili de 덕택이로.

tereingge 그 사람의 것.

tereni 이것이로, 이로써.

tereo 그것인가, 저것인가.

teru 항문.

tese 그들, 그 사람들.

teseingge 그들의(것, 일), 저들의(것, 일).

tesu 원래의, 본래의.

tesu ba 원적, 본적.

tesu ba i choohai 토민병, 향병(鄕兵).

tesu ba i irgen 토착민.

tesumbi 족하다, 충분하다.

tetele 지금까지.

tetendere 이미 …하였다, 이미 …하였으면 좋다.

tetun 그릇, 노구, 용기, 관(棺).

tetun agūra 기구.

teyehe 쉬었다, 휴식했다.

teyembi 쉬다, 휴식하다, 안식하다.

teyen akū 휴식이 없다, 일관하여, 부지런히.

tob 올바른, 정직한, 공정한, 방정한.

tob dulimba 한가운데, 꼭 바로 가운데.

tob seme 바로, 틀림없이.

tob sere gisun 바른 말, 확실한 말.

tob seme mini gūnin de achanahabi 바로 내 생각에 맞고 있었다.

tob sijirhūn 정직한, 충직한, 공정한.

tob tab 성실히, 공평히, 단정히.

todolo 징후, 전조.

toksikū 작은 쇠망치. 장도리.
tokombi 찌르다.
tojin i funggala 공작의 깃.
tojin 공작새.
totan 뻐꾸기. 맵시 교활한.
tohorombi 안위하다. 안무하다.
시키다.
tohorombumbi 안무(安撫)시키다. 진무
tohon 단추.
떠날 준비를 하다. 새끼줄을 통하게 하다.
tohombi 수레에 소나 말따위를 매다. 말의
toholon muke 수은.
toholon hoošan 석박(錫箔).
toholon 주석.
tofohoto 十五마다. 각十五씩.
tofohonggeri 十五번. 十五회.
tofohon 十五. 매월 十五일.

tolon 횃불. 거화.
tolombi 셈하다. 수를 세다. 점화하다.
tolo 수를 세어라. 횃불을 점화하라.
tolgin 꿈.
tolgimbi 꿈을 꾸다.
toktombi 결정하다. 정하다. 낙착하다.
하지 않았다.
toktohon akū 정한 것이 없다. 일정
정하였다.
toktoho 안정되었다. 평안하게 되었다. 평
의 표적을 정하다.
toktobumbi 평정시키다. 진정시키다. 활
정례. 풍습.
toktobuha kooli 정해진 규례. 상례.
toktoba ilha 도라지 꽃.
tokso 장원(莊園).
toksimbi 두드리다. 가볍게 때리다.

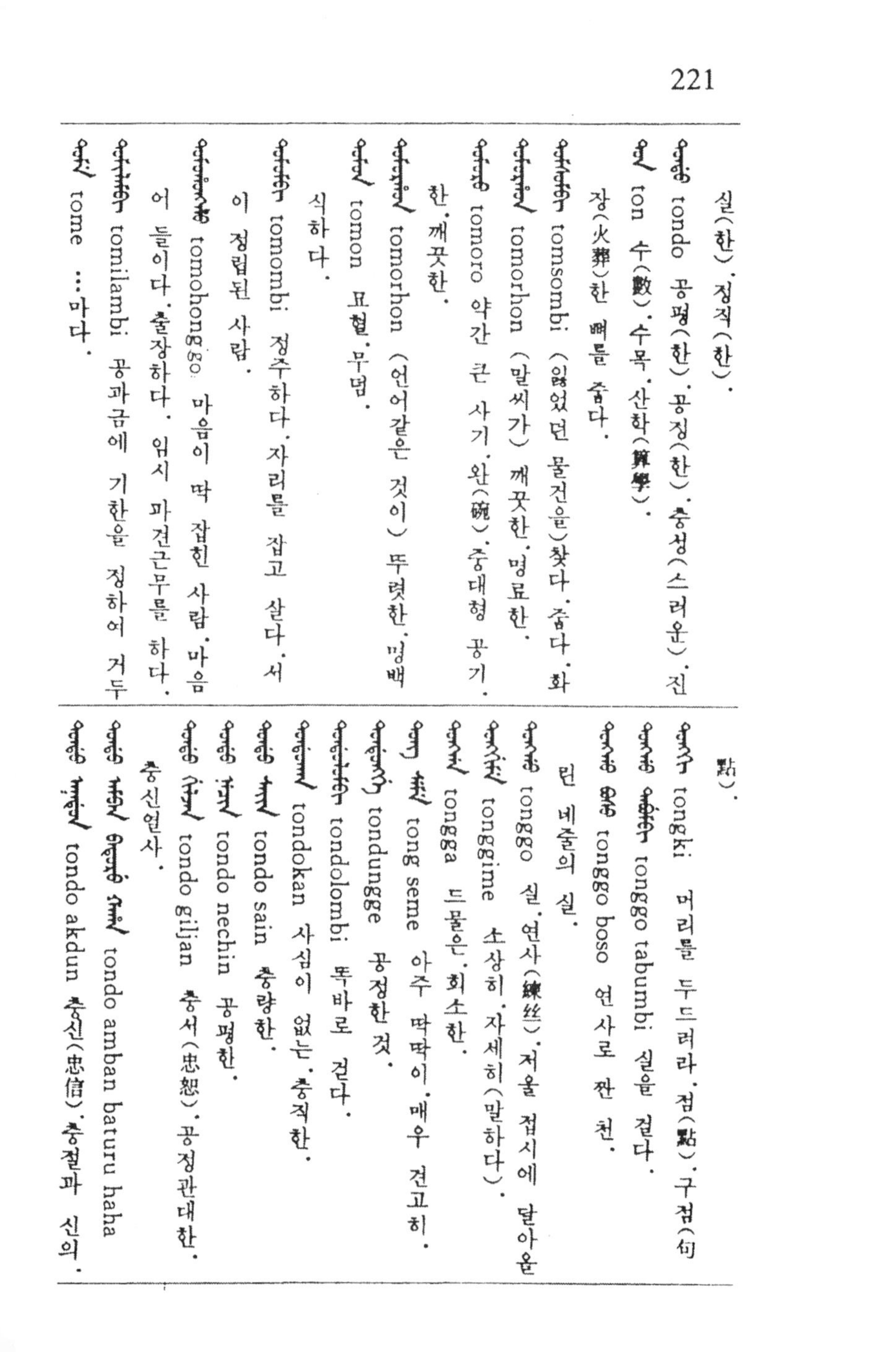

실(한). 정직(한).

tondo 공평(한). 공정(한). 충성(스러운). 진

ton 수(數). 수목. 산학(算學).

장(火葬)한 뼈를 줍다.

tomsombi (잃었던 물건을)찾다. 줍다. 화

tomorhon (말씨가) 깨끗한. 명료한.

tomoro 약간 큰 사기. 완(碗). 중대형 공기.

한. 깨끗한.

tomorhon (언어같은 것이) 뚜렷한. 명백

tomon 묘혈. 무덤.

식하다.

tomombi 정주하다. 자리를 잡고 살다. 서

이 정립된 사람.

tomohonggo 마음이 딱 잡힌 사람. 마음

어 들이다. 출장하다. 임시 파견근무를 하다.

tomilambi 공과금에 기한을 정하여 거두

tome …마다.

點).

tongki 머리를 두드려라. 점(點). 구점(句

tonggo tabumbi 실을 걸다.

tonggo boso 연사로 짠 천.

린 네줄의 실.

tonggo 실. 연사(練絲). 저울 접시에 달아올

tonggime 소상히. 자세히(말하다).

tongga 드물은. 희소한.

tong seme 아주 딱딱이. 매우 견고히.

tondungge 공정한 것.

tondolombi 똑바로 걷다.

tondokan 사심이 없는. 충직한.

tondo sain 충량한.

tondo nechin 공평한.

tondo giljan 충서(忠恕). 공정관대한.

충신연사.

tondo amban baturu haha

tondo akdun 충신(忠信). 충절과 신의.

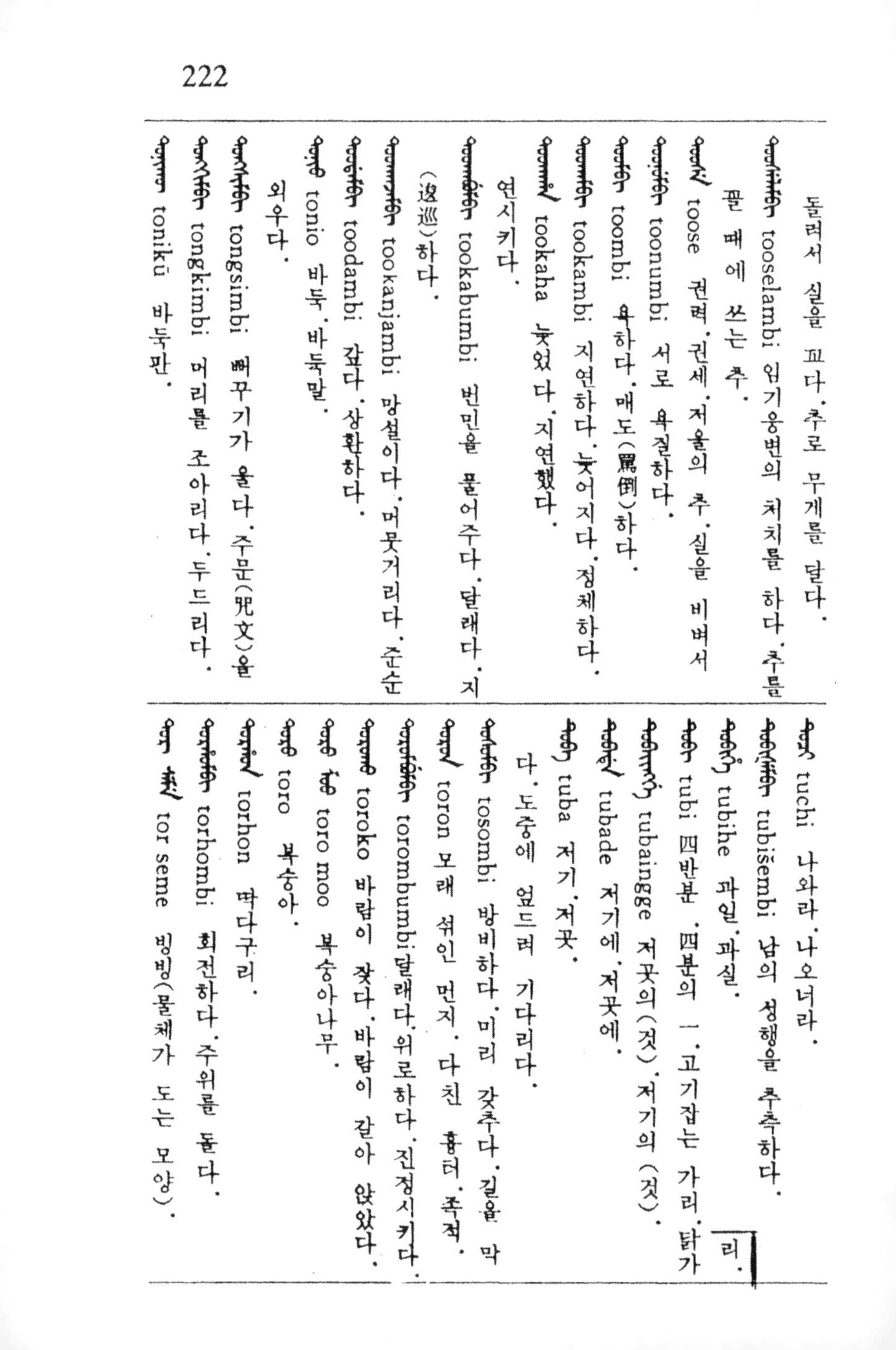

돌려서 실을 꼬다. 추로 무게를 달다.

tooselambi 임기응변의 처치를 하다. 추를 팔 때에 쓰는 추.

toose 권력. 권세. 저울의 추. 실을 비벼서

toonumbi 서로 욕질하다.

toombi 욕하다. 매도(罵倒)하다.

tookambi 지연하다. 늦어지다. 정체하다.

tookaha 늦었다. 지연했다.

연시키다.

tookabumbi 번민을 풀어주다. 달래다. 지 (逡巡)하다.

tookanjambi 망설이다. 머뭇거리다. 준순

toodambi 갚다. 상환하다.

tonio 바둑. 바둑말.

외우다.

tongsimbi 뻐꾸기가 울다. 주문(呪文)을

tongkimbi 머리를 조아리다. 두드리다.

tonikū 바둑판.

tuchi 나와라. 나오너라.

tubišembi 남의 성행을 추측하다.

tubihe 과일. 과실.

tubi 四반분. 四분의 一. 고기잡는 가리. 닭가 리.

tubaingge 저곳의(것). 저기의(것).

tubade 저기에. 저곳에.

tuba 저기. 저곳.

다. 도중에 엎드려 기다리다.

tosombi 방비하다. 미리 갖추다. 길을 막

toron 모래 섞인 먼지. 다친 흉터. 족적.

torombumbi 달래다. 위로하다. 진정시키다.

toroko 바람이 잦다. 바람이 갈아 앉았다.

toro moo 복숭아나무.

toro 복숭아.

torhon 떡다구리.

torhombi 회전하다. 주위를 돌다.

tor seme 빙빙(물체가 도는 모양).

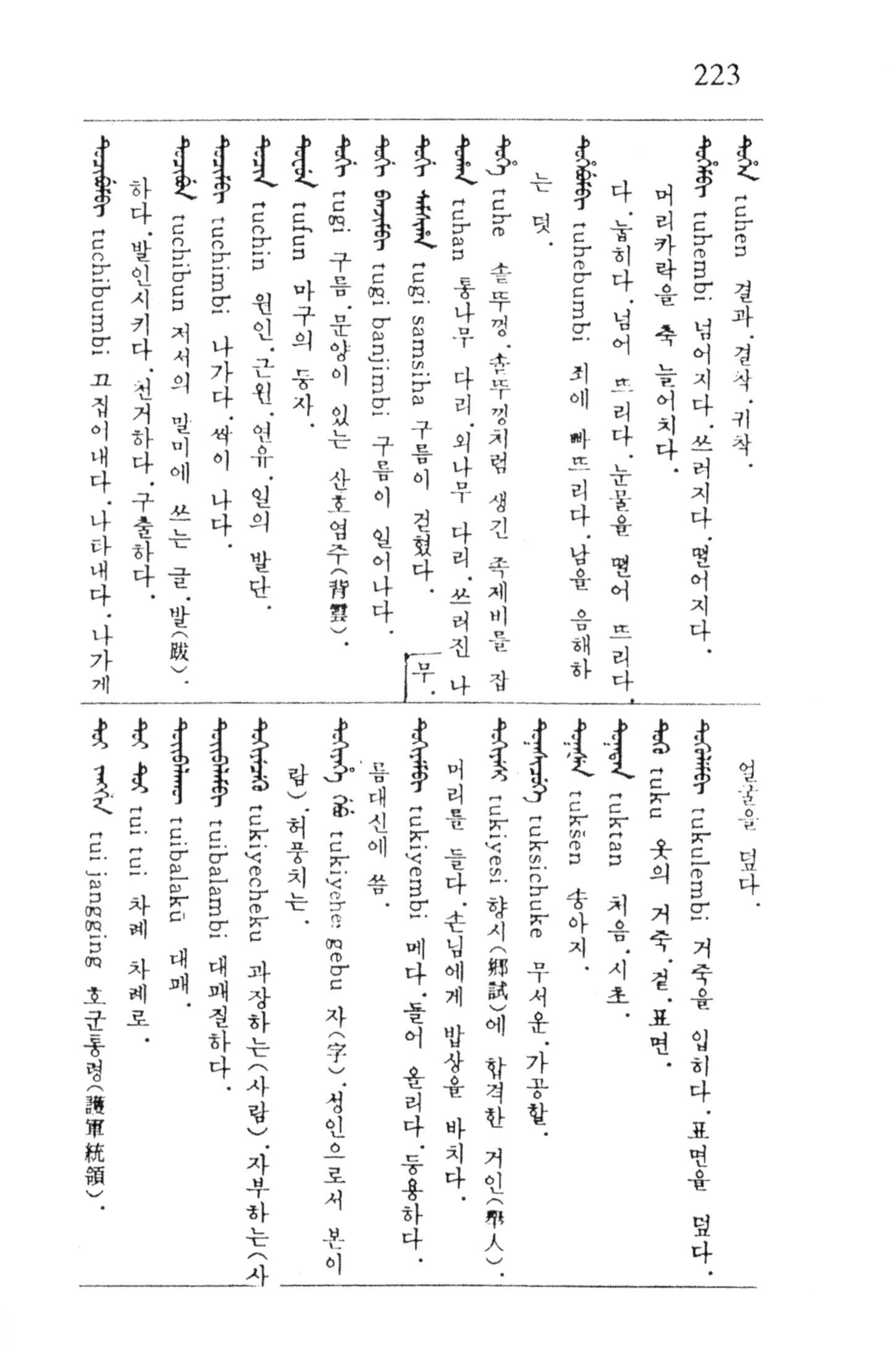

tuhen 결과·결착·귀착·
tuhembi 넘어지다·쓰러지다·떨어지다·
머리카락을 축 늘어치다·
다·낡히다·넘어 뜨리다·눈물을 떨어 뜨리다·
tuhebumbi 죄에 빠뜨리다·남을 음해하
는 덫·
tuhe 솥뚜껑·솥뚜껑처럼 생긴 족제비를 잡
tuhan 통나무 다리·외나무 다리·쓰러진 나
무·
tugi samsiha 구름이 걷혔다·
tugi banjimbi 구름이 일어나다·
tugi 구름·문양이 있는 산호염주(背雲)·
tufun 마구의 등자·
tuchin 원인·근원·연유·일의 발단·
tuchimbi 나가다·싹이 나다·
tuchibun 저서의 말미에 쓰는 글·발(跋)·
하다·발인시키다·천거하다·구출하다·
tuchibumbi 끄집어내다·나타내다·나가게
얼굴을 덮다·
tukulembi 거죽을 입히다·표면을 덮다·
tuku 옷의 거죽·겉·표면·
tuktan 처음·시초·
tukšen 송아지·
tuksichuke 무서운·가공할·
tukiyesi 향시(鄕試)에 합격한 거인(擧人)·
머리를 들다·손님에게 밥상을 바치다·
tukiyembi 메다·들어 올리다·등용하다·
몸대신에 씀·
tukiyehe gebu 자(字)·성인으로서 본이
람)·허풍치는·
tukiyecheku 과장하는(사람)·자부하는(사
tuibalambi 대패질하다·
tuibalakū 대패·
tui tui 차례 차례로·
tui jangging 호군통령(護軍統領)·

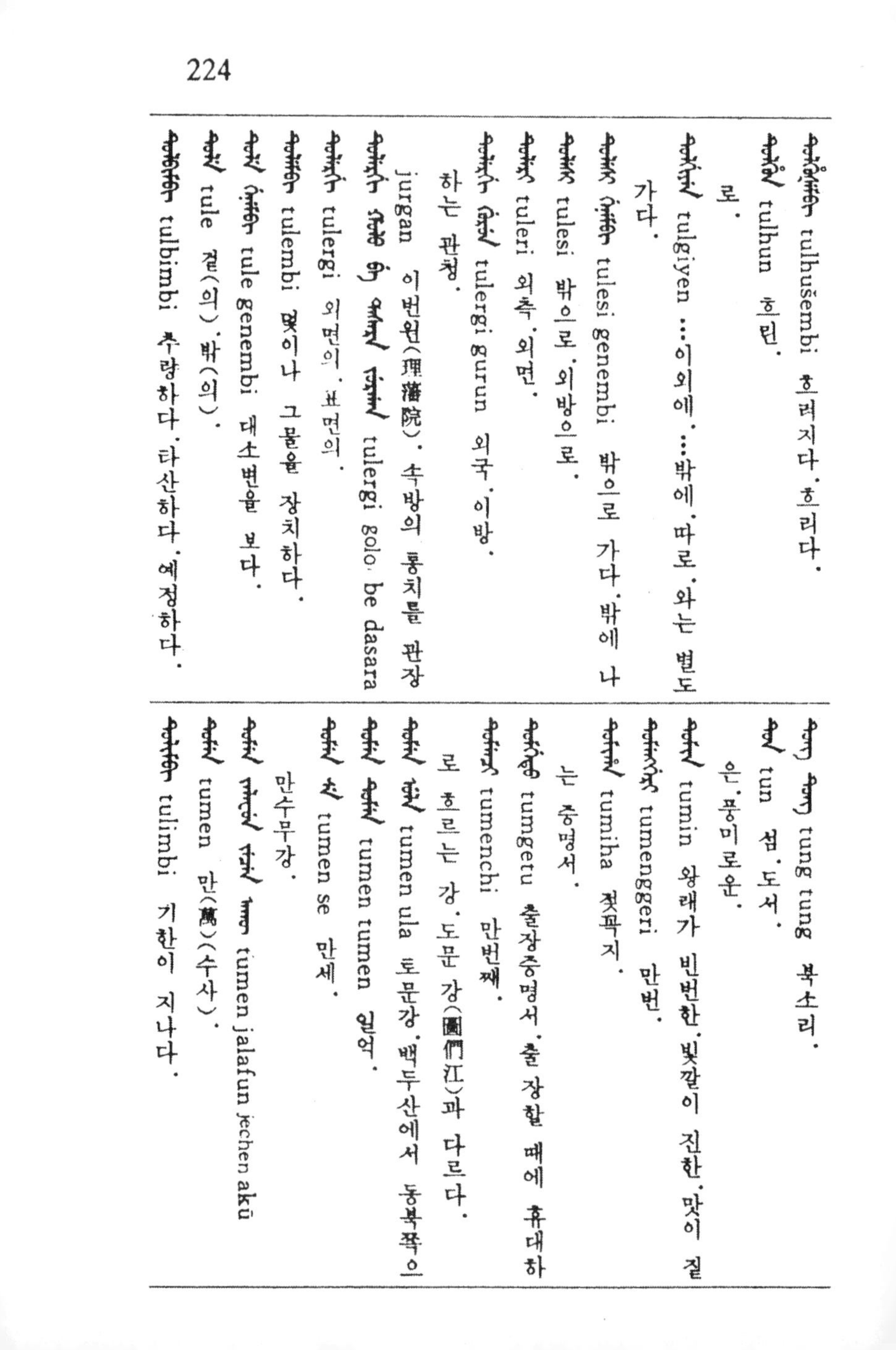

tulbimbi 추량하다·타산하다·예정하다.

tule 겉(의)·밖(의).

tule genembi 대소변을 보다.

tulembi 덫이나 그물을 장치하다.

tulergi 외면의·표면의.

tulergi golo be dasara jurgan 이번원(理藩院)·속방의 통치를 관장하는 관청.

tulergi gurun 외국·이방.

tuleri 외측·외면.

tulesi 밖으로·외방으로.

tulesi genembi 밖으로 가다·밖에 나가다.

tulgiyen …이외에·…밖에·따로·와는 별도로.

tulhun 흐린.

tulhušembi 흐려지다·흐리다.

tulimbi 기한이 지나다.

tumen 만(萬)(수사).

tumen jalafun jechen akū 만수무강.

tumen se 만세.

tumen tumen 일억.

tumen ula 토문강·백두산에서 동북쪽으로 흐르는 강·도문강(圖們江)과 다르다.

tumenchi 만번째.

tumgetu 출장증명서·출장할 때에 휴대하는 증명서.

tumiha 젖꼭지.

tumenggeri 만번.

tumin 왕래가 빈번한·빛깔이 진한·맛이 짙은·풍미로운.

tun 섬·도서.

tung tung 북소리.

turigen 세·집세·땅세·공전·
turi miyehu 두부·
turi arsun 콩나물·
turi 콩·세를 얻어라·빌려라·
turgun 사정·사유·연고·원인·
빠른·빠르게 달리는·
turgen 급류·물살이 빠른·병세의 진행이
turgatu 여윈 사람·홀쭉한 사람·
몸끼 없는(고기)·
turga 여윈(사람이나 가축)·살이 빠진·기
turakū 폭포·
tura 천막의 기둥·쌀을 깨끗이 씻어라·
tungse 통역(通事의 음역)·
tunglu 동녹색(銅綠色)·녹청색·
tungken 북·장구·
거두다·
tunggiyembi 줍다·하나씩 줍다· 뼈를

고선하다·시험하여 선택하다·
tušan be simnembi 직책의 적부를
tušan 직무·직업·
tušambi 상(喪)을 당하다·뜻밖에 만나다·
tusumbi 출가(出嫁)하다·
tusa arambi 유익한 일을 하다·
tusa 이익·
turun wechembi 군기를 제사하다·
turun 군기(軍旗)·큰기·기인(旗印)·
turulambi 앞장서다·솔선하다·
도를 매는 가축끈·
turu 성현으로부터 이어받은 심법(心法)·군
세내다·
turimbi 임차하다·삯주고 고용하다·삯주고
turihe niyalma 직공·공인·
turihe hūsun 직공·공인·
turigen i chifun 조세·세금·

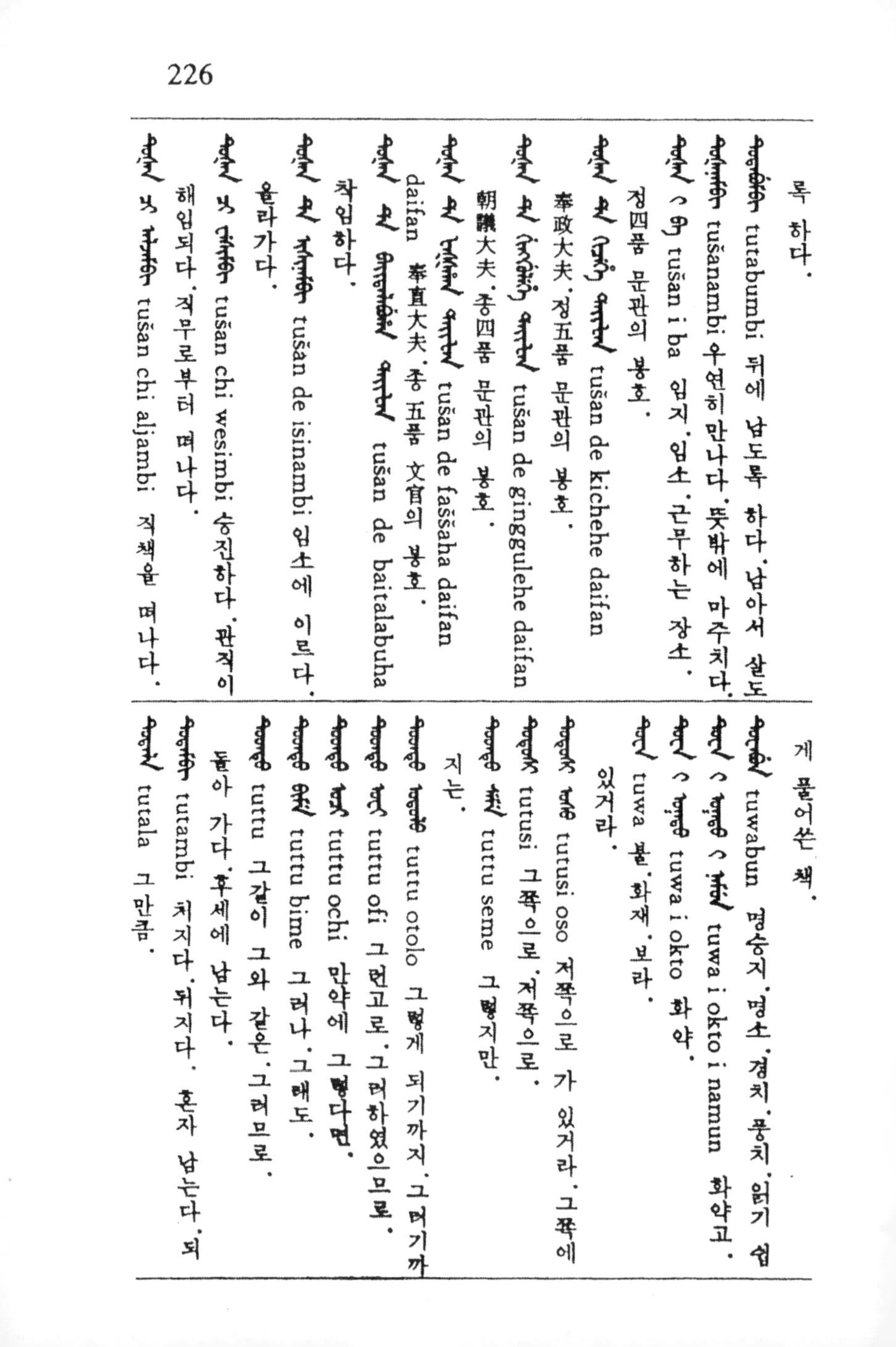

록 하다.

tutabumbi 뒤에 남도록 하다. 남아서 살도

tušanambi 우연히 만나다. 뜻밖에 마주치다.

tušan i ba 임지. 임소. 근무하는 장소.

정四품 문관의 봉호.

tušan de kichehe daifan

奉政大夫. 정五품 문관의 봉호.

tušan de ginggulehe daifan

朝議大夫. 종四품 문관의 봉호.

tušan de faššaha daifan

daifan 奉直大夫. 종五품 文官의 봉호.

tušan de baitalabuha

착임하다.

tušan de isinambi 임소에 이르다.

올라가다.

tušan chi wesimbi 승진하다. 관직이

해임되다. 직무로부터 떠나다.

tušan chi aljambi 직책을 떠나다.

게 풀어쓴 책.

tuwabun 명승지. 명소. 경치. 풍치. 읽기 쉽

tuwa i okto i namun 화약고.

tuwa i okto 화약.

tuwa 불. 화재. 보라.

있거라.

tutusi oso 저쪽으로 가 있거라. 그쪽에

tutusi 그쪽으로. 저쪽으로.

tuttu seme 그렇지만.

지는.

tuttu otolo 그렇게 되기까지. 그러기까

tuttu ofi 그런고로. 그러하였으므로.

tuttu ochi 만약에 그렇다면.

tuttu bime 그러나. 그래도.

tuttu 그같이 그와 같은. 그러므로.

돌아 가다. 후세에 남는다.

tutambi 처지다. 뒤지다. 혼자 남는다. 되

tutala 그만큼.

tuwabungga 방(榜). 시험합격자의 게시.

tuwachi 본즉 본 바로는.

tuwai efin 불꽃. 폭죽.

tuwai siberhun 화승. 화약심지.

tuwakiyabumbi 감시시키다. 망보게 하다.

tuwakiyambi 감시하다. 지키다.

tuwambi 보다. 점치다.

tuwame kadalara hafan 감독.

tuwanchihiyambi 바르게 하다. 구부러진 것을 바로 잡다. 말을 부리다.

tuwanchihiyan 악행한 자를 징벌하는것.

tuwašambi 감시하다. 망을 보다. 뒷바라지하다.

tuwara niyalma 점장이. 복자.

tuwachi 본 즉. 본 바로는.

tuwelembi 차례차례 전하여 주다. 체송하다. 거간을 하다.

tuwelesi 중매인. 거간.

tuweri 겨울. 동계.

tuweri ten 동지(冬至).

tuyambi 꺾다. 구부리다.

tuyembi 집중공격을 하다. 철판에 구멍을 뚫다. 화살이 갑옷을 뚫다.

tuyembumbi 궁상을 드러내다. 노출시키다. 본색을 드러내다.

tū 타격하라. 때려라. 쳐라.

tūku 나무망치. 도리깨.

tūmbi 사람을 때리다. 도리깨로 낟알을 때리다. 아기를 치다. 망치로 때리다.

tūme efen 좁쌀과 기장쌀 등을 쪄서 만든 떡.

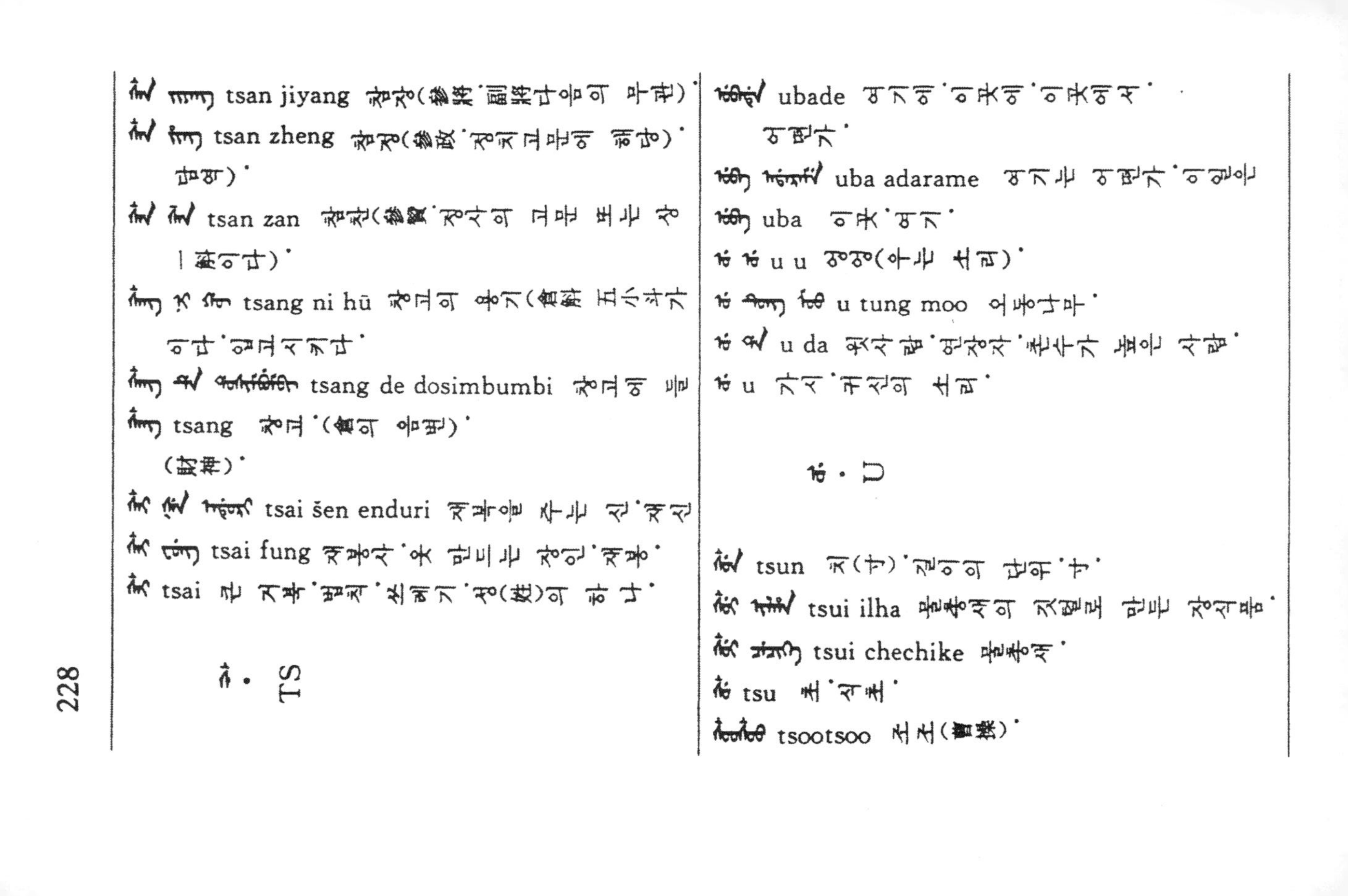

tsan jiyang 참장(參將 副將다음의 무관).
tsan zheng 참정(參政 정치고문에 해당).
답영).
tsan zan 참찬(參贊 정사의 고문 또는 상
一斛이다).
tsang ni hū 창고의 용기(倉斛 五小斗가
이다.입고시키다.
tsang de dosimbumbi 창고에 들
tsang 창고.(倉의 음변).
(財神).
tsai šen enduri 재복을 주는 신.재신
tsai fung 재봉사.옷 만드는 장인.재봉.
tsai 큰 거북.법칙.쓰레기.성(姓)의 하나.

· TS

ubade 여기에.이곳에.이곳에서.
어떤가.
uba adarame 여기는 어떤가.이일은
uba 이곳.여기.
u u 엉엉(우는 소리).
u tung moo 오동나무.
u da 윗사람.연장자.춘수가 높은 사람.
u 가시.귀신의 소리.

· U

tsun 치(寸).길이의 단위.寸.
tsui ilha 물총새의 깃털로 만든 장식품.
tsui chechike 물총새.
tsu 초.식초.
tsootsoo 조조(曹操).

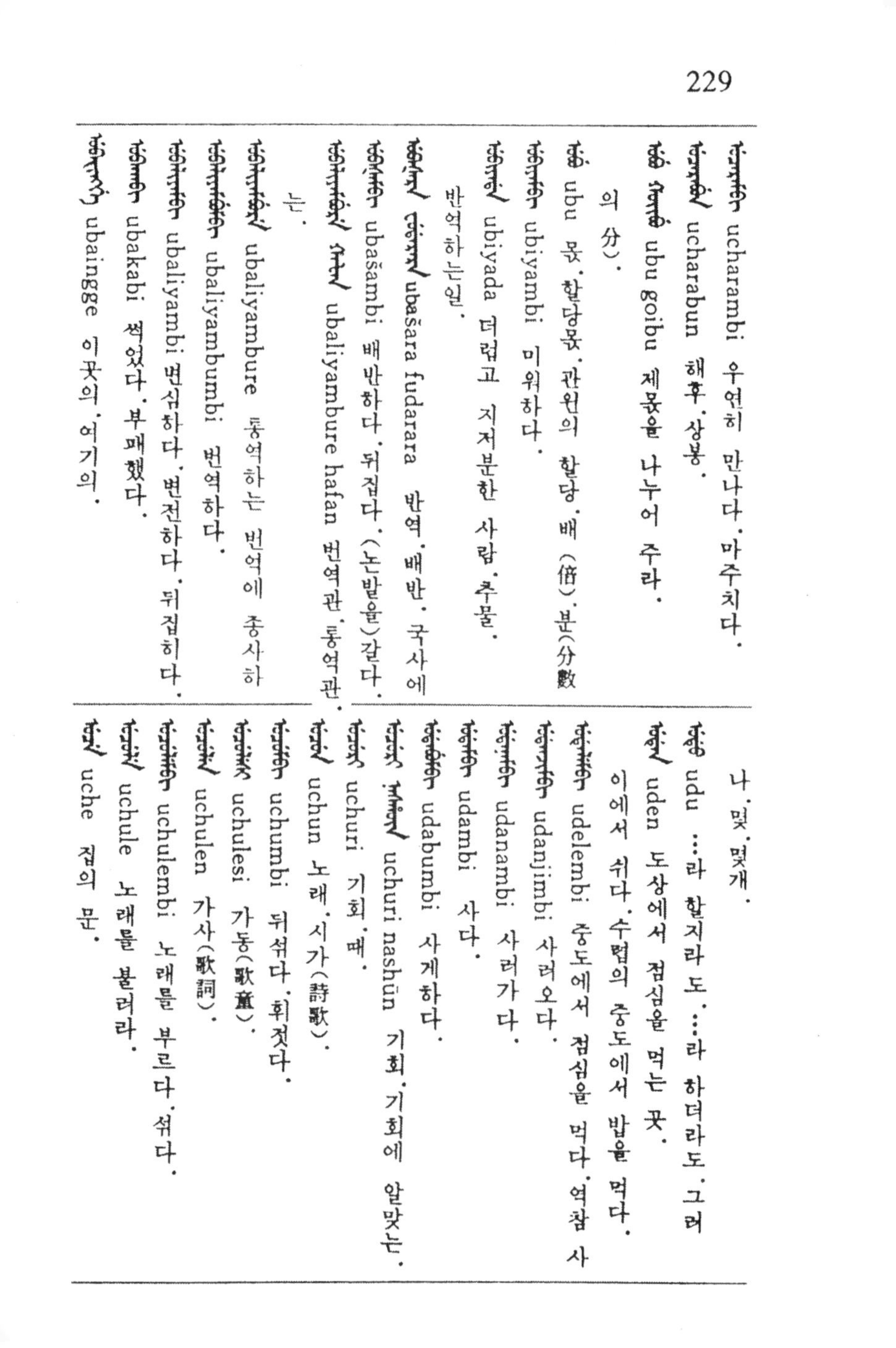

ucharambi 우연히 만나다·마주치다·

ucharabun 해후·상봉·

ubu goibu 제몫을 나누어 주라·

의 分)·

ubu 몫·할당몫·관원의 할당·배(倍)·분(分數

ubiyambi 미워하다·

ubiyada 더럽고 지저분한 사람·추물·

반역하는 일·

ubašara fudarara 반역·배반·국사에

ubašambi 배반하다·뒤집다·(논밭을)갈다·

ubaliyambure hafan 번역관·통역관·

는·

ubaliyambure 통역하는 번역에 종사하

ubaliyambumbi 번역하다·

ubaliyambi 변심하다·변전하다·뒤집히다·

ubakabi 썩었다·부패했다·

ubaingge 이곳의·여기의·

나·몇·몇개·

udu …라 할지라도·…라 하더라도·그러

uden 도상에서 점심을 먹는 곳·

이에서 쉬다·수렵의 중도에서 밥을 먹다·

udelembi 중도에서 점심을 먹다·역참 사

udanjimbi 사러오다·

udanambi 사러가다·

udambi 사다·

udabumbi 사게하다·

uchuri nashūn 기회·기회에 알맞는·

uchuri 기회·때·

uchun 노래·시가(詩歌)·

uchumbi 뒤섞다·휘젓다·

uchulesi 가동(歌童)·

uchulen 가사(歌詞)·

uchulembi 노래를 부르다·섞다·

uchule 노래를 불러라·

uche 집의 문·

다 합 일하다.

uhelembi 같이 하다. 하나로 하다. 총합하

uhei 하나로 하여. 같이 하여. 다같이. 다함께.

uhe dakū 화합. 융합.

uhe 화합된. 모두. 전체.

uhala 불알. 고환.

ufuhu 허파. 폐.

ufimbi 꿰매다. 바느질하다.

ufarambi 실수하다. 실패하다.

ufaraha 죽었다. 돌아갔다. 손해보았다.

ufarachun 실수. 과실. 실패.

ufambi 낟알을 갈아서 가루로 만들다.

ufa 낟알 가루.

udunggeri 몇차례. 몇번.

ududu mudan 여러차례. 수차. 누차.

ududu 많은. 수많은.

uduchi 몇번째.

udu juwan 몇十.

uhumbi 싸다. 포장하다. 말다.

uhuken 유약하다. 부드럽다. 연약하다.

kuren ㅣ統志館.

uherileme ejehe bithei

uherilembi 총괄하다. 통합하다.

uheri tuwara hafan 총재관.

uheri kadalara da 총병(總兵).

uheri kadalara amban 총독(總督).

uheri da yamun 총관아문.

uheri da 지방장관. 九門제독. 총관(總管).

uheri be kadalambi 통괄하다.

도찰원(都察院).

uheri be baichara yamun

uheri 전부. 총수.

uhen 아우의 아내. 제수.

묶어서.

uhereme 다합하여. 전체로. 합계하여. 모두

uhume 숙모.

uhumete 숙모들.

uihe 뿔.

uihengge 뿔이 있는.

uhungge hoošan 포장지.

uilembi 부모를 모시다. 부모에게 효도하다.

uilen 효행. 사친(事親).

ujan 논 밭의 가장자리. 논 밭의 둔덕.

ujeken 약간 무거운. 좀 묵직한.

ujelembi 존중하다. 공경하다. 중하게 여기다. 병이 겹치다.

ujen 무거운. 묵직한.

ujen chooha 한 군(漢軍). 청조에 투항한 漢人의 都統 佐領 병사 등의 총칭.

ujen coohai gūsa 한군도통(漢軍都統).

ujihe ama 양부.

ujihe eme 양모.

ujihe jui 양자.

ujima 가축.

ujima i horigan 축사. 외양간.

ujimbi 기르다. 양육하다.

ujin 자기집 종의 아들. 자기집 소나 말의 새끼.

uju 머리말의 첫 구절. 머리부분. 염주의 모주(母珠).

uju be tongki 목을 쳐라. 목을 잘라라(욕하는 말).

uju jergi 一품. 일등. 一品의 자리.

uju jergi hiya 一등 시위.

uju jergi unenggi hehe 一품관의 부인.

uju liyeliyešembi 어찔하다. 현기증이 나다.

uju nimembi 머리가 아프다. 두통이 나다.

실·황색띠를 맨다.

uksun 청 태조의 세계(世系)에 속하는 종

uksin 갑주·佐領 중에서 뽑은 군인.

uksen 허리끈·허리띠.

uksalambi 풀다·풀어놓다·화살을 쏘다.

uksa 불의에·불시에 갑자기·홀연히.

ukdun boo 지하굴·지하실.

ukdun 동굴.

ukchambi 녹다·흘러내리다.

ukanju 도망자.

다·시신을 매장하다.

ukambumbi 달아나게 하다·도망가게 하

ukambi 달아나다·도망치다.

ujungga dangga 수령·두목.

서다.

ujulambi 수반이 되다·수령이 되다·앞장

ujulaha amban 수반의 대신.

다.

ulembi 똑바로·대강 꿰매다·대강 바로 깁

어지다.

ulejembi 둑이 무너지다·토석이 무너져 멸

주다·가축에 여물을 주다·똑바로 꿰매다.

ulebumbi 붓을 먹에 적시다. 먹을 것을

ulden 서광(曙光)·빛.

도랑·말의 넓적다리에 움푹패인 곳.

ulan 스승이 가르친 것·스승이 전한 것·큰

덜하다·체송하다.

ulambi 전하다·가르치다·말을 전하다·전

ulabun 전기(傳記)·사전(史傳).

ula hoton 우라(烏拉)성·지금의 길림.

ula 강.

uksura 일문·일족·지파.

uksun i hergen 종친의 작위.

황족사무를 관리하는 宗人府.

uksun be kadalara yamun

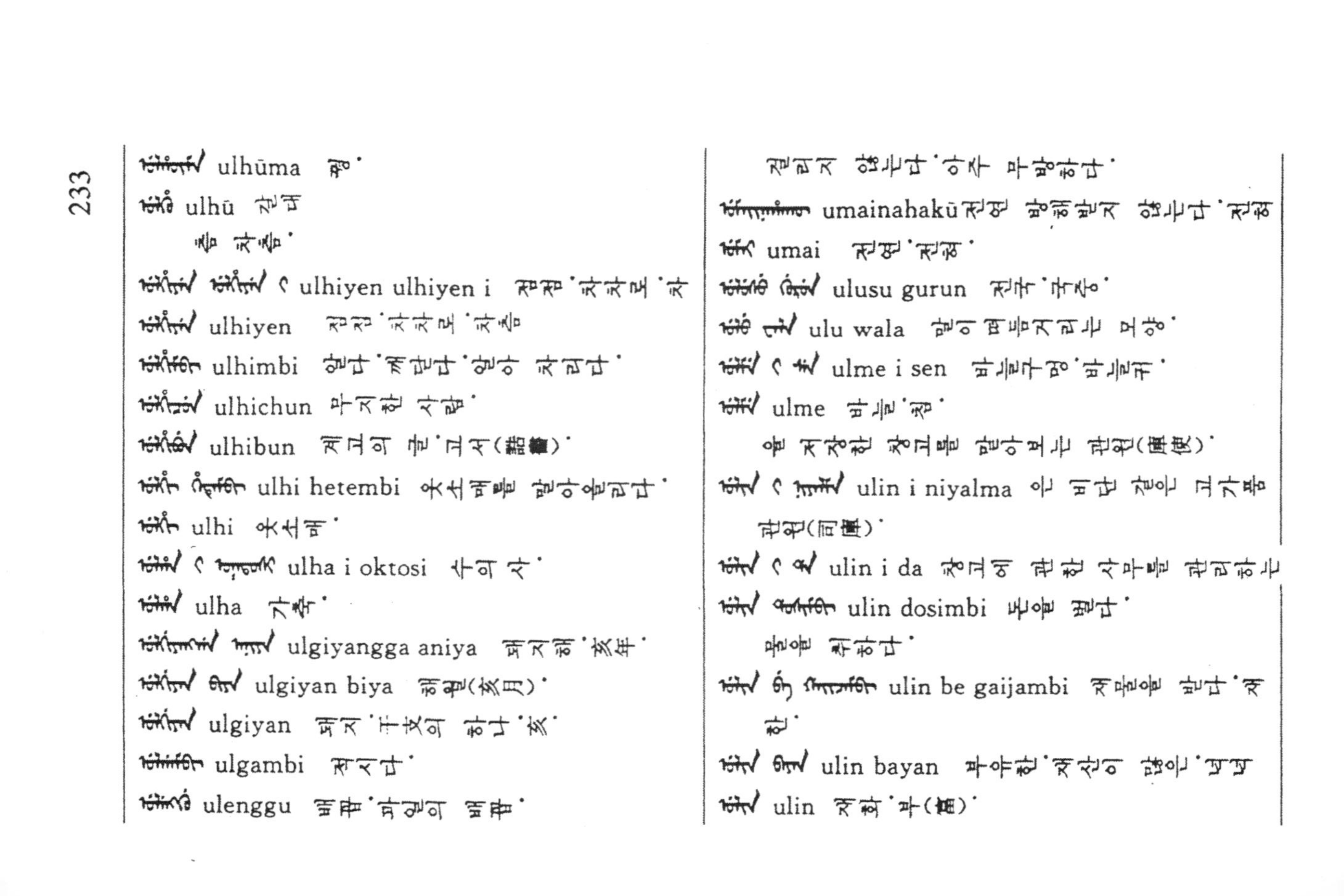

ulhūma 꿩.

ulhū 갈대

츰 차츰.

ulhiyen ulhiyen i 점점. 차차로. 차

ulhiyen 점점. 차차로. 차츰

ulhimbi 알다. 깨닫다. 알아 차리다.

ulhichun 무지한 사람.

ulhibun 계고의 글. 고서(誥書).

ulhi hetembi 옷소매를 말아올리다.

ulhi 옷소매.

ulha i oktosi 수의사.

ulha 가축.

ulgiyangga aniya 돼지해. 亥年.

ulgiyan biya 해월(亥月).

ulgiyan 돼지. 干支의 하나. 亥.

ulgambi 적시다.

ulenggu 배꼽. 파일의 배꼽.

걸리지 않는다. 아주 무방하다.

umainahakū 전연 방해받지 않는다. 전혀

umai 전연. 전혀.

ulusu gurun 전국. 국중.

ulu wala 말이 떠듬거리는 모양.

ulme i sen 바늘구멍. 바늘귀.

ulme 바늘. 침.

을 저장한 창고를 맡아보는 관원(庫使).

ulin i niyalma 은 비단 같은 고가품

관원(司庫).

ulin i da 창고에 관한 사무를 관리하는

ulin dosimbi 돈을 벌다.

물을 취하다.

ulin be gaijambi 재물을 받다. 재

한.

ulin bayan 부유한. 재산이 많은. 넉넉

ulin 재화. 부(富).

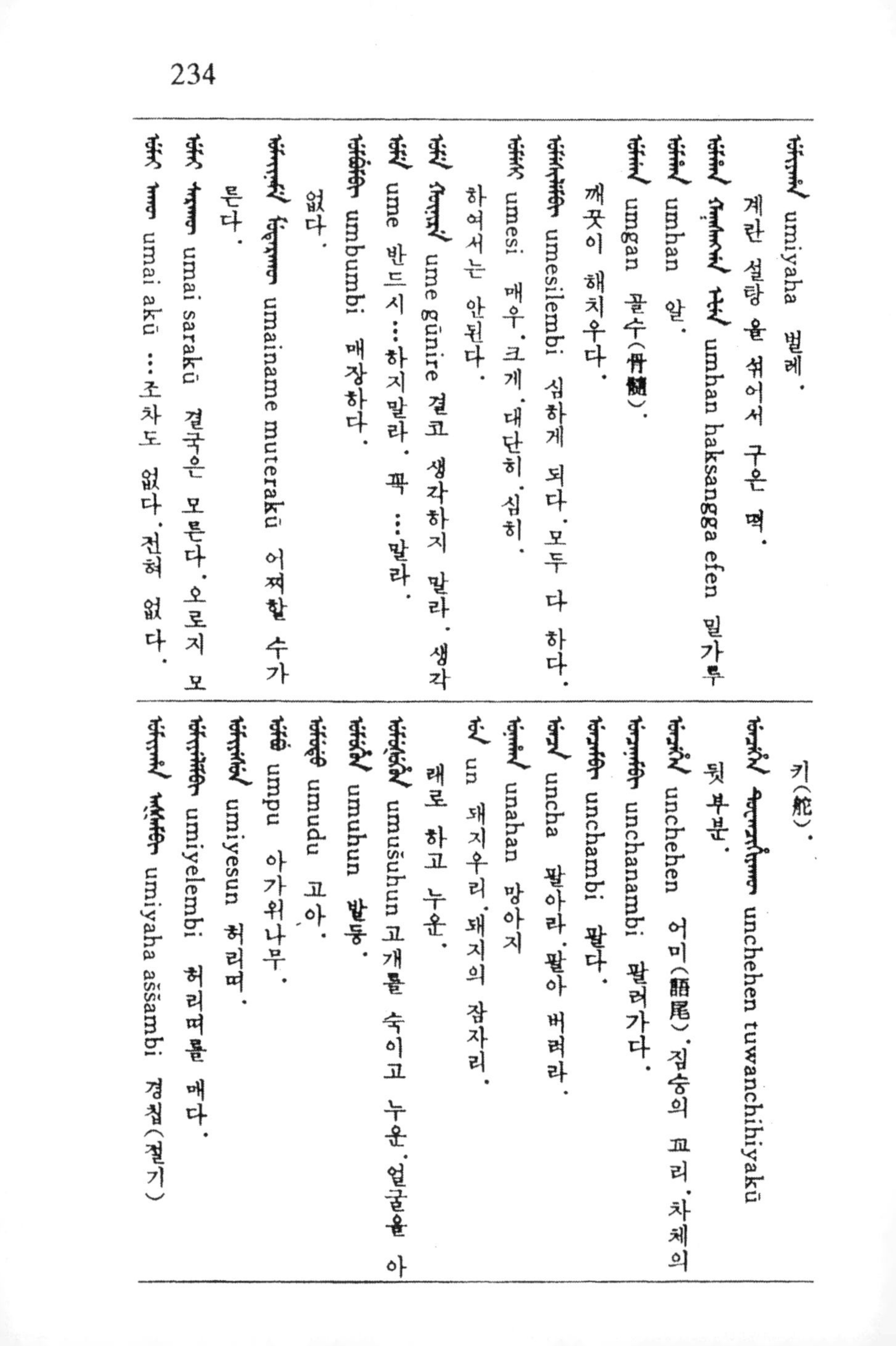

umiyaha 벌레.
　계란 설탕을 섞어서 구운 떡.
umhan haksangga efen 밀가루
umhan 알.
umgan 골수(骨髓).
　깨끗이 해치우다.
umesilembi 심하게 되다. 모두 다 하다.
umesi 매우. 크게. 대단히. 심히.
　하여서는 안된다.
ume gūnire 결코 생각하지 말라. 생각
ume 반드시…하지말라. 꽉 …말라.
umbumbi 매장하다.
　없다.
umainame muterakū 어찌할 수가
　몬다.
umai sarakū 결국은 모른다. 오로지 모
umai akū …조차도 없다. 전혀 없다.

　키(舵).
unchehen tuwanchihiyakū
　뒷부분.
unchehen 어미(語尾). 짐승의 꼬리. 차체의
unchanambi 팔러가다.
unchambi 팔다.
uncha 팔아라. 팔아 버려라.
unahan 망아지
un 돼지우리. 돼지의 잠자리.
　래로 하고 누운.
umušuhun 고개를 숙이고 누운. 얼굴을 아
umuhun 발등.
umudu 고아.
umpu 아가위나무.
umiyesun 허리띠.
umiyelembi 허리띠를 매다.
umiyaha aššambi 경칩(절기)

unggimbi 사람을 보내다·물건을 보내다.
unggašambi 장자나 선배를 공경하다.
ungga 연장자·선배·인문의 장로.
unenggilembi 성실을 다하여 애를 쓰다.
unenggi hehe 二품관 부인의 봉호.
과연.
unenggi 성실·진실·사실·정말로·참말로.
unduri 연도(沿途)에·길을 따라.
undu 세로.
undeo 아직…인가·아직 안됐나.
나무 형구.
undehen 널·판자·죄인의 볼기를 치는 대
undehelembi 죄인의 볼기를 치다.
undechi 사환·심부름꾼·종.
동안에.
unde 아직…않고·…하기 전에·하지 않은
undaraka 병이 깊었다·덩굴이 뻗었다.

unumbi 지다·걸머지다.
안에 놓은 아이.
unuchun 유복자·아버지가 죽은후 十월
untušembi 북을 치다·여인이 북을 치다.
untuhuri 도연히·심심히·무료히.
horon sindambi 허장성세하다·허세를 부리다.
untuhun algišame
가난뱅이인·빈한한.
untuhun 속 비인·아무것도 없는·빈손의
uniyen honin 암양·모양(母羊).
uniyen 암소·젖소.
uniyehe 오리.
하고 잔을 보이다.
ungkembi 머리를 숙이다·엎드리다·건배
unggu mama 증조모.
unggu mafa 증조부.
unggu 도박판의 주인·도박판의 선.

되다·마음에 상처를 받다.

urembi 여물다·결실하다·익다·익어서 먹게 되었다.

urehe 마음에 상처를 받았다·잘 익었다·먹먹 못하게 하다·익히다.

urebumbi 복습하다·실을 누이다·혼내주어 다.

urangga moo 오동 나무.

urandambi 울려퍼지다·메아리치다·울리

uran 메아리.

urambi 메아리치다·멍들다·울려퍼지다.

urakabi 멍 들었다.

하다.

urahilambi 소식을 전하다·소식을 탐색 다.

ura tūmbi 볼기를 치다·궁둥이를 때리

ura 궁둥이·엉덩이.

반복하여.

urkulji ᠰᡠᠯᠠᡴᠠᡵᠠᡴᡡ 와 같다·쉬지않고·계속해서 리.

urkin 큰소리·울려 퍼지는 소리·요란한 소

urimbi 붕어하다·죽다·무너지다.

urhun 한뼘·한 장뼘의 폭.

urhumbi 한쪽으로 기울다.

urhu haršakū 한쪽을 감싸다.

urhu 치우친·기울인·불공평한·구부러진.

urgunjembi 기뻐하다.

하례를 행하다.

urgun i doroi hengkilembi

urgun i doro 하례(賀禮).

urgun 기쁨·희락.

urgen 길이.　　버리다.

urgedembi 배은망덕 하다·은혜를 잊어 는·낯익은·본 적이 있는.

ureshūn 세상 물정에 통한·물정을 잘 아

usachun 상심·애통.
…케 하다·미움을 사다.
usabumbi 절망시키다·마음아프게 하다.
urušere wakašare 시시비비(是是非
다. 非).
urušembi 옳다고 하다·옳은데로 밀고 가
urunakū 꼭·반드시.
urun 며느리·자부.
urumbi 굶주리다.
urukebi 굶주렸다·배고팠었다.
urui 늘·항상·오로지·한결같이·전혀.
uru waka 시비(是非).
uru 사리에 맞는·이유있는·그렇다.
ursu 층(層)·겹.
urse 많은 사람·사람들·무리.
중단하고.
ursan sindame 말꼬리를 남기고·말을

관상대.
chinchilara karan 천문 기상을 주관하는 기관.
usiha oron be
usiha oron 성진(星辰).
(조준용으로 쓴다).
usiha 별·조총의 총구에 붙은 쇠장식.
ushe 정액·양정.
ushambi 분하여 원망하다.
ushachun 원한.
usembi 종자를 뿌리다·씨를 심다.
곤충이 알을 낳다.
use waliyambi 벌레가 알을 낳다.
use 종자·서캐(이의유충).
울해졌다.
usatala oho 실망하여 기가 죽었다·우
usambi 절망하다·상심하다·애통해 하다.
usaka 절망했다·상심했다.

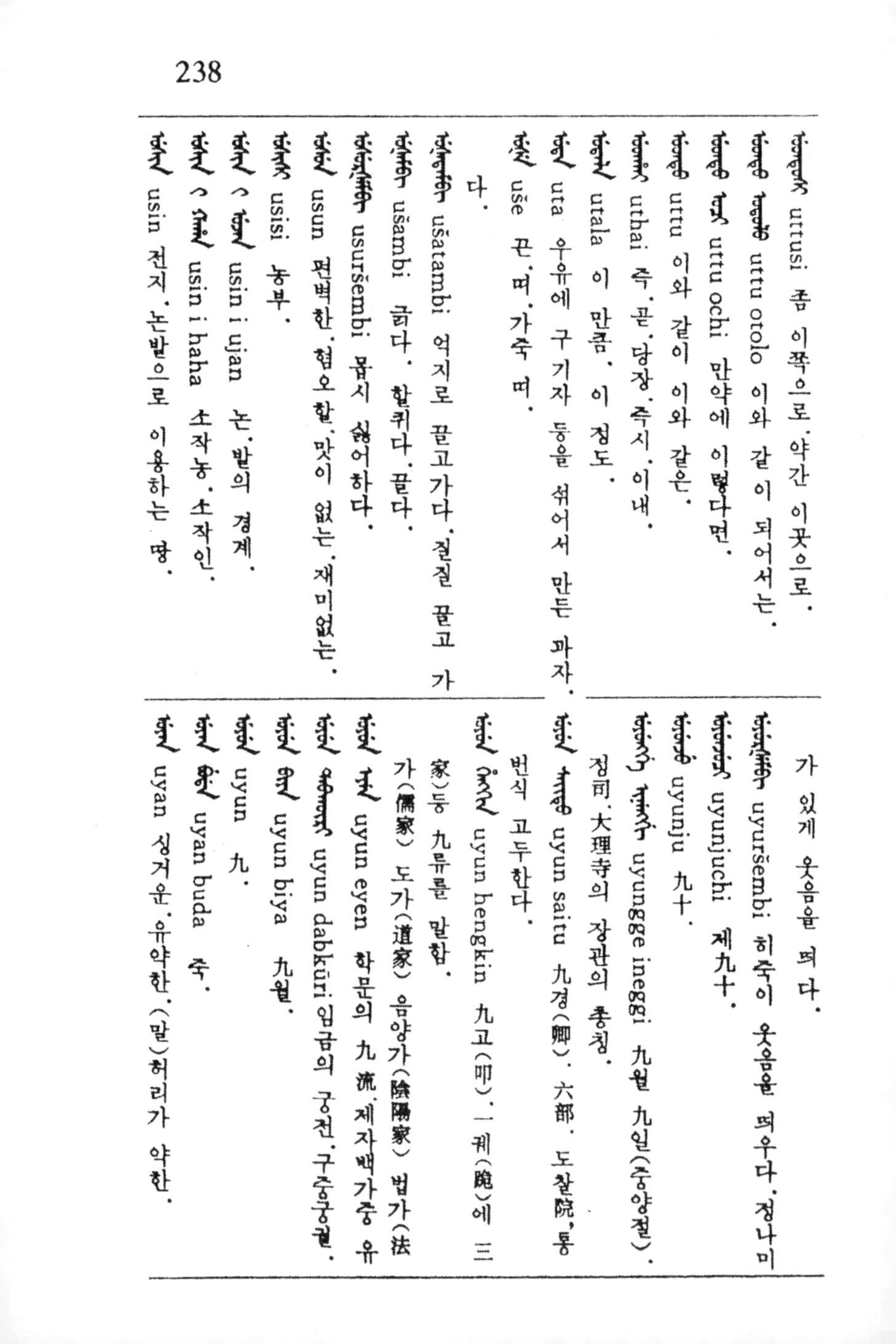

usin 전지·논밭으로 이용하는 땅.

usin i haha 소작농·소작인.

usin i ujan 논·밭의 경계.

usisi 농부.

usun 편벽한·혐오할·맛이 없는·재미없는.

usuršembi 몹시 싫어하다.

ušambi 끌다·할퀴다·끌다.

ušatambi 억지로 끌고가다·질질 끌고 가다.

uše 끈·띠·가죽 띠.

uta 우유에 구기자 등을 섞어서 만든 과자.

utala 이 만큼·이 정도.

uthai 즉·곧·당장·즉시·이내.

uttu 이와 같이 이와 같은.

uttu ochi 만약에 이렇다면.

uttu otolo 이와 같이 되어서는.

uttusi 좀 이쪽으로·약간 이곳으로.

uyan 싱거운·유약한·(말)허리가 약한.

uyan buda 죽.

uyun 九.

uyun biya 九월.

uyun dabkūri 입금의 궁전·구중궁궐.

uyun eyen 학문의 九流·제자백가중 유가(儒家) 도가(道家) 음양가(陰陽家) 법가(法家)등 九류를 말함.

uyun hengkin 九고(叩)·一궤(跪)에 三번식 고두한다.

uyun saitu 九경(卿)·六部·도찰院·통정司·大理寺의 장관의 총칭.

uyungge ineggi 九월 九일(중양절).

uyunju 九十.

uyunjuchi 제九十.

uyuršembi 히죽이 웃음을 띄우다·정나미가 있게 웃음을 띄다.

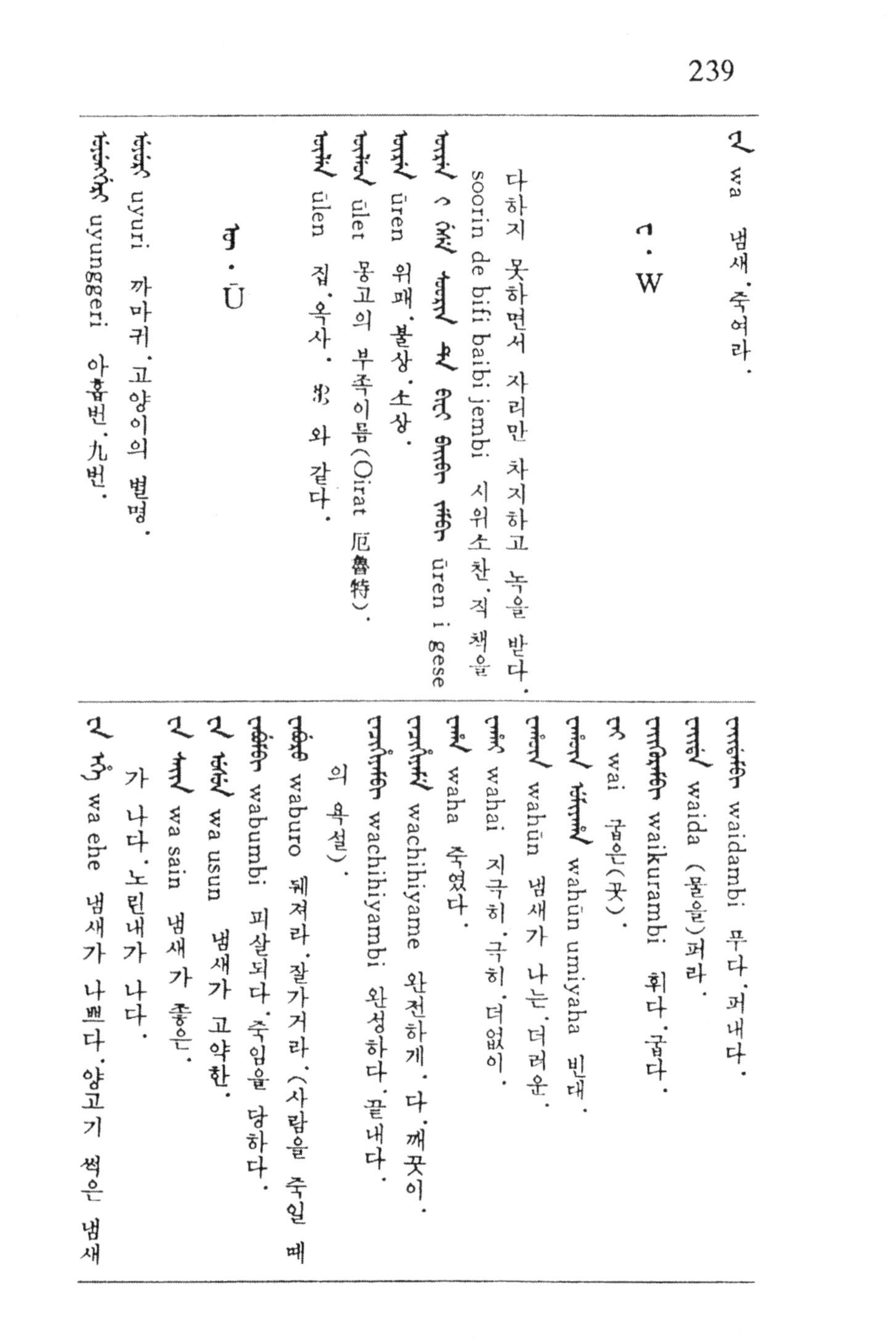

uyunggeri 아홉번·九번.

uyuri 까마귀·고양이의 별명.

Ū

ūlen 집·옥사·boo 와 같다.

ūlet 몽고의 부족이름(Oirat 厄魯特).

ūren 위패·불상·소상.

ūren i gese soorin de bifi baibi jembi 시위소찬·직책을 다하지 못하면서 자리만 차지하고 녹을 받다.

W

wa 냄새·죽여라.

wa ehe 냄새가 나쁘다·양고기 썩은 냄새가 나다·노린내가 나다.

wa sain 냄새가 좋은.

wa usun 냄새가 고약한.

wabumbi 피살되다·죽임을 당하다.

waburo 뒈져라·잘가거라·(사람을 죽일 때의 욕설).

wachihiyambi 완성하다·끝내다.

wachihiyame 완전하게·다·깨끗이.

waha 죽였다.

wahai 지극히·극히·더없이.

wahūn 냄새가 나는·더러운.

wahūn umiyaha 빈대.

wai 굽이(宎).

waikurambi 휘다·굽다.

waida (물을)퍼라.

waidambi 푸다·퍼내다.

쪽(방의 상좌).

wala 아래·낮은 곳·아래의·하부의·방의 서

wakašambi 비난하다·책망하다.

wakao 틀리지 않는가·나쁘지 않은가.

wakalan 잘못·과오·과실.

wakalambi 탄핵하다·잘못을 문책하다.

waka wakai arbušambi 망동하다·엉뚱한 짓을 하다.

waka wakai 합부로·멋대로·무질서하게.

waka baha 죄를 지었다·미안하게 됐다·실례했다.

waka 아니다·마땅하지 않다·그렇지 않다·그런 일이 아니다.

wajitala 끝나기까지.

wajinggala 끝나기 전·끝나기에 앞서.

wajin 완성·완료·끝.

wajimbi 끝나다·완료하다.

wajiha 끝났다·완료하였다.

wangga inenggi 매달의 十五일(望日)·기의 길흉.

wangga 좋은 냄새가 나는·향기로운·해오라

wang 왕.

wan 사다리.

wambi 죽이다.

waliyatai 주검을 걸고·결사코.

waliyan gemin 아까워하지 않다.

waliyan 포기·버림.

waliyame gamambi 용서하다·간과하다.

waliyambi 죽은 사람에게 바쳤던 지전을 태우다·버리다·토하다.

waliyaha 끝났다·마지막이다·큰일 났군(남을 조소하는 말).

wali 요술·기술.

walgiyambi 태양에 말리다·햇볕에 쬐다.

walgiya 햇볕에 쪼여라.

와를 덥는 사람.
wasei faksi 와공·기와를 굽는 사람·기
wase boo 기와집.
wase 기와·양말.
천·옥양목(Calico).
wargi namu i boso 서양에서 나는
구름방.
wargi nahan 동쪽벽에 많은 온돌·동쪽
料) 종이 화약류를 저장하는 창고.
wargi juwan namun 정부의안료(顏
(镇西府).
wargi betohorombuha fu 진서부
wargi ashan 국자감(國子監)의 일을 맡
wargi 서쪽·서쪽의. |아보는 사무소(西廂).
wardambi 헤엄치다.
wangkiyambi 냄새를 맡다.
wanggiyanahabi 감기에 걸렸다.
wangga šangga 인사불성이 된.

wecheku i sendehen 제물을 두는 선
wecheku 신주·집에서 모시는 신·신기·|반.
weche 제사 지내라.
webe 누구를.
we 누구·누구인가·어떤 사람.
watai tantaha 죽을 정도로 때렸다.
도로.
watai 결연히·단단히 각오를 하고·죽을 정
wasingga mudan 거성(去聲).
이 빠지다.
wasimbi 내려가다·값이 내리다·여위다·살
다.
wasikabi 여위었다·영락했다·값이 떨어졌
wasihūn i hontoho 하현의 달·반
wasihūn 아래·아래에·서쪽·서쪽에. |달.
wasihalambi 할퀴다.
wasibumbi 관등을 내리다·강등 시키다.

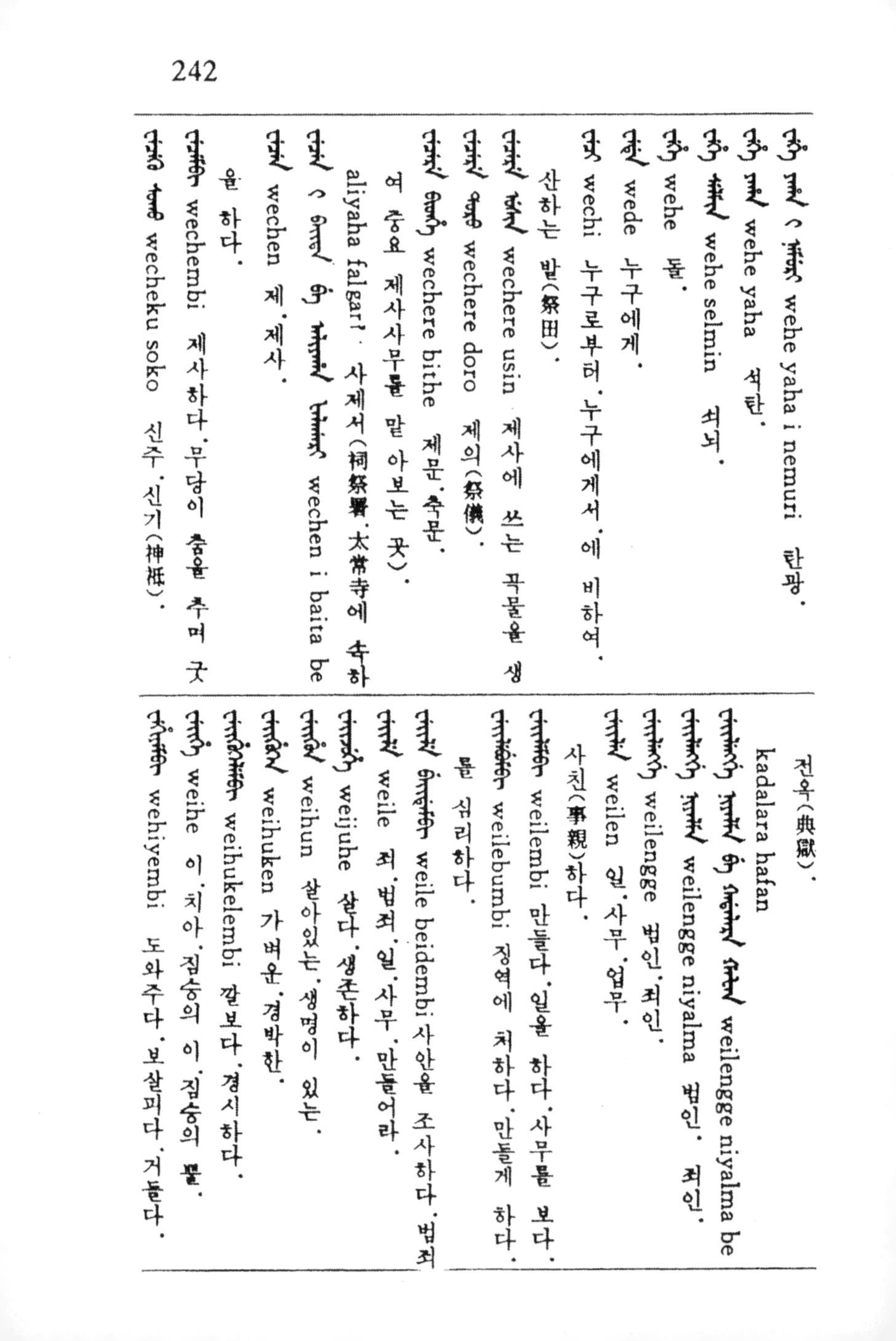

wehe yaha i nemuri 판팡.
wehe yaha 석판.
wehe selmin 석뇌.
wehe 돌.
wede 누구에게.
wechi 누구로부터·누구에게서·에 비하여.
산하는 밭(祭田).
wechere usin 제사에 쓰는 곡물을 생
wechere doro 제의(祭儀).
wechere bithe 제문·축문.
여 중요 제사사무를 맡 아보는 곳).
aliyaha falgari 사제서(祠祭署·太常寺에 속하
wechen i baita be
wechen 제·제사.
을 하다.
wechembi 제사하다·무당이 춤을 추며 굿
wecheku soko 신주·신기(神祇).

전아(典獻).
kadalara hafan
weilengge niyalma be
weilengge niyalma 범인·죄인.
weilengge 범인·죄인.
weilen 일·사무·업무.
사친(事親)하다.
weilembi 만들다·일을 하다·사무를 보다.
weilebumbi 징역에 처하다·만들게 하다.
를 심리하다.
weile beidembi 사안을 조사하다·범죄
weile 죄·범죄·일·사무·만들어라.
weijuhe 살다·생존하다.
weihun 살아있는·생명이 있는.
weihuken 가벼운·경박한.
weihukelembi 깔보다·경시하다.
weihe 이·치아·짐승의 이·짐승의 뿔.
wehiyembi 도와주다·보살피다·거들다.

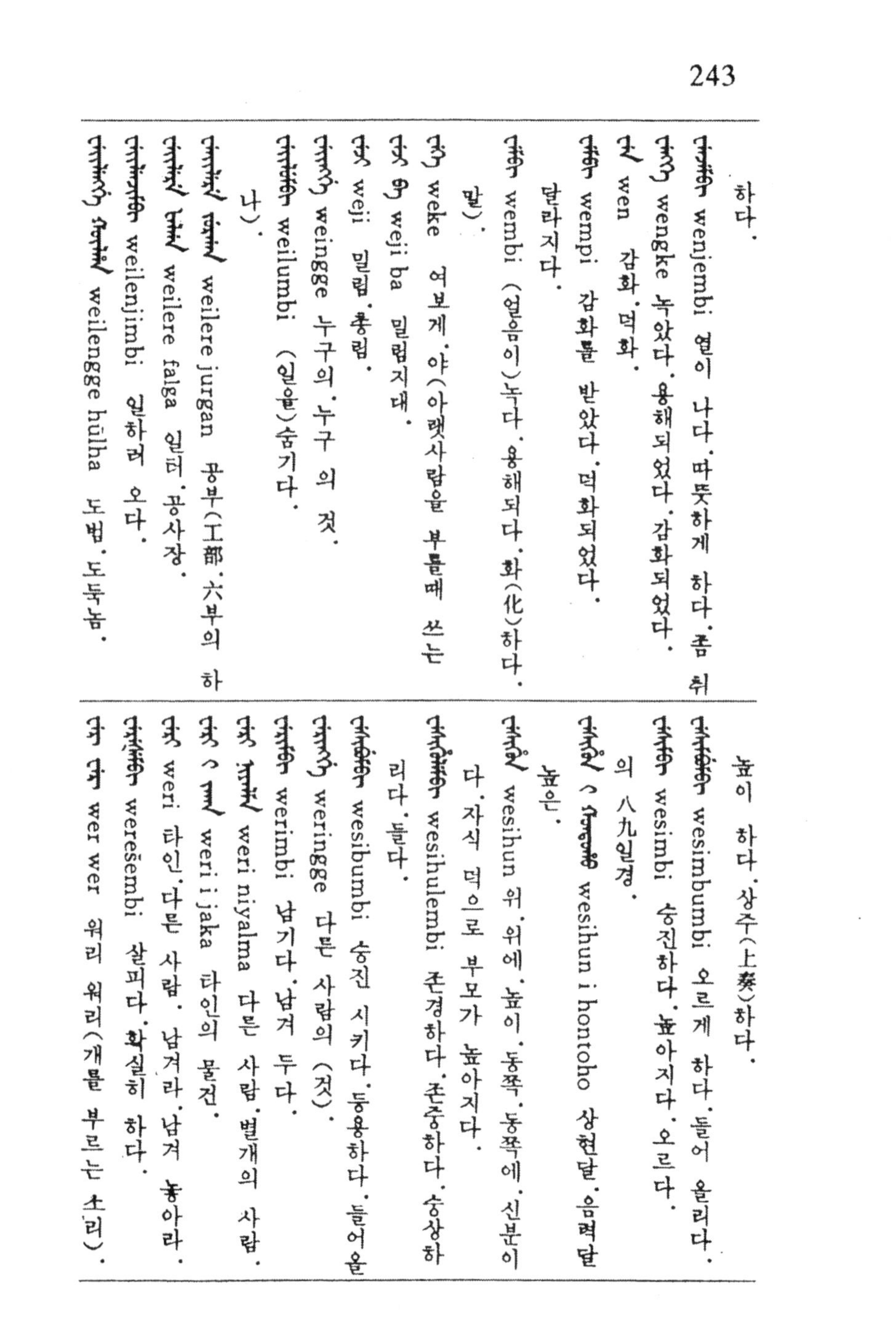

하다.

wenjembi 열이 나다. 따뜻하게 하다. 좀 쉬

wengke 녹았다. 융해되었다. 감화되었다.

wen 감화. 덕화.

wempi 감화를 받았다. 덕화되었다.
덕화지다.

wembi (얼음이)녹다. 융해되다. 화(化)하다.
말).

weke 여보게. 야(아랫사람을 부를때 쓰는

weji ba 밀림지대.

weji 밀림. 총림.

weingge 누구의. 누구 의 것.

weilumbi (일을)숨기다.
나).

weilere jurgan 공부(工部. 六부의 하

weilere falga 일터. 공사장.

weilenjimbi 일하러 오다.

weilengge hūlha 도범. 도둑놈.

높이 하다. 상주(上奏)하다.

wesimbumbi 오르게 하다. 들어 올리다.

wesimbi 승진하다. 높아지다. 오르다.
의 八九월경.

wesihun i hontoho 상현달. 음력달
높은.

wesihun 위. 위에. 높이. 동쪽. 동쪽에. 신분이
다. 자식 덕으로 부모가 높아지다.

wesihulembi 존경하다. 존중하다. 숭상하
리다. 높다.

wesibumbi 승진 시키다. 등용하다. 들어올

weringge 다른 사람의 (것).

werimbi 남기다. 남겨 두다.

weri niyalma 다른 사람. 별개의 사람.

weri i jaka 타인의 물건.

weri 타인. 다른 사람. 남겨라. 남겨 놓아라.

werešembi 살피다. 확실히 하다.

wer wer 워리 워리(개를 부르는 소리).

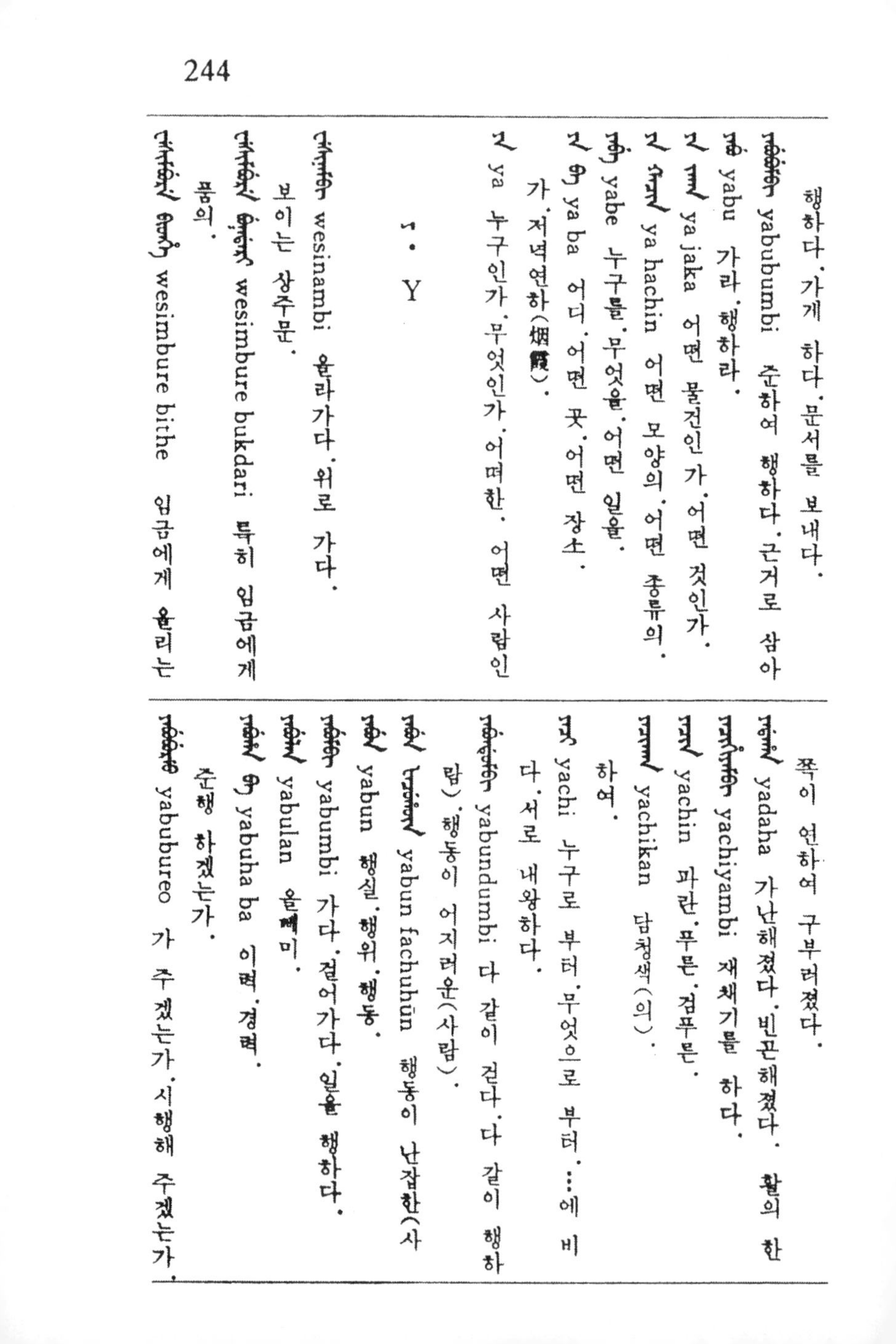

행하다·가게 하다·문서를 보내다·

yabubumbi 준하여 행하다·근거로 삼아

yabu 가라·행하라·

ya jaka 어떤 물건인가·어떤 것인가·

ya hachin 어떤 모양의·어떤 종류의·

yabe 누구를·무엇을·어떤 일을·

ya ba 어디·어떤 곳·어떤 장소·
가·저녁연하(烟霞)·

ya 누구인가·무엇인가·어떠한· 어떤 사람인

Y

wesinambi 올라가다·위로 가다·
보이는 상주문·

wesimbure bukdari 특히 임금에게
품의·

wesimbure bithe 임금에게 올리는

쪽이 언하여 구부러졌다·

yadaha 가난해졌다·빈곤해졌다· 활의 한

yachiyambi 재채기를 하다·

yachin 파란·푸른·검푸른·

yachikan 담청색(의)·
하여·

yachi 누구로 부터·무엇으로 부터·…에 비
다·서로 내왕하다·

yabundumbi 다 같이 걷다·다 같이 행하
람)·행동이 어지러운(사람)·

yabun fachuhūn 행동이 난잡한(사

yabun 행실·행위·행동·

yabumbi 가다·걸어가다·길을 행하다·

yabulan 올빼미·

yabuha ba 이력·경력·
준행 하겠는가·

yabubureo 가 주겠는가·시행해 주겠는가·

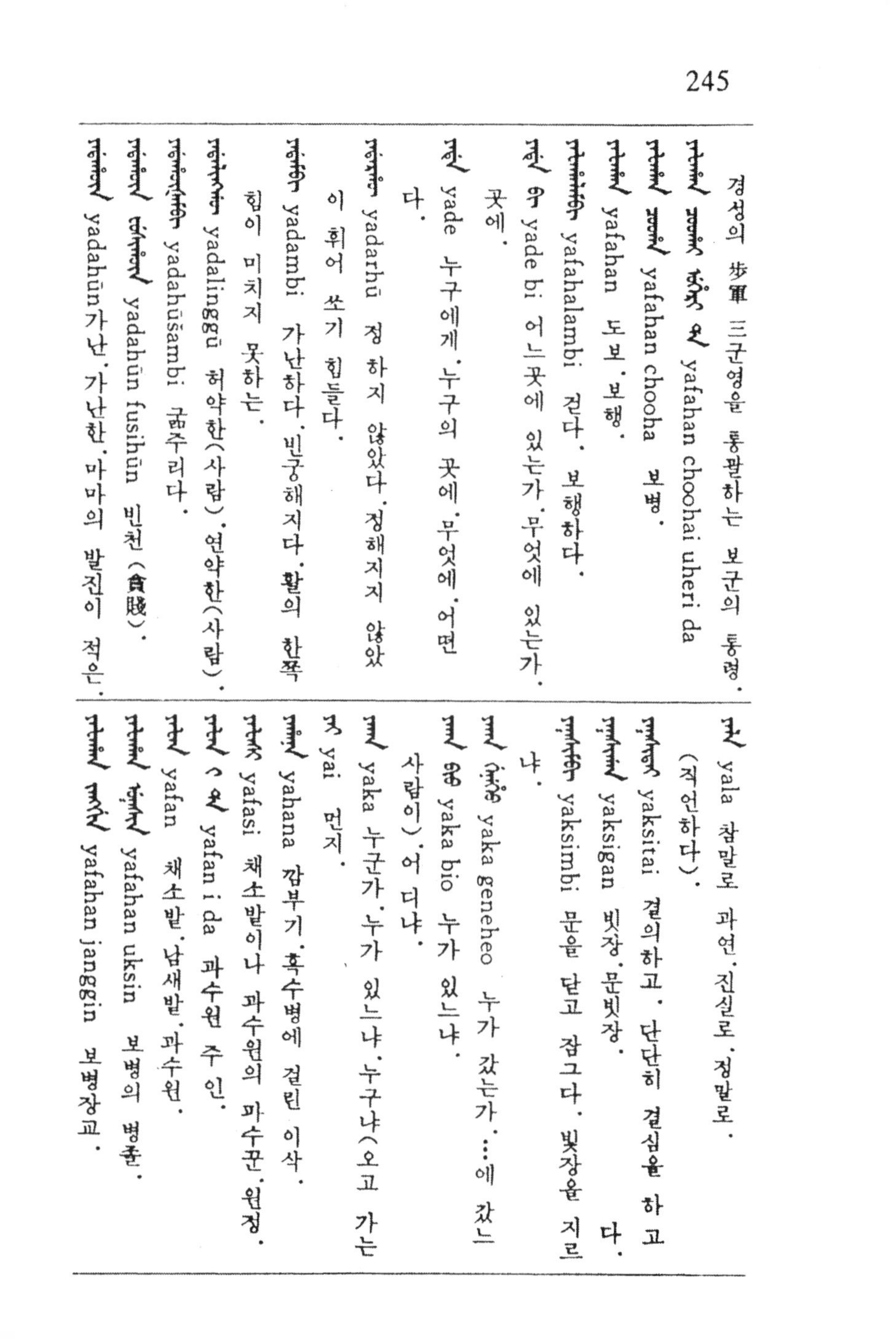

경성의 步軍 三군영을 통괄하는 보군의 통령.

yafahan choohai uheri da

yafahan chooha 보병.

yafahan 도보. 보행.

yafahalambi 걷다. 보행하다.

yade bi 어느곳에 있는가. 무엇에 있는가. 곳에.

yade 누구에게. 누구의 곳에. 무엇에. 어떤 다.

yadarhū 정 하지 않았다. 정해지지 않았 이 휘어 쏘기 힘들다.

yadambi 가난하다. 빈궁해지다. 활의 한쪽 힘이 미치지 못하는.

yadalinggū 허약한(사람). 연약한(사람).

yadahūšambi 굶주리다.

yadahūn fusihūn 빈천 (貧賤).

yadahūn 가난. 가난한. 마마의 발진이 적은.

yala 참말로 과연. 진실로. 정말로. (저언하다).

yaksitai 결의하고. 단단히 결심을 하고 다.

yaksigan 빗장. 문빗장.

yaksimbi 문을 닫고 잠그다. 빗장을 지르 나.

yaka geneheo 누가 갔는가. …에 갔느

yaka bio 누가 있느냐. 사람이). 어 디냐.

yaka 누군가. 누가 있느냐. 누구냐(오고 가는

yai 먼지.

yahana 깜부기. 흑수병에 걸린 이삭.

yafasi 채소밭이나 과수원의 파수꾼. 원정.

yafan i da 과수원 주인.

yafan 채소밭. 남새밭. 과수원.

yafahan uksin 보병의 병졸.

yafahan janggin 보병장교.

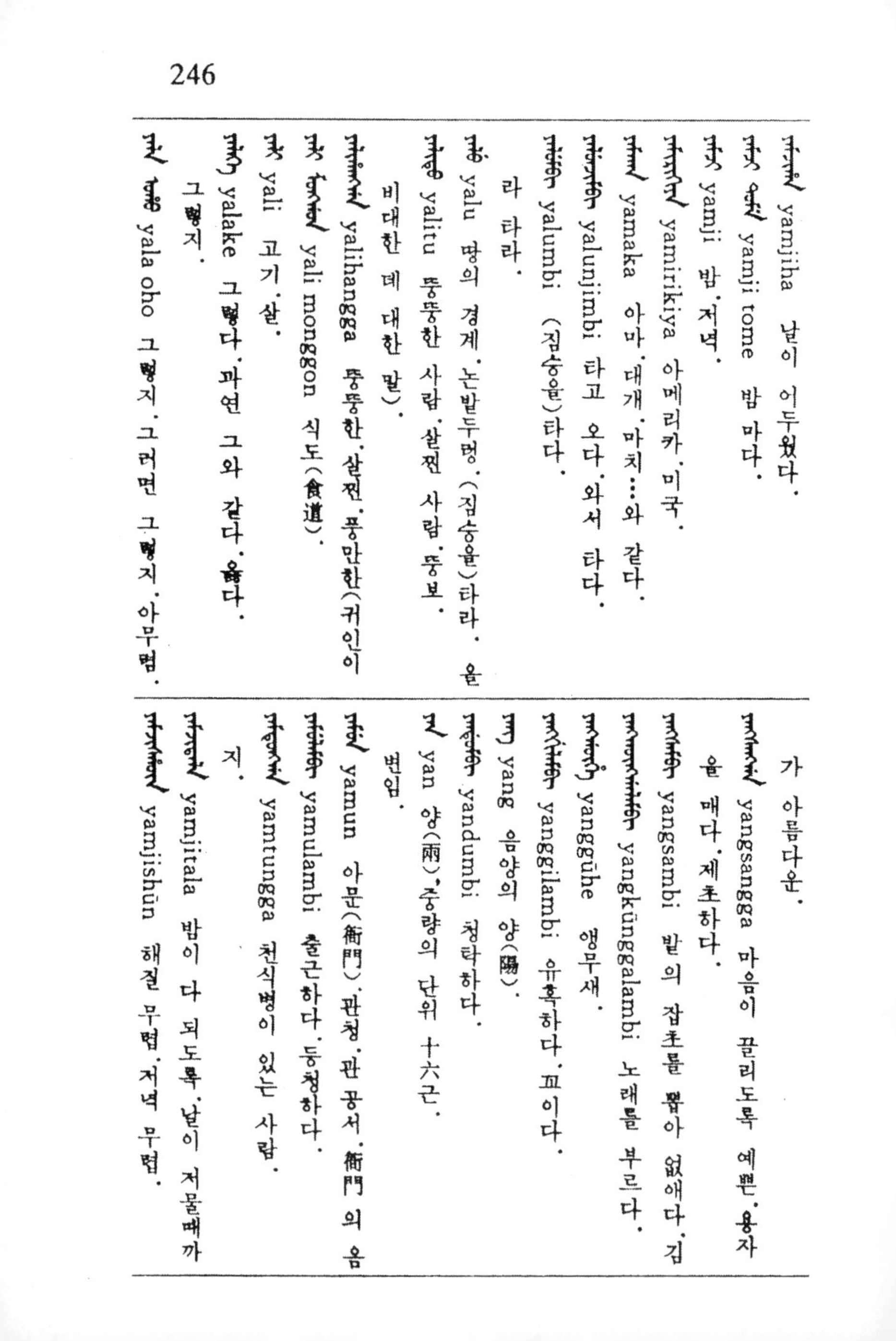

yamjiha 날이 어두웠다.

yamji tome 밤 마다.

yamji 밤. 저녁.

yamirikiya 아메리카. 미국.

yamaka 아마. 대개. 마치…와 같다.

yalunjimbi 타고 오다. 와서 타다.

yalumbi (짐승을)타다.
라 타라.

yalu 땅의 경계. 논밭두렁. (짐승을)타라. 올

yalitu 뚱뚱한 사람. 살찐 사람. 뚱보.
비대한 데 대한 말).

yalihangga 뚱뚱한. 살찐. 풍만한(귀인이

yali monggon 식도(食道).

yali 고기. 살.

yalake 그렇다. 과연 그와 같다. 옳다.
그렇지.

yala oho 그렇지. 그러면 그 그렇지. 아무렴.

가 아름다운.

yangsangga 마음이 끌리도록 예쁜. 용자
올 매다. 제초하다.

yangsambi 밭의 잡초를 뽑아 없애다. 김

yangkūnggalambi 노래를 부르다.

yanggūhe 앵무새.

yanggilambi 유혹하다. 꾀이다.

yang 음양의 양(陽).

yandumbi 청탁하다.

yan 양(兩). 중량의 단위 十六근.
변입.

yamun 아문(衙門). 관청. 관 공서. 衙門 의 음

yamulambi 출근하다. 등청하다.

yamtungga 천식병이 있는 사람.
지.

yamjitala 밤이 다 되도록. 날이 저물때까

yamjishūn 해질 무렵. 저녁 무렵.

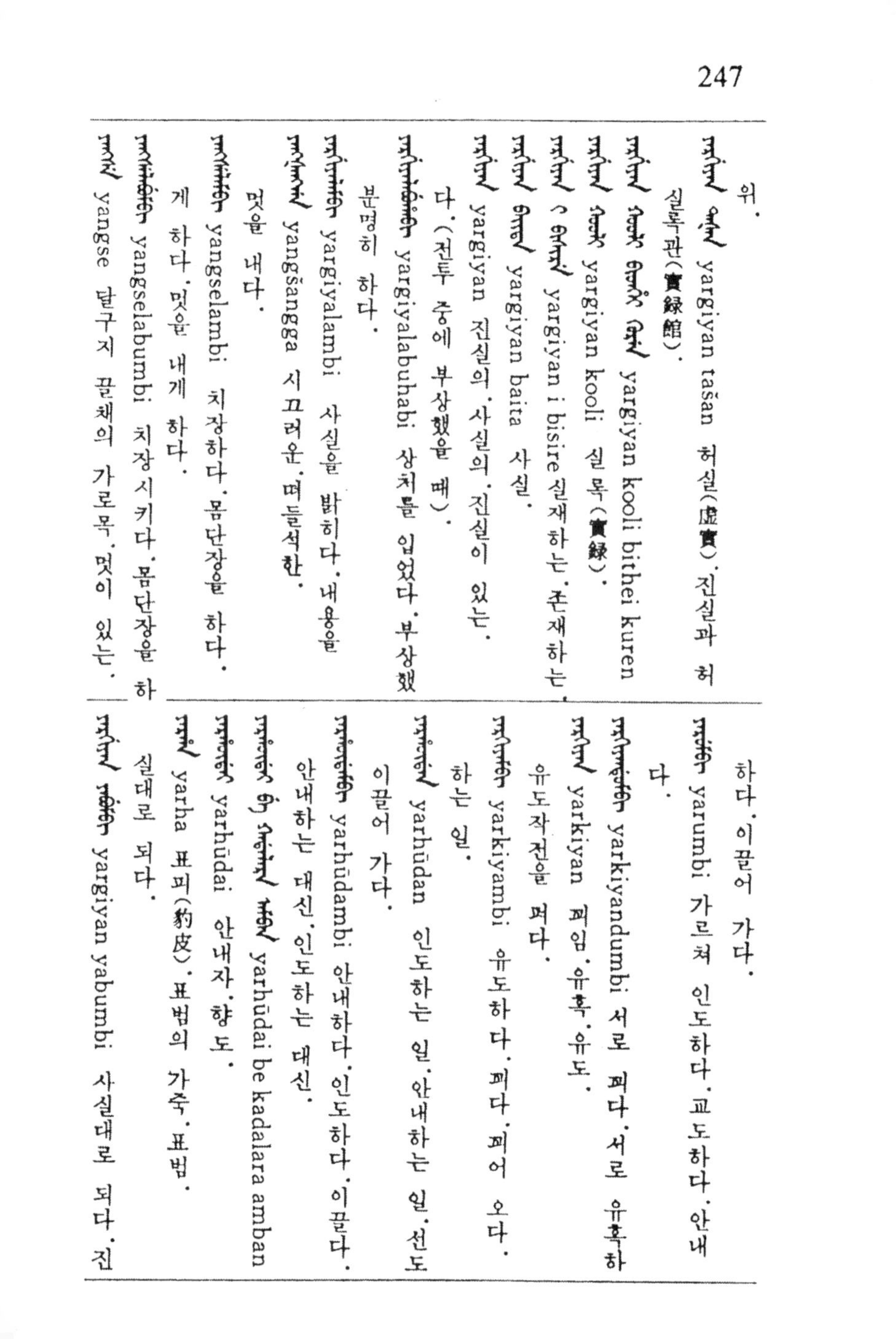

yangse 멍구지 끝채의 가로목·멋이 있는.

yangselabumbi 치장시키다·몸단장을 하게 하다·멋을 내게 하다.

yangselambi 치장하다·몸단장을 하다·멋을 내다.

yangšangga 시끄러운·떠들석한.

yargiyalambi 사실을 밝히다·내용을 분명히 하다.

yargiyalabuhabi 상처를 입었다·부상했다·(전투 중에 부상했을 때).

yargiyan 진실의·사실의·진실이 있는.

yargiyan baita 사실.

yargiyan i bisire 실재하는·존재하는.

yargiyan kooli 실록(實錄).

yargiyan kooli bithei kuren 실록관(實錄館).

yargiyan tašan 허실(虛實)·진실과 허위.

yargiyan yabumbi 사실대로 되다·진실대로 되다.

yarha 표피(豹皮)·표범의 가죽·표범.

yarhūdai 안내자·향도.

yarhūdai be kadalara amban 안내하는 대신·인도하는 대신.

yarhūdambi 안내하다·인도하다·이끌다·이끌어 가다.

yarhūdan 인도하는 일·안내하는 일·선도하는 일.

yarkiyambi 유도하다·꾀다·꾀어 오다·유도작전을 펴다.

yarkiyan 꾀임·유혹·유도.

yarkiyandumbi 서로 꾀다·서로 유혹하다.

yarumbi 가르쳐 인도하다·교도하다·안내하다·이끌어 가다.

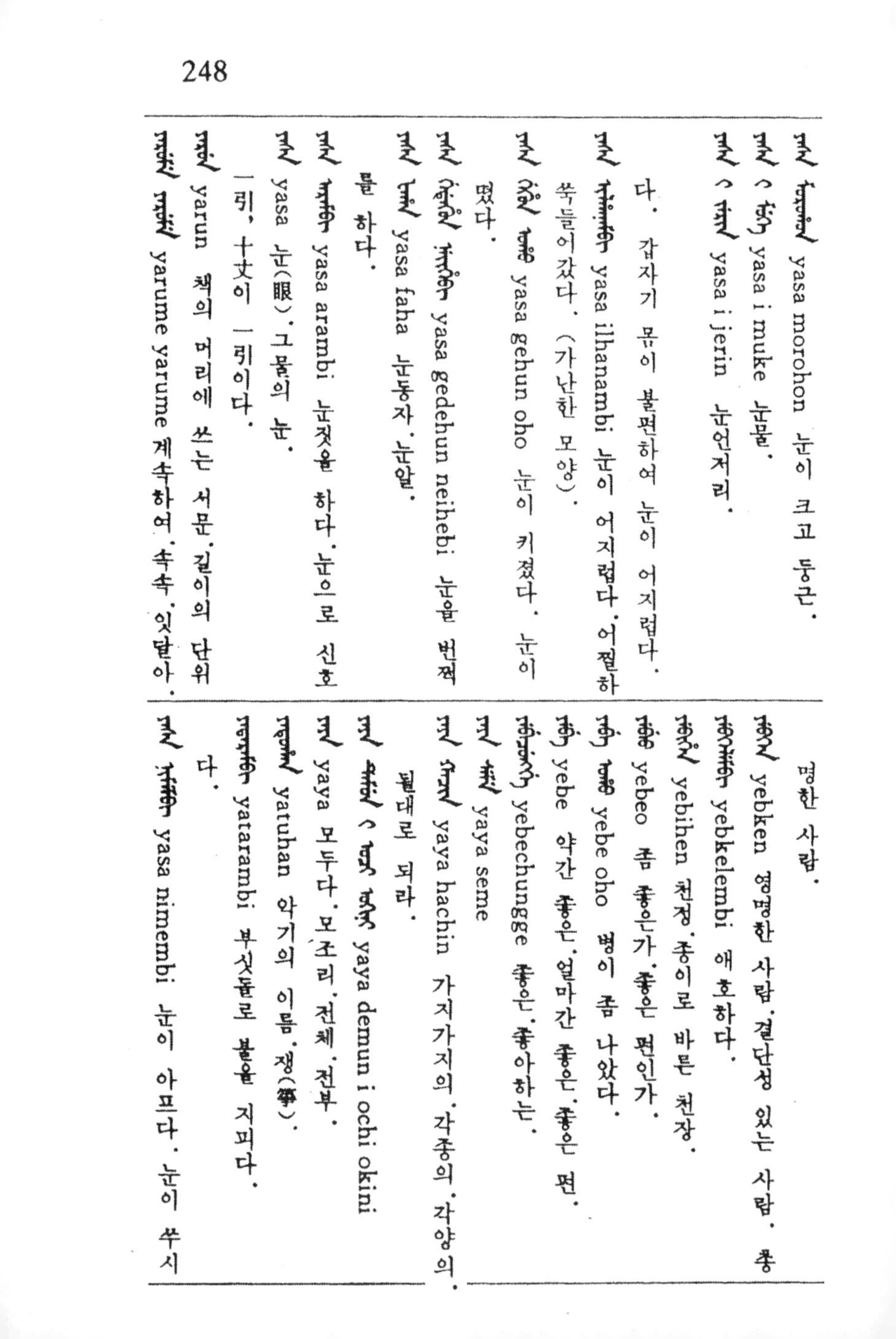

yarume yarume 계속하여. 속속. 잇달아.

yarun 책의 머리에 쓰는 서문. 길이의 단위 1리. 十丈이 1리이다.

yasa 눈(眼). 그물의 눈.

yasa arambi 눈짓을 하다. 눈으로 신호를 하다.

yasa faha 눈동자. 눈알.

yasa gedehun neihebi 눈을 번쩍 떴다.

yasa gehun oho 눈이 커졌다. 눈이 쑥들어갔다. (가난한 모양).

yasa ilhanambi 눈이 어지럽다. 어찔하다. 갑자기 몸이 불편하여 눈이 어지럽다.

yasa i jerin 눈언저리.

yasa i muke 눈물.

yasa morohon 눈이 크고 둥근.

yasa nimembi 눈이 아프다. 눈이 쑤시다.

yatarambi 부싯돌로 불을 지피다.

yatuhan 악기의 이름. 쟁(箏).

yaya 모두다. 모조리. 전체. 전부.

yaya demun i ochi okini 될대로 되라.

yaya hachin 가지가지의. 각종의. 각양의.

yaya seme

yebechungge 좋은. 좋아하는.

yebe 약간 좋은. 얼마간 좋은. 좋은 편.

yebe oho 병이 좀 나았다.

yebeo 좀 좋은가. 좋은 편인가.

yebihen 천정. 종이로 바른 천장.

yebkelembi 애호하다.

yebken 영명한 사람. 결단성 있는 사람. 총명한 사람.

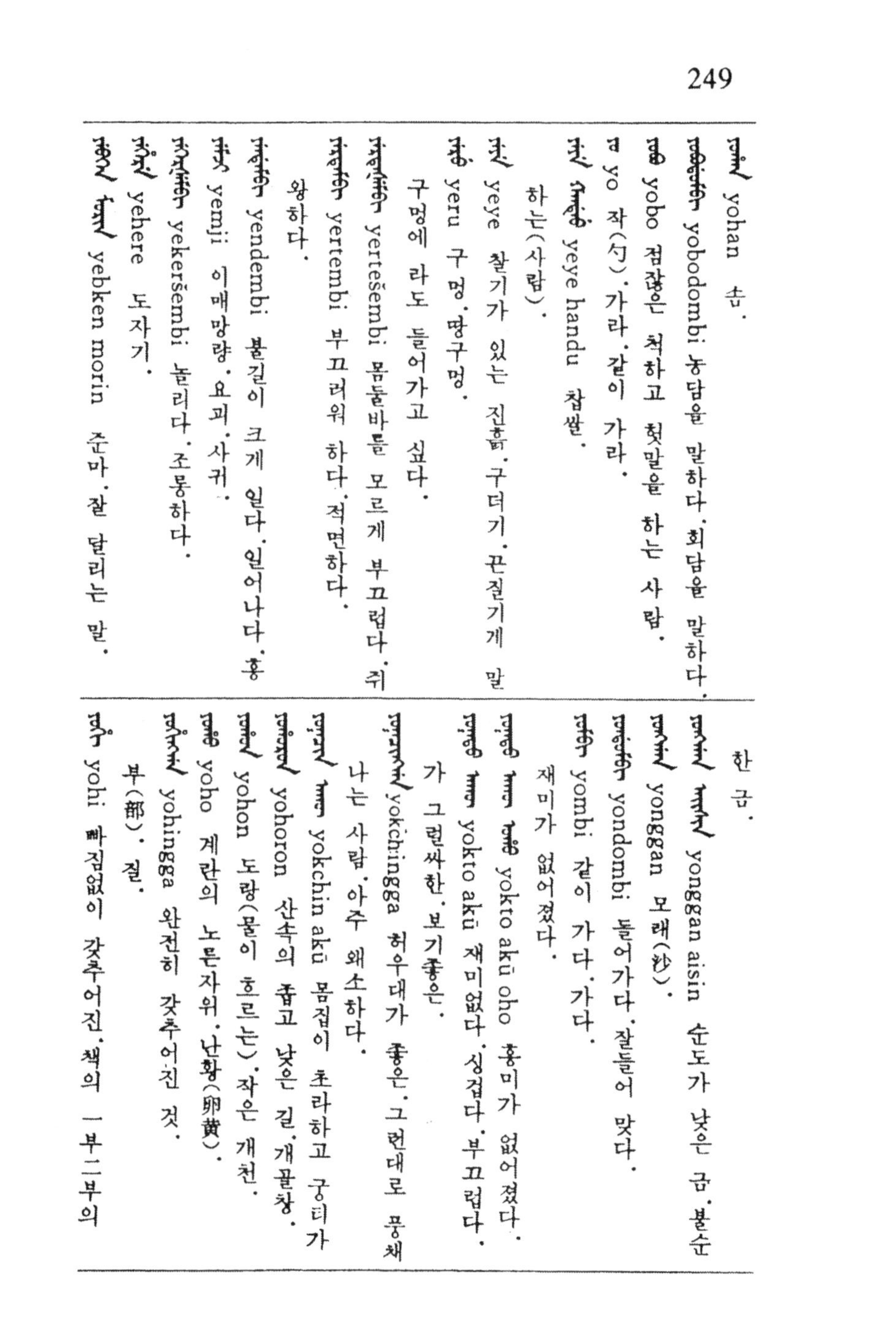

yohan 솜·

yobodombi 농담을 말하다·회담을 말하다·

yobo 점잖은 척하고 첫말을 하는 사람·

yo 작(勺)·가라·같이 가라·

yeye handu 찹쌀·
하는(사람)·

yeye 찰기가 있는 진흙·구더기·끈질기게 말

yeru 구멍·땅구멍·
구멍에 라도 들어가고 싶다·

yertešembi 몸둘바를 모르게 부끄럽다·쥐

yertembi 부끄러워 하다·적면하다·
왕하다·

yendembi 불길이 크게 일다·일어나다·흥

yemji 이매망량·요괴·사귀·

yekeršembi 놀리다·조롱하다·

yehere 도자기·

yebken morin 준마·잘 달리는 말·

한 금·

yonggan aisin 순도가 낮은 금·불순

yonggan 모래(沙)·

yondombi 놓어가다·잘들어 맞다·

yombi 같이 가다·가다·
재미가 없어졌다·

yokto akū oho 흥미가 없어졌다·

yokto akū 재미없다·싱겁다·부끄럽다·
가 그런싸한·보기좋은·

yokchingga 허우대가 좋은·그런대로 풍채
나는 사람·아주 왜소하다·

yokchin akū 몸집이 초라하고 궁티가

yohoron 산속의 좁고 낮은 길·개골창·

yohon 도랑(물이 흐르는)·작은 개천·

yoho 계란의 노른자위·난황(卵黃)·

yohingga 완전히 갖추어진 것·
부(部)·절·

yohi 빠짐없이 갖추어진·책의 一부二부의

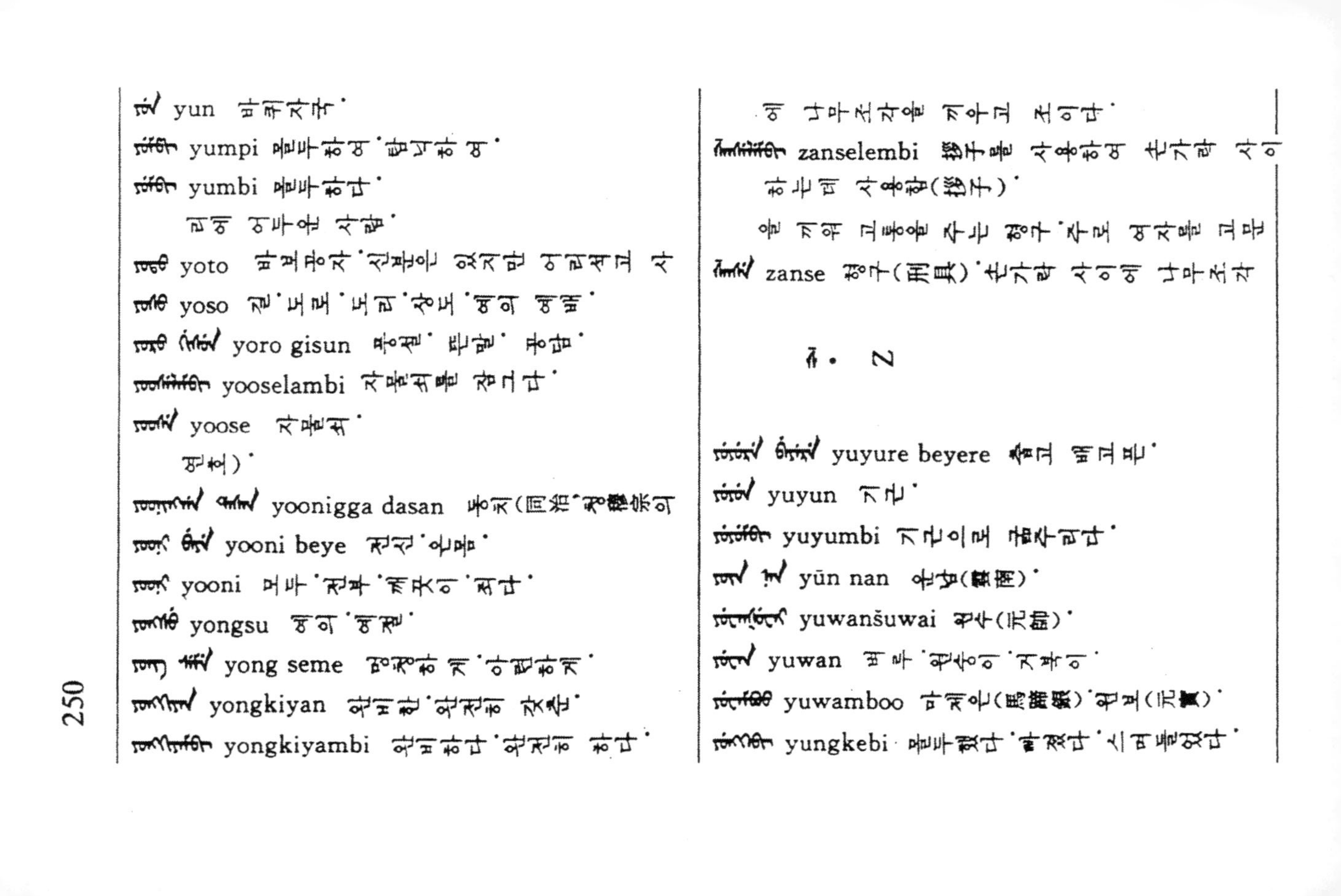

yongkiyambi 완비하다. 완전히 하다.

yongkiyan 완비한. 완전히 갖춘.

yong seme 멍청하게. 아련하게.

yongsu 예의. 예절.

yooni 모두. 전부. 깨끗이. 죄다.

yooni beye 전신. 온몸.

yoonigga dasan 동치(同治. 清穆宗의 연호).

yoose 자물쇠.

yooselambi 자물쇠를 잠그다.

yoro gisun 풍설. 뜬말. 공담.

yoso 길. 도로. 도리. 상도. 예의 예배.

yoto 바보공자. 신분은 있지만 어리석고 사리에 어두운 사람.

yumbi 몰두하다.

yumpi 몰두하여. 탐닉하여.

yun 바퀴자국.

yungkebi 몰두했다. 빠졌다. 스며들었다.

yuwamboo 마제은(馬蹄銀). 원보(元寶).

yuwan 벼루. 원숭이. 거북이.

yuwanšuwai 원수(元帥).

yūn nan 운남(雲南).

yuyumbi 기근이로 굶주리다.

yuyun 기근.

yuyure beyere 굶고 배고픈.

Z

zanse 형구(刑具). 손가락 사이에 나무조각을 끼워 고통을 주는 형구. 주로 여자를 고문하는데 사용함(拶子).

zanselembi 拶子를 사용하여 손가락 사이에 나무조각을 끼우고 조이다.

zo kio ming 노(魯)나라의 학자로 공자의 제자. 춘추좌씨전(春秋左氏傳)의 저자로 유명함. Zuo Qiu Ming 이 중국어 발음임.

zun hūwa 하북省 동북부에 있는현(縣). 강희·건륭帝의 능침이 있는 곳.

zengzū 증자(曾子). 춘추시대 노(魯)나라의 사상가로 공자의 제자. 효경의 저자라고 함.

1. 모음

로마자 주음	단독형	어두형	어중형	어미형
a	ᠠ	ᠠ	ᠠ	ᠠ
e	ᡝ	ᡝ	ᡝ	ᡝ
i	ᡳ	ᡳ	ᡳ	ᡳ
o	ᠣ	ᠣ	ᠣ	ᠣ
u	ᡠ	ᡠ	ᡠ	ᡠ
ū	ᡡ	ᡡ	ᡡ	ᡡ

2. 자음

로마자 주음	어두형	어중형	어미형
b	ᠪ	ᠪ	ᠪ
ch	ᠴ	ᠴ	
d	ᡩ	ᡩ	
f	ᡶ	ᡶ	
g	ᡤ	ᡤ	
h	ᡥ	ᡥ	
j	ᠵ	ᠵ	
k	ᡴ	ᡴ	ᡴ
l	ᠯ	ᠯ	ᠯ
m	ᠮ	ᠮ	ᠮ
n	ᠨ	ᠨ	ᠨ
ng		ᠩ	ᠩ
r		ᡵ	ᡵ

3. 특수자모

로마자주음	어두형	어중형	어미형
ch	[illegible]	[illegible]	
z	[illegible]	[illegible]	
g`	[illegible]	[illegible]	
h`	[illegible]	[illegible]	
z	[illegible]	[illegible]	
k'	[illegible]	[illegible]	[illegible]
š	[illegible]	[illegible]	
ts'	[illegible]	[illegible]	
ts'	[illegible]	[illegible]	
r`	[illegible]	[illegible]	

로마자주음	어두형	어중형	어미형
p	[illegible]	[illegible]	
s	[illegible]	[illegible]	[illegible]
š	[illegible]	[illegible]	[illegible]
t	[illegible]	[illegible]	[illegible]
w	[illegible]	[illegible]	
y	[illegible]	[illegible]	

4. 만주어의 음절자와 쓰기

ᠪ (b)

	단독	머리	중간	꼬리
ba	ᠪᠠ	ᠪᠠ	ᠪᠠ	ᠪᠠ
be	ᠪᡝ	ᠪᡝ	ᠪᡝ	ᠪᡝ
bi	ᠪᡳ	ᠪᡳ	ᠪᡳ	ᠪᡳ
bo	ᠪᠣ	ᠪᠣ	ᠪᠣ	ᠪᠣ
bu	ᠪᡠ	ᠪᡠ	ᠪᡠ	ᠪᡠ
bū	ᠪᡡ	ᠪᡡ	ᠪᡡ	ᠪᡡ

ᡩ ᡩ (d)

	단독	머리	중간	꼬리
da	ᡩᠠ	ᡩᠠ	ᡩᠠ	ᡩᠠ
de	ᡩᡝ	ᡩᡝ	ᡩᡝ	ᡩᡝ
di	ᡩᡳ	ᡩᡳ	ᡩᡳ	ᡩᡳ
do	ᡩᠣ	ᡩᠣ	ᡩᠣ	ᡩᠣ
du	ᡩᡠ	ᡩᡠ	ᡩᡠ	ᡩᡠ

ᠴ (ch)

	단독	머리	중간	꼬리
cha	ᠴᠠ	ᠴᠠ	ᠴᠠ	ᠴᠠ
che	ᠴᡝ	ᠴᡝ	ᠴᡝ	ᠴᡝ
chi	ᠴᡳ	ᠴᡳ	ᠴᡳ	ᠴᡳ
cho	ᠴᠣ	ᠴᠣ	ᠴᠣ	ᠴᠣ
chu	ᠴᡠ	ᠴᡠ	ᠴᡠ	ᠴᡠ
chū	ᠴᡡ	ᠴᡡ	ᠴᡡ	ᠴᡡ

ᡶ ᡶ (f)

	단독	머리	중간	꼬리
fa	ᡶᠠ	ᡶᠠ	ᡶᠠ	ᡶᠠ
fe	ᡶᡝ	ᡶᡝ	ᡶᡝ	ᡶᡝ
fi	ᡶᡳ	ᡶᡳ	ᡶᡳ	ᡶᡳ
fo	ᡶᠣ	ᡶᠣ	ᡶᠣ	ᡶᠣ
fu	ᡶᡠ	ᡶᡠ	ᡶᡠ	ᡶᡠ
fū	ᡶᡡ	ᡶᡡ	ᡶᡡ	ᡶᡡ

ᠵ (j)

	단독	머리	중간	꼬리
ja	ᠵᠠ	ᠵᠠ	ᠵᠠ	ᠵᠠ
je	ᠵᡝ	ᠵᡝ	ᠵᡝ	ᠵᡝ
ji	ᠵᡳ	ᠵᡳ	ᠵᡳ	ᠵᡳ
jo	ᠵᠣ	ᠵᠣ	ᠵᠣ	ᠵᠣ
ju	ᠵᡠ	ᠵᡠ	ᠵᡠ	ᠵᡠ
jū	ᠵᡡ	ᠵᡡ	ᠵᡡ	ᠵᡡ

ᡴ ᡴ (k)

	단독	머리	중간	꼬리
ka	ᡴᠠ	ᡴᠠ	ᡴᠠ	ᡴᠠ
ke	ᡴᡝ	ᡴᡝ	ᡴᡝ	ᡴᡝ
ki	ᡴᡳ	ᡴᡳ	ᡴᡳ	ᡴᡳ
ko	ᡴᠣ	ᡴᠣ	ᡴᠣ	ᡴᠣ
ku	ᡴᡠ	ᡴᡠ	ᡴᡠ	ᡴᡠ
kū	ᡴᡡ	ᡴᡡ	ᡴᡡ	ᡴᡡ

ᡤ ᡤ (g)

	단독	머리	중간	꼬리
ga	ᡤᠠ	ᡤᠠ	ᡤᠠ	ᡤᠠ
ge	ᡤᡝ	ᡤᡝ	ᡤᡝ	ᡤᡝ
gi	ᡤᡳ	ᡤᡳ	ᡤᡳ	ᡤᡳ
go	ᡤᠣ	ᡤᠣ	ᡤᠣ	ᡤᠣ
gu	ᡤᡠ	ᡤᡠ	ᡤᡠ	ᡤᡠ
gū	ᡤᡡ	ᡤᡡ	ᡤᡡ	ᡤᡡ

ᡥ ᡥ (h)

	단독	머리	중간	꼬리
ha	ᡥᠠ	ᡥᠠ	ᡥᠠ	ᡥᠠ
he	ᡥᡝ	ᡥᡝ	ᡥᡝ	ᡥᡝ
hi	ᡥᡳ	ᡥᡳ	ᡥᡳ	ᡥᡳ
ho	ᡥᠣ	ᡥᠣ	ᡥᠣ	ᡥᠣ
hu	ᡥᡠ	ᡥᡠ	ᡥᡠ	ᡥᡠ
hū	ᡥᡡ	ᡥᡡ	ᡥᡡ	ᡥᡡ

ᠨ (n)

	단독	머리	중간	꼬리
na	ᠨᠠ	ᠨᠠ	ᠨᠠ	ᠨᠠ
ne	ᠨᡝ	ᠨᡝ	ᠨᡝ	ᠨᡝ
ni	ᠨᡳ	ᠨᡳ	ᠨᡳ	ᠨᡳ
no	ᠨᠣ	ᠨᠣ	ᠨᠣ	ᠨᠣ
nu	ᠨᡠ	ᠨᡠ	ᠨᡠ	ᠨᡠ
nū	ᠨᡡ	ᠨᡡ	ᠨᡡ	ᠨᡡ

ᠩ (ng)

	단독	머리	중간	꼬리
ang	ᠠᠩ	ᠠᠩ		
eng	ᡝᠩ	ᡝᠩ		
ing	ᡳᠩ	ᡳᠩ	ᡳᠩ	ᡳᠩ
ong	ᠣᠩ	ᠣᠩ	ᠣᠩ	ᠣᠩ
ung	ᡠᠩ	ᡠᠩ	ᡠᠩ	ᡠᠩ
ūng	ᡡᠩ	ᡡᠩ	ᡡᠩ	ᡡᠩ

ᠯ (l)

	단독	머리	중간	꼬리
la	ᠯᠠ	ᠯᠠ	ᠯᠠ	ᠯᠠ
le	ᠯᡝ	ᠯᡝ	ᠯᡝ	ᠯᡝ
li	ᠯᡳ	ᠯᡳ	ᠯᡳ	ᠯᡳ
lo	ᠯᠣ	ᠯᠣ	ᠯᠣ	ᠯᠣ
lu	ᠯᡠ	ᠯᡠ	ᠯᡠ	ᠯᡠ
lū	ᠯᡡ	ᠯᡡ	ᠯᡡ	ᠯᡡ

ᠮ (m)

	단독	머리	중간	꼬리
ma	ᠮᠠ	ᠮᠠ	ᠮᠠ	ᠮᠠ
me	ᠮᡝ	ᠮᡝ	ᠮᡝ	ᠮᡝ
mi	ᠮᡳ	ᠮᡳ	ᠮᡳ	ᠮᡳ
mo	ᠮᠣ	ᠮᠣ	ᠮᠣ	ᠮᠣ
mu	ᠮᡠ	ᠮᡠ	ᠮᡠ	ᠮᡠ
mū	ᠮᡡ	ᠮᡡ	ᠮᡡ	ᠮᡡ

ᠰ (s)

	단독	머리	중간	꼬리
sa	ᠰᠠ	ᠰᠠ‍	‍ᠰᠠ‍	‍ᠰᠠ
se	ᠰᡝ	ᠰᡝ‍	‍ᠰᡝ‍	‍ᠰᡝ
si	ᠰᡳ	ᠰᡳ‍	‍ᠰᡳ‍	‍ᠰᡳ
so	ᠰᠣ	ᠰᠣ‍	‍ᠰᠣ‍	‍ᠰᠣ
su	ᠰᡠ	ᠰᡠ‍	‍ᠰᡠ‍	‍ᠰᡠ
sū	ᠰᡡ	ᠰᡡ‍	‍ᠰᡡ‍	‍ᠰᡡ

ᡧ (š)

	단독	머리	중간	꼬리
ša	ᡧᠠ	ᡧᠠ‍	‍ᡧᠠ‍	‍ᡧᠠ
še	ᡧᡝ	ᡧᡝ‍	‍ᡧᡝ‍	‍ᡧᡝ
ši	ᡧᡳ	ᡧᡳ‍	‍ᡧᡳ‍	‍ᡧᡳ
šo	ᡧᠣ	ᡧᠣ‍	‍ᡧᠣ‍	‍ᡧᠣ
šu	ᡧᡠ	ᡧᡠ‍	‍ᡧᡠ‍	‍ᡧᡠ
šū	ᡧᡡ	ᡧᡡ‍	‍ᡧᡡ‍	‍ᡧᡡ

ᡵ (r)

	단독	머리	중간	꼬리
ra	ᡵᠠ	ᡵᠠ‍	‍ᡵᠠ‍	‍ᡵᠠ
re	ᡵᡝ	ᡵᡝ‍	‍ᡵᡝ‍	‍ᡵᡝ
ri	ᡵᡳ	ᡵᡳ‍	‍ᡵᡳ‍	‍ᡵᡳ
ro	ᡵᠣ	ᡵᠣ‍	‍ᡵᠣ‍	‍ᡵᠣ
ru	ᡵᡠ	ᡵᡠ‍	‍ᡵᡠ‍	‍ᡵᡠ
rū	ᡵᡡ	ᡵᡡ‍	‍ᡵᡡ‍	‍ᡵᡡ

ᡦ (p)

	단독	머리	중간	꼬리
pa	ᡦᠠ	ᡦᠠ‍	‍ᡦᠠ‍	‍ᡦᠠ
pe	ᡦᡝ	ᡦᡝ‍	‍ᡦᡝ‍	‍ᡦᡝ
pi	ᡦᡳ	ᡦᡳ‍	‍ᡦᡳ‍	‍ᡦᡳ
po	ᡦᠣ	ᡦᠣ‍	‍ᡦᠣ‍	‍ᡦᠣ
pu	ᡦᡠ	ᡦᡠ‍	‍ᡦᡠ‍	‍ᡦᡠ
pū	ᡦᡡ	ᡦᡡ‍	‍ᡦᡡ‍	‍ᡦᡡ

ᡨ ᡨ (t)

	ta	te	ti	to	tu	tū
단독	ᡨᠠ	ᡨᡝ	ᡨᡳ	ᡨᠣ	ᡨᡠ	ᡨᡡ
머리	ᡨᠠ‍	ᡨᡝ‍	ᡨᡳ‍	ᡨᠣ‍	ᡨᡠ‍	ᡨᡡ‍
중간	‍ᡨᠠ‍	‍ᡨᡝ‍	‍ᡨᡳ‍	‍ᡨᠣ‍	‍ᡨᡠ‍	‍ᡨᡡ‍
꼬리	‍ᡨᠠ	‍ᡨᡝ	‍ᡨᡳ	‍ᡨᠣ	‍ᡨᡠ	‍ᡨᡡ

ᠶ (y)

	ya	ye	yo	yu	yū
단독	ᠶᠠ	ᠶᡝ	ᠶᠣ	ᠶᡠ	ᠶᡡ
머리	ᠶᠠ‍	ᠶᡝ‍	ᠶᠣ‍	ᠶᡠ‍	ᠶᡡ‍
중간	‍ᠶᠠ‍	‍ᠶᡝ‍	‍ᠶᠣ‍	‍ᠶᡠ‍	‍ᠶᡡ‍
꼬리	‍ᠶᠠ	‍ᠶᡝ	‍ᠶᠣ	‍ᠶᡠ	‍ᠶᡡ

ᠸ (w)

	wa	we
단독	ᠸᠠ	ᠸᡝ
머리	ᠸᠠ‍	ᠸᡝ‍
중간	‍ᠸᠠ‍	‍ᠸᡝ‍
꼬리	‍ᠸᠠ	‍ᠸᡝ

[illegible] (h')

	h'a	h'o
단독	[illegible]	[illegible]
머리	[illegible]	[illegible]
중간	[illegible]	[illegible]
꼬리	[illegible]	[illegible]

[illegible] (zhŭ)

	zhŭ
단독	[illegible]
머리	[illegible]
중간	[illegible]
꼬리	[illegible]

[illegible] (k')

	k'a	k'o
단독	[illegible]	[illegible]
머리	[illegible]	[illegible]
중간	[illegible]	[illegible]
꼬리	[illegible]	[illegible]

[illegible] (sŭ)

	sŭ
단독	[illegible]
머리	[illegible]
중간	[illegible]
꼬리	[illegible]

5. 특정자모의 표음과 쓰기

[illegible] (ch)

	chŭ
단독	[illegible]
머리	[illegible]
중간	[illegible]
꼬리	[illegible]

[illegible] (z)

	za	ze	zi	zo	zu
단독	[illegible]	[illegible]	[illegible]	[illegible]	[illegible]
머리	[illegible]	[illegible]	[illegible]	[illegible]	[illegible]
중간	[illegible]	[illegible]	[illegible]	[illegible]	[illegible]
꼬리	[illegible]	[illegible]	[illegible]	[illegible]	[illegible]

(g')

	g'a	g'o
단독	[illegible]	[illegible]
머리	[illegible]	[illegible]
중간	[illegible]	[illegible]
꼬리	[illegible]	[illegible]

[illegible] (ts')

	단독	머리	중간	꼬리
ts'a	[illegible]	[illegible]	[illegible]	[illegible]
ts'e	[illegible]	[illegible]	[illegible]	[illegible]
ts'i	[illegible]	[illegible]	[illegible]	[illegible]
ts'o	[illegible]	[illegible]	[illegible]	[illegible]
ts'u	[illegible]	[illegible]	[illegible]	[illegible]

[illegible] (r')

	단독	머리	중간	꼬리
r'a	[illegible]	[illegible]	[illegible]	[illegible]
r'e	[illegible]	[illegible]	[illegible]	[illegible]
r'i	[illegible]	[illegible]	[illegible]	[illegible]
r'o	[illegible]	[illegible]	[illegible]	[illegible]
r'u	[illegible]	[illegible]	[illegible]	[illegible]

6. 인칭대명사표

단·복수	단수			복수			불특정
인칭	1	2	3	1	2	3	
주격	ᠪᡳ 나	ᠰᡳ 너	ᡳ 그	ᠪᡝ · ᠮᡠᠰᡝ 우리들	ᠰᡠᠸᡝ 너희들	ᠴᡝ · ᡨᡝᠰᡝ 그들	ᡠᡵᠰᡝ ᡤᡝᡵᡝᠨ
소유격	ᠮᡳᠨᡳ 나의	ᠰᡳᠨᡳ 너의	ᡳᠨᡳ · ᡨᡝᡵᡝ ᡳ 그의	ᠮᡝᠨᡳ · ᠮᡠᠰᡝ ᡳ 우리들의	ᠰᡠᠸᡝ ᠨᡳ 너희들의	ᠴᡝ ᠨᡳ · ᡨᡝᠰᡝ ᡳ 그들의	ᡠᡵᠰᡝ ᡳ ᡤᡝᡵᡝᠨ ᡳ 여럿의

7. 조사(助詞)표

만주문	한글	예구
ᡳ	의·로·로서	[illegible]
ᠨᡳ	의·로·로서	[illegible]
ᡩᡝ	에·에로·에서	[illegible]
ᠴᡳ	보다·부터	[illegible]
ᠪᡝ	를·을	[illegible]
ᡩᡝᡵᡳ	보다·부터	[illegible]
ᠣᠴᡳ	는·은	[illegible]

ᡳ와 ᠨᡳ는 용법이 같으나 ᡳ는 모음과 ㅁ음으로 어미가 끝나는 말의 다음의 조사로 쓰며 ᠨᡳ는 ㅁ이외의 자음으로 끝나는 말의 다음에 조사로서 사용한다.

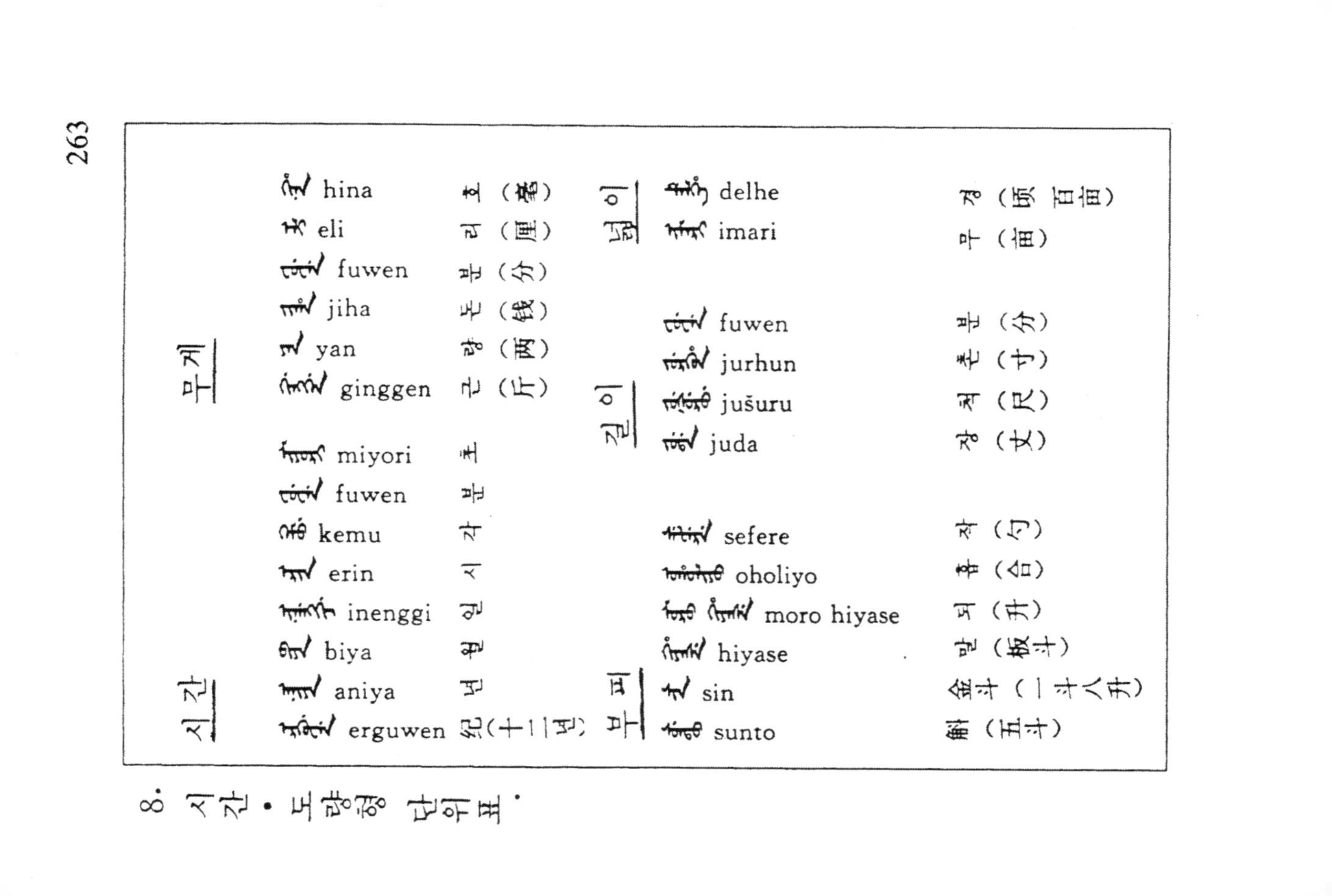

8. 시간·도량형 단위표·

무게

hina	호(毫)
eli	리(厘)
fuwen	분(分)
jiha	돈(钱)
yan	량(两)
ginggen	근(斤)

시간

miyori	초
fuwen	분
kemu	각
erin	시
inenggi	일
biya	월
aniya	년
erguwen	纪(十二년)

넓이

delhe	경(顷 百亩)
imari	무(亩)

길이

fuwen	분(分)
jurhun	촌(寸)
jušuru	척(尺)
juda	장(丈)

부피

sefere	작(勺)
oholiyo	홉(合)
moro hiyase	되(升)
hiyase	말(板斗)
sin	金斗(一斗八升)
sunto	斛(五斗)

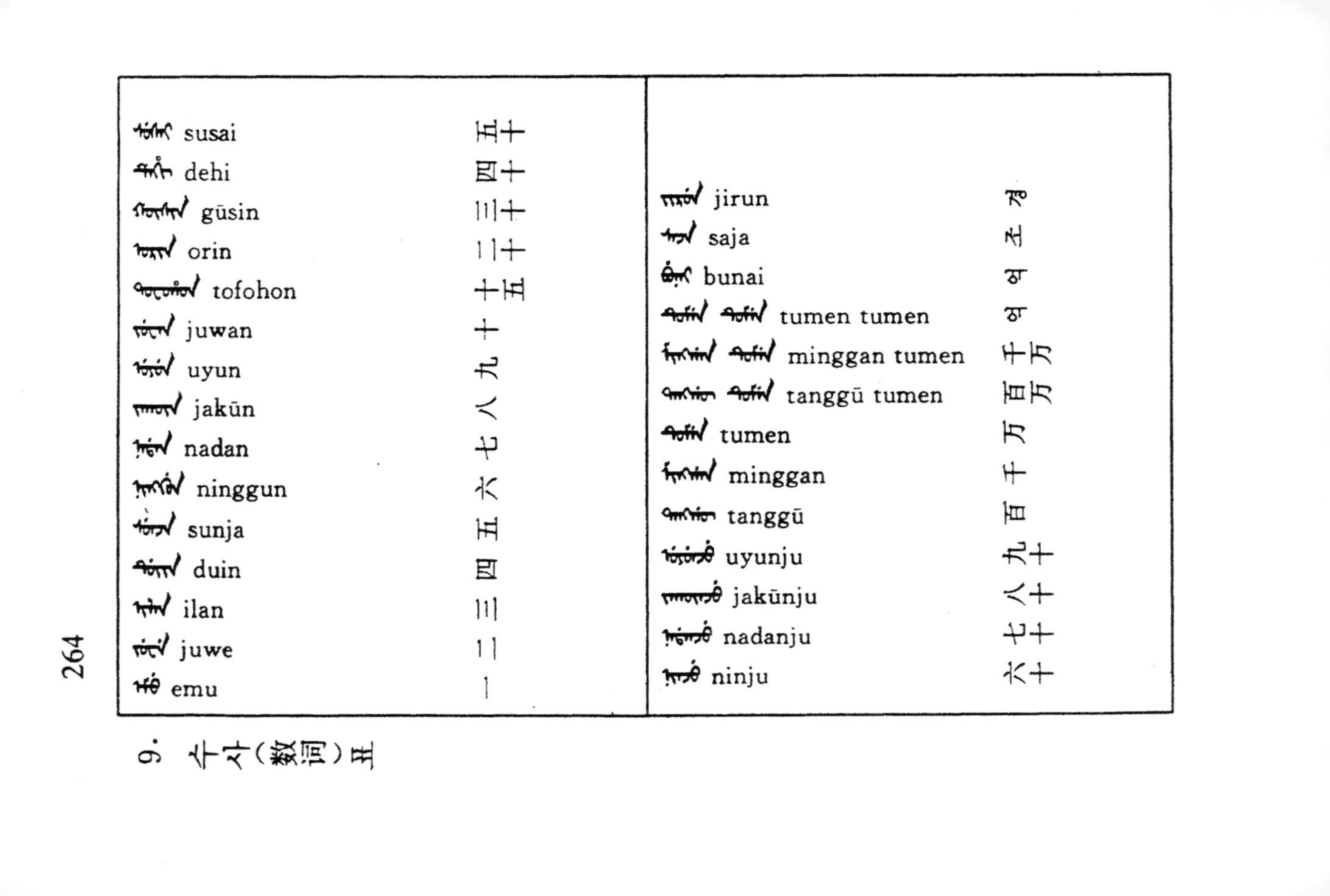

9. 수사(数词)표

emu	一
juwe	二
ilan	三
duin	四
sunja	五
ninggun	六
nadan	七
jakūn	八
uyun	九
juwan	十
tofohon	十五
orin	二十
gūsin	三十
dehi	四十
susai	五十
ninju	六十
nadanju	七十
jakūnju	八十
uyunju	九十
tanggū	百
minggan	千
tumen	万
tanggū tumen	百万
minggan tumen	千万
tumen tumen	억
bunai	억
saja	조
jirun	경

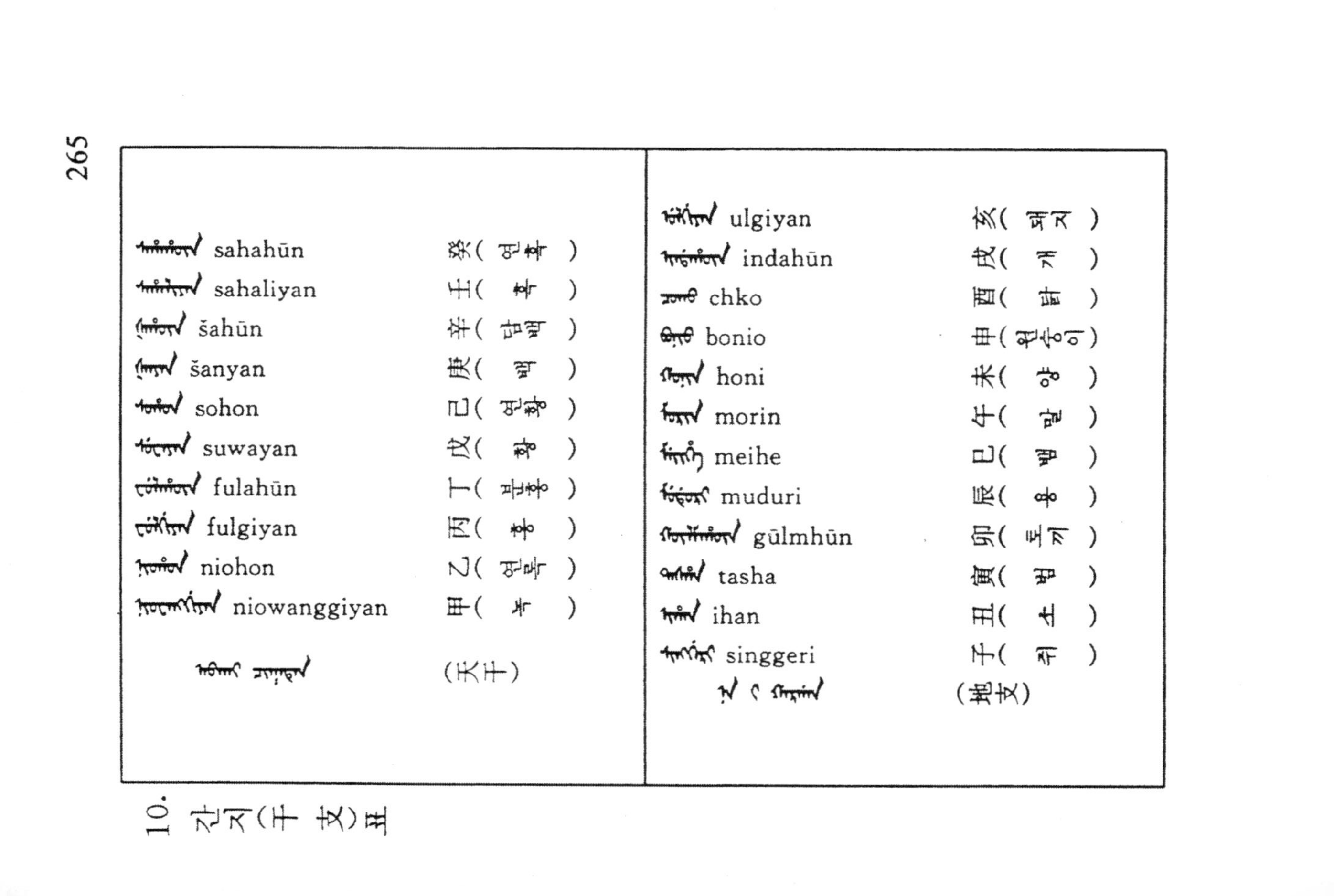

10. 간지(干 支)표

(天干)

niowanggiyan	甲(녹)
niohon	乙(연록)
fulgiyan	丙(홍)
fulahūn	丁(분홍)
suwayan	戊(황)
sohon	己(연황)
šanyan	庚(백)
šahūn	辛(담백)
sahaliyan	壬(흑)
sahahūn	癸(연흑)

(地支)

singgeri	子(쥐)
ihan	丑(소)
tasha	寅(범)
gūlmhūn	卯(토끼)
muduri	辰(용)
meihe	巳(뱀)
morin	午(말)
honi	未(양)
bonio	申(원숭이)
chko	酉(닭)
indahūn	戌(개)
ulgiyan	亥(돼지)

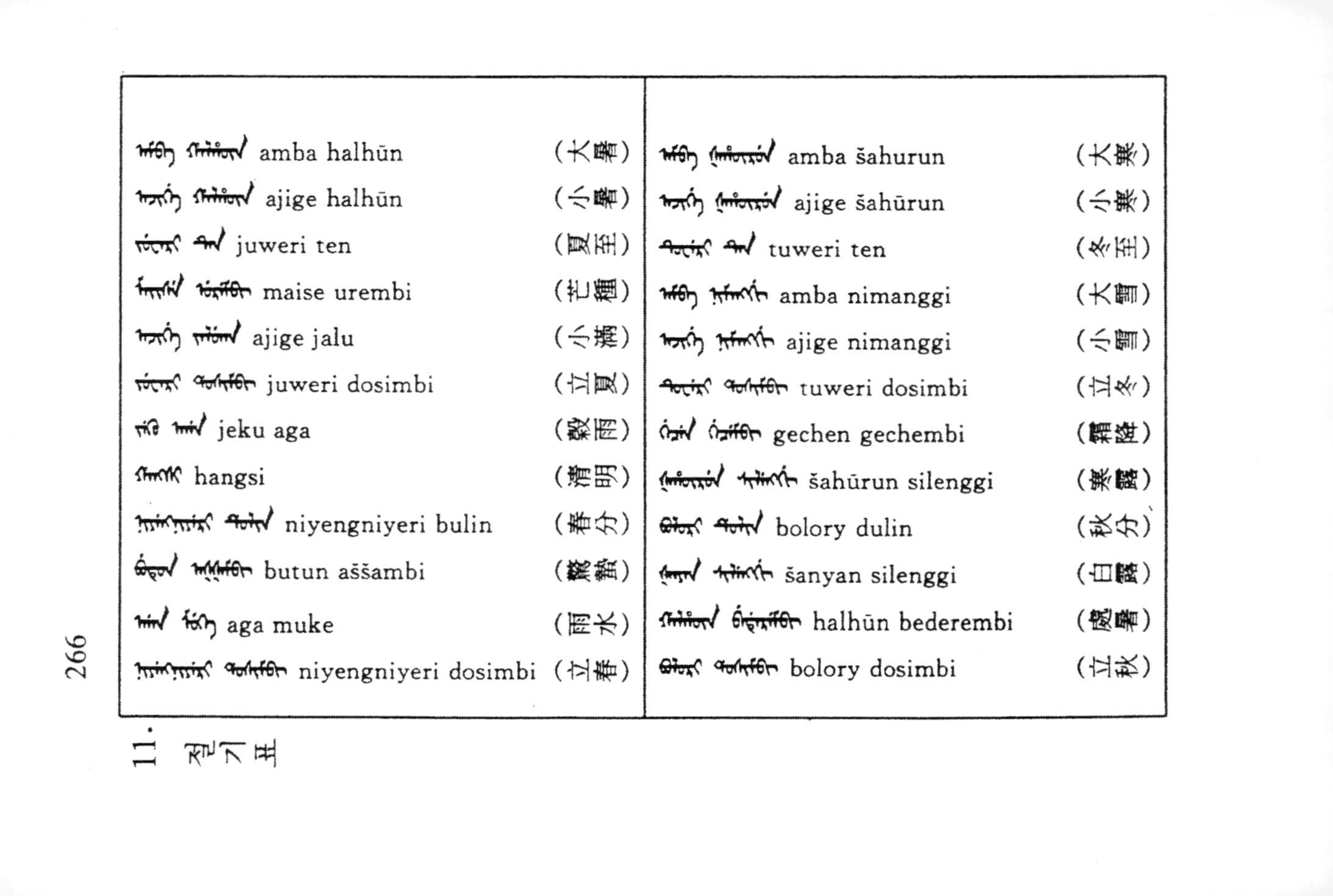

11. 절기표

niyengniyeri dosimbi	(立春)
aga muke	(雨水)
butun aššambi	(驚蟄)
niyengniyeri bulin	(春分)
hangsi	(清明)
jeku aga	(穀雨)
juweri dosimbi	(立夏)
ajige jalu	(小滿)
maise urembi	(芒種)
juweri ten	(夏至)
ajige halhūn	(小暑)
amba halhūn	(大暑)
bolory dosimbi	(立秋)
halhūn bederembi	(處暑)
šanyan silenggi	(白露)
bolory dulin	(秋分)
šahūrun silenggi	(寒露)
gechen gechembi	(霜降)
tuweri dosimbi	(立冬)
ajige nimanggi	(小雪)
amba nimanggi	(大雪)
tuweri ten	(冬至)
ajige šahūrun	(小寒)
amba šahūrun	(大寒)

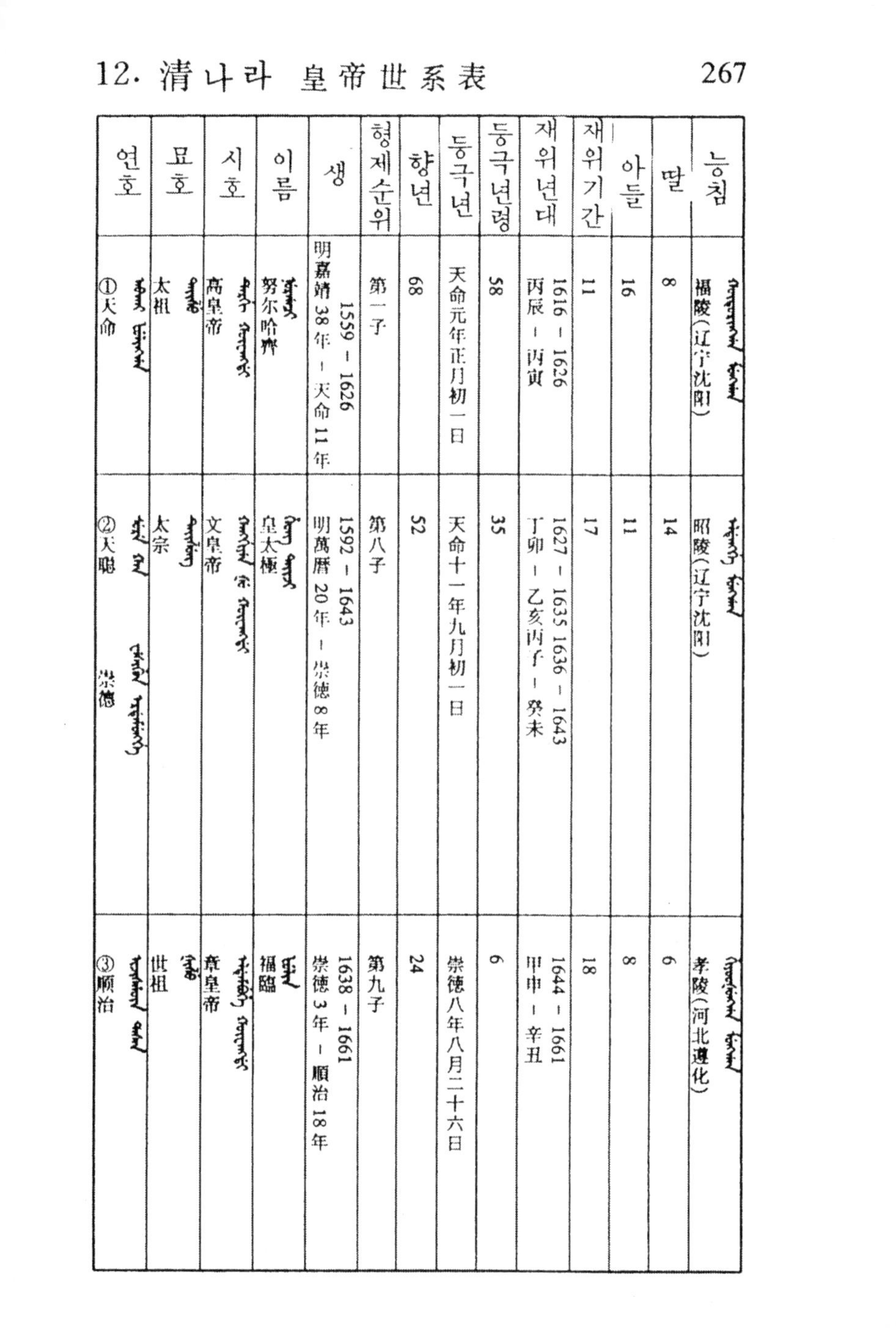

12. 清나라 皇帝世系表

능침	福陵(辽宁沈阳)	昭陵(辽宁沈阳)	孝陵(河北遵化)
딸	8	14	6
아들	16	11	8
재위기간	11	17	18
재위년대	1616 - 1626 丙辰 - 丙寅	1627 - 1635 1636 - 1643 丁卯 - 乙亥 丙子 - 癸未	1644 - 1661 甲申 - 辛丑
등극년령	58	35	6
등극년	天命元年正月初一日	天命十一年九月初一日	崇德八年八月二十六日
향년	68	52	24
형제순위	第一子	第八子	第九子
생	1559 - 1626 明嘉靖 38年 - 天命 11年	1592 - 1643 明萬曆 20年 - 崇德 8年	1638 - 1661 崇德 3年 - 順治 18年
이름	努尔哈齊	皇太極	福臨
시호	高皇帝	文皇帝	章皇帝
묘호	太祖	太宗	世祖
연호	①天命	②天聰 崇德	③順治

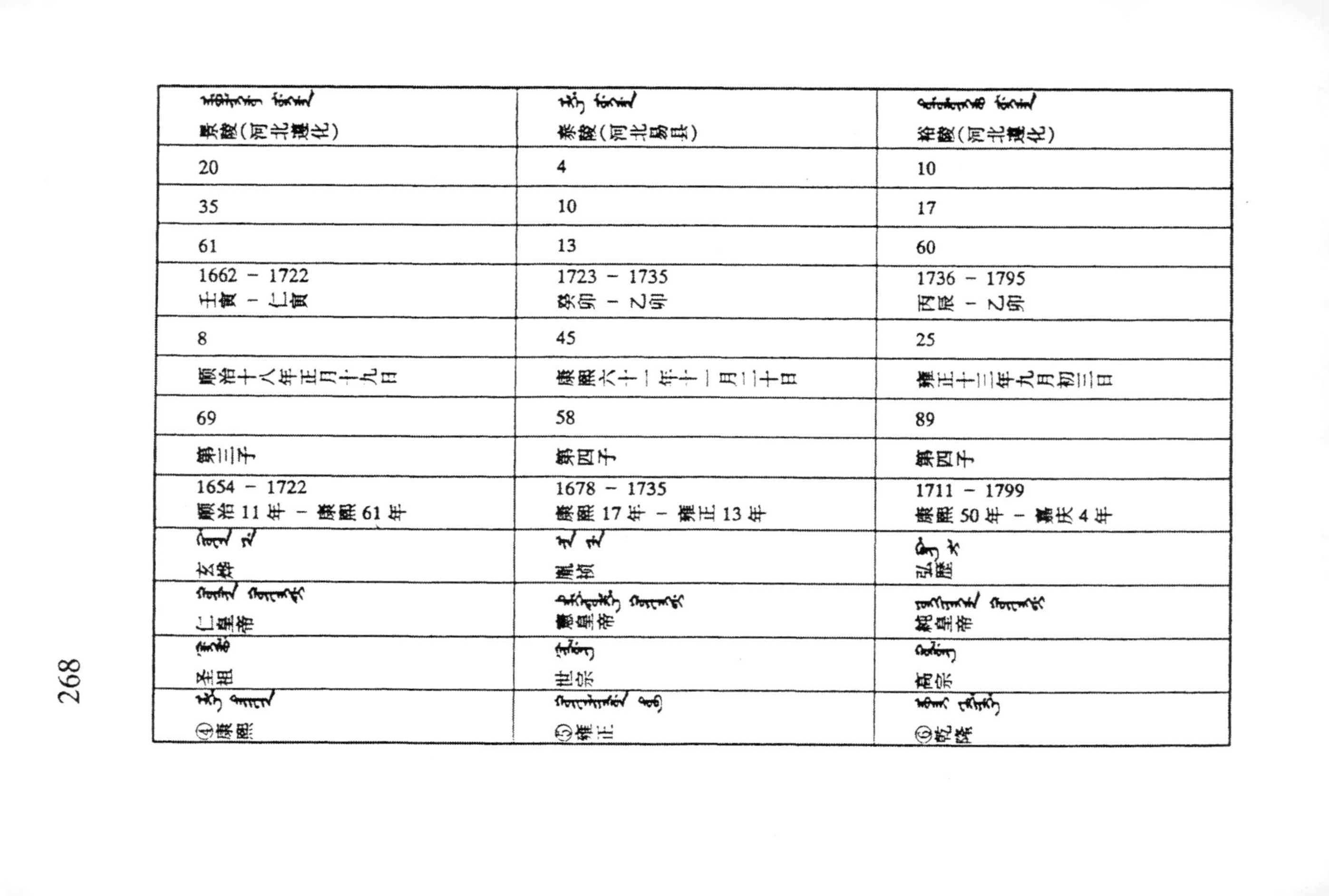

景陵(河北遵化)	泰陵(河北易县)	裕陵(河北遵化)
20	4	10
35	10	17
61	13	60
1662 - 1722 壬寅 - 壬寅	1723 - 1735 癸卯 - 乙卯	1736 - 1795 丙辰 - 乙卯
8	45	25
顺治十八年正月十九日	康熙六十一年十一月二十日	雍正十三年九月初三日
69	58	89
第三子	第四子	第四子
1654 - 1722 顺治 11 年 - 康熙 61 年	1678 - 1735 康熙 17 年 - 雍正 13 年	1711 - 1799 康熙 50 年 - 嘉庆 4 年
玄烨	胤禛	弘历
仁皇帝	宪皇帝	纯皇帝
圣祖	世宗	高宗
④康熙	⑤雍正	⑥乾隆

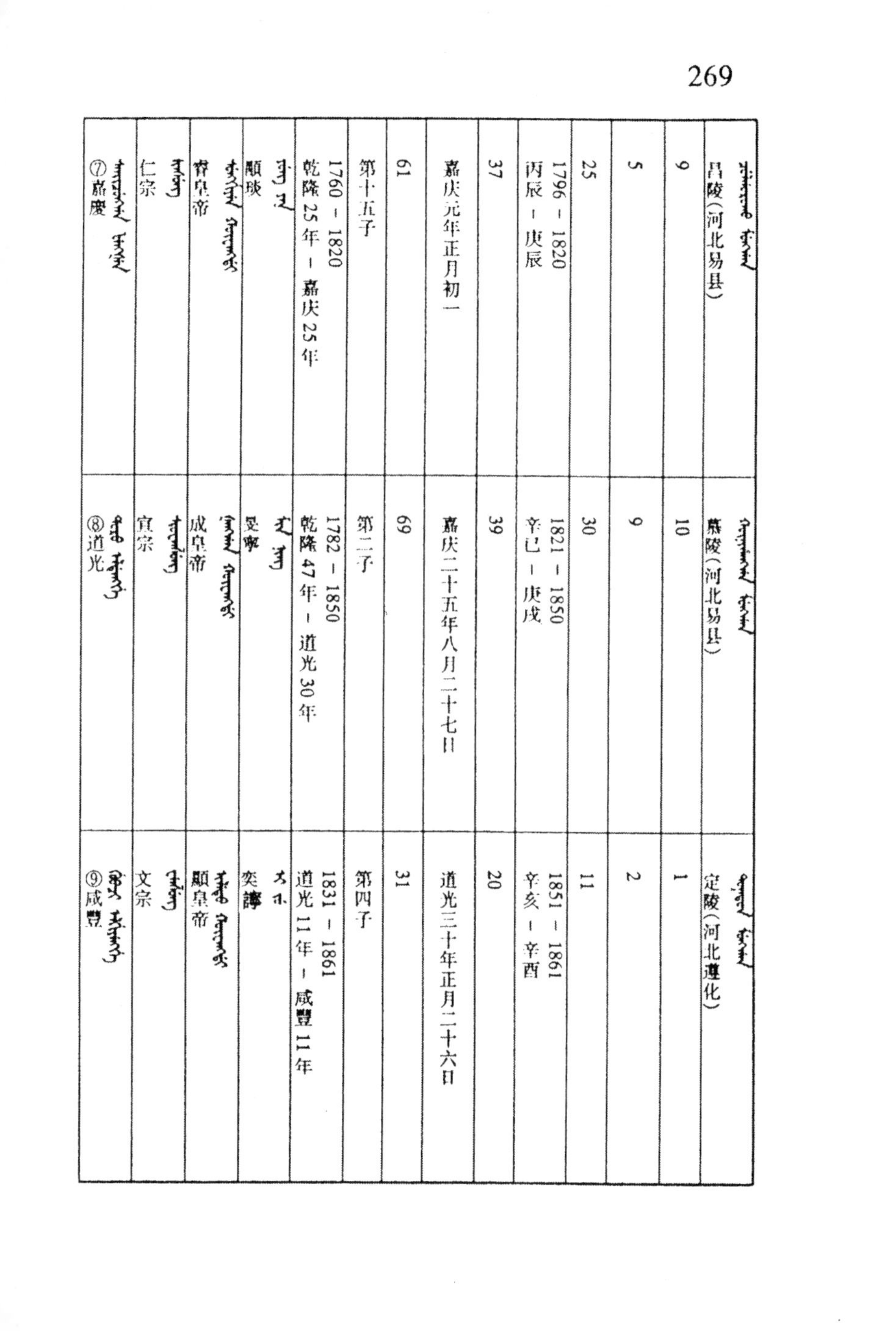

昌陵(河北易县)	慕陵(河北易县)	定陵(河北遵化)
9	10	1
5	9	2
25	30	11
1796 - 1820 丙辰 - 庚辰	1821 - 1850 辛巳 - 庚戌	1851 - 1861 辛亥 - 辛酉
37	39	20
嘉庆元年正月初一	嘉庆二十五年八月二十七日	道光三十年正月二十六日
61	69	31
第十五子	第二子	第四子
1760 - 1820 乾隆 25 年 - 嘉庆 25 年	1782 - 1850 乾隆 47 年 - 道光 30 年	1831 - 1861 道光 11 年 - 咸豐 11 年
顒琰	旻寧	奕詝
睿皇帝	成皇帝	顯皇帝
仁宗	宣宗	文宗
⑦嘉慶	⑧道光	⑨咸豐

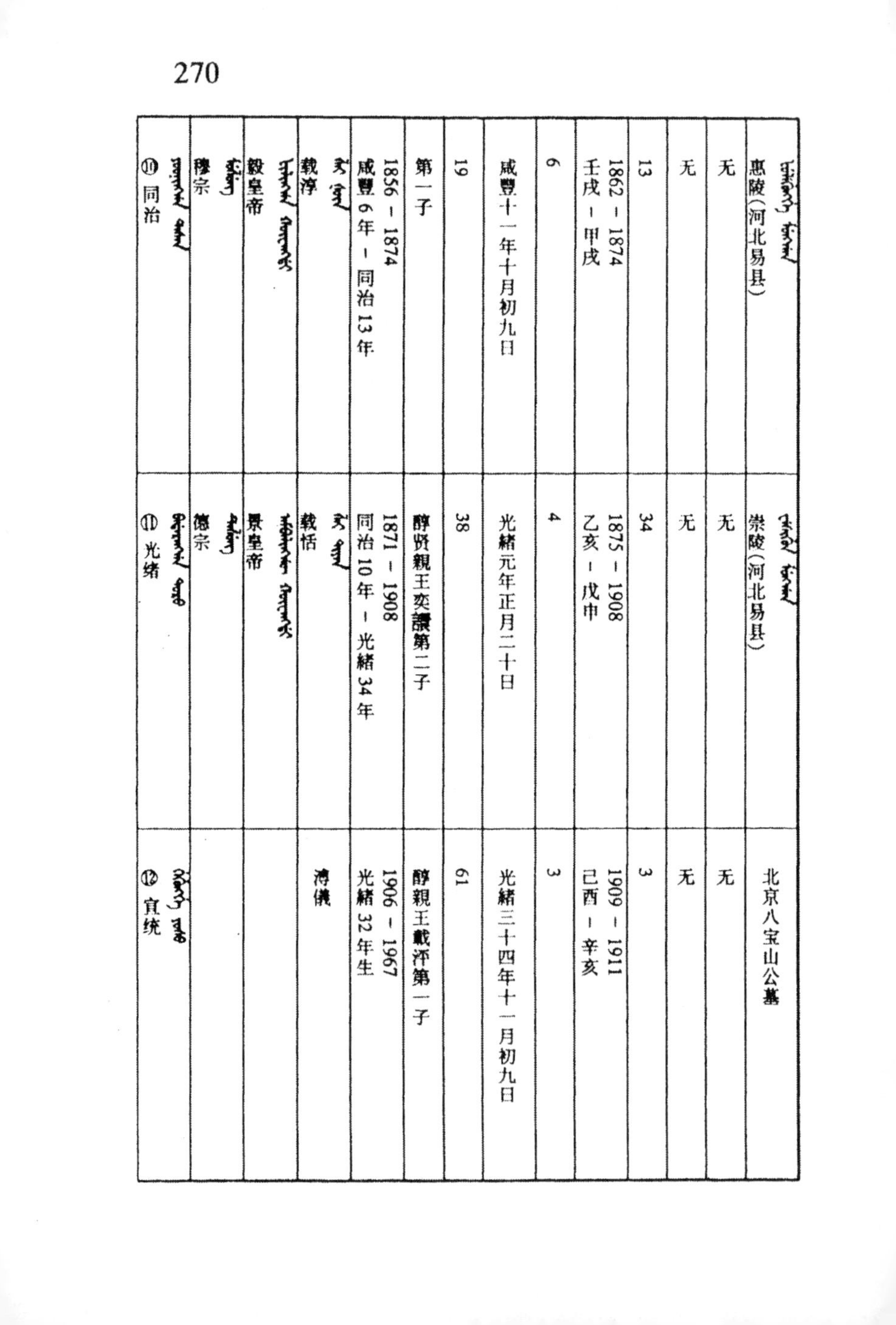

⑩ 同治	穆宗	毅皇帝	載淳	1856 - 1874 咸豐 6 年 - 同治 13 年	第一子	19	咸豐十一年十月初九日	6	1862 - 1874 壬戌 - 甲戌	13	无	无	惠陵(河北易县)
⑪ 光緒	德宗	景皇帝	載湉	1871 - 1908 同治 10 年 - 光緒 34 年	醇贤親王奕譞第二子	38	光緒元年正月二十日	4	1875 - 1908 乙亥 - 戊申	34	无	无	崇陵(河北易县)
⑫ 宣统			溥儀	1906 - 1967 光緒 32 年生	醇親王載沣第一子	61	光緒三十四年十一月初九日	3	1909 - 1911 己酉 - 辛亥	3	无	无	北京八宝山公墓

김득황(호: 고암孤岩)

약력 1915년 평안북도 의주군에서 출생
日本大學 법과 졸업
플러신학대학 대학원 수학
건국대학교 대학원에서 문학박사
내무부 차관
해외개발공사 사장
한국사상연구원 원장
대륙문화연구회 회장
5·16 민족상 수상
동방사회복지회 이사장
국민훈장 동백장

저서 한국사상의 전개
한국사상사
한국종교사
한국고대도덕의 연구
만주사어(일어판)
A History of Religions in Korea(영문)
백두산과 북방강계
만주의 역사와 간도문제
만주족의 언어
만주사화

기초 만한사전: 만주어사전

1판 1쇄 인쇄_2023년 09월 20일
1판 1쇄 발행_2023년 09월 30일

지은이_김득황
펴낸이_홍정표
펴낸곳_글로벌콘텐츠
등록_제25100-2008-000024호

공급처_(주)글로벌콘텐츠출판그룹
대표_홍정표 이사_김미미 편집_임세원 강민욱 백승민 권군오 기획·마케팅_이종훈 홍민지
주소_서울특별시 강동구 풍성로 87-6
전화_02) 488-3280 팩스_02) 488-3281
홈페이지_http://www.gcbook.co.kr
이메일_edit@gcbook.co.kr

값 38,000원
ISBN 979-11-5852-399-2 91730